医学信息资源检索教程

◎周毅华 编著

YIXUE XINXI ZIYUAN JIANSUO JIAOCHENG

南京大学出版社

图书在版编目(CIP)数据

医学信息资源检索教程 / 周毅华编著. —— 南京：南京大学出版社，2016.2(2023.1重印)
 ISBN 978-7-305-16242-8

Ⅰ.①医… Ⅱ.①周… Ⅲ.①医学—情报检索—教材 Ⅳ.①G252.7

中国版本图书馆 CIP 数据核字(2015)第 284551 号

出版发行	南京大学出版社
社　　址	南京市汉口路 22 号　　邮　编　210093
网　　址	http://www.NjupCo.com
出 版 人	金鑫荣
书　　名	医学信息资源检索教程
编　　著	周毅华
责任编辑	何永国　　　　编辑热线　025-83686596
照　　排	南京南琳图文制作有限公司
印　　刷	常州市武进第三印刷有限公司
开　　本	787×1092 1/16　印张 18.75　字数 443 千
版　　次	2016 年 2 月第 1 版　2023 年 1 月第 4 次印刷
ISBN	978-7-305-16242-8
定　　价	45.00 元
发行热线	025-83594756
电子邮箱	Press@NjupCo.com
	Sales@NjupCo.com(市场部)

* 版权所有，侵权必究
* 凡购买南大版图书，如有印装质量问题，请与所购
　图书销售部门联系调换

前 言

医学文献检索,现通称医学信息检索,是一门学习如何检索与获取利用医学信息资源的学问和技艺的科学方法课程,其教学的主要目标是培养医学生新型的信息素养、自主学习和创新思维能力,使学生能够开拓视野、站在更高的科学角度观察与思考医学科学及其研究,逐步提高医学学术研究思维逻辑能力,为将来从事临床医疗实践和开展医学科学研究打下良好基础。

在当今学术信息大数据时代,如果能够甄别海量数据中特定的医学信息资源,发现和比较不同来源的医学科研成果,快速、全面和有效地掌握最新、最相关的医学学术信息,就能打开临床医疗实践的新思路,就能获得医学科学研究的新成就。对于医学生及所有医学工作者来说,首先应当熟悉医学信息资源有哪些种类,要知道这些医学信息资源存放在什么地方;其次,要分清楚不同种类的医学信息资源检索系统有哪些不同的检索技术、技巧与方法;最后,应该能对检索到的各类医学信息资源进行准确的分析评价,科学的组织管理,并予以合理利用。

本书针对大数据环境下医学信息资源的变化特点,结合笔者30年从事医学文献信息检索教学、实践与研究的经验,从教学的实际需要出发,简明扼要地介绍了信息检索及其对医学科研的影响、信息资源与信息媒体的基础知识,详细介绍了医学信息检索的基本原理和基本技术,并从医学信息媒体分类出发,根据医学信息资源类型特点,系统介绍了中外文期刊医学信息资源、特种医学信息资源、学术分析评价信息资源、网络免费医学学术信息资源等的检索方法与检索规则,特别强调这些资源中能够实现免费检索的使用特点与检索技巧,并通过大量检索实例的具体操作步骤的演示,为读者快速掌握检索要领提供十分有益的指导。此外,还专门介绍了医学信息资源组织管理与利用方面的相关知识,如医学信息资源采集、个人医学信息资源管理、医学信息资源筛选、再生医学信息形成与处理等,其中在个人医学信息资源管理部分,以 EndNote Basic 为例,做了比较详尽的实例使用介绍,以满足读者对国内外医学文献信息资源组织管理和实际应用的需要。每章后都附有习题,对其中的实习题还附有提示或要求,以方便教学和学生的实践操作。

本书选材新颖,能反映当前医学信息资源检索系统全新的检索环境和检索功能。全书内容充实、重点突出,结构条理简明、清晰、体系严谨、逻辑性强,而且设计了丰富的检索实例,图文并茂、界面直观、可操作性强,结合对应实习题的操作,便于读者掌握检索要领,因而对读者也更具有实用性。

本书既可以作为医学院校本科生、研究生的教材,也可以作为教师、医生和医药信息工作者继续教育的教材和自学参考书。

北京大学信息管理系教授、信息媒体研究专家刘兹恒博士对本书的编著提出了许多非常新颖而实用的建议；扬州大学医学院、教务处及图书馆有关领导和同仁为本书的编著积极提供相关资料和物质保障；南京大学出版社吴华编辑对本书的编写也十分关心并给予必要的指导。本书获得扬州大学出版基金资助。在此，一并表示真诚的感谢。

　　本书在编著过程中，笔者参考并借鉴吸取了许多专家学者的最新学术成果、数据库资源和网站信息资料，在此对这些参考文献著者表示由衷的敬意和衷心的感谢。

　　在编著过程中笔者虽然做到精心尽力，但由于信息技术的不断发展，医学信息资源的不断丰富，各信息资源检索平台的不断更新，限于学识、水平和经验，书中难免存在缺点、错误、疏漏或不妥，诚请专家、学者和广大读者不吝赐教、批评指正。

周毅华
2015 年 11 月

目 录

第1章 信息检索基础知识 … 1
1.1 信息与信息检索 … 1
1.2 信息源与信息资源 … 3
1.3 信息媒体 … 5
1.4 医学科研中的信息资源检索与医学科技查新 … 8
习题 … 12

第2章 医学信息检索技术 … 13
2.1 医学信息检索系统概述 … 13
2.2 医学信息检索基本技术 … 20
2.3 医学信息检索技巧与策略 … 25
习题 … 32

第3章 中文期刊医学信息资源检索 … 33
3.1 中国学术期刊(网络版)数据库 … 33
3.2 中文科技期刊数据库 … 44
3.3 万方数据期刊论文资源 … 52
3.4 中国生物医学文献数据库 … 60
习题 … 78

第4章 外文期刊医学信息资源检索 … 79
4.1 ScienceDirect 数据库 … 79
4.2 SpringerLink 数据库 … 85
4.3 PubMed 检索系统 … 91
4.4 SciFinder 数据库 … 107
4.5 BIOSIS Preview 数据库 … 112
4.6 Ei Compendex 数据库 … 116
习题 … 123

第5章 特种医学信息资源检索 … 125
5.1 会议信息资源检索 … 125
5.2 专利信息资源检索 … 129
5.3 学位论文信息资源检索 … 143
5.4 科技报告信息资源检索 … 148
5.5 标准信息资源检索 … 150

习题 ·· 154
第 6 章　学术分析评价信息资源检索 ·· 155
　6.1　引文及引文检索概述 ·· 155
　6.2　国内引文信息资源检索系统 ··· 157
　6.3　Web of Science 核心合集 ·· 166
　6.4　相关学术分析评价工具 ··· 178
　　习题 ·· 201
第 7 章　网络免费医学学术信息资源检索 ·· 203
　7.1　学术搜索引擎资源 ·· 203
　7.2　网站医学学术信息资源 ··· 213
　7.3　OA 期刊资源 ··· 223
　7.4　循证医学信息资源 ·· 235
　7.5　事实数据在线医学资源 ··· 245
　　习题 ·· 252
第 8 章　医学信息资源组织管理与利用 ··· 253
　8.1　医学信息资源采集 ·· 253
　8.2　个人医学信息资源管理 ··· 259
　8.3　医学信息资源筛选 ·· 272
　8.4　再生医学信息形成与处理 ·· 276
　　习题 ·· 291
主要参考文献 ·· 292

第 1 章　信息检索基础知识

1.1　信息与信息检索

1.1.1　信息及其基本特征

信息本身作为一种客观存在,无处不在,无时不有,无人不用。信息的概念有广义和狭义之分。广义的信息是指对各种事物的存在方式、运动状态和相互联系特征的一种表达和陈述,是自然界、人类社会和人类思维活动普遍存在的一切物质和事物的属性。狭义的信息是指具有新内容或新知识的消息,即对接收者来说预先不知道的报道。信息具有以下一些基本特征:

1. 真实性

信息是客观存在事物的真实反映,因而,信息一定是真实的。信息必须反映真实情况才能供使用者利用,用户只有依据可靠的信息才能做出正确的决策。不反映客观实际的信息是虚假信息,不但没有价值,反而会导致相反的效果。可见,真实、准确是信息的首要特征。

2. 知识性

对于信息用户来说,信息的内容一定要是未知的,否则就不能算是信息。但信息的本质是知识,它能消除人们认识上的未知性或不确定性,能够改变用户的知识状态,由不知到知,或由知之较少变为知之较多,从而使自己的认识由不清楚、不确定,向清楚、确定转化。可以说一切知识都是信息赋予的,人们获得了信息,也就是获取了某种知识。

3. 指向性

信息是一种客观存在,但总要向着需要的用户进行有目的的定向传播,即某一信息往往向一定的使用者流通,表现为人们对信息进行有目的的选择利用。只有用户的主动寻求,信息才会"找"到其真正的用户。

4. 共享性

信息作为一种资源,可以供全世界全人类共同使用。当某一信息被某一用户利用后,仍然可以为其他用户所使用。共享越多,信息价值的增值就越大。

5. 无限性

信息是一种取之不尽、用之不竭的资源,不会像材料和能源那样发生资源短缺的危机。人类处在信息社会和知识经济社会交融的大数据时代,人们对信息占有越多、使用越多,则信息的用处也就越大。绝大多数信息在应用过程中,可以不断得到扩充。因此,信息的无限性表现在：客体产生信息具有无限性，主体利用信息的能力以及信息所产生的作用具有无限性。信息的无限性即为信息的可扩充性。

6. 聚集性

信息通过人脑思维或人工技术设备的综合、加工和处理，不断积累丰富，使其质量和利用价值不断提高。信息聚集得越多，汇集起来比分别应用的作用越大，交流的空间也会加大，人们的认识会得到深化，知识会得到发展。

7. 时效性

信息的价值与作用是体现在一定的时空范围之内的，它不但取决于信息内容本身，还取决于该信息是否能被人们及时获得。过时的信息是贬值的，甚至毫无价值。信息只有在得到及时利用的情况下才会有理想的使用价值。

8. 依附性

信息的存储、传递和交流必须依附于一定的物质载体。信息本身是看不见、摸不着的，它只能附着在载体上，以一定的形式表现出来。人们要获得信息，首先要获得携有信息的载体，通过对载体的利用，才能获得其中的信息内容。

1.1.2 信息与知识、情报、文献的联系和区别

知识来源于信息，是信息的一部分。信息能够增长人类的知识，但这并不意味着信息就是知识。知识是一种特定的人类信息，信息只有经过科学的、系统的加工，才能上升为知识。人类在获得知识之后，再将这些知识用来指导实践，又能创造新信息，传递新知识，获得新信息。如此反复循环，便可使信息愈来愈纷繁，知识愈来愈丰富，认识不断提高和深化。因此，人们的学习和研究，就是在不断地搜集信息、加工信息、创造信息，使信息造福于社会。

情报是用户为了解决一个具体问题所需要的特定的知识信息，是激活了的知识，是知识通过一定的媒体手段跨越时空经传递并起作用的部分。它具有3个基本属性，即知识性、传递性、效用性。虽然它属于信息的范畴，但不是一般的信息，而是一种特定的"信息"。

文献是记录有知识信息的一种载体，它有3个基本条件：一是具有一定的信息、知识内容；二是需要利用一定的记录手段；三是表现出一定的载体形态。文献中蕴藏着大量的知识和信息，这些知识、信息被用户利用时就转化为情报。

可见，情报源于知识，知识源于信息，文献是信息、知识、情报的主要载体形式。

1.1.3 信息检索的含义与类型

1. 信息检索的含义

信息检索有广义和狭义之分。广义的信息检索是指将信息按一定的方式组织和存储起来，并根据信息用户的需要找出有关信息的过程和技术，又叫信息存储与检索。狭义的信息检索仅指检索，即从信息检索系统（信息集合）中找出所需要的少量特定信息的过程。

2. 信息检索的主要类型

作为检索对象的信息，有不同的形式。有的以数值形式出现，有的以事实形式出现，有的以文献形式出现。根据检索对象形式的不同，信息检索则又可分为数据检索、事实检索和

文献检索。

(1) 数据检索

数据检索是指直接获取以数值形式表达的量化信息的检索，包括各种检验数据、统计数据、投药剂量、化学结构式、计算公式等等，如胰岛素的理化常数、常用剂量、结构式等。

(2) 事实检索

事实检索是以特定的事实为检索对象，以获取某一学科或学术领域的基本概念、基本知识和特定资料。如什么是纳米技术？何为生物芯片？何人何时在什么杂志上首先报道无性繁殖绵羊取得成功？等等。

(3) 文献检索

文献检索是指根据特定的研究课题要求，以科学的方法通过利用合适的信息检索系统，从文献信息的集合体中迅速、准确、全面地查找到所需要的特定文献信息的过程。如查找有关如何预防与控制获得性免疫缺陷综合征(艾滋病)方面的文章、有关埃博拉病毒疫苗研制的文献等。

数据检索、事实检索是一种确定性检索，检索的结果一般直接回答有或无、正确或错误，往往借助于有关的参考类工具或数据库进行检索；而文献检索是一种相关性检索，检索的结果只提供与检索课题相关的原始文献或文献信息线索以供用户参考，不直接回答用户所提出的技术问题本身。

1.2 信息源与信息资源

1.2.1 信息源的含义与类型

信息源，顾名思义，就是信息的来源，不同的学科领域有不同的内涵。例如，在医学领域中的医学信息源，即是指人们在医学科研、临床医疗工作以及其他一切有关医药学生产实践活动中所产生的成果和各种原始记录，以及对这些成果和原始记录加工整理得到的成品等，是能为满足人们医疗健康的特定需要而产生信息的源泉。

信息源有许多类型，按照其存在形式可分为 3 类：口头信息源、实物信息源和文献信息源。

1. 口头信息源

口头信息源是存在于人脑的记忆中，通过语言来传播，即以人脑为信息承载体的人与人之间的对话、交谈、讨论、演讲等。

口头信息源具有许多长处，如：① 获取信息快，交流及时。② 具有高度的选择性和针对性。③ 信息反馈迅速、准确。④ 易对所得到的情况做出恰当的评价。⑤ 可以了解其他信息不能包含的许多信息。但它是一种瞬时信息，主观随意性强、可靠性差，而且传递范围有限，辗转传递信息容易失真。所以人们在获取、传递和利用口头信息时，常采用记录、录音等手段把它转换成各种文献。

2. 实物信息源

实物信息源存在于实物中，通过观察来传播，是指蕴含着信息的实物载体，包括自然实物信息源和人造实物信息源两大类。前者如植物、动物、河流、山川、宇宙、地貌等，是未经人们加工的自然存在,能直接反映事物的原始状态,人们可以从中获得有关自然界的信息;后者是经过人类有目地加工而成的物体,如医疗器械、药品试剂、产品样本等,是直接为医疗、科研、生活服务的技术信息,具有直观、真实、易检验、易仿制的特点,同引进技术与设计相比,花钱少而见效快,是值得重视的信息源。当然,实物信息源也有缺点,主要表现在传递不方便、流通渠道不通畅,而且蕴含的信息必须经过分析与提炼,转换成其他形式才能为人们所利用。

3. 文献信息源

文献信息源存在于文献中,通过阅读等来传播,是正规的社会信息源,是人类社会特有的人工信息源。凡以文献作为载体形式的信息源通称为文献信息源。文献是人类社会发展到一定阶段的产物,是以文字、图形、符号、音频、视频等技术手段记录人类活动信息和知识的载体。由于各类文献是人类脑力劳动成果的表现形式,而且在保存和传递知识、信息方面具有重要的作用,所以人们把它作为获取科学信息的最基本、最重要的来源。

文献信息源的特殊优势是:① 能够克服信息传递中时间和空间的限制,保证信息得到长久的保存和广泛的传播。② 所载信息固定、明确,利于进行多方面的加工和利用。③ 是确认人类活动,进行社会规范的工具。虽然在传递和交流上不够生动和灵活,但它是信息源的主体部分。

1.2.2 信息资源的含义及其特征

1. 信息资源的含义

信息资源是指人类社会信息活动中积累起来的以信息为核心的各种信息活动要素的集合。信息活动要素包括信息要素、信息技术、信息设备、信息生产者、信息活动场所与经费等。其中,信息要素主要是指围绕信息搜集、整理、提供和利用而开展的一系列社会经济活动。

2. 信息资源的特征

信息资源是信息的一部分,是在所有信息活动中具有开发和利用价值的信息。人们通过对信息的开发利用,信息源可以不断地转化为信息资源。

信息资源是借助于信息技术经过加工处理、有序化并大量积累起来,能满足人们特定需求的有用信息的集合。

信息资源具有明显的学科关联性,渗透着人们对学科信息的聚合(生产、加工、再生产),并可对学科活动直接产生效用。

医学信息资源就是按信息资源所属的学科内容而划分出来的一种资源类型,是与医学这一学科相关的经过加工处理的各类可利用的信息的集合,包括一切医学文献信息资料、图表、数据及其相关信息技术,具有可获取性、共享性和再生性的特点。

医学信息资源是最具有利用和开发价值的一类信息资源,通常以印刷或数字化等形式广泛存在于纸质、电子、网络等各种各样的信息媒体之中。

1.3 信息媒体

1.3.1 信息媒体的含义

从信息的基本特征中可以看出，信息作为一种客观存在，需要依附于一定的物质载体才能得以保存和传递。信息媒体是指专门用于传播信息的各种工具和媒介，人脑和实物虽然能够传递信息，但却不是它们的主要功能，至少不是专门功能，它们所携带的信息不是为了保存和传播而专门记录上去的，因此，它们不能完整、系统地表达信息内容。只有文献才具有专门用于保存和传递信息的功能，名副其实地称得上信息媒体。概括地说，信息媒体是指所有记录信息内容，并专门用于保存和传递信息的物质载体。在一定程度上，它与"文献"一词同义。

信息媒体是一种特殊的社会产品，是人类物化了的精神财富，由信息内容、信息符号、载体材料和记录方式4个基本要素所构成。信息内容是内在本质，载体材料是外在形式，而信息符号和记录方式则是使信息内容与载体材料相互结合的手段，四个要素缺一不可。

在社会信息化和大数据趋势下的今天，一方面信息媒体的种类越来越多，载体呈现多样化，内容交叉重复的现象明显，内容老化程度不断加快，对人们获取与利用文献信息资源带来许多不利因素；另一方面信息媒体日益向着数字化、网络化、多样化发展，能有效地促进文献信息资源的共享。

1.3.2 信息媒体的分类及其用途

按照内容性质和加工程度划分，可将信息媒体分为：一次信息媒体、二次信息媒体和三次信息媒体。

1. 一次信息媒体

一次信息媒体即原始信息媒体或第一手资料，主要是指报道新发明、新创造、新知识、新技术的原始资料，直接记载的科研成果、临床观察、经验总结等，通常亦称原始文献、一次文献。它记录有关课题的研究方法和结果、重要现象和数据、著者意见和结论，可作为了解该课题详细技术内容和发展情况的依据。如专题著作、期刊文献、会议文献、科技报告/研究报告、专利文献、学位论文、政府出版物、标准文献、病历档案、产品资料等。

(1) 专题著作

医学专题著作是以一个医学专题为中心的科学著作，对该专题有较深的研究知识和独到见解。阅读专著可以深入了解某一专题内容知识。

(2) 期刊文献

医学期刊包括各种专业杂志、学报、通报等，它出版周期短、报道速度快、信息量大、内容新颖、发行面广、能及时传递医学信息，是交流医学学术思想最基本的媒体形式。

据估计，期刊文献信息约占整个信息媒体的60%~70%，受到广大医学工作者的高度重视。除了各种专业期刊外，其他综合性科技期刊如我国的《中国科学》《科学通报》，美国的 *Science*（科学）和英国的 *Nature*（自然），在通讯栏中经常刊登生物医学领域中的新成果和新进展的短篇报道，是不可忽视的原始文献来源。

由于学科发展的不断分化与不断综合,使得某学科知识信息在期刊中的分布既集中又分散,相应地出现了各学科的核心期刊。所谓核心期刊又称重点期刊,是指那些信息含量大,代表学科发展水平,所刊载的论文使用寿命长,利用率和被引用率都比较高的期刊。核心期刊的划分与认定是相对的、动态变化的,国内认定核心期刊最常用的工具是北京大学出版社出版的《中文核心期刊要目总览》,国际上的科技核心期刊则大多采用美国科学信息研究所(Institute for Scientific Information,ISI)的期刊引用报告(Journal Citation Reports,JCR)。一般说来,只要掌握了核心期刊,就可以用较少的花费获得较多的信息。

(3) 会议文献

重要的医学学术会议资料集中反映了医学学科或专业的发展水平和研究动向,往往包含信息最新颖、讨论问题最集中、学术性最强。医学会议文献对于了解国内外医学科学各专业发展趋势具有重要的参考价值。

(4) 专利文献

它是医疗技术信息的重要来源之一,可了解国内外医疗技术研究发明,通过借鉴予以创新,少走弯路。它具有新颖性、独创性、实用性的特点。

(5) 学位论文

这是高等院校毕业生为取得各级学位(学士、硕士和博士)进行公开答辩而撰写的学术论文。学位论文一般分调查研究型和理论研究型两种类型。前者是参考了大量资料,并且对其进行系统的概括,所列数据比较丰富、充分,虽然是对某一特定问题的总结,系统性、资料性较强,但其新意可能不足。后者是有新的立论,有独创性或者一些独到的见解,但观点可能尚不成熟、不全面,有时甚至还不能下定论。

(6) 科技报告/研究报告

它是指有关某项科学研究的正式报告或研究进展情况的阶段性总结和实际记录。具有内容叙述详尽、数据可靠、反映成果快、发行范围小、较难获得等特点,是一种重要而难得的文献信息源。

(7) 标准文献

它是技术标准、规格和规则等文献的总称,是记录人们从事科学技术工作所共同遵守的法律文件,科技工作者按照各类各级技术标准从事自己的工作,使其标准化。因此,利用标准文献成为医学工作者一项基本技能。

(8) 政府出版物

它是指各国政府及其所属部门发表和出版的文献的总称,可分为行政性文件和科学技术文献两部分。由于是官方正式出版,具有一定的权威性,信息的可靠性非常强,是政府信息和决策信息的主要来源。

(9) 病历档案

它是医务人员对患者疾病的发生、发展、转归,以及进行检查、诊断、治疗等医疗活动过程的记录,也是对采集到的资料加以归纳、整理、综合分析,按规定的格式和要求书写的患者医疗档案。它既是临床实践工作的总结,又是探索疾病规律及处理医疗纠纷的法律依据,对医疗、预防、教学、科研、医院管理等都有重要的作用。

(10) 产品资料

它是指有关厂商为推销产品而印发的出版物或免费赠送的商业宣传品,包括产品样本、产品目录、药品说明书、厂商介绍等资料。其中,产品样本、药品说明书是一种图文并茂、形象直观的技术文献,是进行医疗技术革新、医疗设备改造、研发新药等的重要技术参考资料。

原始信息媒体的显著特点:一是具有创造性、新颖性和先进性;二是具有参考、借鉴和利用的价值;三是数量庞大,查找复杂。

2. 二次信息媒体

二次信息媒体主要是指原始文献信息经过加工整理而成的报道、检索性资料的信息集合,亦称二次文献。常见有文摘型和题录型两大类型。

(1) 文摘型

它能简明扼要地介绍文献信息的主要内容、观点、方法、数据和结论。通过查阅文摘可以及时了解原始文献信息之概要,从而确定是否需要详细阅读原始文献的全文信息,可以部分地解决阅读多种文种的困难或原始文献信息资源来源不足之困难,还可以作为撰写综述性文献的工具。文摘包括指示性文摘和报道性文摘,前者是对原始文献信息题名的进一步解释,一般在 50~150 字;后者是对原始文献信息进行详细、深入的摘要,一般在 200~300 字。

(2) 题录型

题录型主要是指一次文献或三次文献的题录汇编,可作为查找原始文献信息来源的线索,同时通过题录可以尽快获得有关课题的研究信息,使自己的专业知识和研究能力不至于落后,也有助于正确地选择研究课题。

题录是指由文献信息资源题名、著者、出处以及描述性注释等所形成的记录。以下例1和例2为信息集合(信息检索系统)中的题录格式样例。

【例 1】

标题:艾滋病中医药临床疗效评价思路与方法

作者:徐立然;郑志攀

作者单位:河南中医学院第一附属医院,河南郑州 450000

出处:新中医 2013;45(10):1-3

【例 2】

Ruta 6 selectively induces cell death in brain cancer cells but proliferation in normal peripheral blood lymphocytes: A novel treatment for human brain cancer.

Pathak S, Multani AS, Banerji P, Banerji P.

Int J Oncol. 2003 Oct;23(4):975-82.

二次信息媒体的特点:一是具有简明性和系统性;二是能提供原始文献信息来源的线索,是查找原始文献信息资源的工具;三是对原始文献信息进行加工,不改变原始文献信息的本质内容。

3. 三次信息媒体

三次信息媒体主要是指在合理利用原始信息媒体和二次信息媒体的基础上,根据一定的需要和目的,就某一专题集中原始文献信息资源的内容,经过综合分析、选择、研究后写成的综述、评论、进展和年评总结等。一般也称之为三次文献。

综述文献是由有关学科的专家或信息研究人员,在调查研究一定时间范围内的大量文献信息资源后编写而成的,既概括介绍和评论某一专题的研究进展,并提出作者自己的见解和建议,不仅包括已有成就和最新进展,而且指出存在问题和今后发展趋势,对科研管理部门和科研人员在制订规划、选择课题、科研设计等都有重要参考价值的一种文献信息资源类型。一般在文末附有大量的参考文献,是较好的专题索引。

三次信息媒体的特点:一是具有资料性和实用性;二是有条理、有评定的信息;三是对原始文献信息进行浓缩、提炼、重新组织,内容有较大变化。

从原始信息媒体到二次信息媒体、三次信息媒体,是一个由分散到集中,由无序到有序的过程。原始文献信息是检索的对象;二次信息媒体是存储、报道和检索信息资源的信息集合体,作为查找原始文献信息来源的线索,但无论如何完善也不能代替原始信息媒体;三次信息媒体是经过集中和浓缩的文献信息资源,虽然为使用文献信息提供了方便,但要全面了解情况,还要使用原始文献信息资源。二、三次信息媒体都是根据人们对文献信息的不同需要,从不同角度对原始文献信息资源进行加工的产物,都是为把原始文献信息的知识内容传送给用户这一根本目的的。可见,各种类型信息媒体的性质和用途是不同的,可根据不同的需要及条件选择使用。

1.4 医学科研中的信息资源检索与医学科技查新

1.4.1 医学科研中的信息资源检索

医学科研(含药学科研,下同,狭义的药学科研是指研究药物防治疾病的机理以及各类药物的开发、分析、制作、检验和合理使用药物的科学研究)是一切为了探索医学中未知事物并发现其内在规律,以防治人类疾病和增进人类健康为目的的科学研究。其需要密切关注国内外医学科研的发展状态、把握医学科研发展趋势、熟悉国内外医学科研环境,并且能结合临床实际工作需要与条件,制订医学科研的近期计划和发展规划。在医学科研过程中,始终与医学信息资源的检索应用和知识积累紧密联系在一起,掌握最新、最相关的医学信息资源,对于医学科研来说至关重要。

1. 医学科研选题时的信息资源检索

医学研究课题是指为探索医学领域的某一专门问题(理论、方法、技术等)而形成意念提出假设,具有普遍意义而又具有可操作性的医学研究问题,通常是以前人或他人研究的终点及取得的成果作为研究的起点,又要避免研究的重复性。因此,科研选题是医学科研活动的第一步,是科学思维过程,是研究工作成功与否的关键。

医学研究工作者可以结合自身临床医疗实践,从所碰到的问题中选题、从目前医学学科的空白点选题、从已有课题的延伸中选题、从改变研究要素中选题、也可从跨学科(跨领域)的研究中选题等。但无论是哪种选题方式,要有效避免课题的重复研究,查阅相关医学文献信息是非常必需的。

在确定研究课题阶段,首先要广泛搜集国内外有关研究方向的医学文献信息资料,从中发现或搜集医学科学问题,进一步了解所要研究问题的相关背景、历史与现状、前景与动向,把握前人做了什么、别人正在做什么、存在什么问题、有什么经验和教训,在充分调研的基础上,借鉴成功的经验、失败的教训和研究的方法,提出富有创新的见解、设想与构思,制订出具体的科研设计,并从中把握国内外已有哪些相关研究及其研究水平、目前的研究动向和主攻点是什么、尚有哪些问题有待解决、研究课题的突破点和创新点在哪儿以及课题研究的新颖性、实用性和可行性等问题。

爱因斯坦曾经说过,提出一个问题,往往比解决一个问题更重要,因为解决问题,也许仅仅是数学上或实验上的技能而已。因此,在医学研究领域中,提出一个科学的假设、一个新的问题、新的可能性,从新的角度去看老问题等,无不体现一位医学研究工作者所拥有的信息量、新的理论认识、科学思维与丰富的想象力,以及观察能力、实验能力和对课题的预期评估水平。

2. 医学科研进程中的信息资源检索

课题确定后是否能达到预期的效果,在很大程度上取决于科学研究过程的设计与完善,通过医学信息检索找出已获得成功的科研课题中的优秀专业设计方法,结合自身研究课题进行具体的课题设计。

当课题初步确定后,还应进一步查找文献信息,从而清楚地了解:该课题先前都有哪些人用什么方法研究过?目前人们对这方面的研究有什么最新进展和认识?该课题的重要文献有哪些?该研究领域中的核心期刊、高影响力学者或机构有哪些?目前同一研究领域,不同的实验室是否用了不同方法开展研究、哪些方法更合理?相关领域最新理论、研究方法和技术对本课题有无借鉴价值?只有这样,课题研究才能有高起点、新思路,进一步提出和完善新的理论及实验解释。

在科学研究(实验)阶段,由于对客观规律的探索,难免会遇到一些问题和困难,这就需要利用医学信息检索方法,找到相关信息以借鉴前人的经验,获得解疑排难的启示。对于具体问题如实验试剂的配方、仪器设备的选用、技术参数的匹配等,可直接予以借鉴。

在研究进展的过程中,还必须不断地进行医学信息资源检索,持续跟踪和及时掌握国内外相关领域研究的最新动态,密切关注其他科研机构在相似研究方面的进展,避免科研进行中的重复,不断改进并完善课题研究,使课题更富有新意、更趋于合理成熟,也可以此来决定是否提前发表研究成果。如遇到其他单位的同行抢先发表了类似研究文章,这时就应果断中止原有研究,及时调整研究方向,力争把损失降低到最小。

3. 医学科研成果总结与鉴定时的信息资源检索

在医学科研成果总结阶段,要阐明研究成果的继承性和创造性,也必须广泛检索有关论述,把他人的和自己的研究成果进行科学比较,做出客观评价,确认国内外已有哪些相关研究,分析比较与本研究课题的异同点,从而得出本课题的科学性、新颖性、先进性和实用性。

在研究工作完成后,还应当对科研成果作鉴定。凡在实践与理论上有创造,具有一定的科学水平和实用价值的新技术、新方法、新工艺、新器械、新药物、新发现等,经过实践考核和检验,证明其结论是可以重复的,均可申请成果鉴定。通过权威机构出具的医学科技查新报告,确认本课题研究的创新点,经过相关学科专家鉴定与评审,从而确定本课题研究成果的水平。

可见,在医学科研的自始至终都需要借鉴、交流、积累和继承,都离不开对医学信息资源的检索与合理利用。

1.4.2 医学科技查新

医学研究课题确定后,适时进行医学信息资源的检索与查新论证,能及时吸收新知识,不断调整研究思路,使项目研究进展顺利,确保研究成果的新颖性和创新性。所以,医学研究人员利用自身熟练的医学信息检索技能结合运用医学科技查新,是使医学科研得以顺利完成的又一重要关键因素。

1. 医学科技查新的内涵与作用

（1）内涵

医学科技查新（简称查新）是指具有查新资质的查新机构根据查新委托人提供的需要查证其新颖性的科学技术内容,通过医学信息检索手段,运用综合分析、对比的方法,按照国家科技部《科技查新规范》出具查新报告,为卫生科技部门科技项目立项和成果鉴定等科技活动的新颖性评价提供可靠的科学依据,与专家鉴定相结合,确保医学科技项目研究质量,防止低水平重复,确保科技项目立项和成果管理的科学化和规范化。

《科技查新规范》中指出,新颖性是指在查新委托日以前查新项目的科学技术内容部分或者全部没有在国内外出版物上公开发表过。可以看出,"使用公开"和"以其他方式公开"并不影响查新项目的新颖性,只有"出版物公开"才影响查新项目的新颖性。

（2）作用

查新不同于一般的咨询和文献信息检索,它是一种基于文献信息检索和对比分析的信息咨询活动,是对委托项目的科学技术内容进行分析,对新颖性进行查证与判定,为评审专家提供事实依据。

查新的作用主要体现在：

① 为科研选题提供决策依据。通过查新为医药卫生研究人员提供国内外相关或密切相关的科学技术内容、水平动态及研究进展,为判断所选项目是否具有新颖性提供选题立项的客观依据。

医药卫生科技管理部门在审批一项科研课题时需要明确的是,该课题在国内外有没有人做过、是否有相同或类似的研究、是否具有先进性,把有限的经费用在关键的项目上。通过查新就可为医药卫生科技管理部门审批立项课题提供客观的信息依据,避免重复研究。

② 为科研成果的鉴定、评估、验收、转化、奖励等提供客观依据。在当今医药卫生科技迅猛发展的形势下欲取得足以判断成果在国际、国内所处水平的信息的数据并不容易,评审专家在鉴定项目时势必存在着一定的获取信息的困难,必然影响到评审效果,依靠查新机构的查新员利用丰富的检索经验和娴熟的检索技能,通过查新可给评审专家提供足以做出判断用的信息依据。

通常,科研成果鉴定、评审之前,科研管理部门需要针对科研成果的创新性进行评估,判断科研成果在国内或国外相同或类似研究中的技术水平和创新点,需要查新机构提供查新报告。通过查新不仅可以了解国内外是否有相同研究成果,是否有同类或类似研究项目,而且还可以了解这些研究项目的研究深度、广度和研究进度等,以比较研究成果的创新性、先进性及研究水平,为成果鉴定、评奖提供客观依据,也为技术成果的转化提供客观依据。

目前,医学科技查新已经在医学科研选题立项、科技成果鉴定与奖励申报、申请专利、新药研发与报批、新技术医疗项目引进、学位论文开题与评审等领域广泛应用。

2. 查新委托的注意事项

(1) 查新委托人须如实填写查新合同

查新委托人应是查新项目的负责人或项目的主要成员,或者熟悉项目的科学技术内容、能解释项目的科学技术要点的人员。

由查新委托人向具备查新资质的单位或科技查新工作站提交科技项目查新委托书,并按查新合同要求如实填写所需内容;同时提供与查新项目有关的技术资料,如科技项目计划设计书、成果鉴定材料或技术报告、成果申报书,以及该项目成员在国内外已发表的有关论文;提供正确的主题词;尽可能提供与该项目相关的文献报道和线索。在提交委托申请时,不能将两个以上不同内容的课题作为一个项目申请。

(2) 查新点的确定与提炼

所谓查新点,是指表述查新项目的科学技术要点中要求查证新颖性的部分,与查新委托人要求查证项目的结论密切相关。查新点一般由查新委托人从查新项目的科学技术要点中提取,或者是科学技术要点中技术关键的全部。查新项目的科学技术要点主要是指研究课题的概要、查新项目的主要技术特征、技术参数或指标、应用范围、查新委托人自我判断的新颖性等。通常,一个查新委托项目若有多个新颖性查证要求的,委托人应以1,2,3……来标记查新点,逐条列出。

查新点可以是单点技术的研究,也可以是综合多项技术研究;可以是技术的改进,也可是理论上的创新。但教学方法及管理理念的创新不可以作为查新点。

查新点不是越多越好,应当将研究项目中的创新内容或新颖的部分尽可能地进行浓缩,提炼成一个查新点,简练直接地反映该项目研究与他人的区别或不同,查新点中不能使用诸如先进、领先、优秀等词汇。查新点一经确定后,不能随意更改或增加查新点。

(3) 委托人与查新员的有效沟通

对于专业性较强的查新项目,查新委托人应主动提出与该专业较接近的查新人员进行认真详尽的交谈,介绍该委托项目的特点,使查新人员尽快地熟悉项目内容、了解查新点。

(4) 认真看待查新结论

查新有其严格的工作程序和纪律。查新报告是查新工作的最终体现,由封面、查新目的、查新项目的科学技术要点、查新点与查新要求、国内外文献信息检索范围与时限、所选用的检索系统与检索策略、检索结果的分析与说明、查新结论、主要相关文献的题录或文摘等几部分组成。

由于查新是以该项目委托人提供的查新点为论点,以对有关文献信息的分析比较为依据,做出在国内外、国内或某一地区范围内有无与该项目研究相同(或类似)文献报道的结论,或以此来论证该课题是否具有新颖性、实用性、先进性。因此,检索结果和查新结论一定是客观的,能做到句句有依据,条条有出处,一定不会加进任何个人的观点、评语,更不会论水平,否则查新是无效的。查新报告本身不仅要在查新机构内进行审核,而且也受委托人、鉴定专家和卫生科技管理部门的检验与监督。

习 题

1. 什么是信息？信息的基本特征有哪些？
2. 试说明信息、知识、情报和文献之间的关系。
3. 信息检索的类型主要有哪些？分别有何特性？
4. 什么是医学信息源？信息源有哪些类型？
5. 什么叫信息资源？医学信息资源的主要特征是什么？
6. 按照内容性质和加工程度来划分，文献信息源主要有哪几类？各有什么特点？
7. 什么叫核心期刊？掌握核心期刊有何意义？
8. 题录的含义是什么？有什么作用？
9. 如何理解医学科研的自始至终都离不开对医学信息资源的检索与合理利用？
10. 何为查新项目的新颖性？简述医学科技查新的内涵以及查新委托的注意事项。

第 2 章　医学信息检索技术

2.1　医学信息检索系统概述

医学信息检索系统是指专门进行医学信息资源的收集、处理、存储、检索和输出以满足医学信息用户的信息需求而建立的信息集合系统,其目标就是对医学信息资源进行有效管理和利用。

根据信息检索的不同发展阶段以及信息检索系统使用的工具、载体和技术方法的不同,信息检索系统也有不同的类型。随着网络技术的飞速发展,网络医学信息检索系统是目前使用最多、最广泛的医学信息资源检索系统,通常各种数据库可直接通过网络来提供检索服务,并能最大限度地使用超级链接。网络医学信息检索系统的出现,使医学信息资源检索远远超出了一个地区、一个国家的范围,进入了国际信息空间领域,极大地方便了广大医学信息用户对医学信息资源的检索和利用。

2.1.1　数据库类型与结构

1. 数据库类型

数据库是由一个或多个文档构成的大量数据的集合,是医学信息检索系统的核心。按其所含信息资源内容的形式不同分为以下 5 种类型:

(1) 书目型数据库

书目型数据库是指存储某个学科领域的二次文献信息(文摘或题录)数据库,提供原始文献信息的梗概和线索。这种类型的数据库数量最多,使用也最为广泛。如 CBM(中国生物医学文献数据库)、BIOSIS Previews(生物学文献数据库)、MEDLINE/PubMed 等数据库。

(2) 数值型数据库

数值型数据库主要存储以数字形式表示的具体数值,如各种统计数据、实验数据、测量值、临床化验的正常值及其参数、药品的理化参数等,能为人们提供直接使用的数值信息。如美国国立生物技术信息中心(NCBI)的基因库(GenBank)、WHO 全球卫生观察站(Global Health Observatory)数据、查询期刊影响因子的 JCR 等。

(3) 事实型数据库

事实型数据库能够提供用户直接参考的各类信息,如学术和医疗机构名称、地址、电话,人物与事件,各级各类基金研究项目,医疗咨询与服务项目等。如世界大学索引(http://www.oxford.com.tw/roadofstudy/worlduniversity.htm)、美国国立癌症研究所的医生数据咨询库(Physician Data Query,PDQ)等。其他在线参考工具,如医学词典、医学百科全书、医学年鉴、药物索引(手册)等也属于事实型数据库。

(4) 全文数据库

全文数据库存储原始文献信息的全文或主要部分的节选,其中有些直接就是电子出版物,是近年来发展迅猛也最受人们喜爱的一类数据库。中文全文数据库有中国知网的中国学术期刊(网络版)数据库、维普资讯网的中文科技期刊数据库、万方数据知识服务平台期刊论文资源等,西文全文数据库有荷兰 Elsevier 公司出版的 ScienceDirect 数据库、德国 Springer 科学与商业媒体集团出版的 SpringerLink 数据库等。

(5) 图像数据库

图像数据库是指存储各种图像或图形信息及有关文字解释的一种数据库。如医学形态学图谱、寄生虫学图谱、血液学图谱、中药图谱、外科手术图谱、皮肤病学图谱等。医学图像数据库中,有照片、绘画类图像数据库,也有用 CT 或 MRI 等制成的影像类图像数据库。目前,因特网上有较多可供免费使用的医学图像数据库,而且有些图像数据库还配有视频、音频、动画、立体三维等媒体形式。

2. 数据库结构

尽管数据库的种类很多,但其结构大致相同,包括记录、字段、文档等几部分组成。

(1) 记录

记录是构成数据库的一个完整的信息单元,每条记录描述了原始信息资源的外表特征和内容特征。书目数据库中的一条记录通常代表一篇原始文献的相关信息,全文数据库中的记录除提供书目数据信息外,还提供原始文献的全文,其他类型数据库中的记录则是某种信息单元,如一组理化指数、一种治疗方案等。

(2) 字段

字段是比记录更小的单位,是组成记录的数据项。在二次文献信息数据库记录中有题名、著者、来源、文摘、主题词等字段。通常每个字段有自己的名称和缩写,如题名字段用 TI 表示、著者字段用 AU 表示、文献来源用 SO 表示、文摘字段用 AB 表示等。这些缩写名也称字段标识符。

(3) 文档

文档是数据库中一部分记录的集合,也是数据库的结构。一个大型的数据库往往含有数以万计的记录,为了便于检索,常常把数据库按学科或年代分割成若干个文档,并进行合理组织。如中国学术期刊(网络版)数据库按学科分成基础科学、工程科技、农业科技、医药卫生科技等 10 个专辑。

2.1.2 信息存储与检索过程

信息检索系统(检索工具和数据库)都具有信息存储与检索的功能。存储信息的广泛全面和检索信息的迅速准确是衡量信息检索系统质量的标志。信息检索原理就是指通过一定的方法和手段使信息存储与检索这两个过程所采用的特征标识达到一致,以便有效地获得和利用信息资源。

1. 信息存储过程

信息存储主要是对信息资源进行标引,形成信息的外表和内容特征标识,为信息检索提供有章可循的途径的过程。外表特征指信息资源的标题、著者、来源、卷期、页码、年月、文种、文献类型等项目；内容特征指信息资源论述的主题及所属学科范畴等。信息存储前首先对信息资源的外表特征和内容特征进行分析，把握信息资源的外表特征或所论述的中心内容形成的主题概念，然后选用特定的信息检索语言表达相应的信息特征，也就是将外表特征或主题概念转换成对应的信息特征标识，最后将这种标识按其内容和出处进行编排、输入信息检索系统。

2. 信息检索过程

信息检索过程就是信息用户根据信息需求，确定检索概念并形成检索提问，然后选择一定的检索语言，将检索概念所形成的信息检索提问转换成检索提问标识（检索词或检索表达式），按此到信息检索系统中查找所需的信息。在检索的过程中，还应当对检索结果进行评价、反馈，或许还要调整检索策略，重新制定检索表达式，反复进行检索，直到检索出满意的检索结果为止。

信息检索的原理与过程，如图 2-1 所示。

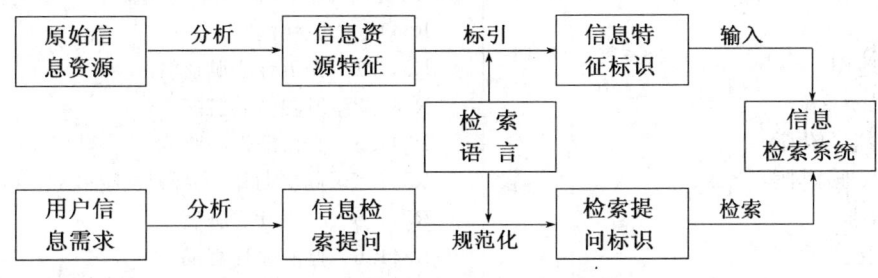

图 2-1 信息检索的原理与过程

作为信息的需求者，应当了解信息的存储和检索的基本原理，正确使用数据库中的规范化检索语言，以求达到存储信息集合与检索需求集合匹配问题上的高度一致，提高信息检索的效率。

3. 检索语言

检索语言是信息存储与信息检索过程中共同使用的语言。它可以是一套分类号码，也可以是规范化或非规范化的一套词汇。规范化语言也叫人工语言、受控语言，可对信息检索用语的概念加以人工控制和规范，对同义词、多义词、近义词、相关词及缩略词等进行规范化处理，用一个词来表达一个或几个相关概念，如主题词。非规范化语言也叫自然语言、非控语言，如关键词。

目前应用得最广的检索语言是：分类检索语言、主题检索语言和关键词语言。

（1）分类检索语言

分类检索语言按照学科范畴及知识之间的关系列出类目，并用数字、字母符号对类目进行标识的一种语言体系。使用这种检索语言建立的信息检索系统可以反映知识的从属、派生、重合、交叉、并列等关系，用户可以鸟瞰全貌、触类旁通，系统地掌握和利用一个学科或专业范围的知识和信息。目前国内常用的分类检索语言是《中国图书馆分类法》，简称《中图法》。

《中图法》采用汉语拼音字母和数字组成的混合制号码作类目标识，每一个分类号代表特定的知识门类。它是一种等级列举式的分类体系，以科学分类为基础，采用从总到分、从一般到具体的逻辑系统逐级划分类目,将学科的概念由粗到细、由大到小划分,形成等级。类目一般可分到六至七级,号码愈短指学科概念愈大,号码愈长指学科概念愈细小。表 2-1 列出了《中图法》基本大类和医药、卫生大类类目。

表 2-1 《中图法》基本大类和医药、卫生大类类目

基 本 大 类	R 医药、卫生
A 马克思主义、列宁主义、毛泽东思想	R1 预防医学、卫生学
B 哲学	R2 中国医学
C 社会科学总论	R3 基础医学
D 政治、法律	R4 临床医学
E 军事	R5 内科学
F 经济	R51 传染病
G 文化科学教育体育	R52 结核病
H 语言、文字	R53 寄生虫病
I 文学	R54 心脏、血管(循环系)疾病
J 艺术	R541 心脏疾病
K 历史、地理	R541.1 先天性心脏血管病
N 自然科学总论	R541.2 风湿性心脏病
O 数理科学和化学	R541.3 高血压性心脏病
P 天文学、地球科学	R541.4 冠状动脉(粥样)硬化性心脏病(冠心病)
Q 生物科学	R541.5 肺原性心脏病
R 医药、卫生	R541.6 血液循环衰竭
S 农业科学	R541.7 心律失常
T 工业技术	R541.8 新陈代谢、营养及内分泌障碍性心脏病
U 交通运输	R541.9 其他病因性心血管病
V 航空、航天	R55 血液及淋巴系疾病
X 环境科学、劳动保护科学(安全科学)	R56 呼吸系及胸部疾病
Z 综合性图书	R57 消化系及腹部疾病
	R58 内分泌腺疾病及代谢病
	R59 全身性疾病
	R599 地方病学
	R6 外科学
	R71 妇产科学
	R72 儿科学
	R73 肿瘤学
	R74 神经病学与精神病学
	R75 皮肤病学与性病学
	R76 耳鼻咽喉科学
	R77 眼科学
	R78 口腔科学
	R79 外国民族医学
	R8 特种医学
	R9 药学

(2) 主题检索语言

主题检索语言由主题词汇构成,即将自然语言中的名词术语经过规范化处理后直接作为信息存储或检索标识,并按字母顺序排列,通过主题词表的参照系统揭示主题概念之间的关系,即将非主题词引见主题词(如 kidney stone *see* kidney calculi; cancer *see* neoplasms 等),或引见相关主题词,故也称主题词法。主题词法表达的概念比较准确,而且直接性强、专指度高,能够将分散的信息资源通过某个主题词集中存储或检索。

有的主题词还配有相关联的副主题词,便于对同一主题词下不同研究方面进行细分,使信息的存储与检索更具有针对性。例如,stomach neoplasms/drug therapy 中的 drug therapy 是副主题词,仅表示存储或检索有关胃肿瘤药物治疗方面的文献,而非胃肿瘤所有方面的文献。

主题词表中有的还设有树形结构,形成主题词的等级知识体系,从中可了解主题词的隶属关系,便于理解和选择更合适的检索词。

不同的信息检索系统、不同的学科专业领域有各自的主题词表。医学领域中最成熟、最常用的主题词表是用于 MEDLINE/PubMed 等检索系统中的 MeSH(Medical Subject Headings,医学主题词表),而 CBM 中使用的是 MeSH 中译本和中国中医研究院编制的《中国中医药学主题词表》合并而成的主题词表。

医学主题词表(MeSH)主页界面(https://www.nlm.nih.gov/mesh/,如图 2-2 所示),点击"MeSH Browser"链接,即进入 MeSH Browser(医学主题词检索浏览)界面,如图 2-3 所示,可以在检索框中输入检索词检索。

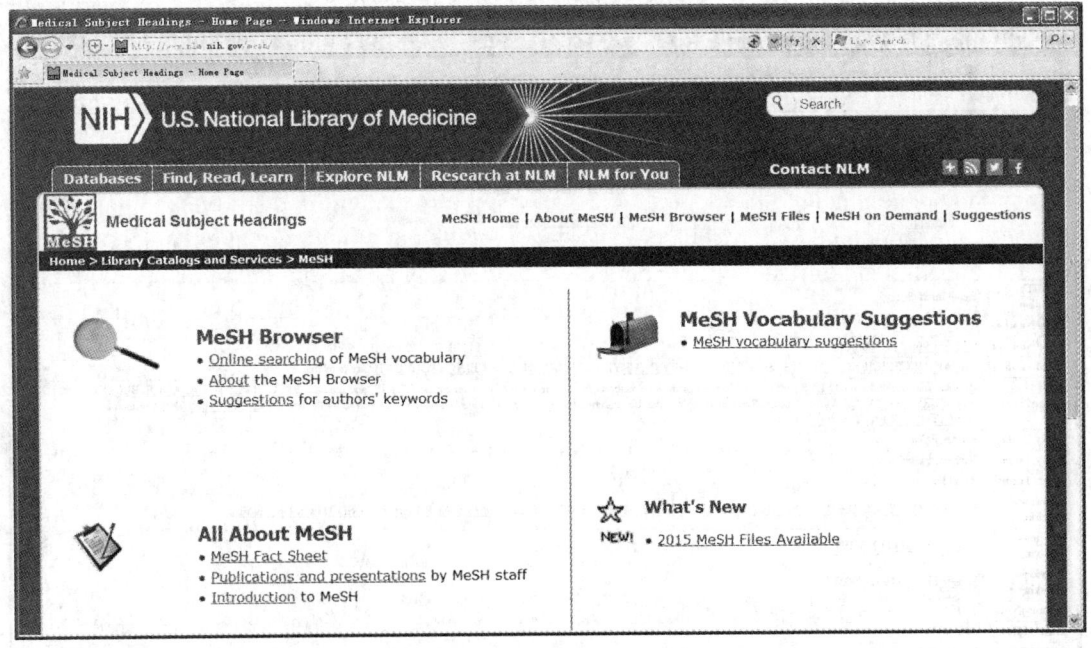

图 2-2 MeSH 主页界面

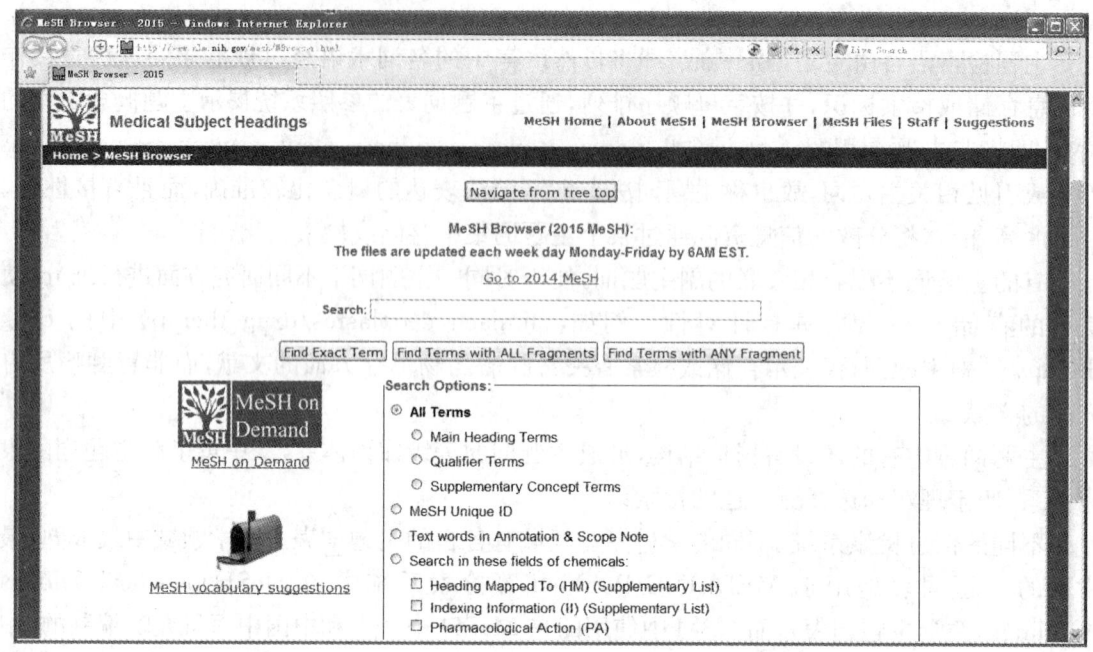

图 2-3 MeSH Browser 界面

例如,在检索框中输入 kidney failure(肾功能衰竭),按回车键或点击检索匹配按钮,即可得到相关主题词注释表(MeSH Descriptor Data)和命中主题词树形结构表(MeSH Tree Structures)(如图 2-4 和图 2-5 所示,两图为同一 Web 页面)。

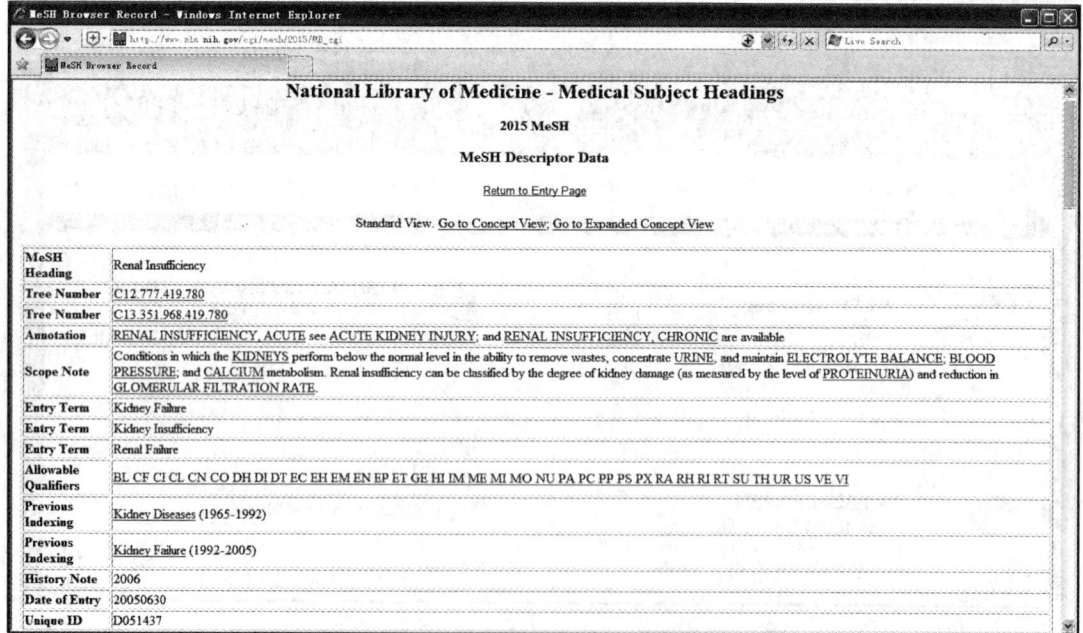

图 2-4 主题词注释表(MeSH Descriptor Data)

主题词注释表主要包括：系统所采用的规范化医学主题词（MeSH Heading）、该主题词的树形结构号、主题词注释与范围注释、款目词（Entry Term，也称入口词，指存入系统的医学术语，通常为主题词的同义或近义词，可作为查找主题词的入口）、相关联的副主题词（Allowable Qualifiers）、主题词历史注释等内容。通过浏览主题词注释表，发现 Kidney Failure 一词曾在 1992—2005 年期间用作主题词，而在 2006 年开始肾功能衰竭的规范化主题词（MeSH Heading）为 Renal Insufficiency。

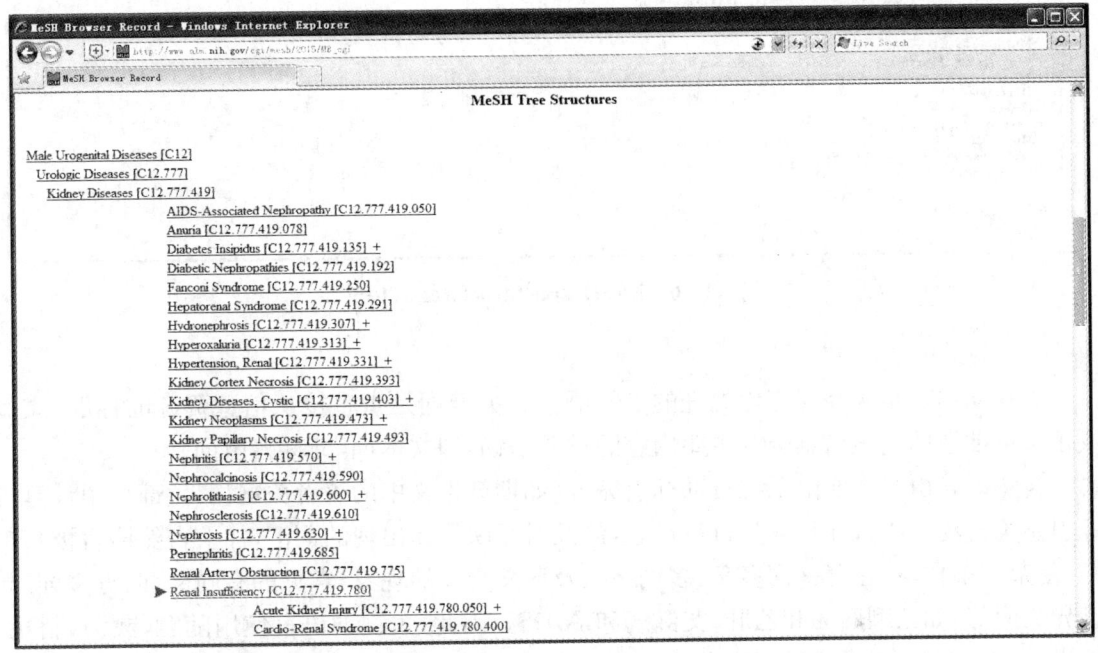

图 2-5　命中主题词树形结构表（MeSH Tree Structures）

主题词树形结构表则显示命中主题词所在学科分类体系中的位置，每个主题词至少有一个树形结构号，树形结构号后面有"＋"号，表示该主题词还有下一级主题词，通过展示主题词之间的族性关系，进一步了解主题词之间词义的并列和隶属关系，有助于用户准确选择主题词，扩大或缩小检索范围。

若在 MeSH Browser 界面（如图 2-3 所示），点击"Navigate from tree top"导航条，则显示当年全部医学主题词所属的 16 个范畴的导航树——MeSH Tree Structures（全部医学主题词树形结构），依次逐级点击浏览选词，可帮助用户选择规范化的医学主题词。图 2-6 为 2015 年医学主题词所属的 16 个范畴的导航树——MeSH Tree Structures。

需要指出的是，目前 MeSH 提供 83 个副主题词和主题词组配使用，每一个副主题的组配使用都有严格的范围限制，并不是每一个主题词都能和每一个副主题词相组配。可通过主题词注释表的"Allowable Qualifiers"栏查证。

此外，为适应中医中药方面的文献信息的检索，《中国中医药学主题词表》中相应增加了 12 个中医中药方面的副主题词，它们是：按摩疗法、气功疗法、气功效应、生产和制备、穴位疗法、针灸疗法、针灸效应、中西医结合疗法、中药疗法、中医病机、中医疗法、中医药疗法。

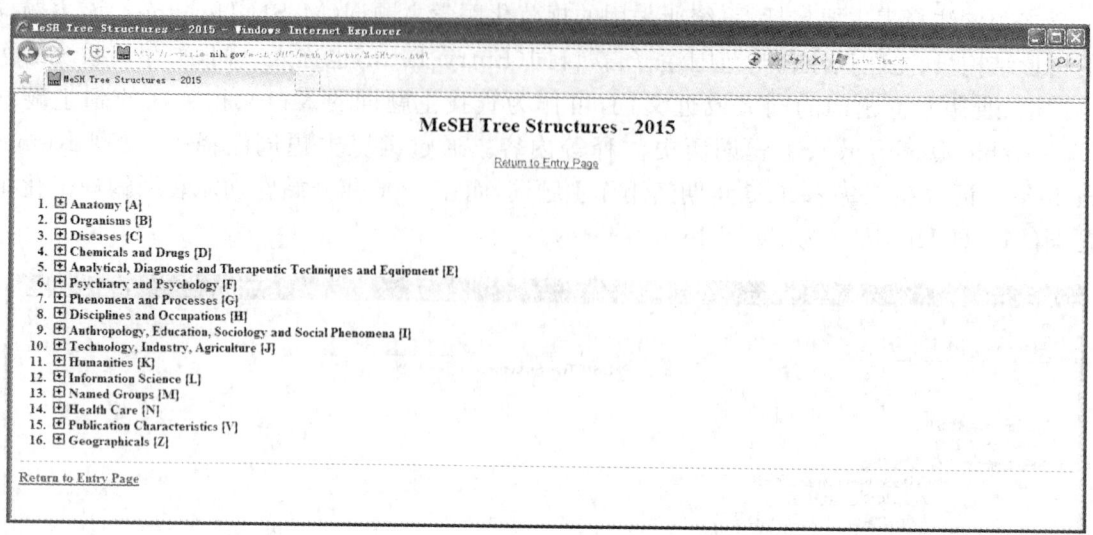

图 2-6　MeSH Tree Structures - 2015

(3) 关键词语言

关键词语言是未经规范化处理的自然语言。关键词是指直接从信息资源的标题、文摘或正文中抽取的代表信息资源主要内容的重要语词,即文本词,又称自由词。

自然语言由于主要由系统自动标引完成(如期刊论文中的著者关键词,大部分由计算机标引系统自动完成),并且取其自然形态,能及时反映最新出现的词汇,加上自然语言极其丰富、复杂和多样,存在着一词多义、多词一义及词义交叉的现象,常见的有同义词、近义词、同型异义词等,如乙型肝炎和乙肝,艾滋病和 AIDS。因此,关键词语言使用随意、灵活、新颖、检索入口多,但由于无法做到能自动抽取的最准确和充分表达信息资源内容的语词,因而其检索效率比规范语言低。

对于比较成熟的检索系统,通常规范语言和自然语言并用,互为补充,以保证较高的检索效率。

2.2　医学信息检索基本技术

2.2.1　布尔逻辑算符检索

布尔逻辑算符检索是信息检索中最常用的匹配运算模式,几乎所有的数据库和其他网络信息检索系统都支持布尔逻辑算符检索,它能用来组合检索词或检索式,进行检索语言或代码的逻辑组配,达到扩大或缩小检索范围、提高检索效果的目的。常用的布尔逻辑算符包括:逻辑"与"、逻辑"或"、逻辑"非"3 种。

1. 逻辑"与"

逻辑"与",用 AND(或者 and)表示,用于检索词具有概念交叉或限定关系的一种组配。用逻辑"与"连接的两个检索词必须同时出现在检索结果中才满足检索条件,常用来缩小检索范围,提高查准率。如检索词 A 与检索词 B 若用 AND 相连,逻辑表达检索式为

A AND B

表示需要检索数据库记录中同时包含检索词 A 和检索词 B 的信息。

例如,diabetes mellitus(糖尿病)AND vitamin c(维生素 C),将检索出如图 2-7 所示意阴影部分的文献。

需要指出的是,这种组配不能判断检索词之间的内在联系。如检索基因治疗(gene therapy)的文献,若用 gene AND therapy 去检索,可能也会检索出有关论述某种"基因"与疾病的关系以及用药物"治疗"该疾病的文献,但该文献实际与基因治疗这个主题概念无关,产生了误检。

2. 逻辑"或"

逻辑"或",用 OR(或者 or)表示,用于检索词具有概念并列关系的一种组配。逻辑"或"连接的两个检索词中任意一个出现在检索结果中就满足条件,常用来扩大检索范围,提高查全率。如检索词 A 与检索词 B 若用 OR 相连,逻辑表达检索式为

A OR B

表示需要检索数据库记录中凡含有检索词 A 或者检索词 B,或同时含有检索词 A 和检索词 B 的信息。

例如,vitamin c(维生素 C)OR ascorbic acid(抗坏血酸),将检索出如图 2-8 所示意阴影部分的文献。

3. 逻辑"非"

逻辑"非",用 NOT 或 AND NOT(或者 not,and not)表示,用于检索词具有不包含某种概念关系的一种组配。逻辑"非"连接的两个检索词中,应从检出的第一个概念的信息集合中排除第二个概念的信息,一般用来缩小检索范围,增强专指性。如检索词 A 与检索词 B 若用 NOT 相连,逻辑表达检索式为

A NOT B

表示需要检索数据库记录中含有检索词 A 但不含有检索词 B 的文献,即将既含检索词 A 又含检索词 B 的记录排除在检索结果之外。运算符 NOT 要慎用,以防造成漏检。

例如,hepatitis A virus(甲型肝炎病毒)NOT human(人类),将检索出如图 2-9 所示意阴影部分的文献。

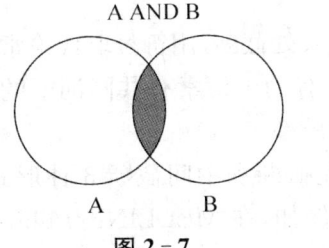
图 2-7

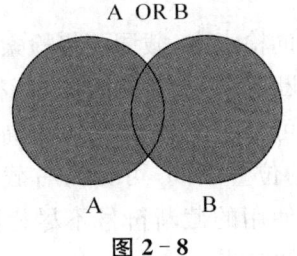
图 2-8

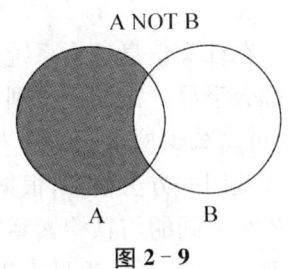
图 2-9

4. 布尔逻辑算符的用法

在 3 种布尔逻辑算符中,一般地,NOT 优先运算,AND 其次运算,OR 最后运算,如果要改变运算次序,用括号来表示括号内的运算符优先运算。但在有的信息检索系统中,是按照"先运算的先输入"这一规则来体现布尔逻辑算符的运算次序的。通常,检索系统的"帮助"(help)文件中会有这类说明,只要注意查看即可。

此外，在外文信息检索系统中，通常采用大写的运算符（AND，OR，NOT 或 AND NOT），且运算符前后须留有空格。有的中文数据库也可用"＊""＋""－"作运算符，分别表示逻辑"与"、逻辑"或"、逻辑"非"组配。在逻辑表达检索式中，除中文检索词外，其他符号须在英文半角输入法状态下输入。

2.2.2 位置算符检索

为了提高信息资源的查准率，不仅要求两个或多个检索词同时出现在同一记录中，而且还要求检索词出现在同一字段或同一句话中，两个检索词紧挨着或者检索词之间允许插入若干个词，这就涉及检索词的位置运算。位置算符，又称邻近算符，能表示检索词之间的相邻位置关系。位置算符因信息检索系统不同而形式各异，常见的位置算符有 With, Near, NearN 等。

1. With

同字段位置限定符，表示检索词存在于同一数据库记录的同一字段，如同时出现于文献题名或同时出现于文摘中等，词序可颠倒。

例如，child With asthma 可检出该两词同时存在于题名中或同时存在于文摘中的文献。

2. Near

相邻检索位置符，表示检索词存在于一个数据库记录的同一字段的同一句子中，所联结的两个概念距离一般较近，词序可以颠倒。

例如，tongue Near base 可检出含有 tongue base 和 base of tongue 的文献。

3. Near 后加正整数

Near 后加正整数（N）表示检索词之间允许插入几个其他词的情况。Near1 表示左右两个检索词紧相邻；Near2 表示左右两个检索词之间可以插入一个单词或者不插入单词，Near3 则表示检索词之间最多允许插入两个其他单词，依此类推。

例如，acute Near2 infarction 表示两词之间最多允许插入一个其他词，可检出 acute infarction 或 acute myocardial infarction 的文献。

2.2.3 截词检索

在外文信息检索系统的自由词检索中，截词可将检索词从某处截断，用符号取代检索词中部分字母。截词检索则为用截断的词的一个局部进行检索，有助于检索有共同词干的词汇，可以减少检索词的输入量，既可以防止漏检，又可提高检索效率。

截词的方法很多，根据截词的位置不同，可分为右截断、左截断和中间截断 3 种形式。在各个不同的信息检索系统中所使用的截断符号不尽相同。例如，在 MEDLINE/PubMed 检索系统中，截词符号采用"＊"和"？"表示。

1. 右截断

右截断即将截词符号放在一个字符串的右方，以表示被检索内容前方一致的一种检索方法。右截断是最常用的截词检索方法，又可分为有限截断和无限截断两种类型。

（1）有限截断

在词干后加几个"？"，即允许词干后最多可添加几个字符，例如，drug？ 可检出 drug 和

drugs；child???? 可检出 child，children，childhood。

(2) 无限截断

在一个词干后用"*"，即可将含有该词干的所有词全部检出，例如，child* 可检出 child，childe，childly，childing，childish，childhood，children，childrenite 等。这种截断法，截断位置必须选择适当，否则会引出大量无关的检索词以及大量无关的文献。

2. 左截断

左截断即将截词符号放在一个字符串的左方，以表示被检索内容后方一致的一种检索方法。例如，*glycemia 可查找 hyperglycemia 或 hypoglycemia 的文献。尽管左截断检索是一种很有用的检索技巧，但由于受词表贮存方式的限制，目前仅有少数信息检索系统可使用这一技术。

3. 中间截断

中间截断是将截词符号放在一个检索词的中间，以表示被检索的词前后字符一致。这种方法多用于英语中同一单词的英美不同拼法及单复数不同拼法。例如，tumo?r 可检出含有 tumor 和 tumour 的文献。

2.2.4 限制检索

在信息检索系统中，通过一定方式限制检索范围，缩小或约束检索结果，最终达到优化检索结果的方法，称为限制检索。常见的限制检索有字段限定检索、辅助限定检索和二次检索。

1. 字段限定检索

字段限定检索是指在指定的一个或多个字段中进行检索，系统只对指定字段进行匹配运算，以提高检索效率和查准率。

字段限定检索的操作形式有两种：一是在字段下拉菜单中选择字段后输入检索词；二是直接输入字段名称和检索词，例如，aspirin in title，或者 aspirin[ti]，表示检索在题名字段中含有 aspirin 的文献；cardiff rd[au]，表示检索著者 Cardiff RD 发表的文献。

需要指出的是，不同的信息检索系统有不同的字段标识符和字段限制的表达形式。

2. 辅助限定检索

辅助限定检索是指信息检索系统通常以菜单方式将所有可供检索限定的内容排列出来供用户选择的辅助检索技术。常见的检索限定包括：出版时间(Publication Date)、文献类型(Publication Type)、语种(Language)、检索结果是否为免费全文(Free Full Text)或文摘(Abstract)、研究对象的选择(Human/Animal)等。

3. 二次检索

二次检索是指在已得到的检索结果集中，添加新的检索词检索，或者再做某种或多个条件如学科类别、文献类型、著者、研究机构、研究对象、性别/年龄、国家/地区、研究层次、来源出版物、出版年、语种、基金资助等的限定，便于精炼检索结果，满足用户进一步筛选、过滤检索结果的目的，以提高查准率。也称为在检索结果中检索(Search within Results)、精炼检索(Refine Search)或过滤检索(Filter Retrieval)。

2.2.5 其他检索技术

1. 词组/短语检索

对于检索完全匹配的短语或词组使用半角双引号""，例如，"hemorrhagic shock"，就可以在信息检索系统中检索含有该词组的文献信息。

一般来说，在检索框中输入两个检索词，且两个检索词之间只是空格分开没有任何其他符号，信息检索系统会将这两个检索词之间的关系设为默认值，通常为逻辑"与"（AND）运算。若将这两个检索词作为特定的短语或词组进行检索，就必须使用一定的标识来表明，最常用的是使用半角的双引号。

2. 精确检索与模糊检索

精确检索表示完全匹配；模糊检索表示含有，允许词间插入其他字词。精确检索与模糊检索多用于关键词和著者等字段的检索。在中文数据库使用著者单位字段检索时，通常选择法人单位名称、模糊检索。

3. 智能检索

智能检索是信息检索系统利用主题词表、同义词词典等来改善用户的输入，以达到查全的一种检索技术。例如，在 CBM 中，在"缺省"字段输入"艾滋病"，勾选"智能检索"后点击"检索"按钮，系统自动检出在缺省字段中含"艾滋病"和"获得性免疫缺陷综合征"的所有文献。

4. 扩展检索

扩展检索是在主题词、副主题词或分类号检索时，根据词表或分类法，对所属的下位概念词或下位分类号同时进行逻辑"或"（OR）检索。

5. 跨库检索

跨库检索是指通过一次性的检索操作，在统一的检索平台上同时检索多个数据库中的信息。具有跨库检索功能的平台有：如中国知网、Web of Science™平台等。

2.2.6 信息检索方式

信息检索方式是指信息检索系统在检索界面上提供给用户的基本检索功能与检索形式，它与系统的检索技术是紧密结合的。比较通用的检索方式有：浏览（Browse）、简单检索（Simple Search）、高级检索（Advanced Search）、专家检索（Expert Search）等。

1. 浏览（Browse）

浏览通常有期刊刊名浏览（Browse by Journal）和学科专题/类目浏览（Browse by Subject/Category）。前者可按分类类目或字顺浏览刊名，再按刊名浏览年、卷、期及其目次；后者就是层层点击信息检索系统所设定的学科专题类目，逐级查阅相关专题类目的期刊，再按刊名浏览年、卷、期及其目次。

2. 简单检索（Simple Search）

简单检索又称基本检索（Basic Search）、快速检索（Quick Search），通常只为用户提供一个检索输入框，适用于简单课题的检索。

3. 高级检索(Advanced Search)

高级检索提供多个检索输入框或多字段输入框,可选择不同的运算符,常常还提供有限定检索选项和检索历史。

4. 专家检索(Expert Search)

专家检索具有高级检索的功能,通常提供一个较大的检索输入框,为专业用户、资深用户提供比较复杂的检索界面。可直接在检索输入框中输入复杂的检索表达式,检索式的表达往往需要运用检索语言、逻辑运算符、检索规则和检索字段缩写代码等,以构建比较细致的检索式,帮助用户进行精确检索。

2.3 医学信息检索技巧与策略

2.3.1 信息检索方法

信息检索方法是多种多样的,分别适用不同的检索目的和要求。在信息检索过程中,具体选用什么样的方法,由于客观的情况和条件的限制而不尽相同,归纳起来,信息检索方法通常有以下几种:

1. 常用法

(1) 顺查法

在了解某研究课题的历史背景和发生情况后,选择适宜的信息检索系统,按年代顺序由远而近、从旧到新查找信息资源的一种方法。这种方法适合于查找那些主题比较复杂、研究范围较大、研究时间较久的科研课题,或理论性、学术性较强的文献信息,能系统了解有关课题的全面发展情况,漏检的可能性小,但费时长,劳动量大。

(2) 倒查法

与顺查法相反。即利用所选定的信息检索系统,根据课题内容由近到远逐年往前查找信息资源的一种方法。此法能更多地获得某学科或研究课题最新或近期一定时间内所发表的文献信息或研究进展情况。这些近期文献信息不仅反映了现代科学技术的最新情况和水平,而且大多引用、论证和概述了早期的信息资料,从而可间接了解有关课题的早期发生、发展情况。与顺查法相比,效率高、省时间,但查得的信息资源不够全面,有可能漏检有用资料。一般适用于查找新兴学科的研究课题或检索某课题最新进展情况的信息资料。

(3) 抽查法

这是一种利用信息检索系统进行重点抽查检索的方法。它是根据学科发展的脉动性特点而采用的一种有效的检索方法。某学科高峰期所生产的信息资源数量要远远高于其低谷期的信息资源数量,抽查法就是有重点地检索学科高峰期的信息资源。它只要付出较少的检索时间、人力和工作量,就可能获取较多的文献信息资料,收到事半功倍的检索效果。但使用抽查法的前提是事先必须了解该课题研究发展的历史背景及学科发展的峰期,方可达到满意的检索效果。

2. 追溯法

根据经过选择的适用文献后所附的参考文献向前追溯出一个专题的文献,还可以再利用查得文献的著者或主题,通过相关途径找到有关的新文献。这种方法可以帮助用户了解与自己研究性质相关的资料信息,加上浏览最新文献信息,寻找与自己研究有关的知识点。这种利用参考文献进行追溯检索的时间顺序是由近及远的,故更多注意的是新近的文献信息。一般地,最好使用综述文献和专著追溯,因为这类文献所附的参考文献,既多又精,既准且全,可避免漏检或误检。

3. 分段法

分段法又叫循环法,是常用法和追溯法的结合。即先利用信息检索系统查得一批有用的文献,然后利用这些文献后所附的参考文献进行追溯查找。当追溯到一定时限,再利用信息检索系统向前推进查找,由此可获得更多的相关文献信息。此法检索效果比较好,而且可以克服信息检索系统文档短缺的困难。

4. 核心期刊浏览法

由于信息检索系统收录原始文献信息通常存在一定的时差。为了获取检索课题的最新文献信息,直接去浏览尚未收编到信息检索系统中的现期期刊文献是十分必要的。浏览的方法主要是阅读有关课题的专业期刊以及该学科核心期刊的目次表或主题索引,必要时再进一步阅读全文。

2.3.2 信息检索途径

检索途径就是检索点、检索入口,指的是通过信息资源的某种特征(如能够识别信息资源的名称、术语、代码等)来检索特定的信息资源,通常体现为字段检索。常用的检索途径有以下几种:

1. 自由词检索

自然语词是著者写文章时所使用的词语,它包括标题词、关键词、文摘词、全文词,不受主题词表的约束,同一概念的词取决于著者的偏爱。检索的灵活度大,通常文献信息篇名和摘要乃至全文中每个实体词都可以用来检索,故称之自由词(又称文本词 Text-word)检索。

2. 著者检索

著者检索是以著者姓名作为检索入口,可以检索到有关权威人士所著内容相同或相近、有逻辑联系的文献信息资料,便于发现和了解同行专家的研究倾向或近期研究情况。但需要注意的是,著者检索时,有时会出现同名同姓但不是同一人,此时可借助文献研究主题、期刊名称和著者单位加以鉴别。

使用著者检索,要了解信息检索系统中著者的编排规则和熟悉著者姓名的一般知识。在原文署名时,欧美国家的习惯是名(First Name,Given Name)在前、姓(Last Name,Surname,Family Name)在后,而在检索时,根据信息检索系统中著者的编排规则,常采用姓在前、名在后(一般名用首字母缩写)的次序检索。

例如,Robert D. Cardiff 要改成 Cardiff RD 来检索。著者姓名中若出现逗号,表明逗号前就是姓,例如,Harrison,William Henry 中,Harrison 是姓,William Henry 是名,检索时去掉逗号,名保留首字母,即 Harrison WH。

在西文数据库中检索中国著者发表的文献信息,也是姓在前,名的拼音首字母在后。例如,检索"刘秀梵"发表的文章,检索词是 Liu XF。

需要指出的是,不同的信息检索系统对著者输入的形式有不同要求,有的要求姓和名都用全称,姓与名之间用逗号,有的要求名的缩写后加一个点等。一般可通过信息检索系统的"帮助"(help)获得相应的检索规则。

3. 分类检索

分类检索是按信息资源的主题内容所属的学科分类体系来检索文献信息的,它能反映学科概念的上下左右、派生隶属、平行等级关系,能较好地体现学科的系统性,有利于从学科专业的角度来查找所需信息,能满足族性检索要求。通常,根据信息资源的学科分类体系(学科分类导航)逐级点击分类类目进行浏览检索。有的信息检索系统也提供分类号作为检索标识,如在 CBM、维普网中文科技期刊数据库等中文数据库中,采用《中图法》分类号作为检索标识进行检索。

4. 主题词检索

主题词检索是根据检索课题的要求确定规范化的主题词来检索文献信息的,通过主题词的规范化能对同义词、近义词、拼写变异词、全称与缩写等进行归并,以保证一词输入,多词命中。其最大优点是概念准确、直接性强、专指度高,能够将不同表达反映相同概念,或者分散在各学科专业领域里的有关课题的信息资源通过某个主题词集中检索出来,较好地满足用户的检索要求。

例如,关于"肾结石"这个概念,著者按个人喜好在论文中可以用 renal calculi 表达,也可用 kidney calculi 表达,还可以使用 kidney stone 这个单词,而在 MeSH 中规范的主题词是 kidney calculi。若有三篇关于"肾结石"研究的文献,其中一篇用的是 renal calculi,一篇用的是 kidney stone,而另一篇用的是 kidney calculi,由于存储这三条记录的 MeSH 字段都会标引上主题词 kidney calculi,因此采用 kidney calculi 主题字段检索,这三条记录都命中。如果用自由词 renal calculi 或 kidney stone 检索,则仅查到其中一篇,漏掉另外两篇。

在主题词检索时,关键是要熟悉和使用检索语言,即利用医学主题词表选准主题词(拼写要准确,形式要一致)。主题词的形式,有的是单个词,有的是复合词。复合词又有顺置式和倒置式之分。例如,在 MeSH 中,出血性休克的主题词是 shock, hemorrhagic,采用的是倒置形式。由于引起休克的原因很多,除出血性休克外,还有心源性休克(shock, cardiogenic)、感染性休克(shock, septic)、外科性休克(shock, surgical)、创伤性休克(shock, traumatic)等,采用主题词倒置,便于研究休克的用户浏览和选取主题词。

为了提高查准率,缩小检索范围,还可以借助 MeSH 选择相关联的副主题词与主题词组配检索。副主题词是指能对主题词起到定性、修饰或限定作用的词汇。例如,糖尿病护理研究的主题词与副主题词组配的检索表达是:diabetes mellitus(糖尿病)/nursing(护理)。

在实际检索中,主题词与副主题词的组配(主题词/副主题词)是有逻辑联系的。例如,
① 某种疾病的药物治疗,应当表达为:
疾病名称(主题词)/药物疗法(副主题词)
药物名称(主题词)/治疗应用(副主题词),如阿司匹林治疗心肌梗死,可表达为
myocardial infarction(心肌梗死)/drug therapy(药物疗法)
aspirin(阿司匹林)/ therapeutic use(治疗应用)。
② 某种化学药物引发某种疾病,应当表达为:
药物名称(主题词)/副作用(副主题词)

疾病名称(主题词)/化学诱导(副主题词),如阿司匹林引起哮喘,可表达为
aspirin(阿司匹林)/adverse effects(副作用)
asthma(哮喘)/chemically induced(化学诱导)。

5. 刊名检索

刊名检索是用来检索指定刊物上发表的文献。有的数据库提供刊名浏览,点击刊名链接即可,有的须输入期刊名称(全称、刊名缩写或ISSN号)检索,或两者兼有。

6. 引文检索

引文检索是以被引用文献(即列于文章后面的参考文献)为检索起点来查找引用文献的一种途径。

通过引文检索可以得知某篇已发表的文献曾经被哪些人引用过,了解过去发表的文献对后来发表文献的学术影响,后来发表的文献对过去发表文献的评价等,引文检索在学术交流和科研评价中的重要性越来越引起人们关注(详见6.1节)。

7. 机构检索

机构检索是以机构名称作为检索词来查找该机构学者发表的文献信息。不少数据库把机构名并入地址字段。选择地址字段检索,既可从机构名称入手,也可按机构所在的城市名或国家名进行检索。常见的机构检索字段名有 Address, Affiliation, Organization, Institution 等。

8. 默认检索

默认(Default)检索又称缺省检索,是在信息检索系统预先设定的字段中进行检索,目的是为了检索到更多的文献。例如,CBM的缺省检索,表示在是中文标题、摘要、作者、关键词、主题词和刊名6个字段中查找用户输入检索词的文献。

9. 序号检索

序号检索是在已知文献信息序号的前提下,以序号作为检索标识找出相应类型的文献信息。例如,国际标准连续出版物编号(ISSN)检索、专利号检索、标准号检索、化学物质登记号检索等。

10. 其他检索途径

其他检索途径主要是指一些辅助性的检索途径,如化学分子式检索、化合物结构图检索等,对于检索某些专业性的文献信息具有特殊的作用。

2.3.3 信息检索策略与步骤

信息检索策略就是信息用户为实现检索目标而制订的全盘计划或总体方案,其目的是为了指导并优化检索过程,提高检索效率,全面、准确、快速、低成本地找到所需信息资源。一般来说,完成一个课题的检索,其检索策略包括以下几个部分:课题分析;选择信息检索系统;确定检索入口,构建检索表达式;调整检索策略;获取原始文献。

1. 课题分析

在实施信息检索之前,对检索课题的分析研究十分重要,其目的是要求检索用户搞清楚自己的信息需求、需要解决哪些问题,形成查询提问。

(1)明确检索目的

若需要检索关于某一个课题的系统详尽的信息，包括掌握其研究背景、现状和发展，要求检索全面、彻底，检索的资源要多，覆盖的时间年限要长，如撰写硕士、博士论文，科研选题立项，成果鉴定，申报专利，进行医学科技查新等，尽可能使用书目型的二次文献信息数据库检索。若需要检索某个课题的最新信息，对某个课题进行跟踪研究，需要检索的数据库资源必须更新速度快，则可选用联机数据库、实时更新的网络数据库、搜索引擎检索。若是为了获得一些相关信息去解决某个具体问题，如论文写作时针对某个问题查找一些相关参考资料、某个术语的解释等，一般可选用参考类数据库（数值型/事实型数据库）、搜索引擎检索。

（2）明确课题的主题概念

通过分析课题，分析出若干个既能代表信息需求又具有检索意义的主题概念，对每一个概念，尽可能全面地列举表达该概念的同义词、近义词、相关词，甚至上位词、下位词，以及这些概念之间的相互关系。

（3）明确课题的学科范围

要熟悉课题所涉及的学科专业领域，是否是跨学科研究，以便按学科专业选择信息检索系统。例如，检索课题是侧重基础研究还是临床研究？

（4）明确信息检索范围和要求

明确所需文献信息资源的类型、语种、年代范围、涉及的研究对象、有关课题所期望得到的文献信息形式和数量等具体指标。例如，需要的是原始研究论文（Article），还是只要综述文献（Review）；希望获得文献信息的题录、文摘，还是需要原始文献全文（或免费全文）；是要查找近3~5年的新文献，还是倾向查全、以医学科技查新目的的查找10年以上系统全面的文献，或是某学科的峰期文献等。

2. 选择信息检索系统

根据已确定的检索课题的检索目的、检索范围和信息资源要求来选定信息检索系统。要了解哪些信息检索系统收录了所查课题的文献信息，一般先选用对口权威的专业性数据库，然后再利用综合性的信息检索系统来检索，但还应考虑选用跨学科的信息检索系统的检索。

例如，欲检索国内生物医学文献信息，首选的数据库是 CBM，还可选用中国学术期刊（网络版）数据库、中文科技期刊数据库等；若要检索国际生物医学研究的文献信息，首选 PubMed 检索系统，同时考虑使用 BIOSIS Preview、ScienceDirect、SpringerLink、Web of Science 核心合集等数据库作补充检索；若查找的是生物学方面的信息，则首选的数据库是 BIOSIS Preview，但可能会涉及医学方面的信息资源，还必须检索 CBM、MEDLINE/PubMed 等数据库；查询与药学有关的文献信息，应当首选 SciFinder 数据库。

若要查找学位论文，就一定要使用学位论文数据库，或直接到大学或学院的网站上查询。若是涉及技术性的课题，应考虑使用专利信息资源检索系统；对于高科技领域研究的课题，仅仅查阅国内数据库是远远不够的，还必须查阅国外的重要数据库。若要进行引文检索，可使用中国引文数据库、Web of Science 核心合集等数据库。

3. 确定检索入口，构建检索表达式

常用的检索入口（检索点、检索字段）有题名、著者、主题词、关键词、引文、文摘、全文、出版年、ISSN 号、ISBN 号、分类号以及一些其他专业检索点。检索点正确与否，决定着检索结果的数量和质量。

通常,检索入口是通过分析检索课题的已知条件确定的。例如,要求了解某一专家的近年来的研究动态与研究倾向,就可采用著者检索来查找该专家所发表的文献作分析判断,而要了解某一著者的文献被人引用的情况及其在国内外的影响与地位,则要采用引文检索,并对检索结果进行分析。

如果要求全面、系统检索某一课题的文献信息,一般从主题或分类检索。对于课题检索要求系统性强,所需文献的范围较广,而且课题所属的类目比较明确,则最好使用分类检索;而对于课题检索要求是专指性强,所需文献比较专深,而且课题所属的类目不明或涉及的类目较多,则最好选用主题词检索。用主题词检索时,要善于利用 MeSH 查证主题词,主题词有没有倒置形式,选用的副主题词是否相关联,是否采用下位主题词扩展检索,以及了解主题词历史注释、使用的变迁等。

相对而言,自由词检索有其自身优点,选词灵活、直接,尤其对于一些新的概念尚未被主题词表收录而只能采用自由词检索,并且还可以检索到那些新入库尚未及时标引主题词的文献记录。用自由词检索时,要注意著者可能采用不同的术语表达同一概念的诸多情况,用逻辑"或"(OR)连接,并且还要考虑词与词之间的邻近位置关系。

许多信息检索系统将一些介词、冠词、代词、连接词(如英文的 of,the,in,she,he,to,be,because,if,when)等作为禁用词,如果一定要作为检索词,就必须用引号("")将他们标出。

检索入口的选择还应考虑所选信息检索系统可能提供的检索字段而定。在没有提供主题词字段检索的信息检索系统中,针对某一研究课题检索时,应优先考虑篇名字段检索,如果检索结果过少,再分别考虑摘要字段、关键词字段或具有复合字段功能的主题(Topic)字段检索,最后才考虑全文字段(All Fields/Full Text)检索。使用全文字段检索,结果数量可能会比较大,但结果的相关性很差、甚至根本不相关;使用题名或文摘检索点结果数量可能会少,但较为准确,而且大多信息检索系统对命中检索结果的检索词会显亮,便于检索者迅速做出判断,快速浏览并把握研究信息。

在确定检索入口的基础上,将选定的检索词构建检索表达式,简称检索式。检索式分简单检索式和复合检索式。

简单检索式只含一个检索词,只表达一个简单的检索概念,例如,埃博拉病毒;preschool child in title;"smith j"[au]。

复合检索式含有两个或两个以上的检索词,用布尔算符或位置算符等连接。例如,(非典型肺炎+SARS)*冠状病毒(非典型肺炎与冠状病毒的相关性),其中,典型肺炎与 SARS 是并列概念;acute Near3 pancreatitis AND (mice OR mouse)(急性胰腺炎的小鼠实验),这里用位置算符 Near3 是因为其间有可能出现以下词汇:necrotizing(坏死型)、biliary(胆汁型)、gallstone(结石型)、severe(严重型)、and chronic(及慢性)等词汇。mice 是 mouse(小鼠)的复数形式。

在实际检索操作中,一般可依据以下基本策略来构建检索表达式:

➤ 最专指面优先策略。是指在检索时,首先选择最专指的概念组面进行检索,如果检索命中的文献信息相当少,那么其他概念组面就不再加到检索提问中去;如果检索命中的文献较多,就把其他概念组面加到检索提问中,以提高检索结果查准率。

> 最少记录面优先策略。与最专指面优先策略类似,即先从估计检索中的文献信息记录数最少的概念组面入手,如果检中的文献信息记录相当少,则不必检索其他概念组面,反之,则将其他概念组面加到检索提问式中去,以提高检索结果的查准率。
> 积木型概念组面策略。是把检索课题分解成若干个概念组面,并分别先对这几个概念组面进行检索,在每个概念组面中尽可能全地列举同义词、相关词、近义词,并用布尔算符 OR 连接成子检索式,然后再用布尔算符 AND 把所有概念组面的子检索式连接起来,构成一个总检索式。
> 引文珠形增长策略。这种策略以从直接检索课题中最专指的概念组面开始,以便至少检出一篇命中文献。然后审阅这批文献,从中选出一些新的相关检索词(规范词或自由词),补充到检索式中去,从而能重新查找出更多的命中文献。连续重复进行上述过程,直到找不到其他适合包含于检索式的附加词为止。
> 逐次分馏策略。是指先确定一个相当大的、范围较广的初始文献集,然后逐步提高检索式的专指度,得到一个较小的命中文献集;继续提高检索式的专指度,逐渐缩小命中文献集,直到得到数量适宜、用户(检索者)满意的命中文献集合为止。

此外,在检索过程中还可按需要,对检索的文献年限、文献类型、语种、学科范围、研究对象等进行限制。

4. 调整检索策略

在检索前对检索策略周密考虑,有助于检索按合乎逻辑的方式进行。但是在检索过程中,检索者若对检索返回的结果不满意、发现有更合适的检索词未被使用,或被直接引向新的检索词,应及时调整检索策略。通过检索策略的不断调整,可获得理想的检索效果。

检索策略的调整包括数据库的调整、检索入口的调整、检索词的调整、逻辑运算符和位置算符的调整以及检索限定的调整等。

(1) 检出的文献太多,应缩小检索范围,尽量提高其查准率

如采用逻辑"与"(AND 或 *)组配以增加相关概念,或采用逻辑"非"(NOT 或 －)组配以排除无关概念;用位置算符 Near,With 限定检索词之间的位置关系;选用词表中更专指的下位词,或用特定的副主题词进行组配限定;利用字段限定检索,如主题词检索、题名字段检索等;在专指的分类类目中输词检索;利用其他检索限定(年份、语种、文献类型、核心期刊类型)等。

(2) 检出的文献太少或等于零时,宜扩大检索范围,尽量提高其查全率

如减少逻辑"与"(AND,*)连接的概念,或用逻辑"或"(OR,＋)增加同义词、近义词或相关词;位置算符放宽;检索词后用截词符;多用几个副主题词甚至选用所有副主题词;换用词表中的上位概念词,或以族首词扩展检索;用一个改为用多个默认字段检索;选择全文字段检索;选择在所有分类类目中输词检索;调整检索年限、期刊范围;选择多个数据库、跨库检索等。

5. 获取原始文献

信息检索的最终目的是要找到合适的原始文献全文信息。从题录或文摘数据库中得到的检索结果只有少部分有全文链接,大多数文献还须进一步获取原始文献。仔细阅读题录或文摘后,如果需要进一步了解和详细阅读原始文献,则记下原文出处,从全文数据库中检

索,或到本单位、本地区图书信息部门复印或阅读印刷型文献。如果本单位、本地区图书信息部门缺藏,应设法找出文献信息资源的收藏单位,然后委托所在单位图书馆(室)或具有文献传递服务职能的信息机构代办文献的复制与传递。此外,还可通过其他方式获取原始文献(详见 8.1.3 节)。

习 题

1. 何为医学信息检索系统?医学信息检索系统中数据库资源通常有哪些类型?
2. 什么叫字段?二次文献信息数据库记录中最常用的字段有哪些?
3. 什么叫检索语言?常用的检索语言有哪几种?各有哪些特点?
4. 布尔逻辑算符检索的匹配运算模式主要有哪些?分别有哪些使用特点?
5. 何为截词检索、限制检索、词组/短语检索?分别说说它们的用法。
6. 什么是主题词?Vitamin C 是主题词吗?如何证实?如何获得与主题词相关联的副主题词,它们之间是如何组配的?
7. 主题词检索与自由词检索有哪些区别?
8. 在医学信息检索时,如何对检索课题进行分析研究?如何确定检索入口、构建检索表达式?如何合理调整检索策略?

第 3 章　中文期刊医学信息资源检索

3.1　中国学术期刊(网络版)数据库

3.1.1　概况

中国学术期刊(网络版)数据库(China Academic Journal Network Publishing Database，CAJD)是中国知网(CNKI)系列数据库之一,它是目前世界上最大的连续动态更新的集成化、多功能学术期刊文献检索系统,是用户查找和利用中国学术期刊全文的主要网络数据库。

数据库收录1994年(部分刊物回溯至创刊年,如1915年创刊的《中华医学杂志》)至今国内学术期刊(含英文版)8 000多种,全文文献总量4 400多万篇。内容覆盖自然科学、工程技术、农业、哲学、医学、人文社会科学等各个领域,共分基础科学、工程科技Ⅰ、工程科技Ⅱ、农业科技、医药卫生科技、哲学与人文科学、社会科学Ⅰ、社会科学Ⅱ、信息科技、经济与管理科学等10大专辑168个专题。产品形式有Web版(网上包库)、镜像站版、光盘版、流量计费版。CNKI中心网站及数据库交换服务中心每日更新,各镜像站点通过互联网或卫星传送数据可实现每日更新。

数据库的全文数据对其收录的每一篇文章提供篇名、作者、作者单位、关键词、摘要、基金名称、出处、参考文献等信息,并提供原文的原貌显示、打印、下载等功能。

3.1.2　登录与访问

1. 登录中国知网

(1) 单位网络版订购用户

受IP控制,可直接登录CNKI网站(http://www.cnki.net/),也可通过所在单位的局域网或校园网建立的电子资源链接,登录中国知网。其主页界面,如图3-1所示。

(2) 购买中国知网卡用户

知网卡分会员卡和机构年卡,使用流量计费,无地域、检索范围限制,可通过账号、密码方式登录。

(3) 访客浏览

无论在何地,只要登录CNKI网站,即可免费检索题录与文摘等信息,但无法阅读全文信息。

图 3-1 中国知网主页界面

2. 访问数据库

在中国知网主页界面,先在检索框上方的资源栏目中选择"期刊"资源,再点击检索框后面的"高级检索"链接,就可进入中国学术期刊(网络版)数据库检索界面;也可在中国知网主页的资源总库中选中期刊库,直接进入该库的检索界面。

3.1.3 检索方法

中国学术期刊(网络版)数据库检索界面,如图 3-2 所示,提供了文献分类目录浏览、检索、高级检索、专业检索、期刊导航等常用检索浏览方式,此外还提供作者发文检索、科研基金检索、句子检索、来源期刊检索等其他检索方式。

1. 文献分类目录浏览

中国学术期刊(网络版)数据库将收录的期刊文献按学科领域分为 10 大专辑,在各专辑下又分 168 个专题,各专题又进一步细分为若干子栏目,兼顾各学科之间的内在联系、交叉渗透,分层次对知识按其属性及相互从属关系进行并列或树状排列,逐级展开到最小的知识单元。

文献分类目录浏览用户可以不需要输入任何检索词,只需要确定课题所属的学科专辑,在检索界面左侧的专辑导航栏中逐级点击自己关心的专辑、专题栏目名称(点击专辑或专题栏目名称前的"+"号,可以依次展开下级栏目),就能直接查到所需专题的文献,起到浏览文献的作用。

例如,在数据库检索界面左侧专辑导航栏中依次点击展开医药卫生科技→消化系统疾病→胃疾病→胃炎,就可浏览到有关胃炎方面的文献题录。

此外,文献分类目录可与其他检索途径结合起来在指定学科领域或专题范围内进行特定信息的检索。

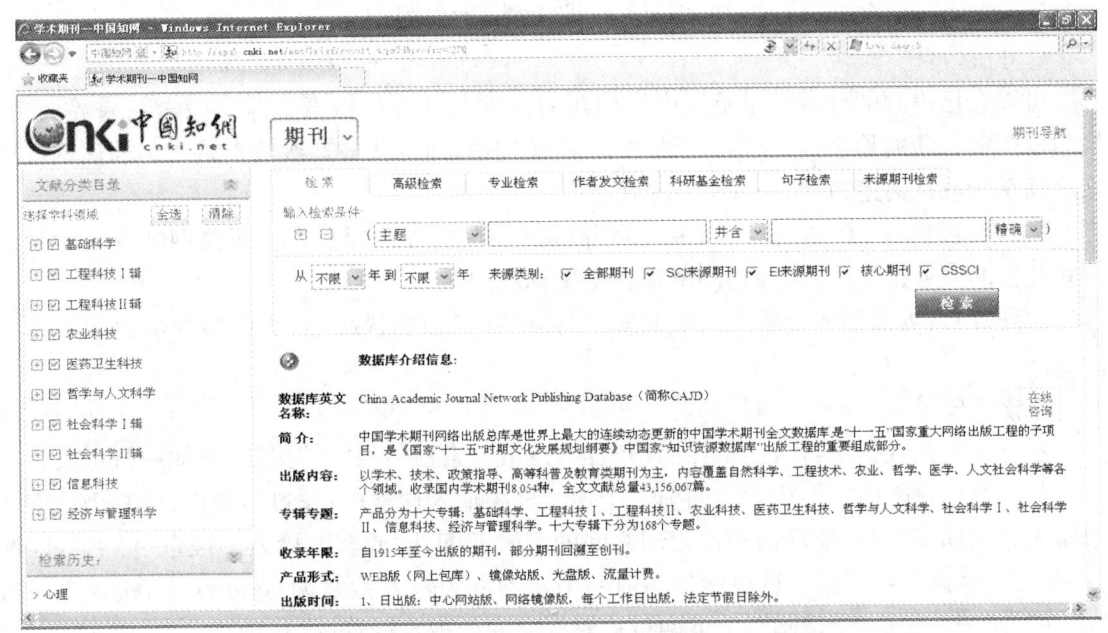

图 3-2 中国学术期刊(网络版)数据库检索界面

2. 检索

这是访问数据库后默认检索界面的检索方式,有输入检索条件的检索栏、检索字段、匹配方式、检索限定等内容。

(1) 检索栏

为用户提供输入检索条件的检索栏,一个检索栏前后有两个检索框,可通过点击检索栏前的"＋"或"－"按钮,来增加或减少检索栏的数量;检索栏的两个检索框内不能输入检索式,可分别输入单个检索词,词与词之间可作逻辑匹配("并含"、"或含"、"不含"),其优先级高于不同检索栏中检索词之间的组配;多个检索栏之间可通过选择"并且"、"或者"、"不含"进行逻辑运算,并按照由上而下按顺序运算,遵循"先运算的先输入"规则。

(2) 检索字段

在检索框前的检索字段下拉菜单中选择相应的字段,在检索框中输入检索词,就可检索在该字段中出现检索词的文献。可供选择的检索字段有主题、篇名、关键词、作者、单位、刊名、ISSN、CN、期、基金、摘要、全文、参考文献、中图分类号共 14 个。

其中,主题字段实际是一个复合字段,是指检索只要在题名、关键词、文摘中出现检索词的文献;关键词字段是检索在文章关键词(著者关键词)中出现检索词的文献;单位字段通常输入机构/单位的法人名称、采用模糊匹配方式,检索该单位的著者发表的文章;参考文献字段可检索某篇文章或某一著者已发表文献的被引用情况(详见 6.2.2 节)。

(3) 匹配方式

分为精确匹配和模糊匹配两种,精确匹配指检索结果中含有与检索词完全匹配的词语,相关度会比较高;模糊匹配指检索结果包含检索字/词或检索词中的词素,查全率比较高。

(4) 检索限定

提供的时间限定可通过点击下拉菜单选择限定的起始年份和终止年份;提供的期刊来

源类别限定可通过勾选全部期刊、还是核心期刊等,加以限定。

(5) 在结果中检索

可以在已得到的检索结果范围内增加新的检索条件进行检索。即在检索结果界面,在检索框中输入新的检索词,点击"在结果中检索"按钮,即可获得二次检索结果。前后两次检索之间系统默认为逻辑"与"(AND)运算。

【检索实例3-1】 检索2003～2005年间发表在核心期刊上有关非典型肺炎与冠状病毒相关性的研究论文(要求检索词出现在论文标题中)。

课题分析:本课题涉及两个主要概念:非典型肺炎和冠状病毒,非典型肺炎通常又称为SARS。

检索步骤:

第一步 在数据库默认检索界面检索区,点击检索栏前的"+"按钮,增加一行检索栏。

第二步 在上面一行检索栏的前一个检索框中输入检索词:非典型肺炎,后一个检索框中输入检索词:SARS,前后两个检索词之间的逻辑匹配选"或含",检索字段选"篇名",匹配方式选择"精确";在下面一行检索栏的前一个检索框中输入检索词:冠状病毒,检索字段选"篇名",匹配方式选择"精确";上下两行检索栏之间的逻辑运算选"并且"。

第三步 选择检索起始年代:选择从2003年到2005年;来源类别中勾选"核心期刊";点击左侧文献分类目录下的"全选"按钮,选中所有专辑。

第四步 点击"检索"按钮,得到检索结果。

其检索设置及其检索结果界面,如图3-3所示。

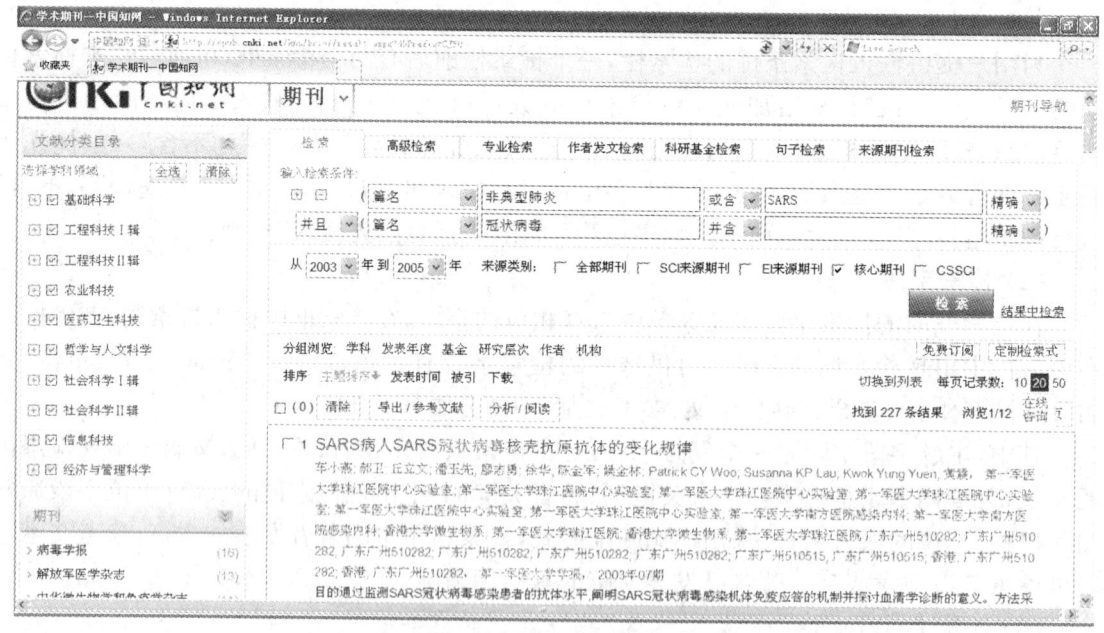

图3-3 检索设置及其检索结果界面

如果要在上例检索结果范围内,进一步检索其中发表在《中华医学杂志》上的论文,可以再增加一行检索栏,选择字段"刊名",在检索框中输入检索词:中华医学杂志,匹配方式选择"精确",与上面一行检索栏之间的逻辑运算选"并且",点击"检索"按钮,即可得到相关的检索结果;也可以先减少一行检索栏,清除检索栏中原有的检索词,重新选择检索字段"刊名",在检索框中输入检索词:中华医学杂志,匹配方式同样选择"精确",点击"结果中检索"链接,即可得到相关的检索结果。

3. 高级检索

点击数据库检索界面上方的"高级检索"按钮,即可进入高级检索界面,如图 3-4 所示,分输入检索条件区和限定条件区两大块。

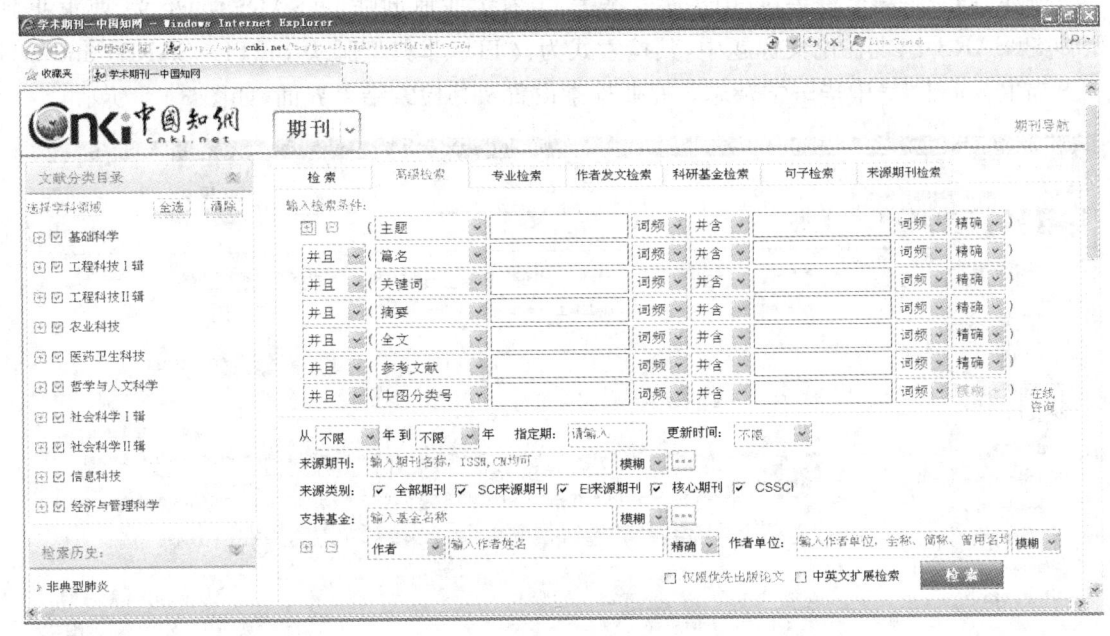

图 3-4 高级检索界面

(1) 输入检索条件区

与检索界面相比,高级检索界面的输入检索条件区为用户提供了更多的检索栏,也可点击检索栏前的"+"或"-"按钮,来增加或减少检索栏的数量(最多可增加到 7 行检索栏);检索字段设为主题、篇名、关键词、摘要、全文、参考文献、中图分类号 7 个选项;在每个检索框后设有"词频"数选择,通过"词频"下拉菜单可设定检索词在该检索字段中至少出现的次数,通常词频越大,表示检索出的文献与该检索词的相关度越高;检索框内不能输入检索式,只能输入单个检索词,词与词之间可作逻辑匹配("并含"、"或含"、"不含"),其优先级高于不同检索栏中检索词之间的组配;提供的匹配方式分为精确匹配和模糊匹配两种;多个检索栏之间可通过选择"并且"、"或者"、"不含"进行逻辑运算,并按照由上而下按顺序运算,遵循"先运算的先输入"规则。

(2) 限定条件区

除具备检索界面的年份限定和期刊来源类别限定外,对来源期刊(通过期刊名称、ISSN、CN)、指定期、支持基金、作者、作者单位单独设置检索项。其中,来源期刊和支持基金可以通过点击对应检索框后的 ![] 图标,进行索引列表的查询和添加;作者检索可结合作者单位检索,并可选择检索第一作者的论文。

此外,高级检索界面还提供对论文的更新时间限定、中英文扩展检索以及仅限优先出版论文的检索限定。

4. 专业检索

专业检索提供一个比较大的检索框,需要用户按照检索要求编制合理的检索表达式进行检索,适用于熟练掌握检索技术的专业检索人员。检索式的编制要参照数据库提供的检索字段标识、逻辑运算符、检索表达式语法规则,检索式输入时,除中文检索词外,其他符号须在英文半角输入法状态下输入。

例如,检索王福生发表在《中华医学杂志》上有关非典型肺炎(SARS)的论文,要求非典型肺炎(SARS)出现在论文标题中,其检索式为:(TI=非典型肺炎 or TI=SARS) and AU=王福生 and JN=中华医学杂志。专业检索设置及其检索结果界面,如图 3-5 所示。

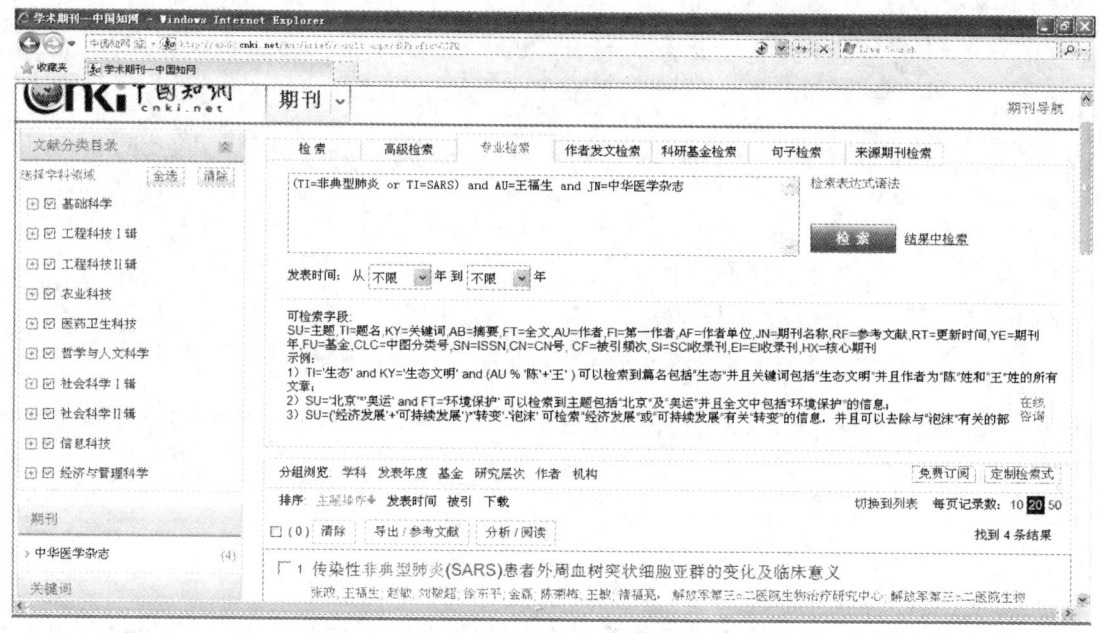

图 3-5 专业检索设置及其检索结果界面

5. 期刊导航

在数据库检索界面的右上方,点击"期刊导航"标签,即进入期刊导航界面,如图 3-6 所示。

期刊导航是以数据库收录的期刊为对象,从不同角度对期刊进行导航分类。在期刊导航界面,除提供刊名首字母导航浏览、刊名(ISSN,CN)检索外,提供的导航方式有:

➤ 专辑导航——按照期刊知识内容分类,分为 10 个专辑,每个专辑又细分若干个专题;
➤ 核心期刊导航——将数据库中被最新版本《中文核心期刊要目总览》收录的期刊,按核心期刊表进行分类排序;
➤ 数据库刊源导航——被国内外著名数据库收录的期刊情况;
➤ 刊期导航——按出版周期分类;
➤ 出版地导航——按期刊出版地分类;
➤ 主办单位导航——按期刊主办单位分类;

第 3 章 中文期刊医学信息资源检索

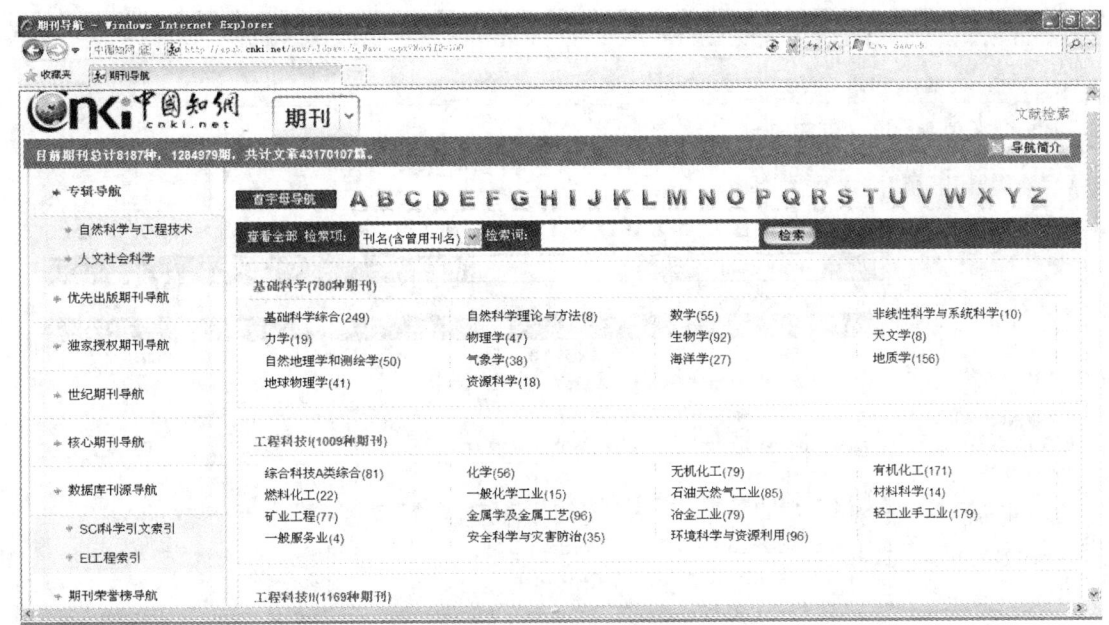

图 3-6 期刊导航界面

➢ 发行系统导航——按期刊发行方式分类；
➢ 期刊荣誉榜导航——按期刊获奖情况分类；
➢ 世纪期刊导航——按期刊的知识内容分类，只包括 1994 年之前出版的期刊；
➢ 中国高校精品科技期刊（目录）是指 2006 年获教育部"中国高校精品科技期刊奖"荣誉的期刊等。

用户可根据需要选择不同的导航方式浏览、检索期刊文献，并可了解期刊信息。

例如，要查找药学类核心期刊，在期刊导航界面中点击"核心期刊导航"，再在"第五编医药卫生"中点击"药学类"，即可得到该类核心期刊，可以图形方式、列表方式和详细方式显示，如图 3-7 所示。如果选中其中一种期刊，即进入该刊主页界面，如图 3-8 所示，可进行选择刊期浏览，或者检索该刊文献，并可获得该期刊的详细信息。

6. 其他检索方式

数据库还提供作者发文检索、科研基金检索、句子检索、来源期刊检索 4 种其他检索方式。其中，句子检索是用来检索文献全文中所包含的某一句话，或者某一个词组的文献，其检索字段"同一句"表示检索词出现在文章的同一句子中，"同一段"则表示检索词出现在文章的同一段落中。用户可以根据不同的检索目的，选择使用。

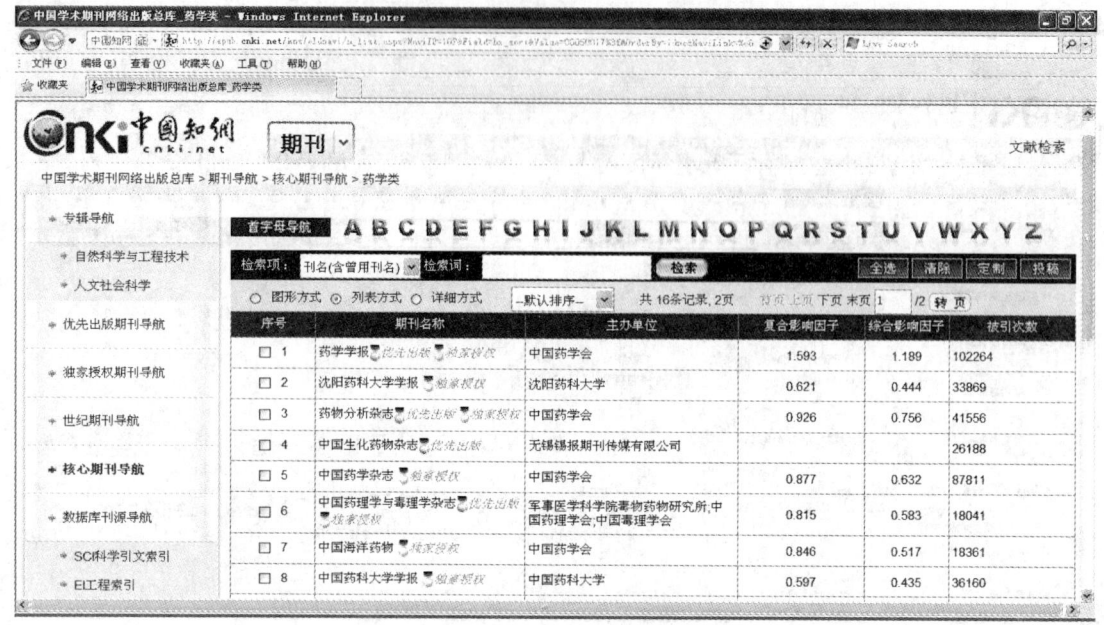

图 3-7 药学类核心期刊

图 3-8 期刊主页界面

3.1.4 检索结果的显示与处理

1. 检索结果的显示

检索结果的显示分列表、摘要和详细内容(节点文献)3 种显示格式。列表格式和摘要格式可相互切换,详细内容格式需要点击文献的篇名后显示。

列表格式显示文献的篇名、作者、刊名、年/期、被引频次、下载频次等,如图 3-9 所示。摘要格式在列表格式显示的基础上,还显示文献的摘要。

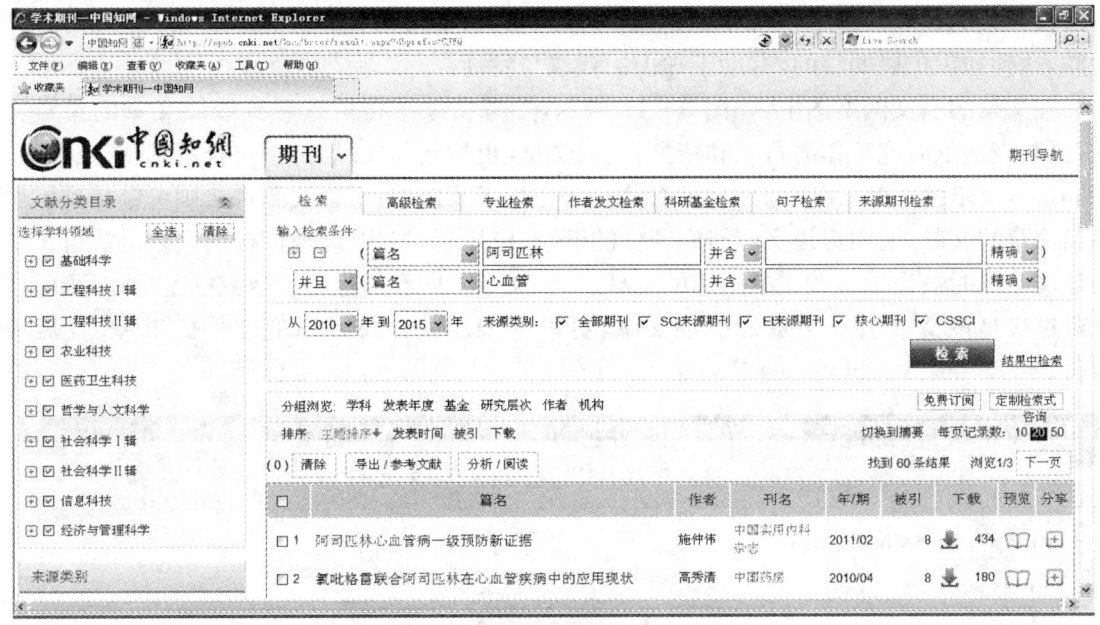

图 3-9 检索结果列表显示界面

详细内容格式显示页面也称节点文献,如图 3-10 所示,除显示文献的篇名、作者、机

图 3-10 节点文献

构、摘要、关键词、文献来源等详细信息外,在该页面的下面部分还显示文献的引文网络图、参考文献、相似文献、同行关注文献、相关作者文献、相关机构文献、文献分类导航等多种具有链接方式的扩展信息,这些扩展信息通过概念相关、事实相关等方法揭示知识之间的各种关联,达到知识扩展的目的,有助于知识的获取与发现。

在文献的引文网络图中,如图3-11所示,参考文献链接可查看到该篇文章的参考文献,反映该文献研究工作的背景和依据;共引文献(也称同引文献)链接可查看到与该文章有相同参考文献的文献,说明与该文献有共同研究背景或依据;引证文献链接则可链接到引用该篇文章的文献,说明对该文献研究工作的继续、应用、发展或评价;同被引文献链接可了解与该文章同时被作为参考文献引用的文献、与该文章共同作为进一步研究的基础;二级引证文献链接是该文章引证文献的引证文献,更进一步反映该文献研究工作的继续、发展或评价。

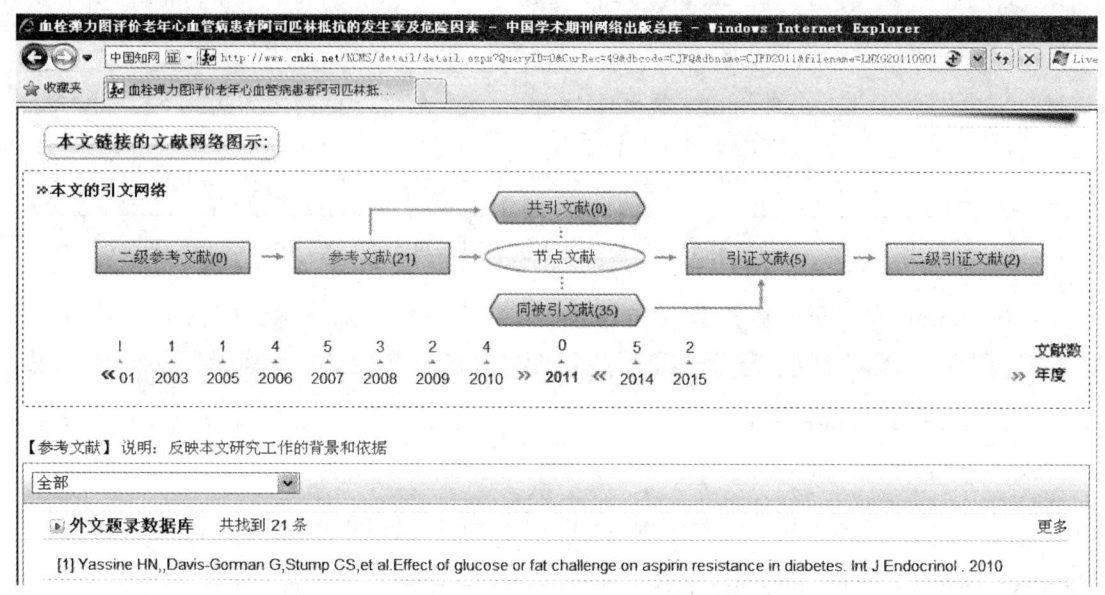

图3-11 引文网络图

2. 检索结果的分组浏览与排序

在检索结果显示界面(见图3-9)中,检索结果按学科、发表年度、基金、研究层次、作者、机构、期刊、关键词等进行文献统计分析,提供分组浏览;检索结果的排序按主题、发表时间、被引频次和下载次数来排序,如果选择按被引频次和下载次数排序,有利于找到高质量、高影响力和传播广、价值高的文献。

3. 检索结果的导出与下载全文

(1) 导出题录

在检索结果显示界面(见图3-9),在列表或摘要格式显示状态下,通过勾选文献,然后点击题录列表上方的"导出/参考文献"按钮,进入系统的文献管理中心界面。在此界面,可以进一步筛选题录,点击界面上方的"生成检索报告"按钮,即可生成检索报告;若点击"导出/参考文献"按钮,进入文献管理中心-文献输出——即题录导出界面,如图3-12所示。

在界面左栏通过选择导出格式,可将所选文献题录按相应格式导出。导出题录可以选择引文格式、查新格式;可以选择各种文献信息管理软件格式,如 RefWorks,EndNote,NoteExpress 等;也可以自定义输出格式。当选择合适的导出格式后,点击界面上方的"导出"标签,即可以".txt"格式的文件形式打开或保存。

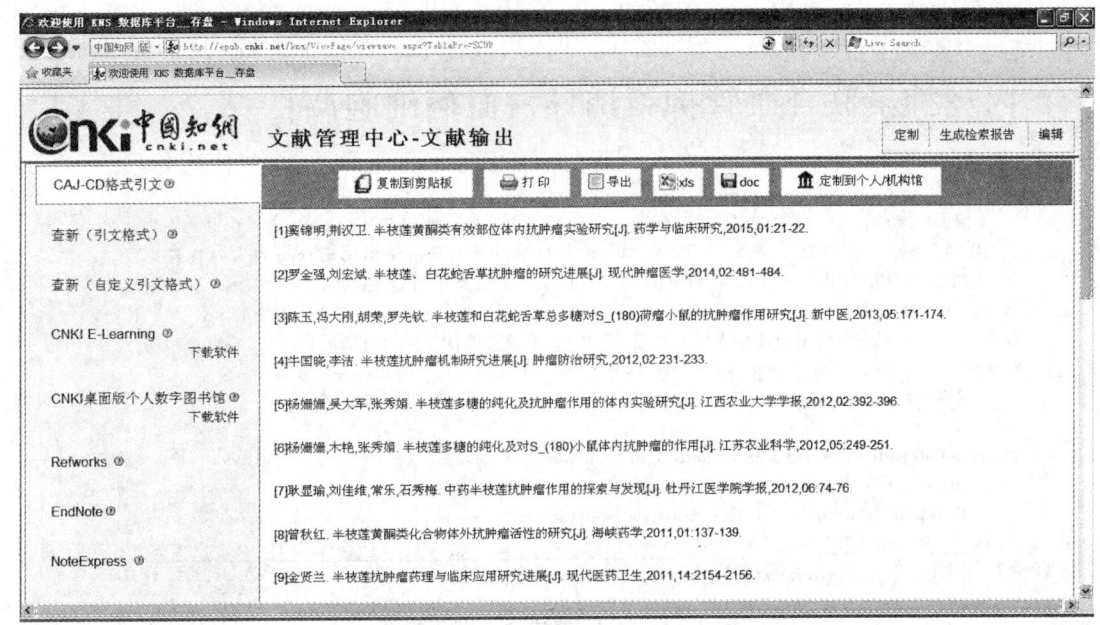

图 3-12　题录导出界面

(2) 下载全文

全文格式有 CAJ 格式和 PDF(Portable Document Format)格式两种,分别需要安装 CAJViewer 和 Adobe Acrobat Reader 浏览器,才能下载浏览相应格式的全文。

在检索结果显示界面(见图 3-9),在列表或摘要格式显示状态下,点击全文下载图标"⬇",即可下载浏览 CAJ 格式全文;若在节点文献显示界面(见图 3-10),点击"CAJ 下载"或"PDF 下载"链接,即可下载浏览相应格式全文。CAJ 格式全文浏览界面,如图 3-13 所示。

此外,在检索结果显示界面(见图 3-9),还提供对单篇或多篇文献全文进行在线预览。单篇文献在线预览时,只要点击预览图标即可;多篇文献在线预览时,需要勾选所要阅读的文献,点击"分析/阅读"图标中的"阅读",进行组合在线预览。

值得指出的是,中国知网系列数据库除中国学术期刊(网络版)数据库(CAJD)外,还有中国优秀博硕士学位论文全文数据库、中国重要会议论文全文数据库、中国专利数据库、中国标准数据库、中国引文数据库等。对于这些数据库中国知网提供免费题录或文摘检索,用户可以从中国知网主页(如图 3-1 所示)选择相应资源库,进入其检索界面。由于中国知网中的其他数据库的使用方法与 CAJD 基本相似,以后内容涉及之处均不再赘述。

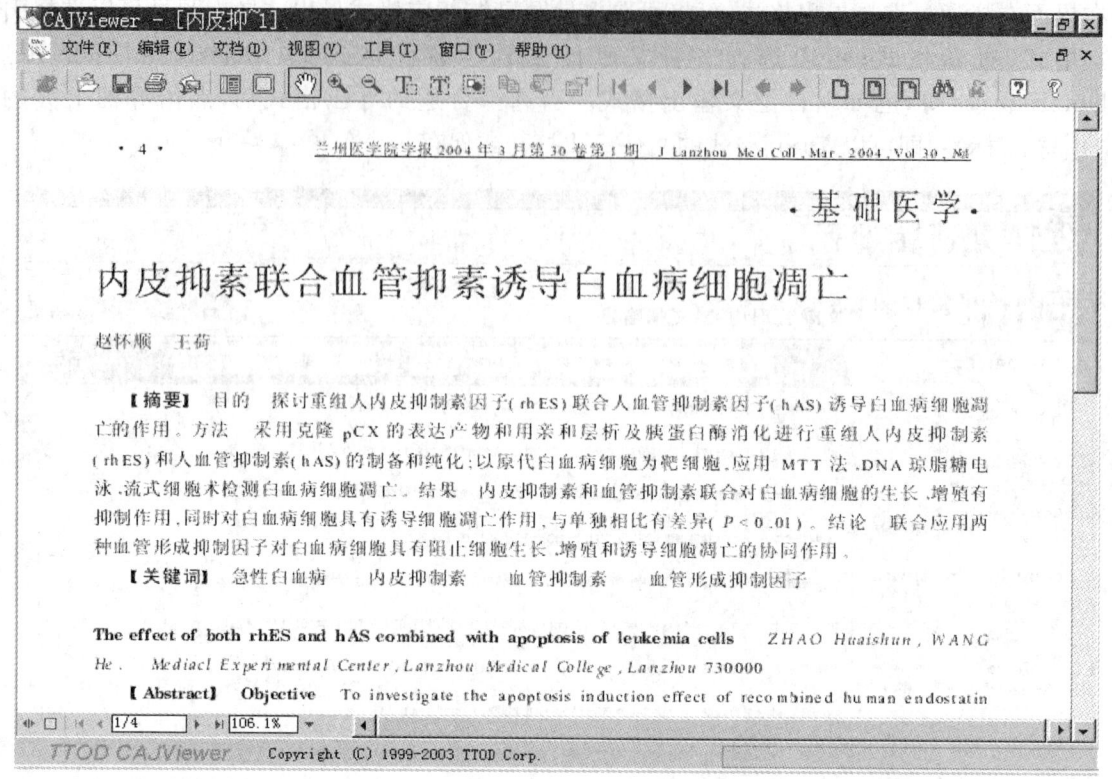

图3-13　CAJ格式全文浏览界面

3.2　中文科技期刊数据库

3.2.1　概况

中文科技期刊数据库是重庆维普资讯有限公司研制、由维普网——维普期刊资源整合服务平台(http://lib.cqvip.com/)提供。数据库收录了1989年至今的12 000余种中文期刊，按学科范围分为医药卫生、工程技术、自然科学、农业科学、社会科学、经济管理和图书情报8个专辑，每个专辑又细分若干个专题。其中，医药卫生类期刊约2 000种。

数据库的全文数据对其收录的每一篇文章提供题名、作者、机构、刊名（出处）、ISSN、CN号、关键词、分类号、文摘和全文等信息，并提供题录、文摘及原文的显示、打印、下载、传递等功能。

3.2.2　登录与访问

1. 个人用户

购买检索卡的个人用户可按要求进行免费注册，经登录后，通过维普期刊资源整合服务平台，可访问数据库中的全文文献。

2. 单位用户

如果用户所在单位使用的是远程包库或本地镜像方式访问数据库，则采用IP控制方式直接登录维普期刊资源整合服务平台，或通过镜像站链接方式登录维普期刊资源整合服务平台，访问数据库。

例如，江苏省高校对此资源进行共建共享，镜像站分设在南京大学图书馆、中国矿业大学图书馆和苏州大学图书馆，扬州大学具有镜像站点使用权限链接，可点击扬州大学图书馆主页中文数据库——中文科技期刊全文数据库链接，登录维普期刊资源整合服务平台——期刊文献检索界面。

3. 访客浏览

无论在何地，只要登录维普网——维普期刊资源整合服务平台，即可免费检索题录或文摘等信息，但无法阅读全文信息。

3.2.3 检索方法

在维普网主页（http://www.cqvip.com/，如图3-14所示）的上部，提供了以文献搜索、期刊搜索、学者搜索、机构搜索等为检索入口的下拉菜单，让用户进行简单检索，检索词之间可用空格或者"＊"代表"与"、"＋"代表"或"、"－"代表"非"的运算；左侧为学科分类，提供按学科分类浏览期刊文献信息。

图3-14 维普网主页界面

在维普网主页，点击左上端的"专业版"链接，可登录维普资讯中文期刊服务平台7.0首页，这是以中文期刊资源保障为基础，以数据整理、信息挖掘、情报分析为路径，以数据对象化为核心，面向知识服务与应用的一体化服务平台。在其首页，除提供期刊导航、学科导航、地区导航外，还提供通过基本检索在检索框直接输入检索条件（如题名、刊名、关键词、作者名、机构名、基金名等字段信息）进行检索，以及通过高级检索提供的向导式检索和采用直接输入字段标识与布尔逻辑算符（AND，OR，NOT）构建的检索式检索等多种检索方式。

在维普网主页，点击检索框下的"高级检索"链接，则可登录中文科技期刊数据库——维普期刊资源整合服务平台。

维普期刊资源整合服务平台——期刊文献检索界面,如图3-15所示,提供基本检索、传统检索、高级检索、期刊导航、检索历史等5种检索与浏览文献的方式,点击其中之一检索方式标签,就可进入对应检索方式的检索界面。

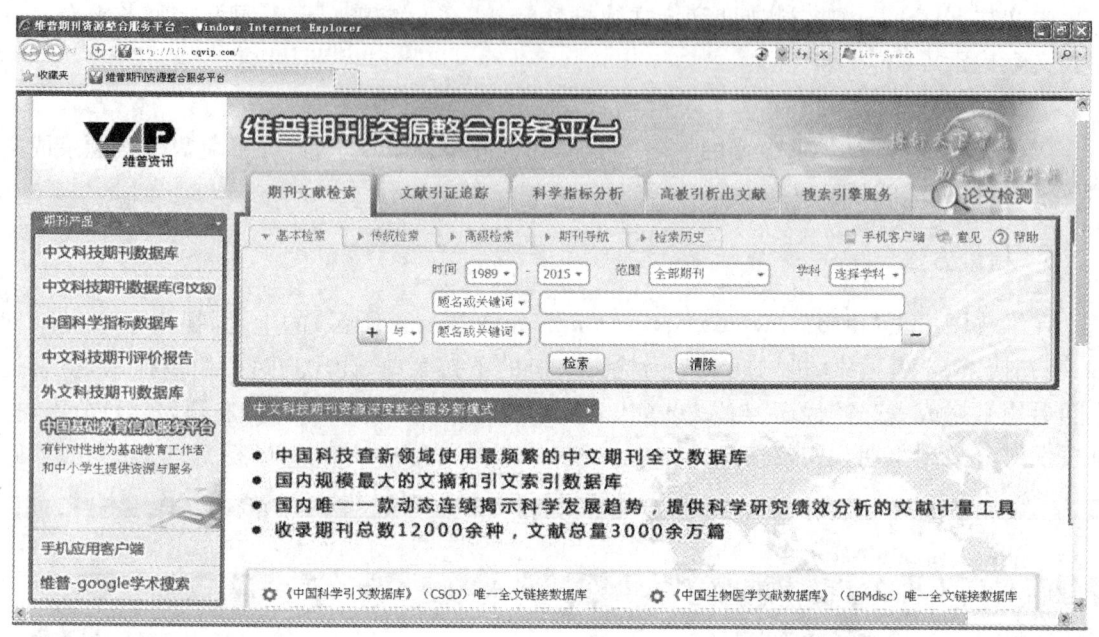

图3-15 维普期刊资源整合服务平台——期刊文献检索界面

1. 基本检索

基本检索是该数据库期刊文献检索界面默认的检索方式,提供时间范围、期刊范围和学科等检索限定条件。时间范围限定可选择1989年至今;期刊范围限定可选择全部期刊、核心期刊、EI来源期刊、SCI来源期刊、CAS来源期刊、CSCD来源期刊、CSSCI来源期刊;学科范围包括基础医学、临床医学、预防医学卫生学、药学等45个学科,利用复选框可进行多个学科的限定。

数据库默认提供两行检索词输入框,点击"+"或"-"可增加或减少检索词输入框的数量,上、下行检索词输入框之间可通过选择逻辑"与"、"或"、"非"对检索框中所输入检索词进行逻辑运算,并按照由上到下的顺序进行,遵循"先运算的先输入"规则。检索字段可选择任意字段、题名或关键词、题名、关键词、文摘、作者、第一作者、机构、刊名、分类号、参考文献、作者简介、基金资助和栏目信息14个字段。

检索时,只要在检索框中输入与检索字段对应的单个检索词,若有多个检索词,则需要注意选择上、下行检索词输入框之间的逻辑运算方式及其次序,选择相应的检索限定,点击"检索"按钮即可得到检索结果。

【检索实例3-2】 检索2010~2015年间在核心期刊上发表的有关维生素C和维生素E对糖尿病影响研究的论文(要求检索词出现在文献标题中)。

课题分析:本课题涉及的主要概念有维生素C、维生素E、糖尿病,要求在题名字段检索;检索限定有年份(2010年~2015年),期刊范围限定为核心期刊。

检索步骤：

第一步　在基本检索界面，在第一行检索框中输入检索词：维生素 C，检索字段选"题名"，第二行检索框中输入检索词：维生素 E，检索字段选"题名"，第一、第二两行检索框之间的逻辑运算选"或"。

第二步　点击检索框前的"＋"按钮，增加一行检索框。在第三行检索框中输入检索词：糖尿病，检索字段选"题名"，与第二行检索框之间的逻辑运算选"与"。

第三步　选择检索时间，起始年代选择从 2010 年到 2015 年；在期刊范围的下拉菜单中选"核心期刊"。

第四步　点击"检索"按钮，得到检索结果。检索结果显示界面，如图 3-16 所示。

图 3-16　检索结果显示界面

在检索结果显示界面，通过检索条件的选择，可进行重新检索或二次检索。二次检索又包括"在结果中搜索"、"在结果中添加"、"在结果中去除"3 种检索方式。用户可根据需要缩小或扩大检索范围、精炼检索结果。

2. 传统检索

传统检索设置及其检索结果显示界面，如图 3-17 所示。传统检索界面大致分为：导航区、检索区和检索结果显示区 3 大块。

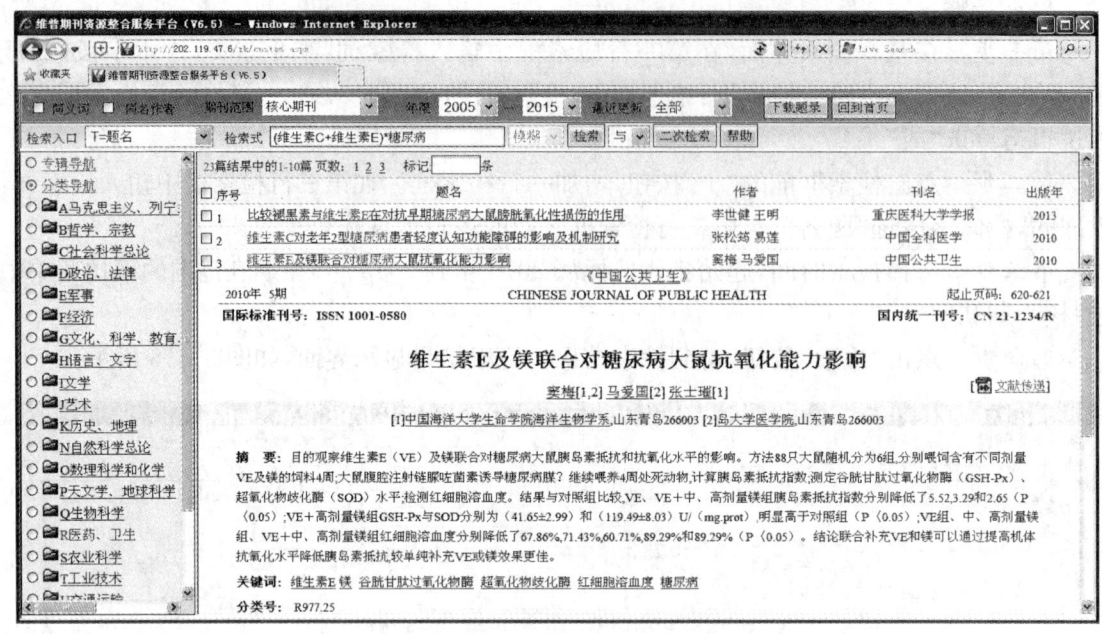

图 3-17 传统检索设置及其检索结果显示界面

（1）导航区

导航区位于传统检索界面的左边，设有专辑导航、分类导航、期刊导航和高级检索的切入按钮。

其中，分类导航按照《中图法》进行分类，逐级点击至最低一级类目，屏幕右边显示该类目的文献题录信息。若选中某学科类目后，任何检索都局限于此类目范围的文献。

（2）检索区

检索区位于传统检索界面的上端，提供包括检索入口、检索输入框、模糊/精确检索选择、二次检索、检索范围限定、同义词库与同名作者检索等内容。

其中，同义词库功能只对关键词字段的检索有效，默认为关闭，选中即打开。如果同义词库中有某一关键词的同义词，系统会显示出来，让用户决定是否用这些同义词扩展检索。如输入关键词"维生素C"，点击"检索"按钮检索时，会提示"抗坏血酸"是否同时选中作为检索条件。同样，同名作者检索只对作者、第一作者字段的检索有效，默认关闭，选中即打开。输入作者姓名检索时系统会提示同名作者的单位列表，再选择所需的单位，点击该列表下端的"确定"按钮，即可检出该单位的该姓名作者的文章。

检索时，当选定某一检索字段后，在检索输入框内输入相对应字段的检索词，选择其他相关检索限定后，点击"检索"按钮后，即可获得检索结果。

在清楚检索条件并能熟练组织检索表达式的基础上，也可在检索输入框内直接输入复合检索式进行检索，检索词之间采用的逻辑算符形式是"＊"、"＋"、"－"，分别表示 AND，OR，NOT 运算，而不采用"AND"，"OR"，"NOT"形式。对于复合检索式，检索字段的匹配方式应当选择模糊匹配。

（3）检索结果显示区

分概览区（题录格式显示）和细阅区（文摘格式显示）上下两个区域，窗口大小可根据具体使用情况通过鼠标拖动边框调节。概览区的题录格式显示包括每篇文献的题名、作者、刊名、出版年,每屏显示10条记录,可通过点击翻屏页码按屏浏览;点击概览区的题名可在下方的细阅区显示该论文所刊载的刊名、ISSN、CN号,以及论文的题名、作者、机构、分类号、关键词、文摘及全文下载链接等内容。

在概览区和细阅区浏览阅读题录及文摘的基础上,可进行标记记录、下载题录、下载PDF格式全文或者申请文献传递。

由于基本检索方式的检索方便、快捷,高级检索方式的检索更加准确,传统检索方式又缺乏一些新功能,所以传统检索方式已不受新用户青睐。

3. 高级检索

高级检索界面的上、下两部分分别为用户提供向导式检索和直接输入检索式检索两种方式。

(1) 向导式检索

向导式检索界面,如图3-18所示,采用分栏式检索词输入方法,除可选择检索字段、逻辑运算("与"、"或"、"非")外,还提供相应字段扩展检索功能的选择,还可对检索年限、学科专业、期刊范围等进行限定,最大限度地提高了查准率。

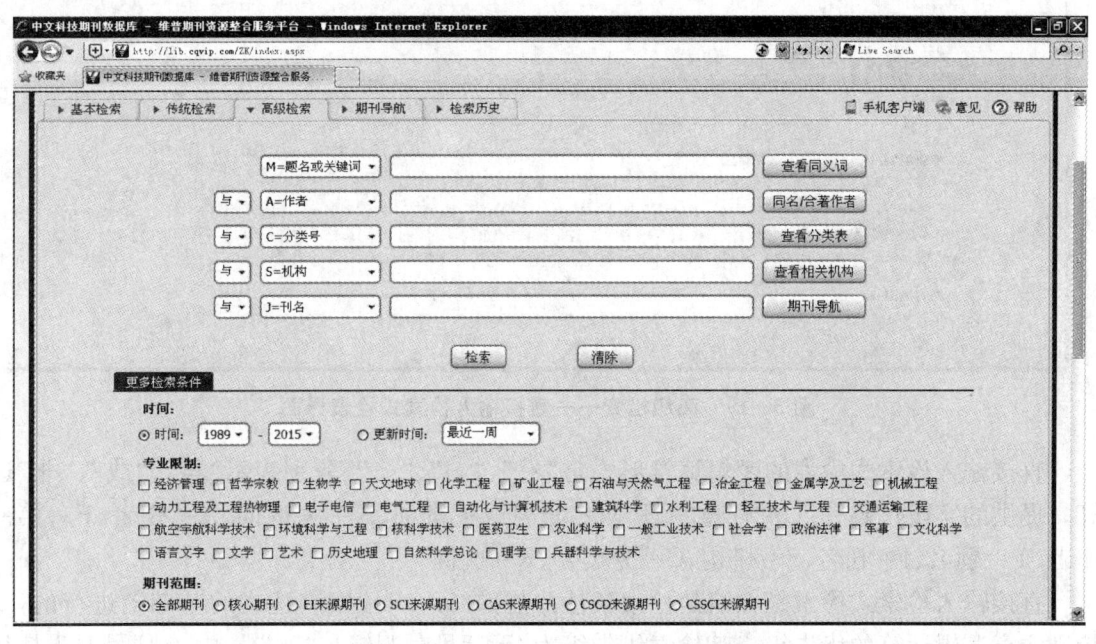

图3-18 高级检索——向导式检索界面

向导式检索的检索操作严格按照由上到下的顺序进行,遵循"先运算的先输入原则",在检索设置时,必须注意逻辑运算符的运算次序。也可在检索框内直接输入复合检索式进行检索,检索词之间采用的逻辑算符形式是"*"、"+"、"-",分别表示 AND,OR,NOT 运算,例如,(维生素C+抗坏血酸)*糖尿病。

扩展检索对应于关键词(题名或关键词)、作者(第一作者)、分类号、机构、刊名等字段,对检索框中所输入的检索词,在检索框之后系统分别给出查看同义词、同名/合著作者、查看分类号、查看相关机构、期刊导航等提示信息,帮助用户查看选择,以获得更多信息。

检索时,用户可根据检索课题,依次选择检索字段,在检索框内输入检索词或检索式,查看并选择与检索字段相对应的扩展检索信息,选择逻辑运算方式,根据需要对检索年限、学科专业、期刊范围等进行限定,最后点击"检索"按钮,即可得到检索结果。其检索结果的题录显示界面与基本检索相同。

(2) 直接输入检索式检索

直接输入检索式检索界面,如图3-19所示,可在检索框中直接输入由逻辑运算符、字段代码及检索词等构成的检索式,并可选择相关检索条件进行限定,然后点击"检索"按钮即可得到检索结果。其检索结果的题录显示界面与基本检索相同。

图3-19 高级检索——直接输入检索式检索界面

直接输入检索式检索的逻辑算符形式是"*"、"+"、"-",分别表示"与"、"或"、"非"运算。提供的字段代码有:U=任意字段、M=题名或关键词、K=关键词、A=作者、F=第一作者、T=题名、J=刊名、S=机构、C=分类号、R=文摘。

直接输入检索式检索是在清楚检索条件并能熟练组织检索表达式的基础上进行的,要特别注意逻辑运算的优先级。其检索优先级为:无括号时逻辑与"*"优先,有括号时先括号内后括号外。检索式输入时,除中文检索词外,其他符号须在英文半角输入法状态下输入。

例如,检索王福生发表在《中华医学杂志》上有关非典型肺炎(SARS)的论文,要求非典型肺炎(SARS)出现在论文标题中,其检索式为:(T=非典型肺炎+T=SARS)*A=王福生*J=中华医学杂志,或 T=(非典型肺炎+SARS)*A=王福生*J=中华医学杂志。

4. 期刊导航

期刊导航界面,如图3-20所示。期刊导航分检索和浏览两种方式,让用户获取有关期刊文献及期刊信息。

(1) 检索方式

提供按刊名或 ISSN 号检索某一特定刊。

(2) 浏览方式

提供按刊名字顺、期刊学科分类导航、核心期刊导航、国内外数据库收录导航、期刊地区分布导航等浏览期刊。

图 3-20 期刊导航界面

在期刊导航界面,使用检索和浏览方式找到所需期刊后,可按期刊收录的刊期查看该刊的收录文章,可进行刊内文献检索,题录文摘或全文的下载,还可以查看期刊评价报告。在期刊评价报告界面提供该刊的被引次数、影响因子等多个指标的详细统计。

5. 检索历史

每次检索操作后,系统自动保存用户的检索历史,查看检索历史可让用户进行检索策略的调整。

在检索历史界面,点击保存的检索表达式(最多允许保存 20 条),可进行该检索式的重新检索;勾选保存的检索表达式,并选择"与"、"或"、"非"逻辑组配,可进行组配检索。

3.2.4 检索结果的显示与处理

1. 检索结果的显示

在检索结果显示界面(见图 3-16 所示),显示的信息包括:检索式、检索结果数量和检索结果题录信息(包括题名、作者、出处、基金、摘要)。在出处字段增加了期刊被国内外知名数据库收录最新情况的提示标识,与基金字段一起帮助用户判断文章的重要性。检索结果还可按时间筛选全部、一个月内、三个月内、半年内、一年内、当年内发表的文献。若点击文献题名进入该文献细览页,可查看该文献的题名、作者、机构地区、出处、基金、摘要、关键词、分类号、全文快照、参考文献、相似文献等详细信息和知识节点链接。

2. 导出题录与下载全文

在检索结果显示界面(见图 3-16 所示),全选或勾选检索结果题录列表前的复选框,点击题录上方的"导出"按钮,进入选中题录导出界面,提供以"文本"、"参考文献"、"XML"、"NoteExpress"、"RefWorks"、"EndNote"、"自定义导出"等格式导出。若选择一种导出格式,点击题录上方的"导出"图标,就可将选中的文献题录按该导出格式以文本文档导出(以"*.txt"文件打开或保存)。EndNote 格式题录导出显示界面,如图 3-21 所示。

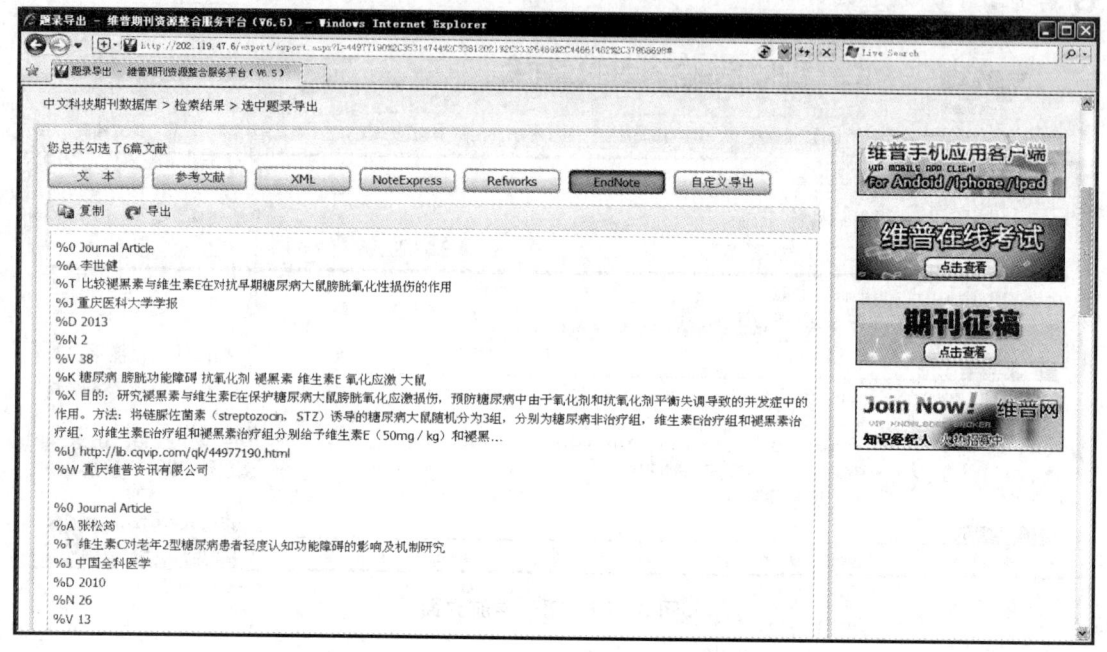

图 3-21 EndNote 格式题录导出显示界面

在检索结果显示界面,点击下载全文、在线阅读、文献传递按钮,分别可将所需文献下载保存到本地磁盘、在线进行全文阅读和申请文献传递。其中,文献传递是对不能直接下载全文的数据,通过委托第三方社会公益服务机构提供快捷的原文传递服务。

3.3 万方数据期刊论文资源

3.3.1 概况

万方数据知识服务平台(http://www.wanfangdata.com.cn/),简称"万方数据",由中国科技信息研究所开发建立,是一个以科技信息为主,集人文、社会、教育、经济、金融、医药、农业、理工等相关信息为一体的综合性信息资源系统。收录的资源类型有期刊论文、学位论文、会议论文、外文文献、学者信息、专利、标准、科技成果、图书、法规,以及专家信息、机构名录、地方志等。万方数据知识服务平台提供各类资源的免费题录或文摘检索服务。其主页界面,如图 3-22 所示。

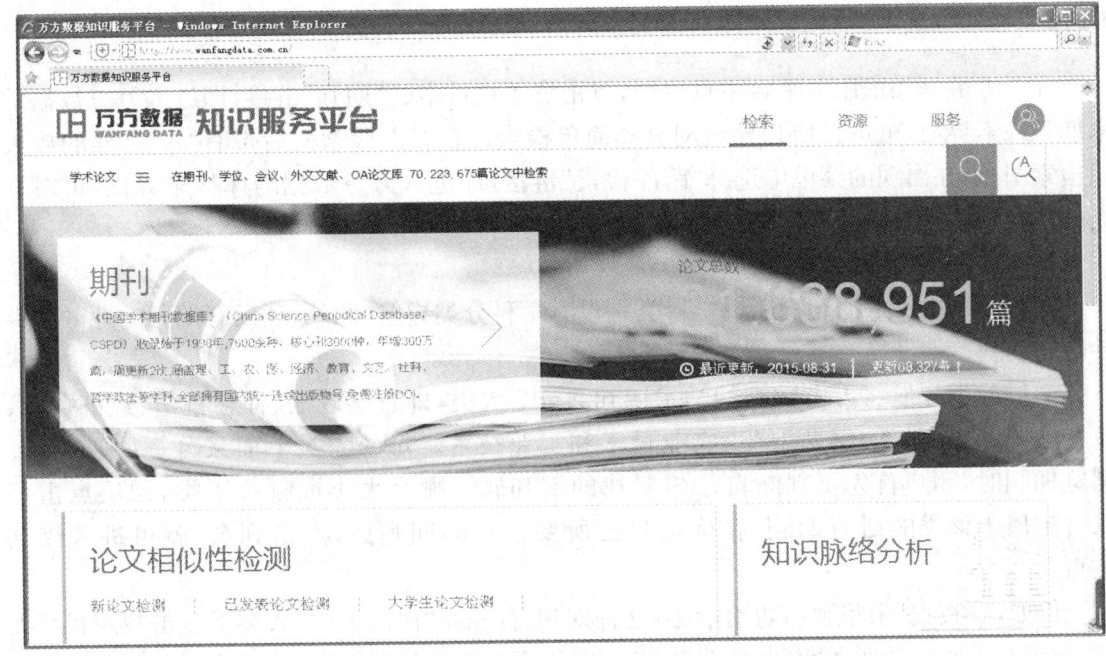

图3-22 万方数据知识服务平台主页界面

万方数据期刊论文资源是全文资源,也称中国学术期刊数据库,收录自1998年以来国内出版的各类期刊7600余种,其中核心期刊3000种,涉及哲学政法、社会科学、经济财政、教科文艺、基础科学、医药卫生、农业科学、工业技术等学科领域。其中,医药卫生类期刊1200余种,包括中华医学会和中华医师协会独家授权数字化出版期刊200多种。另外,大学学报和国内出版的英文版期刊收录较为齐全。数据库数据每周更新两次。

数据库全记录内容包括论文标题、论文作者、来源刊名、论文的年/卷(期)、中图分类号、关键词、所属基金项目、DOI(Digital Object Identifier,数字对象标识符)、摘要等信息,并提供全文下载。

3.3.2 登录与访问

1. 单位订购用户

受IP控制,可直接登录万方数据知识服务平台,也可通过所在单位的局域网或校园网建立的电子资源链接登录,访问所订购的万方数据资源。

2. 个人订购用户

可通过账号、密码方式访问所订资源。

3. 访客浏览

只要登录万方数据知识服务平台,即可免费获取题录或文摘信息,但无法阅读和下载全文。

3.3.3 检索方法

在万方数据知识服务平台主页界面,点击资源栏目中的"期刊"链接,即进入万方数据学术期刊检索界面,可进行期刊导航浏览和简单检索。若点击检索框后带有"A"字样的放大镜检索图标,在出现的菜单中选择"跨库检索"链接,即进入万方数据跨库检索界面,可对选择的期刊资源进行高级检索和专业检索。

1. 期刊导航浏览

期刊导航主要根据刊物所属学科类别设有学科分类导航,此外,还设有期刊的地区分类导航和期刊首字母导航等。

学科分类导航将万方数据的学术期刊共分8大类,即哲学政法、社会科学、经济财政、教科文艺、基础科学、医药卫生、农业科学和工业技术。每一大类下面又分一些子类别。浏览期刊时,用户首先要判断自己想要找的期刊属于哪个大类或哪个子类,层层点击可以看到属于该类的所有期刊,在确定自己所要查找的期刊后,点击刊名,就可进入该刊主页。

例如,要查找《中华肿瘤防治杂志》这种期刊,首先在"医药卫生"大类下点击"肿瘤学"类目,找到有关肿瘤学所属期刊,如图3-23所示,再在其中找到《中华肿瘤防治杂志》,点击此刊,即可进入到该刊主页,如图3-24所示。

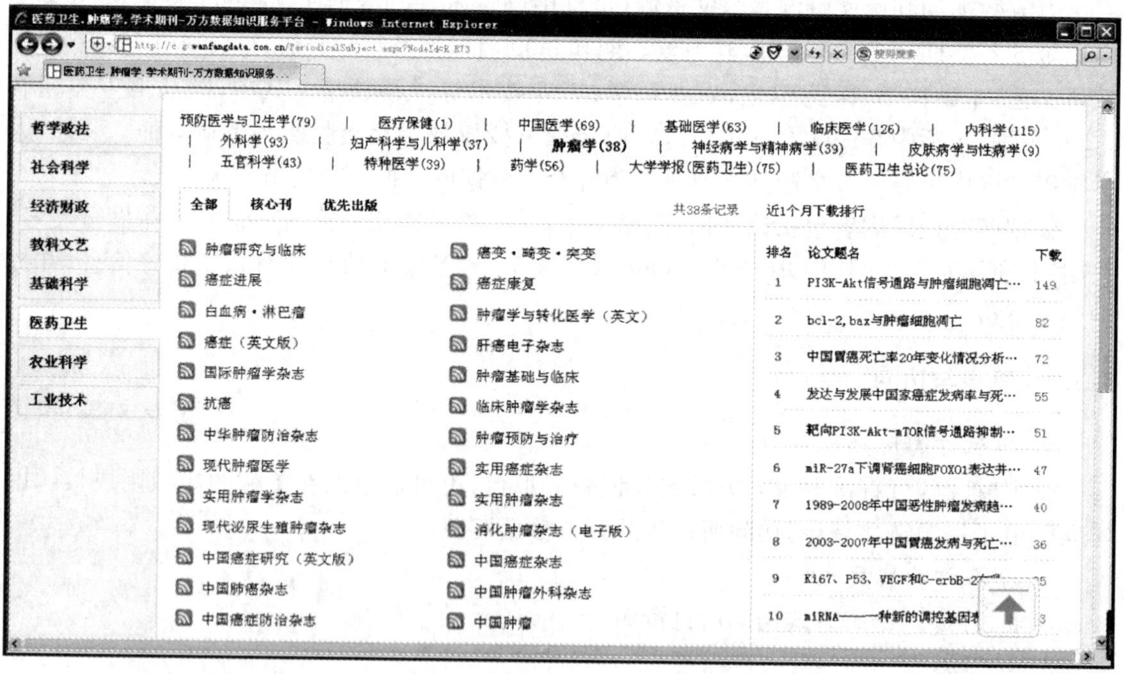

图3-23 医药卫生大类——肿瘤学期刊

在该刊主页中,除提供"关于本刊"的期刊简介、主要栏目、期刊信息、获奖情况等信息外,还提供本刊论文等的检索、最新一期的目录浏览,用户也可以在"收录汇总"下选择年/期,进行目录浏览。若点击目录中的题名,则显示该文献的详细题录及摘要信息,如图3-25所示。如果用户具有全文下载权限,即可查看(阅读)全文或下载全文。

图 3-24 《中华肿瘤防治杂志》主页

图 3-25 详细题录及摘要信息

期刊地区分类导航是将期刊按照发行地进行分类,在学科分类导航下部(滚动条下拉)选择某一地区后,系统自动列出该地区的所有期刊,以供浏览;期刊首字母导航列出字母 A~Z,选择某一字母,系统自动列出以此字母为首的期刊,以供浏览。期刊地区分类导航与首字母导航界面,如图 3-26 所示。

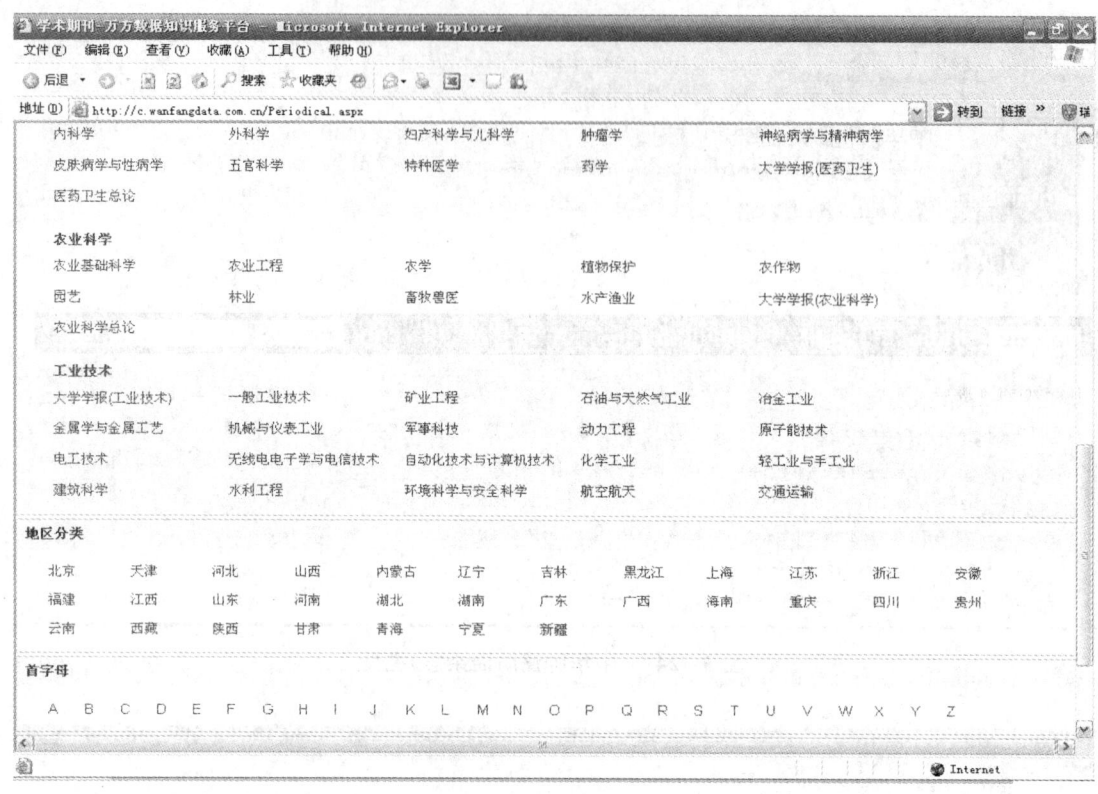

图 3-26　期刊地区分类导航与首字母导航界面

2. 简单检索

简单检索是万方数据学术期刊资源默认的检索界面,提供一个检索框,默认在所有字段中检索,但可选择题名、关键词、摘要、作者、作者单位、刊名等的单一字段检索。此外,还提供了二次检索功能(在结果中检索)。

【检索实例 3-3】　检索阿司匹林与哮喘相关性研究的论文(要求"哮喘"一词出现在关键词字段中)。

检索步骤:

第一步　进入简单检索界面,在检索框中输入检索词:阿司匹林,点击检索按钮,得到含有检索词"阿司匹林"的论文检索结果。

第二步　在检索结果界面上方的关键词字段的检索框中,输入检索词:哮喘,点击"在结果中检索"按钮,即可获得课题相关论文题录。简单检索结果显示界面,如图 3-27 所示。

3. 高级检索

高级检索界面提供分栏式检索词输入方法,默认提供 3 行检索框,点击"+"或"-"可增加或减少检索框的数量,最多可增加到 6 行;检索框之间可通过选择逻辑"与"、"或"、"非"对检索框中所输入检索词进行逻辑运算,并按照由上到下的顺序进行,遵循"先运算的先输入"规则;检索字段可选择全部、主题(包含标题、关键词、摘要)、题名或关键词、题名、创作者、作者单位、关键词、文摘、日期、DOI、刊名和期 12 个字段,匹配方式可选择精确匹配或模糊匹配;此外,还可进行检索年限的限定,能最大限度地提高查准率。

第 3 章 中文期刊医学信息资源检索

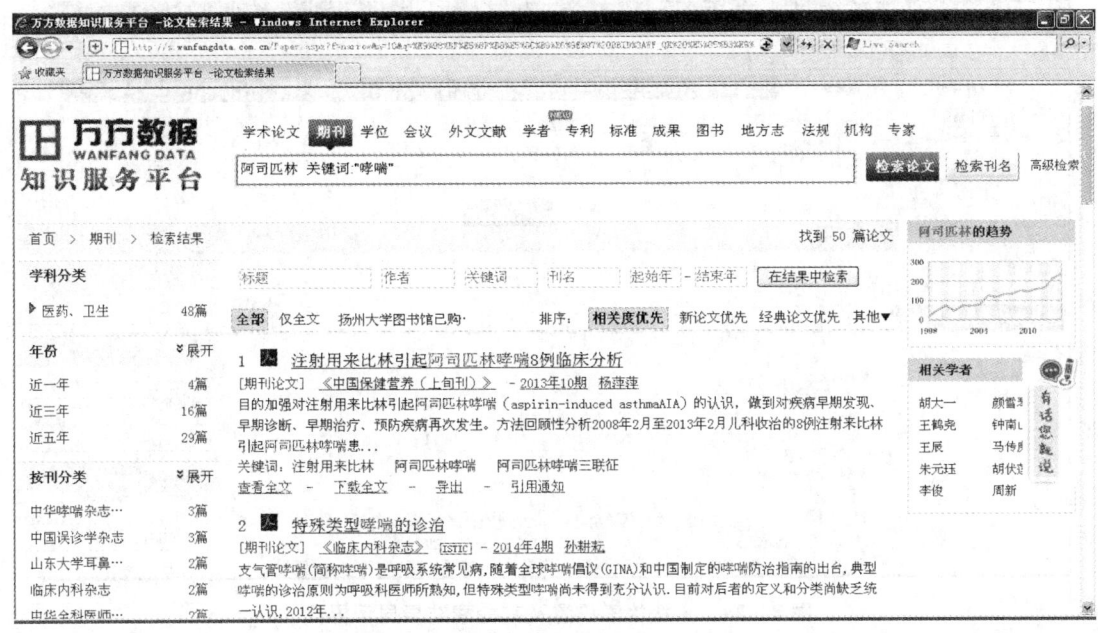

图 3-27 简单检索结果显示界面

检索时,用户可根据检索课题,依次选择检索字段,在检索框内输入相对应的检索词,选择匹配方式、逻辑运算方式,根据需要对检索年限进行限制,最后点击"检索"按钮即可得到检索结果。

在清楚检索条件并能熟练组织检索表达式的基础上,也可在检索框内直接输入复合检索式进行检索,检索词之间采用的逻辑算符形式是"and"/"*"、"or"/"+"、"not"/"-",分别表示逻辑"与"、"或"、"非"运算。对于复合检索式,检索字段的匹配方式应当选择模糊匹配。例如,(维生素 C+抗坏血酸)*糖尿病;(维生素 C or 维生素 E) and 糖尿病。

【检索实例 3-4】 查找关于维生素 C、维生素 E 对糖尿病患者心血管保护作用研究的文献。

课题分析:本课题涉及的主要概念有维生素 C、维生素 E、糖尿病和心血管。

检索步骤:

第一步 在高级检索界面,在第一行检索框中输入检索式:维生素 C+维生素 E,检索字段选"题名",匹配方式选择"模糊";第二行检索框中输入检索词:糖尿病,检索字段选"主题",匹配方式选择"精确",第一、第二两行检索框之间的逻辑运算选"与";第三行检索框中输入检索词:心血管,检索字段选"全部",匹配方式选择"模糊",与第二行检索框之间的逻辑运算选"与"。

第二步 检索年限默认"不限"。

第三步 点击"检索"按钮,得到检索结果。

高级检索设置及其检索结果显示界面,如图 3-28 所示。

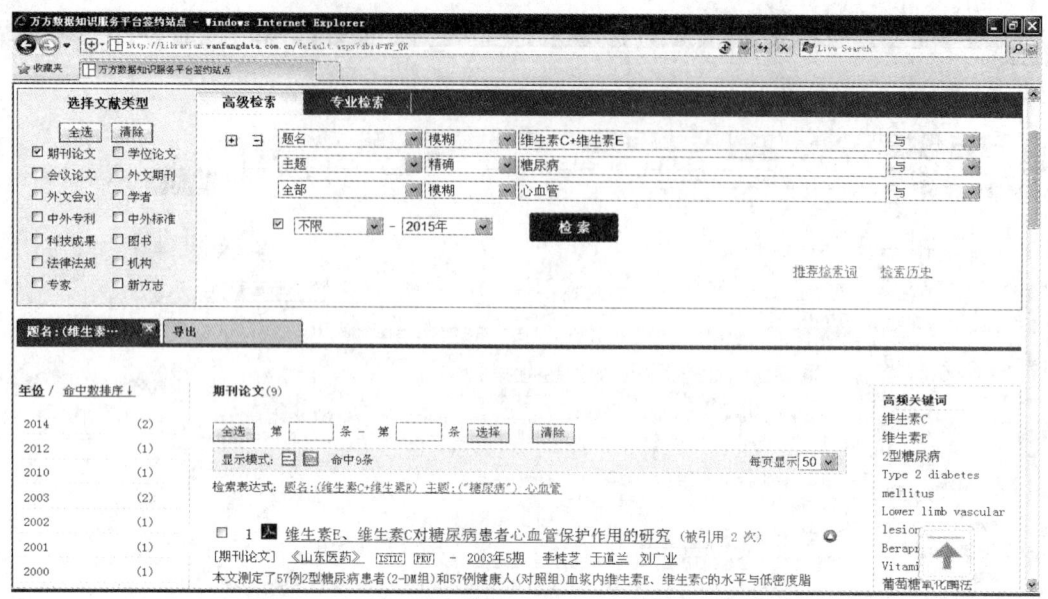

图 3-28 高级检索设置及其检索结果显示界面

4. 专业检索

在高级检索界面，点击"专业检索"标签，即可进入专业检索界面。专业检索需要检索人员根据系统的检索语法编制检索表达式进行检索，适用于熟练掌握检索技术的专业检索人员，检索表达式采用 CQI(common query language)检索语言编制。

检索时，在检索框中直接输入检索表达式，点击"检索"按钮，即可执行检索。

例如，想要检索阿司匹林对糖尿病并发心血管疾病影响研究的文献，可以构建这样的检索表达式：题名：(阿司匹林＋乙酰水杨酸) 题名：("糖尿病") 主题：(心血管)。

专业检索设置及其检索结果显示界面，如图 3-29 所示。

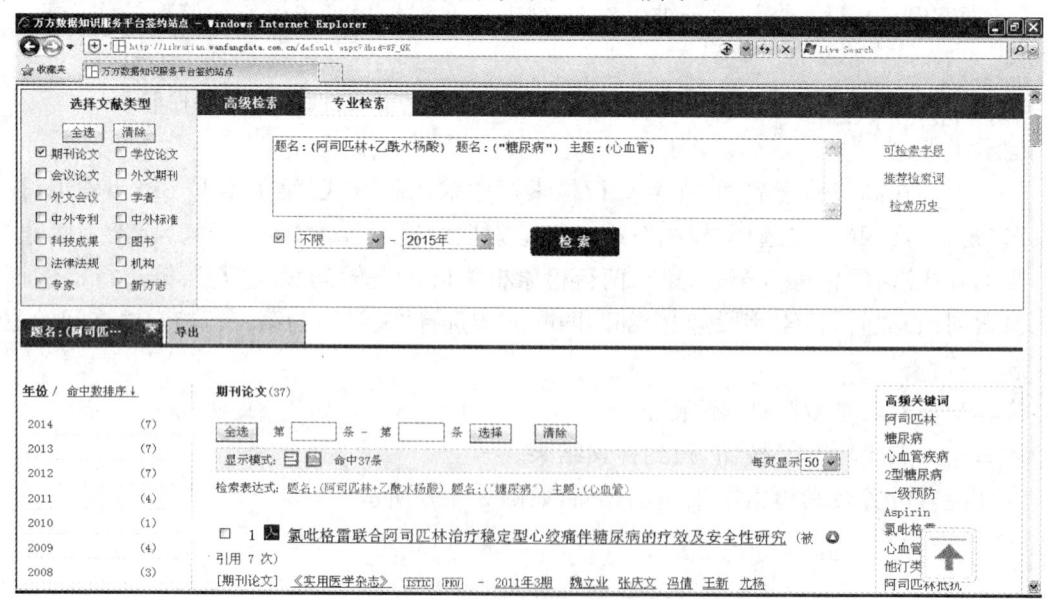

图 3-29 专业检索设置及其检索结果显示界面

3.3.4 检索结果的显示与处理

在检索结果显示界面,题录的文献标题后会显示被引频次,题录的下方还提供"查看全文"、"下载全文"、"导出"、"引用通知"等链接。对于不同的检索方式,其检索结果的显示与处理略有不同。

1. 查看详细题录及摘要信息

在目录浏览界面或检索结果题录显示界面,点击题录中的题名,则进入该文献的详细题录及摘要信息界面(如图3-25所示),除可获得该文献的详细内容外,还提供相关文献信息链接,如相似文献、相关博文、引证分析、相关专家、相关机构等的链接。如果用户具有全文下载权限,即可查看全文或下载全文。

2. 检索结果筛选与排序

在简单检索结果显示界面(如图3-27所示),检索出的论文可按学科类别、年份、期刊、论文类型等条件进行分类,便于用户分组浏览、筛选文献;还可对检索结果题录重新排序,可选项有:相关度优先、新论文优先、经典论文优先和其他(仅相关度、仅出版时间、仅被引次数),用户可根据不同需求选择浏览文献。

3. 题录导出

在高级检索结果显示界面(如图3-28所示),或专业检索结果显示界面(如图3-29所示),可以全选或勾选所需文献题录,点击"导出"标签,根据需要可选择系统提供的"导出文献列表"、"参考文献格式"、"NoteExpress"、"RefWorks"、"NoteFirst"、"EndNote"、"自定义格式"、"查新格式"等方式导出题录,如图3-30所示,点击题录导出界面上的"导出"按钮,就可将题录按所选方式以"*.txt"文件打开或保存。

在简单检索结果显示界面,点击题录下方的"导出"链接,可进行单篇论文的导出。

图3-30 题录导出界面

需要指出的是,在万方数据知识服务平台主页界面,用户只要在资源栏目中选择资源类型标签,便可实行对该类资源的检索,其检索方法与上述介绍的期刊论文资源的检索方法基本相似。"学术论文"检索标签,则提供了涉及各个学科的期刊论文、学位论文、会议论文、外文文献、OA 论文库等资源类型的学术论文的检索,并可选择题名、关键词、摘要、作者、作者单位等字段的限定检索。

3.4 中国生物医学文献数据库

3.4.1 概况

中国生物医学文献数据库(China BioMedical Literature Database,CBM)是中国医学科学院医学信息研究所/图书馆开发研制的中国生物医学文献服务系统(SinoMed)的系列数据库之一,收录了 1978 年以来 1 800 多种中国生物医学期刊、汇编、会议论文的文献题录,总计 800 余万条,年增长量约 40 万条,每月更新。内容涉及基础医学、临床医学、预防医学、药学、口腔医学、中医学、中药学、护理学、医院管理等生物医学的各个领域。

CBM 的全部题录均根据美国国立医学图书馆的《医学主题词表(MeSH)》和中国中医研究院中医药信息研究所的《中国中医药学主题词表》进行主题标引,并根据《中图法》进行分类标引。

CBM 目前常用的版本有光盘镜像版 CBM 和网络版 CBM,两者检索规则基本相同,检索方式亦有许多相似之处。这里以镜像版 CBM 为例介绍其使用,并介绍网络版 CBM 的使用特点。

3.4.2 登录与访问

镜像版 CBM 用户可通过单位建立的局域网或校园网电子资源目录的 CBM 镜像链接方式,登录中国生物医学文献服务系统,其主页界面,如图 3-31 所示。然后在数据库选择

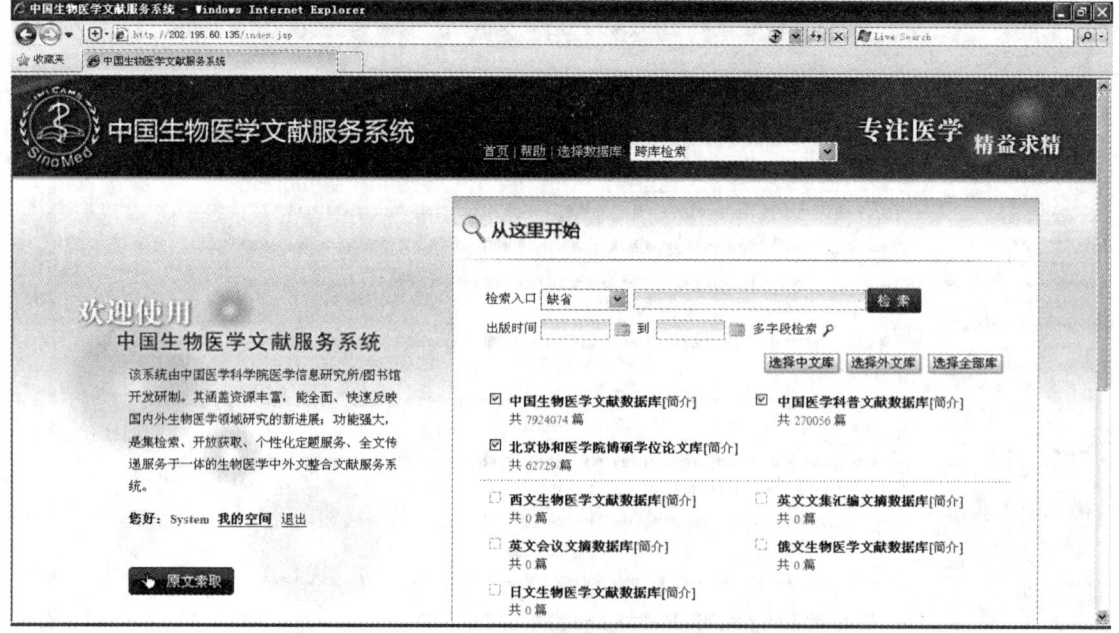

图 3-31 中国生物医学文献服务系统主页界面(镜像版)

区,选择中国生物医学文献数据库,即可访问该数据库——进入镜像版 CBM 检索界面。

3.4.3 检索方法

CBM 检索界面(镜像版),如图 3-32 所示,设有基本检索、主题检索、分类检索、期刊检索、作者检索和检索历史 6 个标签按钮,点击这些标签按钮,则进入相应方式的检索界面。在检索界面的中间还有检索入门的简短提示。

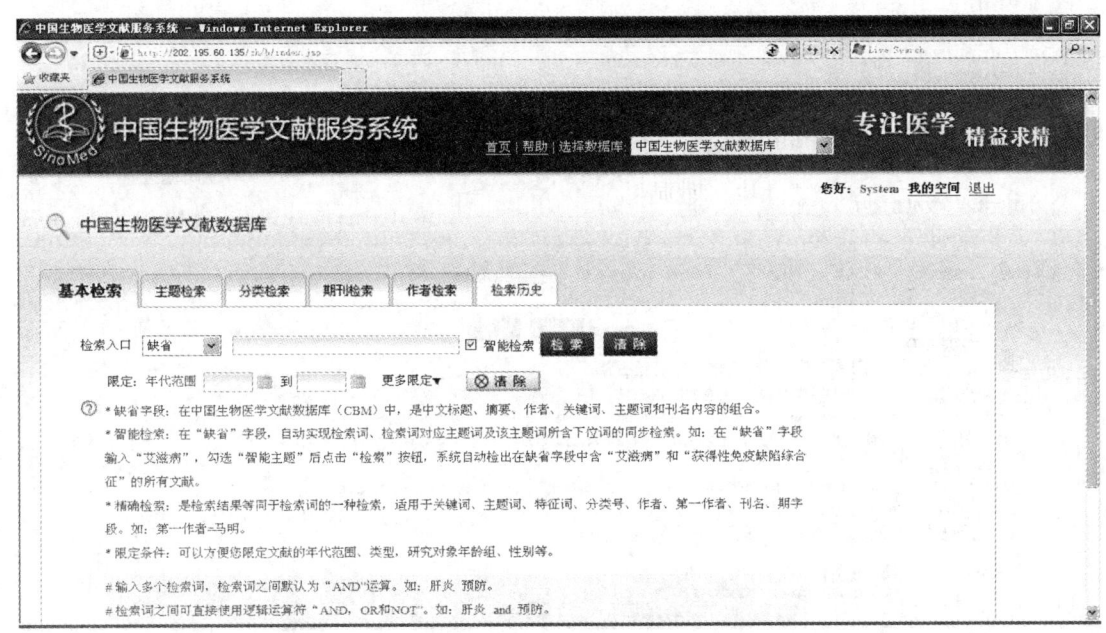

图 3-32 CBM 检索界面(镜像版)

1. 基本检索

系统默认界面即为基本检索界面,如图 3-32 所示。基本检索的检索入口包括缺省检索、全部字段检索和指定字段检索等。此外,在基本检索状态,还可进行限制检索。

(1) 缺省检索

表示在中文标题、摘要、作者、关键词、主题词和刊名 6 个字段中查找用户输入的检索词,又称自由词检索,即在检索框内输入某个检索词或检索词的逻辑表达式,点击右边的"检索"按钮即可。

缺省状态下的智能检索,可自动实现单个检索词、检索词对应主题词及该主题词所含下位词的同步检索。例如,在"缺省"字段输入"艾滋病",勾选"智能检索"后,点击"检索"按钮,系统自动检出在缺省字段中含"艾滋病"和"获得性免疫缺陷综合征"的所有文献。

需要指出的是,如果输入的是检索词的逻辑表达式,就不能实现智能检索,需要取消勾选的"智能检索",才可进行检索词的逻辑表达式检索。

(2) 全部字段检索

表示输入的检索词同时在所有可检索的字符型字段中检索。

(3) 指定字段检索

使用检索入口右侧的下拉菜单,如图 3-33 所示,可将检索词限定在某一个字段中检索,包括中文标题、英文标题、中文摘要、关键词、主题词、特征词、分类号、人名主题、参考文献、作者、第一作者、作者单位、国省市名、刊名、出版年、期、基金等。

某些字段的精确检索,是使检索结果等同于检索词的一种检索,适用于关键词、主题词、特征词、分类号、作者、第一作者、刊名、期字段。例如,第一作者=马智。如果选择"参考文献"字段,在检索输入框输入被引著者名、被引文献篇名或篇名的一部分、被引期刊名作为检索词,点击"检索"按钮,可实现引文检索(详见 6.2.2 节)。

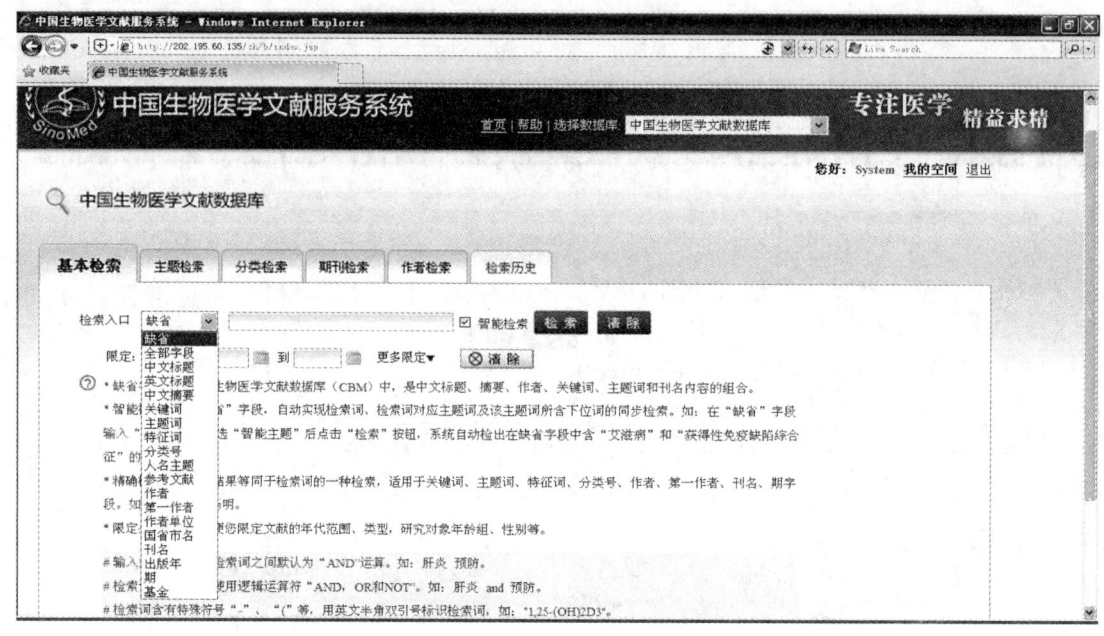

图 3-33 指定字段选择界面

(4) 限制检索

点击检索框下的"更多限定"下拉菜单,可将折叠的检索限定选项打开,选择限定文献的年代范围、类型、研究对象类型、年龄组、性别等,可以实现当前检索框中检索提问的进一步限定或扩大检索。一旦设置了限定选项,对后面的检索一直有效,直至取消为止。

(5) 基本检索规则

输入多个检索词,检索词之间空格默认为逻辑"与"(AND)运算。例如,肝炎 预防;检索词之间可直接使用逻辑运算符(and,or,not)。例如,肝炎 and 预防;检索词含有特殊符号"-""("等,用英文半角双引号标识检索词,例如,"1,25-(OH)2D3";检索词可使用单字通配符"?"、任意通配符"%",例如,胃?癌;肝%疫苗。

2. 主题检索

主题检索可选择用中文主题词或英文主题词作为检索入口。进入主题检索界面,在检索框中输入检索词,点击"查找"按钮,系统显示含有该词片段的主题词轮排索引,如图 3-34 所示。

图 3-34　主题词轮排索引界面

如果选中某个主题词，则系统弹出副主题词选择界面，如图 3-35 所示，在左边的副主题词选择框中选择副主题词，点击"添加"按钮，则将选中的副主题词添加到右边框中，点击"主题检索"按钮，即可实现主题词组配相关联副主题词的检索。在添加副主题词时，默认点选"扩展"，表示添加选中副主题词及其所有下位词，如果点选"不扩展"，表示仅添加选中的副主题词。

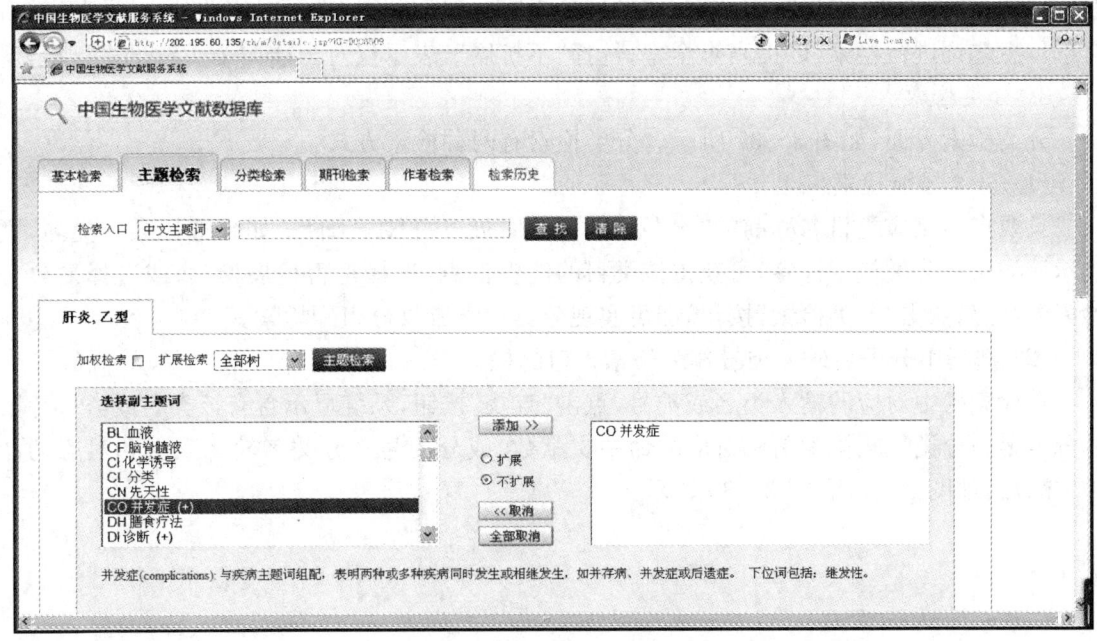

图 3-35　副主题词选择界面

此外,在副主题词选择界面的下部,还可浏览主题词注释信息和树形结构,以确定恰当的主题词。主题词注释信息和树形结构界面,如图3-36所示。

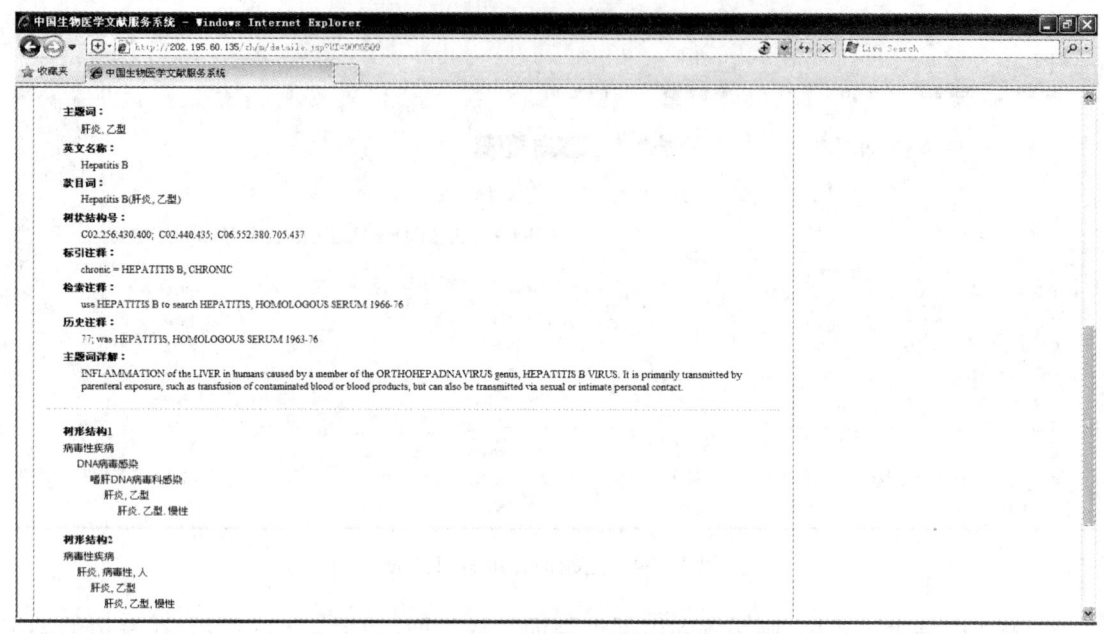

图3-36　主题词注释信息和树形结构界面

主题检索时,通过设置是否加权、是否扩展,使检索结果更符合课题需求。勾选"加权检索",表示对主题词进行加权检索,即要求该主题词为加星号(＊)主题词(主要概念主题词),以提高查准率;非加权检索表示对加星号(＊)主题词和未加星号(＊)主题词(非主要概念主题词)同时进行检索,以提高查全率。"扩展检索"选择"全部树"表示对当前的主题词及其所有下位主题词进行检索,以提高查全率;选择"不扩展",表示仅对当前单个主题词进行检索。

3. 分类检索

分类检索界面,如图3-37所示。分类检索有两种检索方式:

(1) 分类导航检索

只要点击相应类目名称前的"＋"号,即可逐级展开并浏览细目,如果选择某一类名,则显示该类目的分类检索标签,可获得该类目的注释信息,选择是否扩展检索、或选择复分号检索等,然后点击"分类检索"按钮,即可实现分类检索或复分组配检索。

(2) 选择用分类名或分类号作为检索入口的检索

在检索框中对应的输入类名或类号,点击"查找"按钮,系统显示含有该类名或类号片段的分类名—分类号轮排索引和对应的命中文献数,或分类号—分类名轮排索引和对应的命中文献数,如图3-38和图3-39所示。

第3章 中文期刊医学信息资源检索

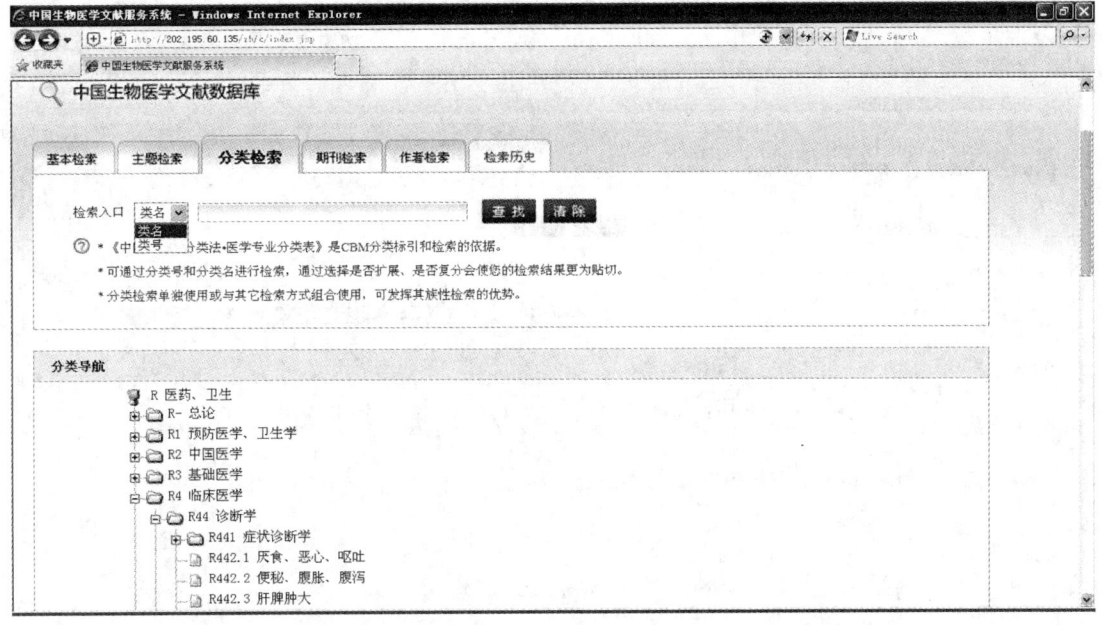

图3-37 分类检索界面

图3-38 分类名—分类号轮排索引

如果选择其中一类目,则显示该类目的分类检索标签,如图3-40所示,可选择是否扩展检索、选择复分号检索等,然后点击"分类检索"按钮,即可实现分类检索或复分组配检索。勾选扩展检索,即表示对该类目及其所有下位类进行查找;不选扩展检索,则表示仅对当前一个类目检索。复分组配号则用于对主类号的某一特定方面加以限制,强调主类号的某些专指方面,缩小检索范围,提高查准率。

图 3-39 分类号—分类名轮排索引

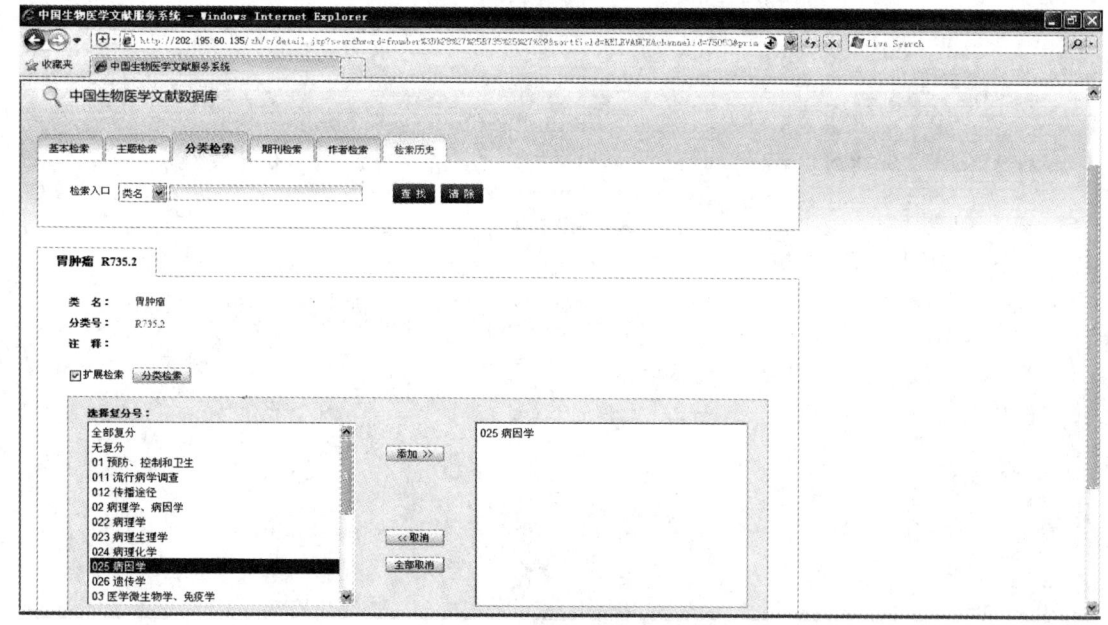

图 3-40 分类检索标签

例如，查找胃肿瘤的病因学的文献，可在"**胃肿瘤 R735.2**"分类检索标签界面，选择复分号"025 病因学"，点击"添加"按钮，然后再点击"分类检索"按钮，即可完成检索。

4. 期刊检索

期刊检索界面，如图 3-41 所示，可以从检索入口处选择刊名、出版地、出版单位、期刊主题词或者 ISSN 直接查找期刊，也可通过"期刊分类导航"或"首字母导航"逐级查找浏览期刊。对于检索或浏览到的期刊,不仅可获得详细的期刊信息,还可设置年代及刊期(默认为全部),检索浏览该刊的题录信息。

图 3-41 期刊检索界面

5. 作者检索

进入作者检索界面,在作者姓名后的输入框中输入作者姓名全称或片段,点击"下一步"按钮,系统显示命中作者的信息列表,点击作者姓名,即显示该作者署名发表的全部文献题录;如果输入作者姓名后,勾选"第一作者",即指定为第一作者查找,在系统显示命中作者的信息列表中选中作者,然后按提示点击"下一步",查看作者在系统中的单位分布,待确认后即可获得该作者署名发表的全部文献题录。

此外,在基本检索界面,检索入口选择作者字段,输入作者姓名,勾选精确检索,也可检索某作者署名发表的文献题录。

6. 检索历史

在检索历史界面下部,显示用户退出系统之前的检索表达式,包括检索序号、命中文献数、检索时间等,最多允许保存100条检索表达式。可从中选择一个或多个检索表达式,并用逻辑运算符(AND,OR,NOT)组成更恰当的检索策略,将组配后的检索序号及其逻辑运算式,例如,♯1 and ♯2,添加到界面上部的检索框中,点击"检索"按钮,即可重新执行检索。

【检索实例 3-5】 查找关于心血管疾病微量元素代谢的文献。

课题分析:本课题涉及的主要概念有心血管疾病、微量元素、代谢。心血管疾病包括心律失常、先天性心脏病、心脏瓣膜疾病等多种病变,用自由词"心血管疾病"检索会遗漏很多文献,因此,宜选用主题词"心血管疾病"检索;微量元素属于生长物质一类,主题词则选用其下位类"痕量元素"检索;代谢作为副主题词分别用来与主题词相组配。

检索步骤:

第一步　进入主题检索界面,在检索框中输入检索词:心血管疾病,点击"查找"按钮,在接下来的界面中,选择并点击主题词"心血管疾病"。

第二步　在弹出的该主题词可以组配的副主题词选择界面,选择副主题词"代谢",默认点选"扩展",表示选中该副主题词及其所有下位词,点击"添加"按钮。

第三步　点击"主题检索"按钮,默认扩展全部树检索(对该主题词及其所有下位主题词进行检索),得到检索结果。

第四步　重复上述步骤及过程。进入主题检索界面,在检索框中输入检索词:痕量元素,点击"查找"按钮,在接下来的界面中,选择并点击主题词"痕量元素";在弹出的副主题词选择界面选择副主题词"代谢",默认点选"扩展",点击"添加"按钮;再点击"主题检索"按钮,默认扩展全部树检索,得到检索结果。

第五步　进入检索历史界面,在其下部查看上述检索表达式,并在对应检索表达式的序号前勾选,点击逻辑运算符"AND"按钮,组配后的检索序号及其逻辑运算式添加到界面上部的检索框中。

第六步　点击检索框后面的"检索"按钮,即可得到课题相关的检索结果。

3.4.4　检索结果的显示与处理

检索结果的文献记录显示界面,如图 3-42 所示。系统不仅提供了二次检索和限定检索功能,以实现对检索结果的调整,而且还提供了多种对检索结果的显示与处理方式。

图 3-42　文献记录显示界面

1. 检索结果的调整

(1) 二次检索

在检索结果文献记录显示界面的检索框中输入检索词,勾选"二次检索",点击"检索"按钮,即可实现二次检索,以缩小检索结果范围。

(2) 限定检索

检索结果的文献记录上方,点击"更多限定"下拉菜单,可将折叠的检索限定选项打开,选择限定的文献类型、年龄组、性别、研究对象类型,以及年代范围等,点击"检索条件"后的检索表达链接,即可实现对检索结果的调整。

2. 检索结果的显示与处理

(1) 检索结果的显示、排序与输出

检索结果的显示系统默认为题录格式,利用文献记录显示界面右侧的对话框,可对文献记录的排序方式、显示格式、输出范围等进行控制。排序方式可选按年代、作者、期刊、相关度排序;显示格式可在"题录""文摘"和"详细"3种格式之间切换;文献记录输出可选择全部记录、标记记录、当前页记录、指定记录号输出等,然后选择打印、保存,或者通过 E-mail 发送。

(2) 结果分析

在文献记录显示界面,点击"结果分析"链接,可选择按作者、出版时间、作者单位、来源期刊、加星号(*)主题词(主要概念主题词)、文献类型等不同角度,对检索出的文献加以排序分析。分析完成后,通过选择并点击"记录浏览",可查看指定结果的详细内容。

3.4.5 网络版 CBM 的使用特点

1. 登录与访问

网络版 CBM 用户可通过单位建立的局域网或校园网电子资源目录的 CBM(专线接入)链接方式,登录访问;也可通过授权使用的网址(http://www.sinomed.ac.cn/),直接访问中国生物医学文献服务系统,其主页界面如图 3-43 所示。

图 3-43 中国生物医学文献服务系统主页界面(网络版)

在数据库选择区,点击下拉菜单,选择中国生物医学文献数据库,即进入网络版CBM检索界面,如图3-44所示,设有快速检索、高级检索、主题检索、分类检索、期刊检索、作者检索、机构检索、基金检索和引文检索9个标签按钮,点击这些标签按钮,则进入相应检索方式的检索界面。每一种检索方式的检索界面中间设有检索入门的简短提示。

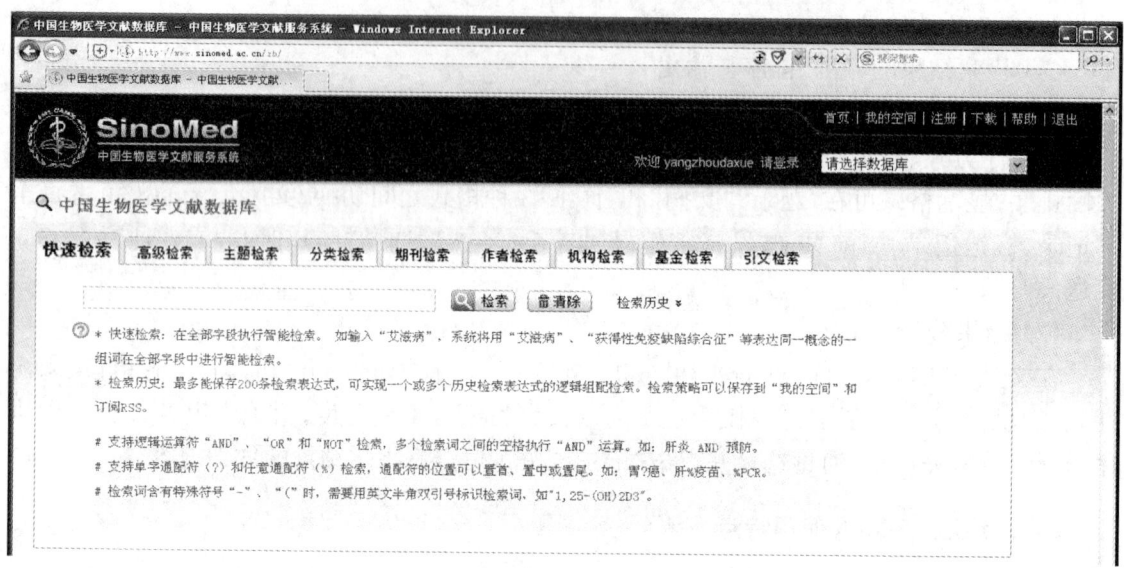

图3-44 网络版CBM检索界面

2. 检索方式的应用

(1) 快速检索

系统默认界面即为快速检索界面,如图3-44所示。快速检索是在数据库的全部字段内执行检索,集成了智能检索功能。

智能检索基于自由词—主题词转换表,能将输入的单个检索词转换成表达同一概念的一组词的一种检索方式,即自动实现检索词、检索词对应主题词及该主题词所含下位词的同步检索。

例如,输入单个检索词"脑中风",系统将用"脑中风"、"卒中"、"脑血管意外"、"脑血管中风"等表达同一概念的一组词在全部字段中进行智能检索。

输入多个检索词时,词间用空格分隔,系统默认为"AND"逻辑组配关系,但智能检索不支持逻辑组配检索。

(2) 高级检索

高级检索界面,如图3-45所示,支持多个检索入口、多个检索词之间的逻辑组配检索,方便用户构建复杂检索表达式,并提供检索限定的选择。

其中,检索入口字段中的"常用字段"实际是一个复合字段,它包含中文标题、摘要、关键词、主题词4个检索项;对于关键词、主题词、作者、分类号、刊名等字段可选择精确检索;构建表达式时每次只允许输入一个检索词(不支持逻辑运算符),但可选择智能检索;"限定检索"可对文献的年代、文献类型、年龄组、性别、研究对象等特征进行限定。

检索时,先在"构建表达式"后"常用字段"栏的下拉菜单中选择字段,输入单个检索词,点击检索框后面的"发送到检索框"按钮,依次将检索词发送到上面的检索框,前后检索词之间注意选择逻辑组配(AND,OR,NOT)构成复杂检索式,最后再点击检索框后的"检索"按钮,即可查找所需文献。

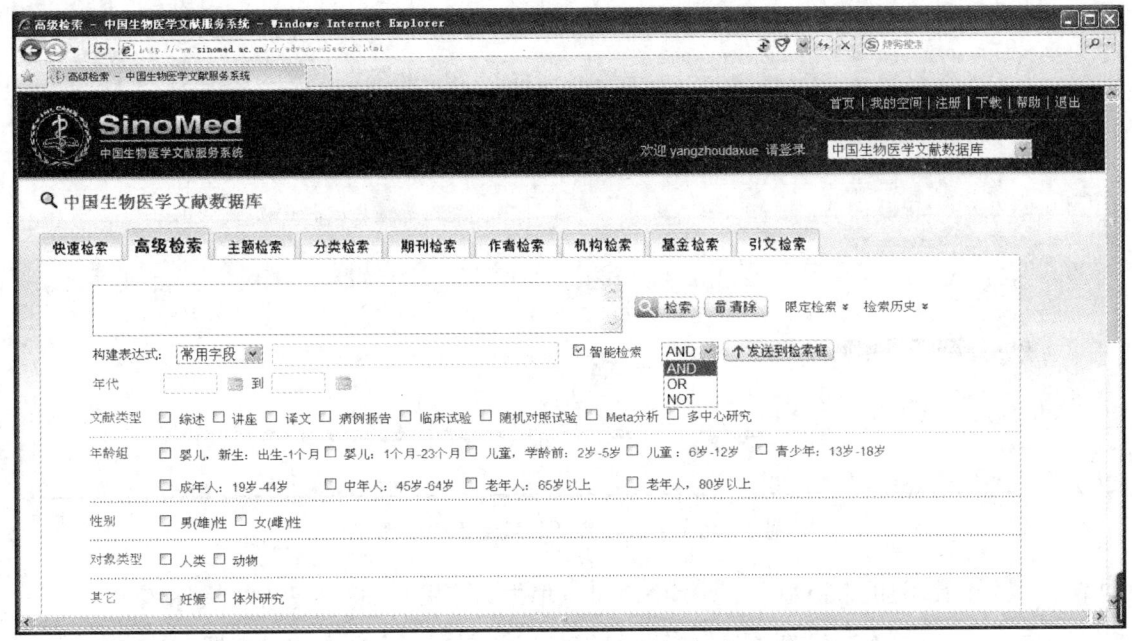

图 3-45 高级检索界面

(3) 主题检索

主题检索除可选择用中文主题词或英文主题词作为检索入口查找主题词外,还可通过主题检索界面下方的"主题导航",依次展开浏览主题词树,以查找所需要的主题词。

主题检索时,在检索入口的检索框中输入检索词,点击"查找"按钮,浏览查找结果并选择主题词,在随即弹出的副主题词选择框中可选中并添加副主题词,然后点击"发送到检索框"按钮,可依次将主题词或主题词组配副主题词后的检索表达发送到上面的检索框中,前后检索表达之间注意选择逻辑组配(AND,OR,NOT)。最后点击检索框后的"主题检索"按钮,即可执行检索。主题检索及其检索式构建界面,如图 3-46 所示。

(4) 分类检索

在分类检索界面,可利用分类导航,点击相应类目名称前的"+"号,逐级展开浏览细目并选择某一类名后进行分类检索外,还可选择用类名或类号作为检索入口进行检索。

【检索实例 3-6】 在 CBM 的"分类检索"中查找"心律失常的预防与控制"方面的文献。

检索步骤:

第一步 在 CBM 分类检索界面的检索入口选择"类名",输入:心律失常,点击"查找"按钮,在列出的所有分类名中选择"心律失常",随即进入"**心律失常 R541.7**"分类检索标签界面。

第二步 在"**心律失常 R541.7**"分类检索标签界面,在左栏选择复分号"01 预防、控制

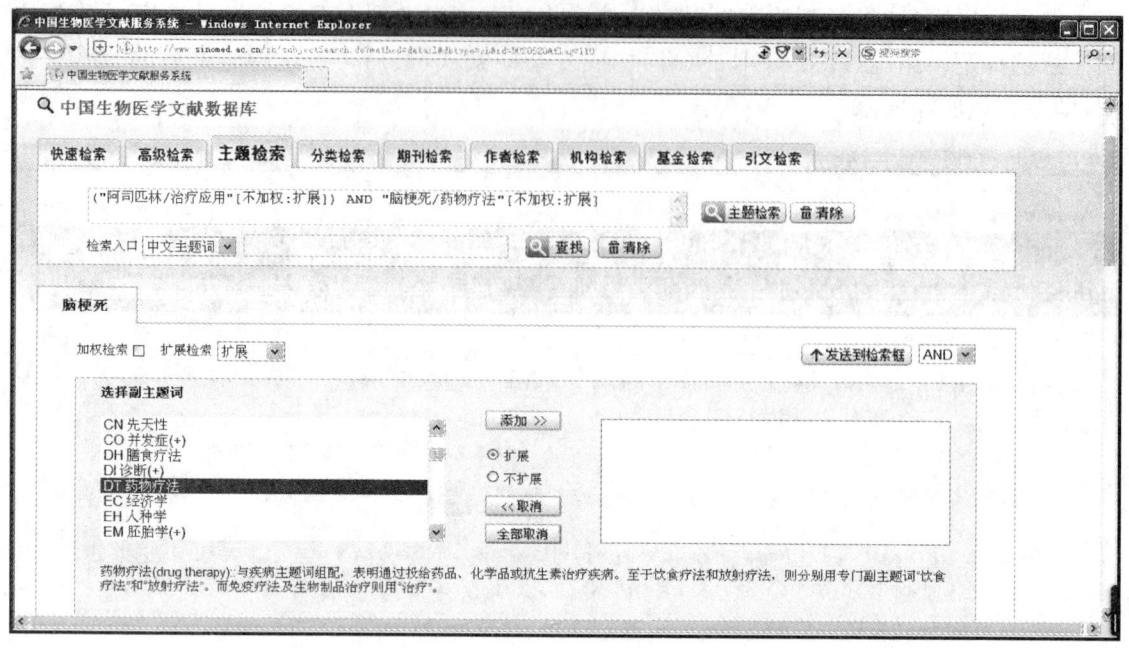

图 3-46 主题检索及其检索式构建界面

和卫生",并将其添加到右栏的添加框中。可以根据检索需要,选择是否"扩展检索"。

第三步 点击"发送到检索框"按钮,将分类组配的检索表达发送到上面的检索框中,再点击检索框后的"分类检索"按钮,即可检索出"心律失常的预防与控制"方面的文献。分类检索及其设置界面,如图 3-47 所示。

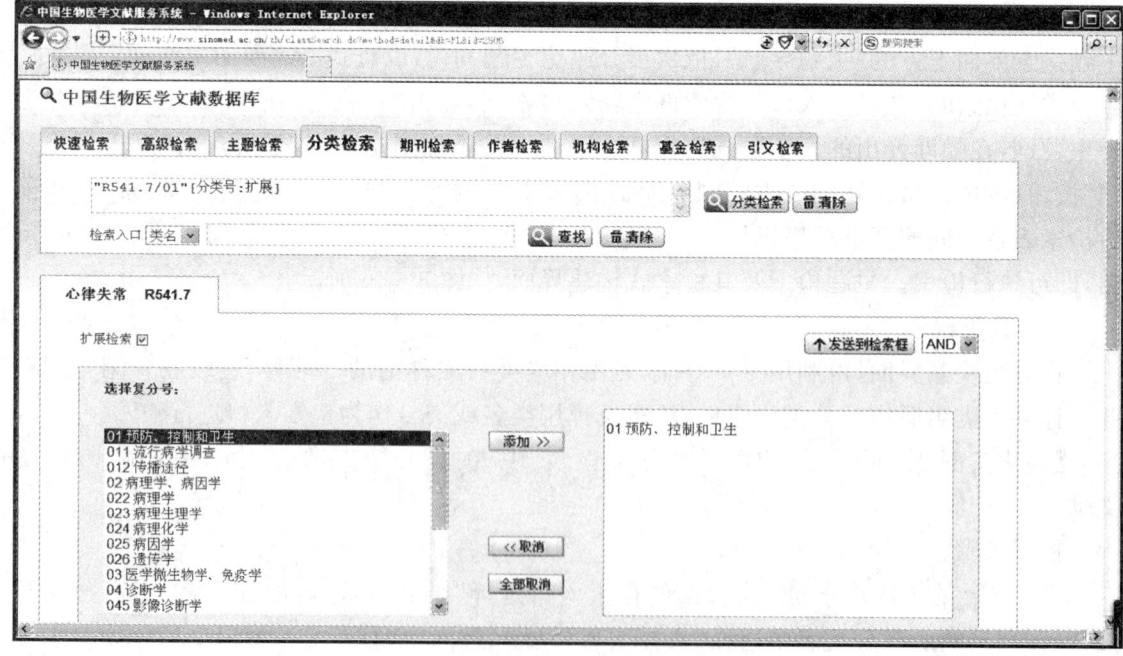

图 3-47 分类检索及其设置界面

(5) 期刊检索

期刊检索提供从期刊途径获取文献的方法,并能对期刊的发文情况进行统计与分析,以图表形式提供详尽的期刊分析报告。期刊分析报告由历年发文和被引情况柱状统计图、分析文献综合统计信息、近10年发文被引情况、近5年发文地区、引用期刊和发文机构分布几大部分组成。期刊检索的方法与镜像版的基本相同。

(6) 作者检索

通过作者检索可以查找该作者署名发表的文献,能查找该作者作为第一作者发表的文献,通过指定作者的单位,准确查找所需文献。同时,还能对某机构作者以第一作者身份发表的论文情况进行分析,以图表形式提供详尽的第一作者分析报告。第一作者分析报告由历年发文和被引情况柱状统计图、分析文献综合统计信息、主要研究领域和主要合作作者几大部分组成。

作者检索界面,如图3-48所示。在作者姓名后的输入框中输入作者姓名全称或片段,点击"查找"按钮,系统显示命中作者的信息列表,点击作者姓名,即显示以该作者姓名署名发表的全部文献题录。

如果输入作者姓名后,勾选"第一作者",点击"查找"按钮,即指定为第一作者查找,在系统显示命中作者的信息列表中先选中作者,然后按提示点击"下一步",再查看作者在系统中的单位分布,待确认并勾选后,最后点击"查找"按钮,即可获得某单位该作者以第一作者署名发表的全部文献题录;若点击"分析"按钮,则显示第一作者分析报告。

此外,在高级检索界面,检索入口选择作者或第一作者字段,输入作者姓名,勾选精确检索,也可检索以某作者署名发表的文献题录。

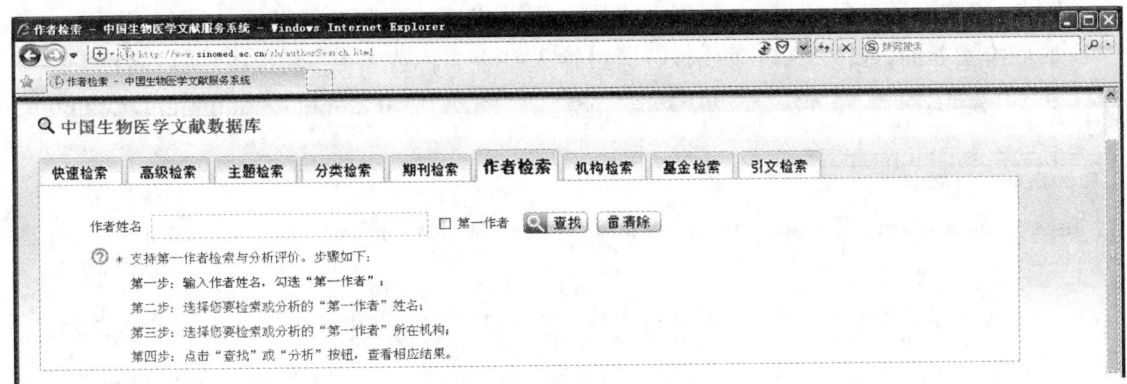

图3-48 作者检索界面

(7) 机构检索

机构检索可以了解指定机构及作为第一机构的论文发表情况和被引用情况,并可以图表形式提供详尽的机构分析报告和第一机构分析报告。机构(第一机构)分析报告由历年发文和被引情况柱状统计图、分析文献综合统计信息、机构主要研究领域、主要合作机构和机构内主要作者几部分。

机构检索界面,如图3-49所示,可通过输入机构名称直接查找机构,也可通过机构分类导航逐级查找所需机构,或者按机构名称的首字母导航浏览选择。

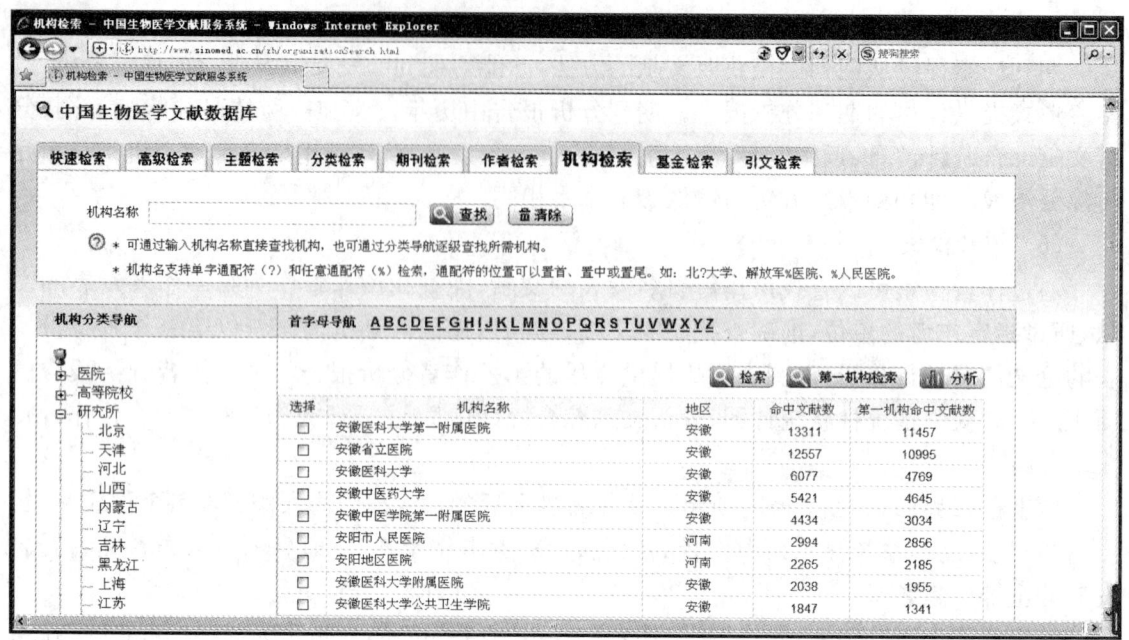

图 3-49 机构检索界面

(8) 基金检索

基金检索可帮助用户查找特定基金项目的成果发表情况,还提供对各项基金的发文情况和资助研究概况进行统计分析,查找到所需基金并勾选后,点击页面中部的"分析"按钮,即可生成基金分析报告。基金分析报告由历年发文和被引情况柱状统计图、分析文献综合统计信息、该基金资助的项目、主要资助机构和资助成果的主要学科领域几部分组成。

基金检索界面,如图 3-50 所示,可通过输入基金名称或者基金项目("项目名称"或"项

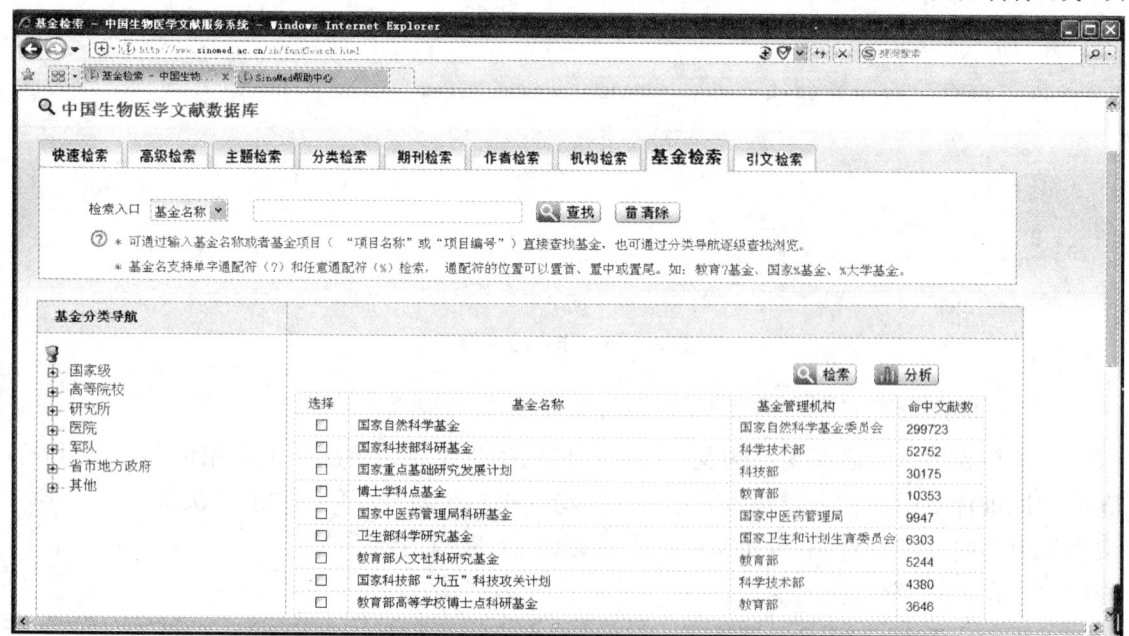

图 3-50 基金检索界面

目编号")直接查找基金,也可通过基金分类导航逐级浏览查找,或者通过基金名称目录逐页浏览选择。

(9) 引文检索

引文检索是 CBM 新增的一项重要功能,可帮助用户了解感兴趣文献在生物医学领域的引用情况(详见 6.1 节)。

引文检索界面,如图 3-51 所示,支持从被引文献题名、主题、作者/第一作者、出处、机构/第一机构、资助基金等途径查找引文。其中,"常用字段"实际是一个复合字段,由被引文献题名、被引文献出处和被引文献主题 3 个检索项组成;"被引文献主题"实际也是一个复合字段,由被引文献题名、关键词和主题词 3 个检索项组成。

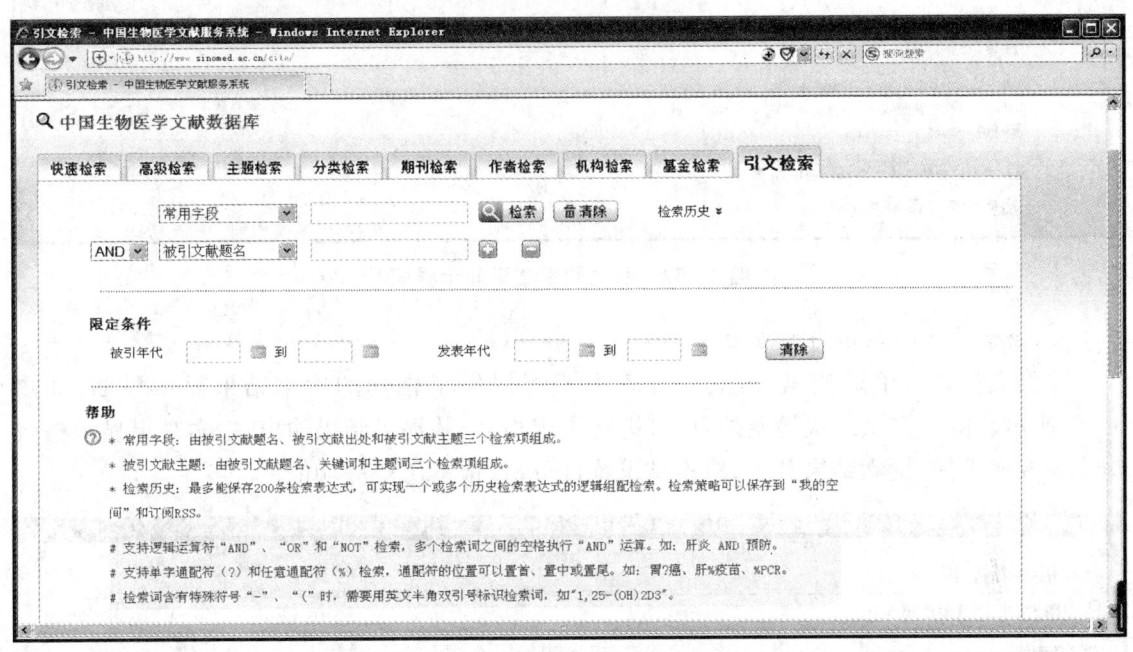

图 3-51 引文检索界面

在引文检索结果显示界面,如图 3-52 所示,用户还能对检索结果做进一步的限定,包括限定被引频次、被引年代、引文发表年代等,并能进行结果统计分析等。

在引文检索结果界面题录列表的右上方,点击"创建引文报告"链接,即可对检索结果的所有引文结果进行分析,生成引文分析报告。引文分析报告由检索结果集历年发文和被引情况柱状统计图、分析文献综合统计信息和论文近 5 年被引用情况统计 3 部分组成。

(10) 单篇搜索

在中国生物医学文献服务系统主页界面,点击"单篇搜索"按钮,进入单篇搜索界面,支持从期刊、年、卷、期、首页、作者(第一作者)、标题等字段精确查找特定文献。

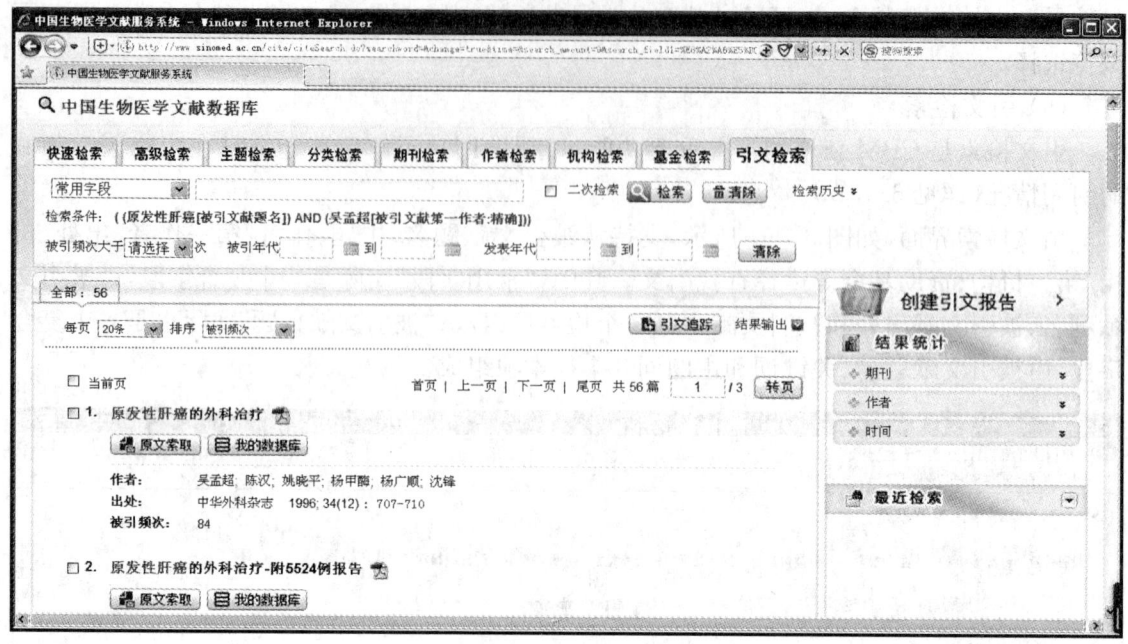

图 3-52 引文检索结果显示界面

3. 检索结果的显示与处理

除引文检索和单篇搜索外,其他检索方式都提供了相同的检索结果显示界面,如图 3-53 所示。除了提供二次检索外,还可进行限定检索,并提供结果输出、检索结果显示格式与排序方式选择、检索结果分类、检索结果统计分析、检索历史等功能。

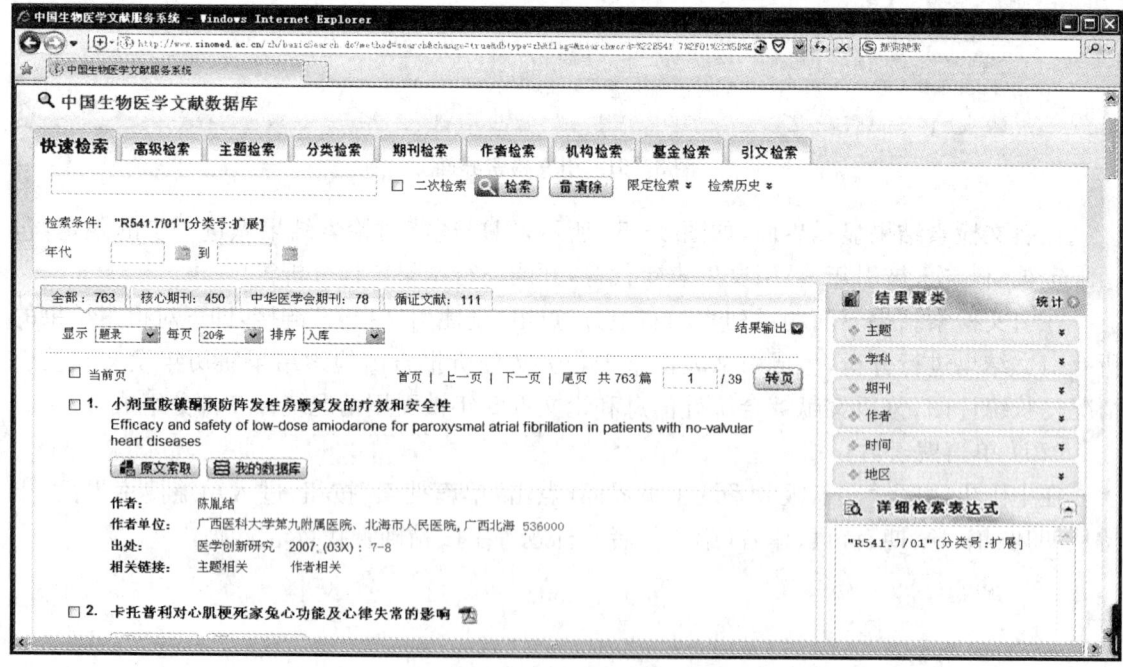

图 3-53 检索结果显示界面

(1) 二次检索

在检索结果显示界面的检索框中输入检索词，勾选"二次检索"，点击"检索"按钮，即可实现二次检索，以缩小检索结果范围。

(2) 限定检索

限定检索把年代、文献类型、年龄组、性别、对象类型、其他等常用限定条件整合到一起，用于对检索结果的进一步限定，可减少二次检索操作，提高检索效率。限定检索时，点击"限定检索"下拉菜单，可将折叠的检索限定条件打开，只要选择限定条件，点击"检索条件"后的检索表达链接，即可实现对检索结果的调整。

需要指出的是，一旦设置了限定条件，对后面的检索一直有效，除非用户取消限定条件。

(3) 结果输出

用户可根据需要，在题录列表的右上方，点击"结果输出"后的下拉菜单，可通过选择输出方式（保存、打印和 E-mail 发送）、输出范围（可选择全部记录、标记记录、当前页记录、指定记录号输出）、保存格式（可选择题录、文摘或自定义格式）等将检索结果输出。

(4) 检索结果的显示格式与排序方式等选择

在检索结果显示界面默认以题录格式列表显示，点击题录中的标题，则显示该篇文献的详细信息内容。如果文献标题右侧带有 PDF 图标，表示该文献有维普全文链接，点击此图标可获得来自维普全文数据库的 PDF 格式全文。

在题录格式列表的上方可以设置显示的格式（题录、文摘）、每页显示的条数（20条、30条、50条、100条）、排序方式（入库、年代、作者、期刊、相关度、被引频次），并且可以进行翻页操作和指定页数跳转操作。

(5) 检索结果分类

在题录列表的上端设有命中的全部记录数标签以及命中的核心期刊记录数、中华医学会期刊记录数、循证文献记录数 3 个分类标签。其中，核心期刊指被《中文核心期刊要目总览》或者《中国科技期刊引证报告》收录的期刊；中华医学会期刊是由中华医学会编辑出版的医学期刊；循证文献是指 SinoMed 系统对检索结果进行循证医学方面的策略限定所得结果。点击不同的分类标签，则显示所对应分类的题录列表。

(6) 检索结果统计分析

检索结果显示界面的右侧，按照主题、学科、期刊、作者、时间和地区 6 个方面对检索结果进行了统计，点击其中的统计结果数量可以在检索结果显示界面中展示所需内容。若点击"结果聚类"后的"统计"链接，则可查看检索结果从主题、学科、作者、期刊、时间、地区 6 方面的分布统计，并可再次限定，或浏览查看指定结果的详细内容。此外，系统还通过统计图来展示限定检索后的详细内容，并提供保存或打印功能。

(7) 检索历史

检索历史界面显示已完成检索的检索表达式，可从中选择一个或多个历史检索表达式进行逻辑（AND，OR，NOT）组配检索，也可以保存检索策略。

(8) 其他

在检索结果显示界面的右侧，系统提供当前实际执行检索的"详细检索表达式"，用户还可以在此修正检索表达，点击下方的"检索"按钮，施行新的检索。

在检索结果界面的右下方,还提供最近检索的检索表达及命中记录数链接,点击其链接,即可返回到题录列表显示界面。

习 题

1. 请比较中文期刊医学信息资源数据库检索方式的异同。
2. 从国内发表的学术论文分析您专业所熟悉的一位知名学者的研究倾向。
3. 如何查找中华医学会系列杂志?如何了解您所在学科专业的核心期刊?
4. 请问:《药学学报》是核心期刊吗?查找其 ISSN 和 CN 号、主办单位、联系方式(地址、电话或 E-mail)。
5. 检索有关非典型肺炎(SARS)与冠状病毒相关性的研究论文;指出其中发表在《中华医学杂志》上一篇文献的第一著者及其单位、通讯方式以及该文的参考文献数量,并找出该著者后续发表的其他文章及其身份(第一作者与非第一作者发文数)。(要求:检索词出现在文献标题中;选用的数据库、列出检索式与检索限定、检出的文献篇数;下载一篇全文并摘录其完整题录)
6. 检索关于阿司匹林对心脑血管疾病影响研究的期刊论文。(要求:选用的数据库;检出的文献数量控制在 100 篇左右;列出检索式)
7. 使用 CBM 主题词检索途径查找近 10 年关于胃癌化疗的综述文献,并与自由词检索结果作比较。(要求:分别写出检索过程、检出的文献记录数,并摘录一条完整题录)
8. 选择不同数据库检索近年来关于帕金森病(Parkinson's disease,PD)预防与康复护理方面的期刊文献。(要求:至少选用 3 种数据库检索;列出检索式与检索限定;比较检出的文献数量、结果的显示方式与处理)
9. 某教授欲查找肺癌治疗方面的研究进展,特别是近 5 年吉非替尼这种药物在治疗肺癌疾病方面的研究,研读在这方面研究颇有建树的某单位、某学者所发表过的期刊论文;查看在《中国肺癌杂志》上发表的关于吉非替尼治疗肺癌方面的相关文章。你能帮助其查找吗?(请叙述检索过程及检索结果情况)
10. 检索近 10 年来研究肝细胞癌与血管内皮生长因子(VEGFs)、p53 基因关系的期刊论文,并调查分析从事这一研究方向的活跃研究人员与机构,将其中 10 篇最具影响力的文献用 EndNote 格式导出并以 HCC - VEGF - P53 为文件名保存为文本。(请叙述检索过程、处理检索结果)

第 4 章　外文期刊医学信息资源检索

4.1　ScienceDirect 数据库

4.1.1　概况

ScienceDirect(简称 SD)是由荷兰著名的 Elsevier(爱思唯尔)公司出版、基于 Web 的电子期刊全文数据库。该数据库目前主要提供 1995 年以来 2 500 多种电子期刊的全文检索，此外还提供科技图书和参考书目等的检索。内容分为 Physical Sciences and Engineering (物理科学与工程)，Life Sciences(生命科学)，Health Sciences(健康科学)，Social Sciences and Humanities(人文与社会科学)4 大主题模块。其中，生命科学和健康科学主题模块涉及的学科主要有生物科学、生物化学/遗传学/分子生物学、免疫学与微生物学、神经科学、医学与牙科学、护理与卫生保健、药理学/毒理学/药物科学等。

ScienceDirect 数据库的主要特点是收录期刊数量多，学科覆盖广，回溯时间长(如 *Lancet* 可回溯到 1823 年创刊号)，其中许多为核心期刊，是世界上公认的高质量学术期刊，而且数据实时更新。

4.1.2　登录与访问

1. 单位用户

若单位购买了该数据库的使用权，这些单位的用户可以通过校园网或局域网链接登录，或者直接登录 ScienceDirect 数据库主页(http://www.sciencedirect.com/)，受 IP 控制，无并发用户限制，即可检索和下载数据库中的期刊全文。

2. 访客用户

登录 ScienceDirect 数据库主页后可实现免费题录和文摘检索，以及部分全文的下载。

4.1.3　检索方法与检索规则

登录后的 ScienceDirect 主页界面，如图 4-1 所示，提供浏览、快速检索、高级检索和专家检索 4 种浏览检索方式。在任何操作界面，只要点击左上角的"ScienceDirect"数据库标识，即可返回 ScienceDirect 主页界面。

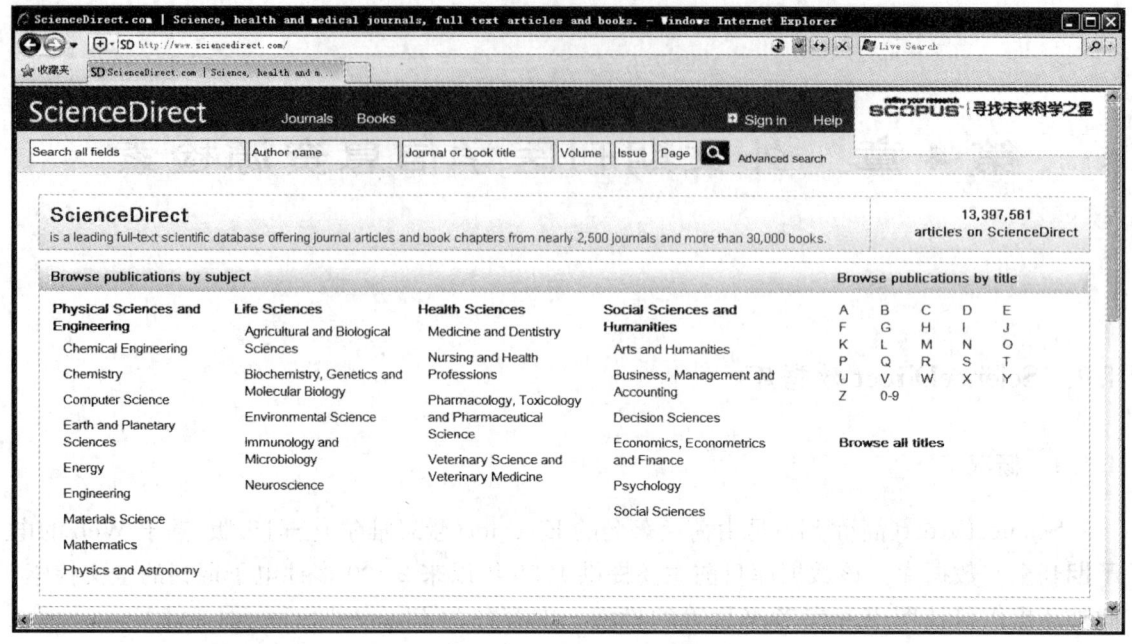

图 4-1 ScienceDirect 主页界面

1. 浏览方式(Browse)

ScienceDirect 主页界面默认提供按出版物字顺浏览(Browse publications by title)和按出版物学科主题浏览(Browse publications by subject)两种浏览方式。

按出版物字顺浏览方式列出所有期刊和图书(Browse all titles),可选择不同首字母进行浏览。点击主页界面上方的"Journals"选项,则按刊名字顺浏览全部期刊(All journals),若在浏览期刊界面左侧的"Filter by subject"栏,勾选相关学科,点击"Apply"按钮,则可限定在所选学科范围按字顺浏览期刊。

按出版物学科主题浏览方式列出 4 大主题模块的 24 个学科目录,点击学科名称可直接查看该学科所包含的出版物。在接下来的界面,若点击学科前的"+"可逐级查看该学科所包含的子学科,相应地点击"-"可以将该层目录折叠起来。勾选相关学科,点击"Apply"按钮,就可按字顺浏览所选学科的出版物。在界面右上方点击"All publications"后的下拉菜单,选中"All journals",则按刊名字顺浏览所选学科的全部期刊。用户可以同时勾选多个学科,进行跨学科浏览。

浏览到的期刊还可按期刊文献的获取方式进行筛选。在期刊浏览界面右上方点击"All access types"后的下拉菜单,可见"Full-text access"(全文文献获得方式)提供"Subscription & complimentary"(订阅方式获取)和"Open Access"(开放获取)两种方式,其中,"Open Access"又分为"Open Access journals"(开放获取期刊)和"Contains Open Access"(部分开放获取)。采用不同颜色的条纹图标注明,绿色条纹图标☰,表示已订购,可以访问全文;灰色条纹图标☰,表示未订购,没有全文访问权限,仅能获得文摘或题录;带有橙色条纹图标☰,表示是 Open Access Journal;带有部分橙色条纹图标☰(部分为绿色、部分为橙色)或☰(部分为灰色、部分为橙色),则表示期刊中含有部分开放获取论文(Journal contains Open

Access articles)。

ScienceDirect 期刊浏览界面,如图 4 - 2 所示。

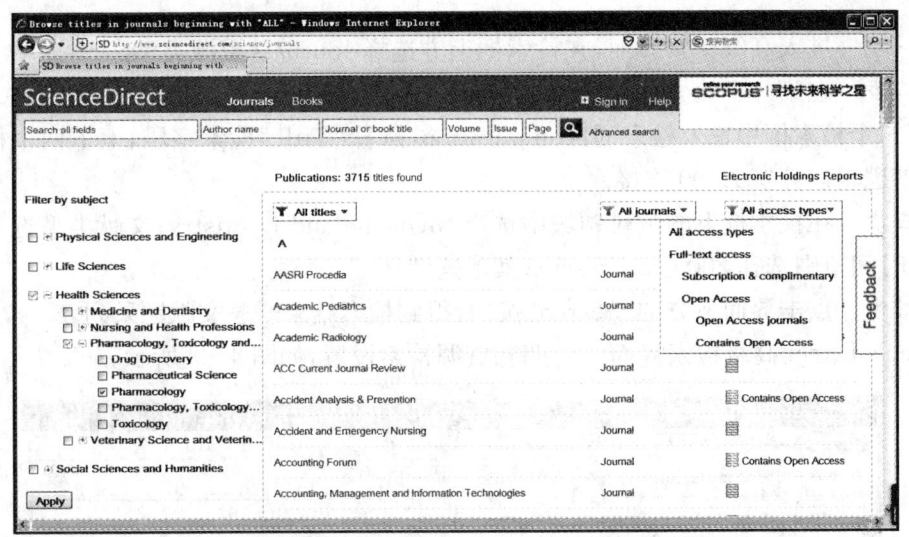

图 4 - 2　ScienceDirect 期刊浏览界面

Open Access,简称 OA,是指可以在因特网上开放获取文献,允许任何用户发布、免费地阅读、下载、复制、打印和检索利用文献全文。目前,在因特网上涌现出大量 OA 资源,它是由同行评审的期刊论文、会议论文、学位论文、研究报告和工作论文等共同组成的资源,并且是数字化的、免费的、大部分版权和使用许可自由的这样一类文献。OA 期刊是指经过同行评审,以网络化的免费方式提供给用户检索、阅读、下载、复制、打印或链接全文文献的开放获取期刊(Open Access Journals)。

2. 快速检索(Quick Search)

快速检索区出现在 ScienceDirect 主页界面上方,并且在任何操作界面,该检索区的位置固定不变,方便用户随时进行较为常用的快速检索。只要在对应字段的检索框中输入检索词,即可检索文献。提供检索框的字段有:所有字段(Search all fields)、著者姓名(Author name)、期刊/图书的题名(Journal or book title)及卷(Volume)、期(Issue)、页码(Page)。

3. 高级检索(Advanced Search)

在 ScienceDirect 主页界面,点击快速检索区右侧的"Advanced search"链接,进入高级检索和专家检索界面,默认的是高级检索界面。高级检索界面有两个检索框,在检索框的上方设有资源类型标签选项,默认为 All(所有资源),也可只选择:Journals(期刊),Books(图书),Reference Works(参考著作)或 Images(图表)。

点击"Journals"标签,即可进行期刊文献检索,并可在检索框下方选择学科领域、文献类型、时间范围等条件限定,其中学科领域可按住 Ctrl 键选择多个学科。检索时,在检索框中输入检索词或检索表达式,选择相应的检索字段,选择连接上下两个检索框内检索词或检索式的布尔逻辑运算符,并作其他检索条件限定。检索设置完毕后,点击界面下方的"Search"按钮,得到检索结果的题录显示。

【检索实例 4-1】 检索 2005 年以来关于心脏移植并发症的期刊论文（要求检索词出现在论文标题中）。

检索步骤：

第一步 进入高级检索界面，在检索框上方选择 Journals 资源类型。

第二步 在第一个检索框中输入检索词："heart transplantation"，选择"Title"检索字段，在第二个检索框中输入检索词：complication，选择"Title"检索字段，上下两个检索框之间用布尔逻辑运算符 AND 连接。

第三步 在检索框下的学科领域中选择 Medicine and Dentistry；文献类型选项中勾选 Article；时间范围选择 2005 to Present；其他选默认。

第四步 点击界面下方的"Search"按钮，得到检索结果——文献题录列表。

ScienceDirect 高级检索界面——期刊资源检索设置，如图 4-3 所示。

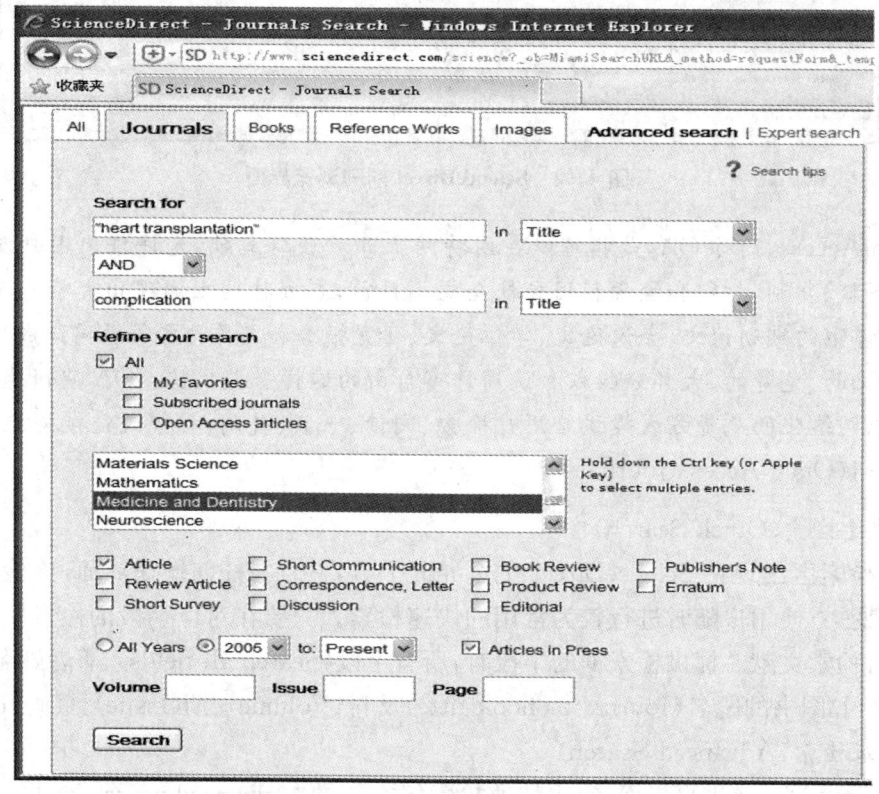

图 4-3 ScienceDirect 高级检索界面——期刊资源检索设置

3. 专家检索（Expert Search）

在 ScienceDirect 高级检索界面，点击"Expert search"链接即可进入专家检索界面。专家检索需要使用布尔检索语言自行构建检索式，可根据课题检索要求，对检索字段进行需求描述，例如，Title-Abs-Key（stress）AND Abstract（"coronary artery disease"）AND Affiliation（china）。

4. 检索规则

ScienceDirect 数据库遵循以下检索规则：

(1) 布尔逻辑检索

在同一检索式中,可以用布尔算符 AND(与),OR(或),AND NOT(非)来表达检索词之间的关系,布尔算符必须大写。运算优先级为:()＞OR＞AND＞AND NOT。例如,检索式 mouse OR rat AND rodent,rodent AND rat OR mouse,rat OR mouse AND rodent 等同于(mouse OR rat) AND rodent 检索表达。系统默认各检索词之间空格分开或连字符连接的逻辑算符为"AND"。例如,检索式 heart attack,heart-attack 等同于 heart AND attack 检索表达。

(2) 词组检索

检索完全匹配的短语或词组要使用半角双引号" ",例如,"heart attack"或"heart-attack"就可以检索出含有该词组的文献(连字符被忽略)。对于包含禁用词、标点符号和特殊字符的精确检索,则需要用括弧{ }括起,例如,{heart attack}与{heart-attack}的检索结果则不同(连字符被当成特殊字符)。

(3) 截词检索

截词符"*",表示无限截词,例如,Cardio* 可以命中 Cardiology,Cardiologist,Cardiovascular 等的文献。截词符？则可替代词中间的字母,例如,tumo?r 可检索中含 tumor 和 tumour 的文献。

(4) 位置算符

可以限定检索词之间的距离,常用有 Term1 W/n Term2,Term1 PRE/n Term2 两种形式。

➤ Term1 W/n Term2。表示两词(Term1,Term2)之间可插入少于或等于 n 个单词,例如,Title (pain W/15 morphine)。

➤ Term1 PRE/n Term2。表示检索词 1(Term1)应先于检索词 2(Term2)n 个单词以内,例如,Abstract (behavioural PRE/3 disturbances)。

(5) 字段限定检索

在检索词或检索式前加字段名代码,可将检索词限定到指定的字段中,例如,Title ("heart attack" AND stress)。常用字段主要有:Title-Abs-Key(复合字段),Title(标题),Abstract(摘要),Authors(作者),Keywords(关键词),Journal-Name(期刊名称),Affiliation(机构),References(参考文献)等。

(6) 著者检索

先输入名的全称或缩写,然后输入姓的全拼。例如,J S Smith。著者检索往往需要结合著者研究领域才能找到结果。

(7) 自动识别单复数

输入单词的单数形式,可以检索到该单词的单数、复数及所有格式。例如,输入 complication,可以同时检索到含有 complications 的文献。不规则复数除外。

(8) 其他

检索希腊字母时要以英文拼写代替,例如,检索 β,就需要输入 beta 来替代;上下标字符按普通字符输入,例如,检索 CO_2,输入 CO2 即可。

4.1.4 检索结果的显示与处理

1. 检索结果的显示

在浏览得到的期刊主页界面,如图 4-4 所示,除在界面中间显示最新 1 期目次以供用户浏览阅读外,用户还可在界面的左侧选择该刊的年/卷/期来浏览阅读文章,也可在界面上方的快速检索区进行刊内检索。如果点击目次中的题名则以超文本形式显示全文或文摘,点击"PDF"字样则得到 PDF 格式全文。

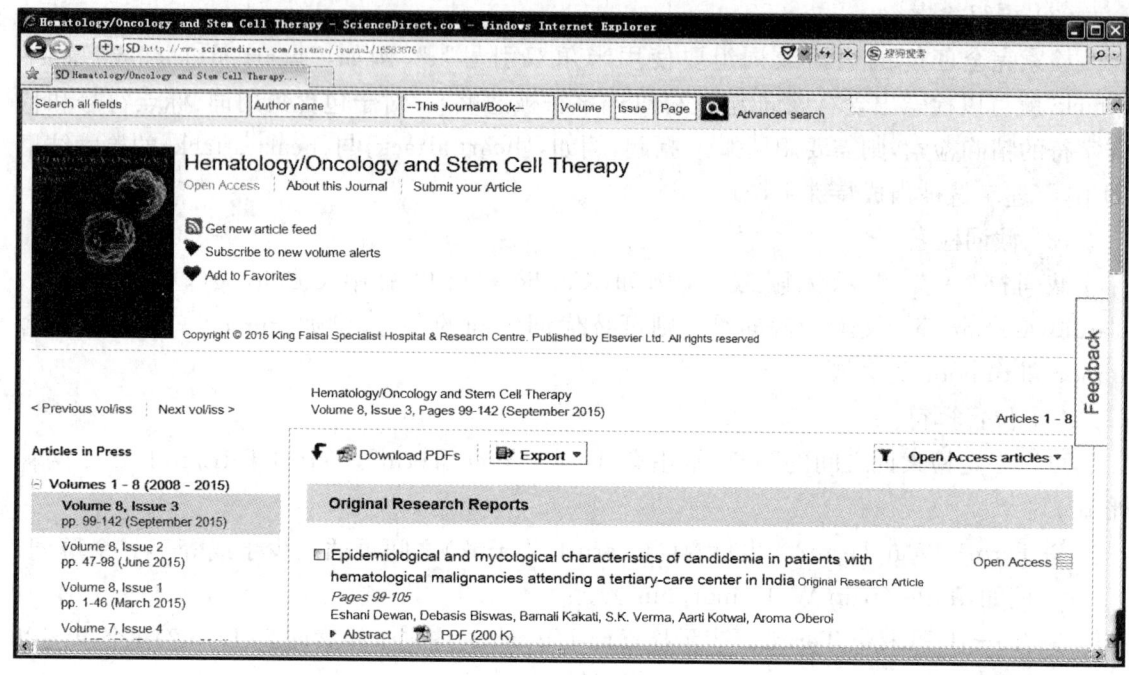

图 4-4 期刊主页界面

通过快速检索、高级检索、专家检索直接得到检索结果的文献题录列表。检索结果题录列表显示界面,如图 4-5 所示,显示命中文献数和检索表达式,以及命中记录的题录列表,系统默认按相关度排序,也可选择按文献发表时间排序。每一条题录包括文章题名、期刊名、卷、期、年月、页和作者等信息。点击题名则以超文本形式显示全文或文摘,对于有权限获得的全文文献还提供 PDF 格式全文链接。

2. 检索结果的处理

在检索结果题录列表显示界面左侧(见图 4-5),提供了对检索结果精炼过滤(Refine filters)功能,即按出版年(Year)、出版物名称(刊名)(Publication title)、主题(Topic)、文献类型(Content type)等项目对检索结果进行分布统计。用户勾选项目前的复选框,点击项目栏下的"Apply filters"按钮,系统将显示所限定的检索结果。

在检索结果题录列表显示界面上方(见图 4-5),点击 Export 后的下拉菜单,提供了题录和文摘的多种输出方式,可以选择题录格式(Citations Only)、题录和文摘格式(Citations and Abstracts)输出,也可以选择其他文献信息管理软件格式输出。

第 4 章 外文期刊医学信息资源检索

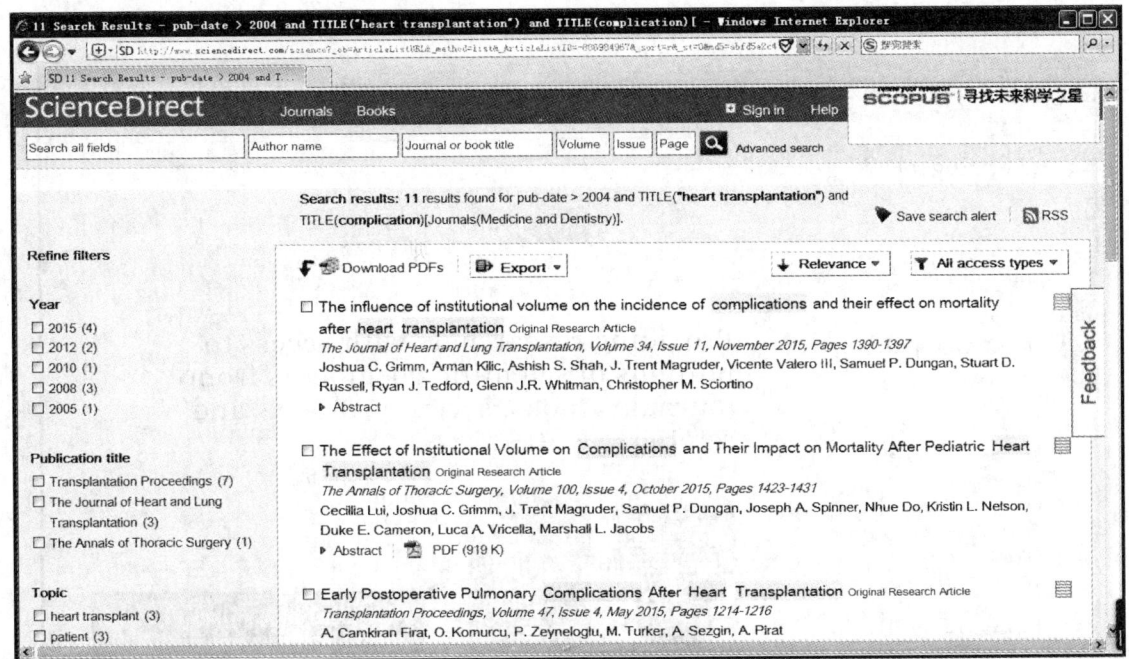

图 4-5 检索结果题录列表显示界面

4.2 SpringerLink 数据库

4.2.1 概况

德国施普林格(Springer-Verlag)是世界上著名的科学与商业媒体集团,通过 SpringerLink 系统提供学术期刊及电子图书等的在线服务。目前,SpringerLink 数据库提供 3 000 多种学术期刊,以及电子图书、电子丛书、电子参考书和实验室资料等,涵盖诸如 Biomedical Science(生物医学)、Chemistry(化学)、Environmental Science(环境科学)、Food Science & Nutrition(食品科学与营养)、Life Sciences(生命科学)、Medicine(医学)、Psychology(心理学)、Public Health(公共卫生)等 24 个学科,它是生物医学科研人员开展科学研究的重要信息源。

4.2.2 登录与访问

1. 单位用户

若单位购买了该数据库的使用权,这些单位的用户可以通过校园网或局域网链接登录,或者直接登录 SpringerLink 数据库主页(http://link.springer.com/),受 IP 地址控制,无并发用户限制,即可检索和下载数据库中的期刊全文。

2. 访客用户

登录 SpringerLink 数据库主页后可实现免费题录和文摘检索,以及部分 OA 期刊全文的下载。

4.2.3 检索方法与检索规则

登录后的 SpringerLink 主页界面,如图 4-6 所示,提供浏览与检索两种方式。任何时候只要点击"SpringerLink"图标,即可返回SpingerLink主页界面。

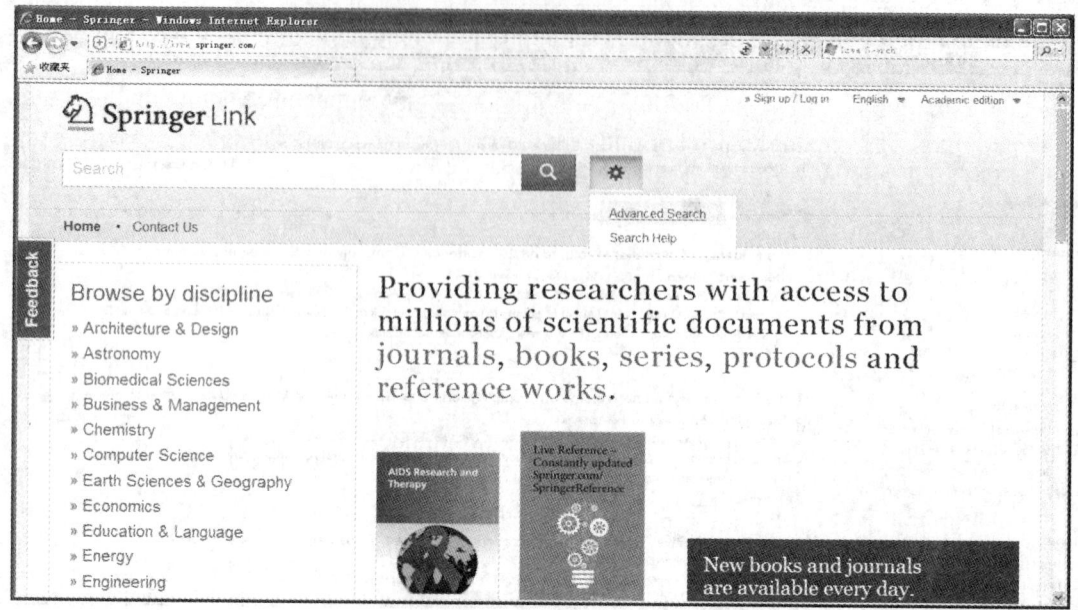

图4-6 SpringerLink主页界面

1. 浏览方式

在SpringerLink主页界面,主要提供按文献类型浏览(如Journals)和按学科导航分类浏览(Browse by discipline)两种方式。

(1)按文献类型浏览

提供包括journals(期刊)、books(图书)、series(系列出版物)、protocols(实验室指南)、reference works(参考文献)等文献类型的链接。点击"journals"链接,则进入数据库所收录期刊的刊名列表浏览界面,如图4-7所示。

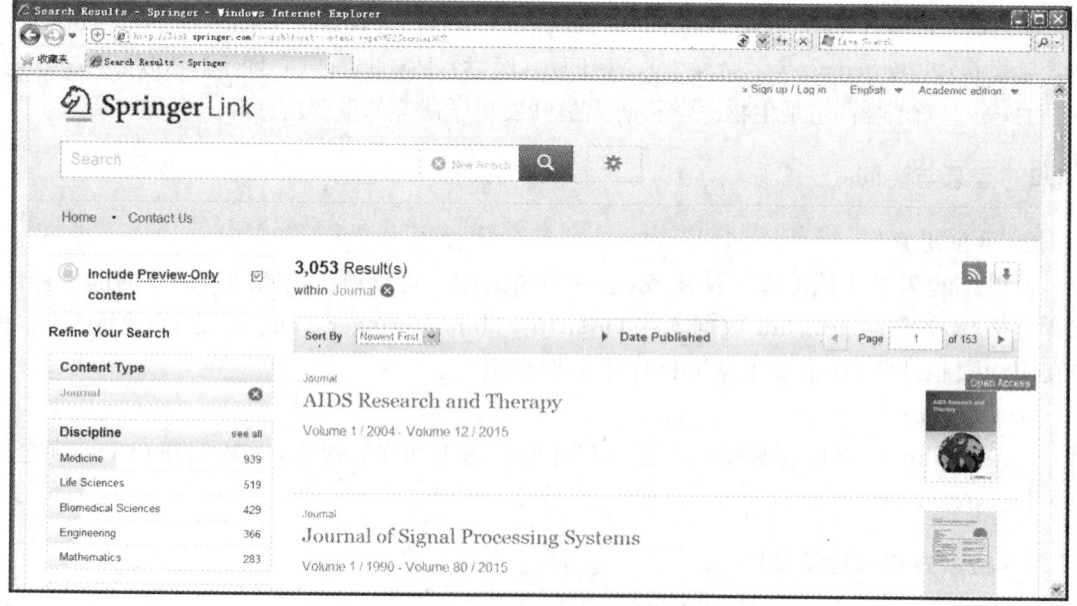

图4-7 刊名列表浏览界面

在刊名列表浏览界面,除了可选择是否包括有权限限制的仅可预览内容(🔒 Include Preview-Only Content)的期刊和期刊出版时间(Date Published)限定外,还提供了对期刊浏览结果的精炼功能(Refine Your Search):可以在左栏 Discipline 下选择期刊所属的学科、Subdiscipline 下选择期刊所属的子学科、Language 下选择期刊的语种。如果所查期刊不在当前显示界面,可在检索框中输入关键词找到所需期刊。期刊浏览精炼结果界面,如图 4-8 所示。

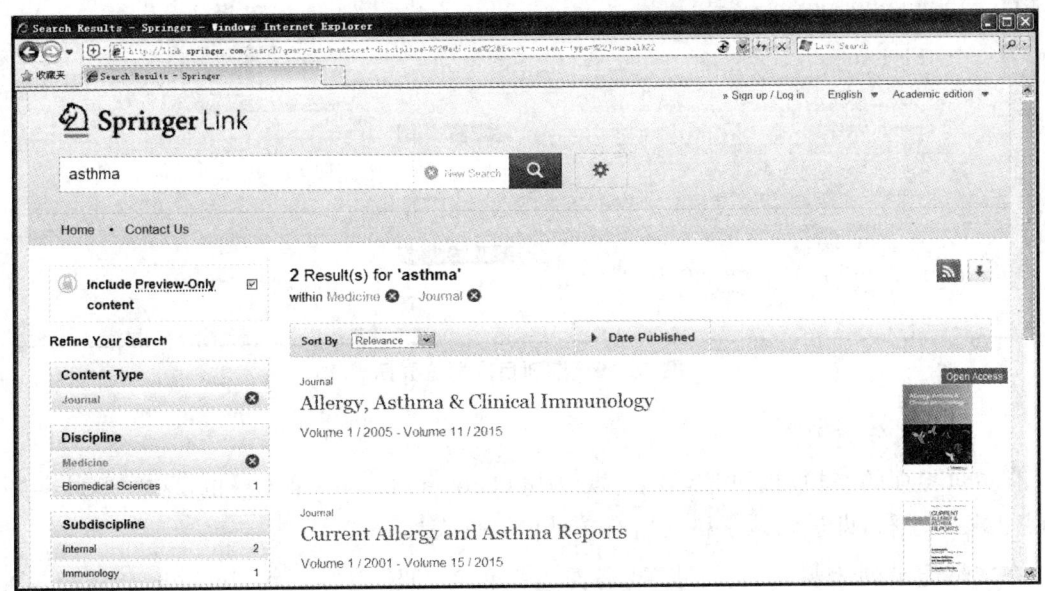

图 4-8　期刊浏览精炼结果界面

通过点击刊名链接进入该期刊主页后,点击"Browse Volumes & Issues"链接,即可进入浏览期刊卷/期列表界面,如图 4-9 所示。若选择某一卷/期,即可进入期刊目次浏览界面,如图 4-10 所示。通过浏览该期目次,就可找到所需文章。

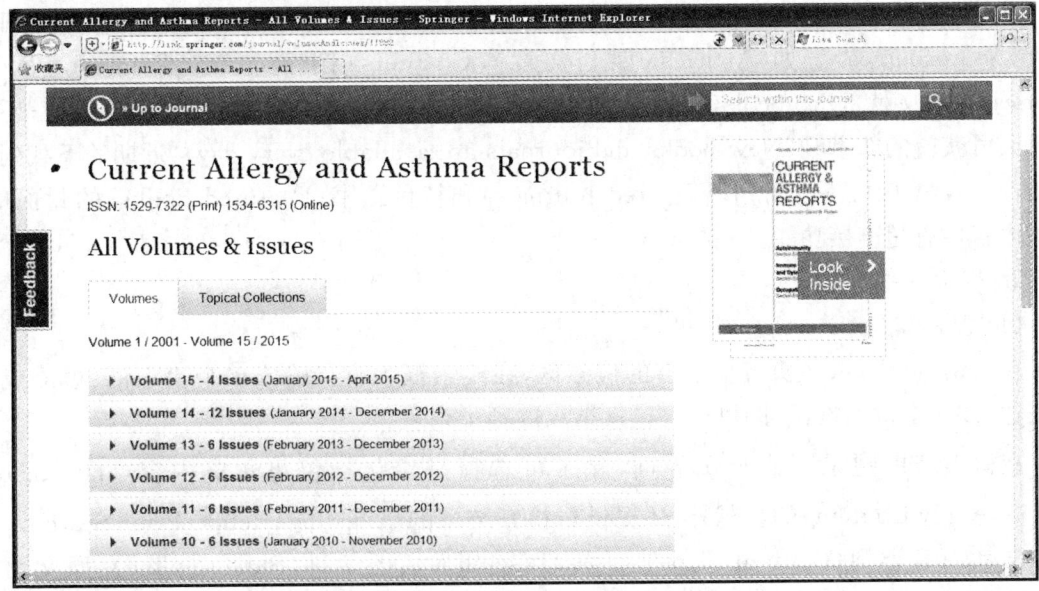

图 4-9　浏览期刊卷/期列表界面

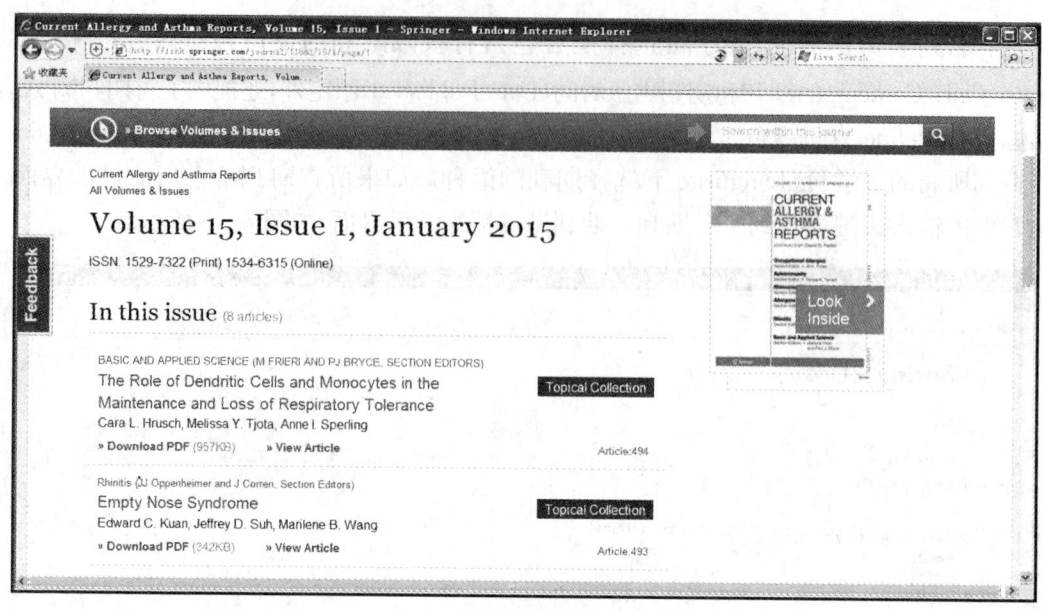

图 4-10 期刊目次浏览界面

(2) 按学科分类浏览

在主页界面的左栏,提供按学科分类浏览(Browse by discipline)的 24 个学科字顺列表,点击某个学科,即进入该学科的所有文献记录列表界面。

在文献记录列表界面,除了提供是否包括仅可预览内容(🔒 Include Preview-Only Content)的文献选项外,还提供了对浏览结果的精炼功能(Refine Your Search),可以在检索框中输入关键词进一步检索,可按文献内容类型(Content Type)、学科(Discipline)、子学科(Subdiscipline)、原文语种(Language)、出版时间(Date Published)等对浏览结果进一步限定,最终浏览到所需文献。

此外,在 SpringerLink 主页界面,在学科导航字顺列表下方还提供按资源类型浏览(Browse resources)。如 Articles(期刊文章),Chapters(图书章节),Reference Work Entries(参考文献),Protocols(实验室指南),每一资源类型后标有该类型文献的数量;还显示每天可获得的新书刊(New books and journals are available every day)、近期的下载列表(Recent Activity)、特色期刊(Featured Journals)和特色图书(Featured Books)的封面等。这些内容均有超链接功能。

2. 检索方式

(1) 基本检索(Search)

在 SpringerLink 主页界面上方的检索区,在检索框中直接输入单个检索词、短语或检索表达式,点击检索按钮,即可获得检索结果的题录列表。

在检索结果题录列表显示界面,除了可选择是否包括仅可预览内容(🔒 Include Preview-Only Content)的文献外,还提供对检索结果的精炼功能(Refine Your Search),可以按文献内容类型(Content Type)、学科(Discipline)、子学科(Subdiscipline)、原文语种(Language)、出版时间(Date Published)等对检索结果进一步限定,最终得到所需文献。

(2) 高级检索(Advanced Search)

在 SpringerLink 主页界面上方的检索区,点击检索框后的检索选项按钮" ✱ "(Open search options),选择"Advanced Search"链接,进入高级检索界面。

高级检索主要提供检索词出现的位置、词与词之间的逻辑关系以及文献出版年份等多个检索限定选项。其中,"with all of the words"(包含全部检索词,相当于 AND 运算); "with the exact phrase"(精确匹配,相当于短语/词组检索);"with at least one of the words"(包含至少一个检索词,相当于 OR 运算);"without the words"(不包含该检索词,相当于 NOT 运算);"where the title contains"(标题包含……,相当于题名字段检索);"where the author/editor is"(作者/编者是……,相当于责任者字段检索);"Show documents published"(文献出版年限定:between/in); 🔒 Include Preview-Only Content(包括仅可预览内容选项)。

高级检索设置和限定完成后,点击"Search"按钮,即可进入与基本检索结果相同的显示界面。

3. 检索规则

SpringerLink 数据库检索应当注意以下规则:

(1) 支持布尔逻辑运算

逻辑运算符采用 AND(或"&"),OR(或"|"),NOT,运算优先级为:( )＞NOT＞OR＞AND,输入多个检索词以空格分开,系统则默认为"AND"运算,不支持"＋"和"－"符号。例如,hypothalamus AND brain NOT insulin;lung cancer OR tumor therapy,则检索结果与 lung AND (cancer OR tumor) AND therapy 表达相同,而不是(lung cancer) OR (tumor therapy)。

(2) 采用截词符

至少保留 3 个字符的截词,用" * "表示无限截断,例如,hea * 可以检索出 head,heats, health,heated,heating 等的文献;用"?"可以替代任一字符,例如,hea? 将检索出 head, heat,heal 等的文献。

(3) 支持词组或短语检索

采用半角双引号" ",表示精确短语检索。例如,"plastic bottles" OR "water pollution control"。对于化学符号也采用双引号以获得准确结果,例如,"G-6-P-D"。

(4) 支持 NEAR 位置算符

使用"NEAR"算符,表示检索词相邻位置在 10 个单词以内,如果在该算符后添加一个数字,可进一步限定两个词之间的邻近程度,例如,acute NEAR/4 pancreatitis。

(5) 其他

可自动扩展查询词的词干,规则名词单数形式可检索出单数、复数、所有格形式及复数形式不规则的名词。例如,检索 running,可以检出 runner,run,ran 等等。

【检索实例 4-2】 采用基本检索方式,检索阿司匹林与胃溃疡发病关系研究的文献(有权限获得全文),并找出其中 2011~2015 年发表的有关外科学研究方面的英文论文。

检索步骤:

第一步 进入 SpringerLink 主页界面,在检索框中输入检索式:aspirin AND "gastric ulcer",点击检索按钮,得到命中的全部文献的题录列表。

第二步 在"🔒 Include Preview-Only Content"后的可选框,取消勾选,即可进入有权限获得全文的题录列表显示界面,如图4-11所示。

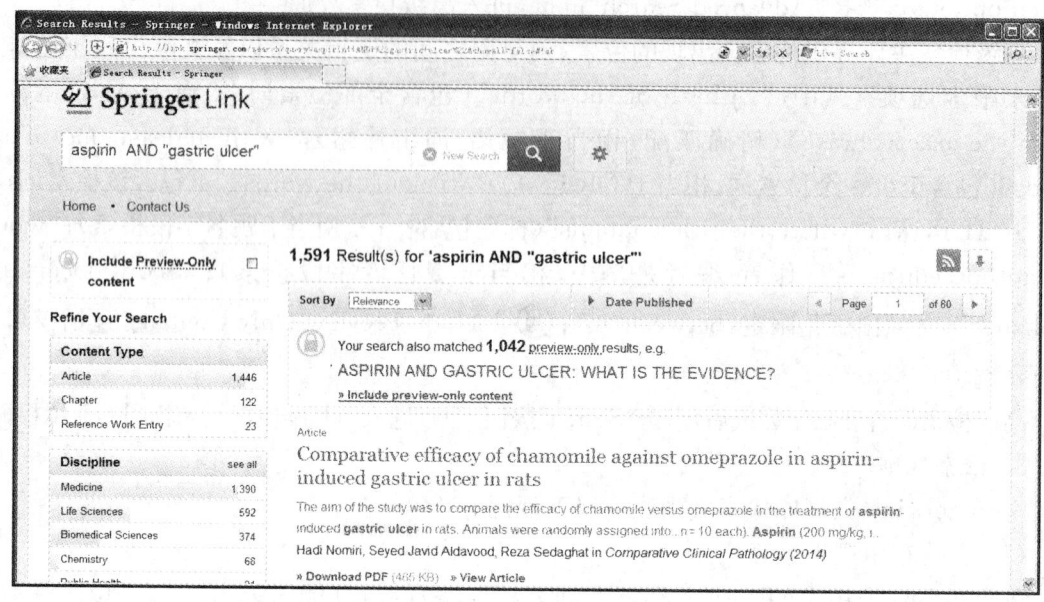

图4-11 检索结果显示界面

第三步 在图4-11界面做精炼检索限定,即在左栏Refine Your Search(精炼检索)选项中,依次在"Content Type"下选Article;"Discipline"下选Medicine;"Subdiscipline"下选Surgery;"Language"下选English。再点击题录上方的"Date Published"选项按钮,在文献出版起止年份框中分别输入2011、2015。

第四步 点击检索按钮,得到精炼检索结果的题录列表。其精炼检索结果显示界面,如图4-12所示。

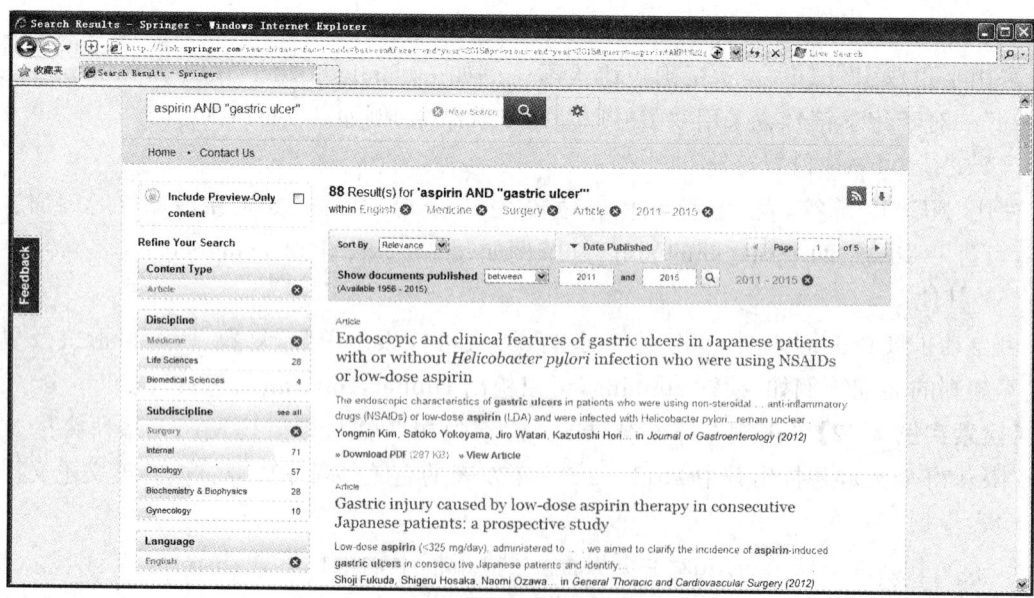

图4-12 精炼检索结果显示界面

4.2.4 检索结果的显示与处理

通过基本检索和高级检索进入的检索结果显示界面(参见图4-11和图4-12),按简单题录列表分别显示每条记录的文献类型、标题、作者、出处等信息。带有"🔒"图标的,表示该条记录为"Preview-Only Content"(仅可预览内容),不提供全文下载权限。OA资源的记录则在其右侧显示"Open Access"图标。

在题录下方,点击"Download PDF"下载链接,则可下载PDF格式的全文,点击"View Article",则可在线以HTML格式浏览全文。如果点击题录中的标题,则显示该文章的详细浏览界面,不仅提供该文的全文下载和在线浏览、题录和文摘信息,还有文章主题、关键词、机构等信息。

在检索结果列表右上方,点击"📶"图标,可将结果通过RSS推送;点击旁边的下载箭头可以导出最多1 000条检索结果的CSV格式的EXCEL文件。

在文章详细浏览界面右下方的"Other Actions"栏中,点击"Export Citations"超链接,即进入题录导出界面,可选择导出格式导出题录,以适应不同的文献信息管理软件的需要。

在浏览界面,若点击界面上"Look Inside"链接或图标,可预览当前篇文章的前两页内容(有权限获得全文的已订购用户或OA资源,则可预览全文),预览后再确定是否需要设法获取(Get Access)或下载PDF格式全文(Download PDF)。

4.3 PubMed 检索系统

4.3.1 概况

PubMed(http://www.ncbi.nlm.nih.gov/pubmed/,或http://pubmed.gov/;http://pubmed.org/;http://pubmed.com/)是由美国国立卫生研究院(National Institutes of Health,NIH)的重要机构——美国国立医学图书馆(National Library of Medicine,NLM)下属的美国国立生物技术信息中心(National Center for Biotechnology Information,NCBI)研制开发、基于Web的完全免费的文摘型生物医学文献检索系统,通过链接还可获取部分免费全文文献,是NCBI开发的Entrez检索系统的重要组成部分之一。

PubMed具有生物医学期刊收录范围广、质量高;信息资源丰富、数据更新及时、链接功能强大;界面简洁(对IE有版本要求)、检索方式灵活多样、检索体系完备;检索词自动更正等特点。

PubMed下属的文献数据库主要包括MEDLINE,In process,Publisher等子集。

1. MEDLINE

MEDLINE是PubMed的主要组成部分,始建于20世纪60年代,主要收录有关生物医学和健康科学以及生命科学相关领域的期刊论文。记录有[PubMed—indexed for MEDLINE]标识。其中,1965年之前的回溯数据(OLDMEDLINE数据),没有文摘内容,如果这些数据尚未采用主题词标引,则记录用[PubMed—OLDMEDLINE]标注。

目前,MEDLINE数据来源于全球范围约40种语种的5 600多种学术期刊,这些期刊大都经文献选择技术评估委员会(The Literature Selection Technical Review Committee,

LSTRC)评估挑选;数据记录超过40%为美国本土出版的文献,93%左右为英文文献,大约84%的英文摘要由论文著者提供。

2. In process

由MEDLINE的期刊出版商提供的尚未经规范化处理的数据记录,这些记录只有简单的书目信息和文摘,经规范化标引(标引MeSH词、文献类型及其他数据)后,转入MEDLINE,故又称之为PreMEDLINE。记录有[PubMed—in process]标识。

3. Publisher

由出版商以电子方式提供添加到PubMed的记录。许多出版商通过电子期刊平台发布最新的文献信息,这些先于印刷版期刊发表的电子期刊文献加标[Epub ahead of print]。其中,MEDLINE收录的期刊文献,将被添加到PreMEDLINE中去,并被赋予一个MEDLINE的数据识别号UI;另一部分来自非MEDLINE收录期刊,而被PubMed收录的文献(PubMed Not MEDLINE),只有PubMed数据识别号PMID,而没有MEDLINE UI。记录有[PubMed-as supplied by publisher]或[PubMed]标识。

4.3.2 检索方法与检索规则

1. 基本检索

PubMed主页界面,如图4-13所示。在任何操作界面,只要点击左上角的"PubMed.gov"数据库标识,即可返回PubMed主页界面。

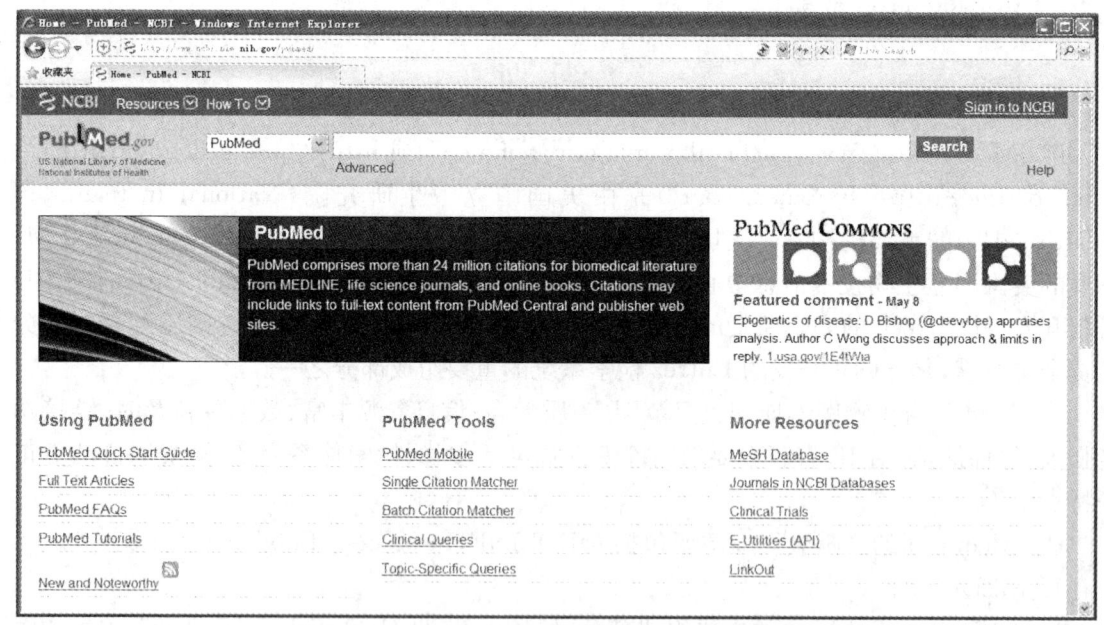

图4-13 PubMed主页界面

基本检索就是在主页界面的检索框中直接输入任意检索词或检索式,点击"Search"按钮或按回车,系统即可执行检索,并将检索结果显示在界面下方。

在基本检索的检索框中输入的检索词,可以采用字段标识限制检索,其形式是:检索词[字段标识]。例如,hepatitis b[ti],表示在题名中检索含有hepatitis b(乙型肝炎)的文献

PubMed 检索系统主要字段标识见表 4-1 所示。

表 4-1 PubMed 检索系统主要字段标识

字段标识	字段名称	含 义
[AD]	Affiliation	责任者的工作单位、联系地址
[AID]	Article Identifier	文献识别码
[ALL]	All Fields	全记录字段
[AU]	Author Name	著者姓名
[1AU]	First Author Name	第一著者姓名
[DP]	Publication Date	文献出版日期
[EDAT]	Entrez Date	录入 PubMed 系统的日期
[FAU]	Full Author Name	著者姓名全称
[IP]	Issue	期刊期号
[LA]	Language	语种
[MAJR]	MeSH Major Topic	主要主题词
[MH]	MeSH Terms	医学主题词
[MHDA]	MeSH Date	标引 MeSH 主题词的日期
[JID]	NLM Unique ID	美国国立医学图书馆登记号
[NM]	Supplementary Concept	补充概念(化学物质名称)
[PA]	Pharmacological Action	药物作用主题词
[PG]	Pagination	起始页码
[PL]	Place of Publication	出版地(须与国家一起检索)
[PMID]	UID(PMID)	PubMed 数据识别码
[PS]	Personal Name as Subject	人名主题词
[PT]	Publication Type	文献类型
[RN]	EC/RN Number	酶代码/化学文摘登记号
[SB]*	Subset	用于限定检索 PubMed 下属的子集
[SH]	MeSH Subheadings	副主题词
[TA]	Journal	期刊名称、标准缩写或 ISSN 号
[TI]	Title	论文题名
[TIAB]	Title/Abstract	题名和文摘
[TT]	Transliterated Title	英译题名
[TW]	Text Words	文本词
[VI]	Volume	期刊卷号

* 用于 Subject，Citation status 等。

Subject(学科主题)包括 AIDS(艾滋病)、Bioethics(生命伦理学)、Cancer(肿瘤)、Complementary Medicine(补充医学)、Dietary Supplements(膳食补充剂)、History of Medicine(医学史)、Space Life Sciences(空间生命科学)、Systematic Reviews(系统综述)、Toxicology(毒理学)、Veterinary Science(兽医科学)等,对应地采用 aids, bioethics, cancer, cam, dietsupp, history, space, systematic, tox, veterinary 作为子库,用[sb]字段标识进行字段限定,例如,exercise hypertension AND systematic[sb]。

Citation status(记录状态)包括 publisher, inprocess, medline, oldmedline, pubmednotmedline 等。例如,yangzhou university[ad] AND medline[sb]。

PubMed 基本检索的主要检索规则：
(1) 词语检索及自动词语匹配
在 PubMed 主页的检索框中，可输入任何具有实质意义的词语作为检索词（不区分大小写），如关键词、主题词、著者姓名、刊物名称等，检索词之间系统默认空格为逻辑"与"(AND)匹配。

由于 PubMed 具有自动词语匹配功能(Automatic Term Mapping)，对于用户在检索框中输入的非限定检索词，系统将依次到 MeSH 转换表(MeSH Translation Table)、刊名转换表(Journals Translation Table)、著者转换表(Full Author Translation Table)、调研者转换表(Full Investigator Translation Table)、著者索引(Author Index)、调研者索引(Investigator Index)中进行词语匹配检索。如果在以上表中都找不到相匹配的词，PubMed 将短语分开，以单词为单位，分别重复以上过程，检索时各个词之间是 AND 逻辑关系。如果仍找不到相匹配的词，则用单个词在所有字段查找，各个词之间也是 AND 逻辑关系。

其中，MeSH 转换表规范词来源包括 MeSH 规范主题词控制词表、MeSH 副主题词表、一体化医学语言系统和化学物质名称及同义词表。在进行 MeSH 转换表匹配检索时，系统会自动对主题词、副主题词进行扩展检索，即在自动进行规范词匹配检索的同时，还默认对输入的检索词作为文本词在全记录字段(All Fields)中匹配检索。

例如，在检索框中输入 cancer（癌，肿瘤），系统将自动转换的检索为："neoplasms" [MeSH Terms] OR "neoplasms"[All Fields] OR "cancer"[All Fields]；输入 asthma diagnosis（哮喘的诊断），系统会自动进行扩展检索：("asthma"[MeSH Terms] OR "asthma"[All Fields]) AND ("diagnosis"[Subheading] OR "diagnosis"[All Fields] OR "diagnosis"[MeSH Terms])。可在检索结果显示界面右侧的"Search details"栏，查看词汇的转换及实际执行检索的情况。

(2) 精确短语检索
如果在短语上加上双引号" "，系统将不执行自动词语匹配，而将其作为一个特定的短语词组在数据库的全部字段中进行检索。这也叫强制词组检索。

例如，在检索框中输入"gene therapy"，系统将在数据库所有字段中检索含有该短语的文献。

(3) 著者检索
在检索框中输入著者姓氏全称和名的首字母缩写，并按姓在前，名在后，中间空一格的规则输入，例如，smith jk，系统会自动到著者字段去检索。

若名为单个缩写，例如，smith j，系统自动进行截词检索，将检索 smith j，smith ja，smith jb，smith jc，smith jr 等的文献；如果不希望进行截词检索，则需将著者姓名用双引号将其括起来并用著者字段标识"[au]"加以限定，例如，"smith j"[au]。

如果只输姓，则系统将在 MeSH 转换表、文本词以及著者索引中进行匹配检索。

若要精确检索某一著者所发表的文献，可用著者姓名全称字段标识"[fau]"加以限定。例如，Julia S Wong[fau]，或者 Wong Julia S[fau]，可以精确检索著者 Julia S. Wong 所发表的论文。

如果要检索中国著者的论文，则可用著者地址字段标识"[ad]"加以限定，例如，

China[ad]。

(4) 期刊检索

在检索框中可以输入期刊名全称、MEDLINE 标准缩写或者 ISSN 号,系统将在刊名字段中检索。

若刊名与 MeSH 中的词相同,例如,Gene Therapy,Blood,Chest 等,系统将这些词按 MeSH 转换表匹配检索。在这种情况下,需要用刊名字段标识"[ta]"加以限定,例如,Gene Therapy[ta];Blood[ta]。

如果刊名缩写中有括号,输入时应将括号省略,例如,J Hand Surg[Am]应输入 j hand surg am。使用 ISSN 号进行检索,则不能保证检索到数据库中较早的记录。

(5) 布尔逻辑检索与截词检索

在检索框中还可使用布尔逻辑符、截词符(*)构建检索式,但布尔逻辑符号必须使用大写。执行顺序为从左到右,但可以用括号来改变顺序。如果为复杂运算(即检索式中包含多种运算符),则不能用空格省略 AND。例如,smok * AND (skin disease OR lung cancer),圆括号中的检索式最先运算。

(6) 日期或日期范围检索

在检索框中输入日期或日期范围,系统将在日期字段检索,并将符合条件的记录予以显示。

日期的输入格式为:YYYY/MM/DD[date field]。例如,2008/05/18[edat],也可以不输月份或日期,例如,2008[dp]或 2010/08[mhda]。

日期范围的输入格式为:日期:日期[date field]。例如,2012:2015[dp]或 2010/08:2010/12[dp]。

【检索实例 4-3】 检索 2000 年至 2015 年间出版的关于学龄前儿童哮喘药物治疗的英文综述文献(要求主要概念词分别出现在主题词字段和题名中)。

检索步骤:

第一步 课题分析

本课题涉及的主要概念分别是学龄前儿童、哮喘、药物治疗。其中,asthma(哮喘)和 drug therapy(药物疗法)是"主题词/副主题词"的组配关系,Preschool child(学龄前儿童)主题词采用的是倒置形式,即 child,preschool;限定条件有:语种、文献类型、时间。

第二步 构建检索表达式

➢ 主题词字段检索表达式:asthma/drug therapy[mh] AND child,preschool[mh] AND english[la] AND review[pt] AND 2000:2015[dp]

➢ 题名字段检索表达式:asthma[ti] AND preschool child[ti] AND english[la] AND review[pt] AND 2000:2015[dp]

第三步 执行检索

在 PubMed 主页界面的基本检索框中,逐一输入检索表达式,点击"Search"按钮或按回车,分别得到检索结果(题录显示)。

(注意比较检索表达式的变化、检索结果及其意义)

2. 高级检索

在 PubMed 主页界面,点击"Advanced"链接,进入高级检索界面,如图 4 - 14 所示。其检索区分成两部分:Builder——检索条件构建区;PubMed Advanced Search Builder——检索式生成区。检索区的下面为 History——检索历史显示区。

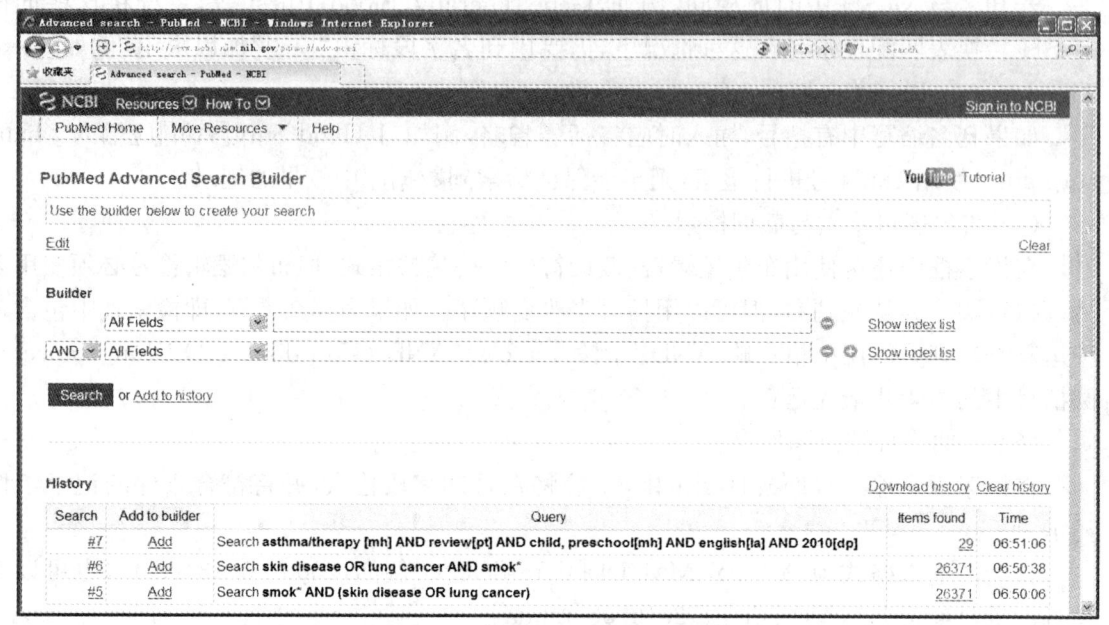

图 4 - 14　PubMed 高级检索界面

在 Builder——检索条件构建区,默认提供两行检索条件输入框,可点击检索框后的"＋"或"－"以增加或减少输入框的行数。检索时,点击"All Fields"右边的下拉菜单,选择一个字段,在其后的输入框中输入对应的检索词,检索词会自动出现在 PubMed Advanced Search Builder——检索式生成区的检索框中生成检索式。如果在输入检索词后,点击输入框后的"Show index list"链接,在显示的索引中选择了合理的检索词或检索式,该检索词或检索式就会自动添加到上述检索框中生成检索式。根据课题检索要求,再选择一个字段,再在输入框中输入对应的检索词,同样点击"Show index list"链接,在显示的索引中选择合理的检索词或检索式。这时,要根据检索匹配要求,选择输入框之间的逻辑运算符(AND,OR,NOT),检索表达式就会在上述检索框中生成。重复上述步骤,直至检索式构建完毕,点击检索区左下角的"Search"按钮,即可执行检索;若点击"Add to history"按钮,检索结果的数量就会显示在界面下方的"History"中。

在 PubMed Advanced Search Builder——检索式生成区,也可以点击"Edit"链接,使检索式生成区进入编辑状态,可综合使用自动语词匹配、截词检索、短语检索、布尔逻辑检索、字段限定等检索功能,直接输入或编辑检索表达式进行检索。

每次检索后,系统都会自动给该次检索式一个序号(如♯1、♯2),加入"History"(最多可保存 100 个)。

在高级检索界面的检索历史显示区,可以查看检索历史,了解检索式及其检索结果,可直接用已有的检索式添加到输入框(Add to builder)来构建新的检索表达;可在输入框中输入用逻辑运算符连接的检索式序号或检索词,例如,(♯2 OR ♯6)AND chinese[la]。如果光标点击检索式序号,出现一选择菜单,根据菜单选项可对该检索式进行相应处理,例如,选择"AND in builder"、"OR in builder"、"NOT in builder",分别表示该检索式将与输入框中已输入的检索词或检索式作相应的逻辑运算;点击"Delete from history"可删除该检索式;点击"Show search results"则显示该检索式的检索结果;点击"Show search details"可浏览该检索式的检索策略;点击"Save in My NCBI"可将该检索式保存于个人文档中。

【检索实例4-4】 检索有关阿司匹林诱发哮喘的英文综述文献。

课题分析:本课题涉及两个主要概念:阿司匹林(aspirin)和哮喘(asthma),并且表明阿司匹林有副作用(adverse effects),会导致哮喘;哮喘是由药物的化学诱导(chemically induced)所引起;限定条件有:语种、文献类型。

检索步骤:

第一步 在PubMed主页界面,点击"Advanced"链接,进入PubMed高级检索界面。

第二步 在Builder下,在检索条件输入框的第一行,点击"All Fields"右边的下拉菜单,选择"MeSH Terms"字段,在输入框中输入检索词:aspirin,点击输入框后的"Show index list"链接,在索引中选择检索式:aspirin/adverse effects,然后点击"Hide index list"将索引收起;同样,在第二行也选择"MeSH Terms"字段,在输入框中输入检索词:asthma,在索引中选择检索式:asthma/chemically induced;在第三行选择"Language"字段,直接在索引中选择:english;在第四行选择"Publication Type"字段,直接在索引中选择:review。每一行输入框之间默认选AND运算。其检索设置界面,如图4-15所示。

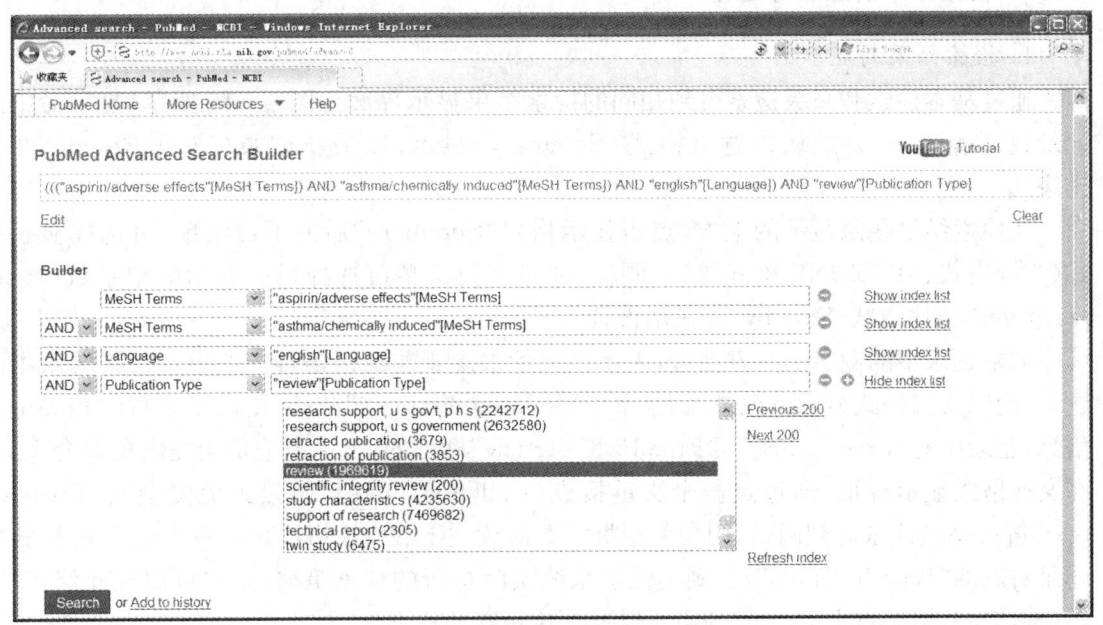

图4-15 高级检索设置界面

第三步 在检索区左下角,点击"Search"按钮,即可得到检索结果。其检索结果显示界面,如图4-16所示。

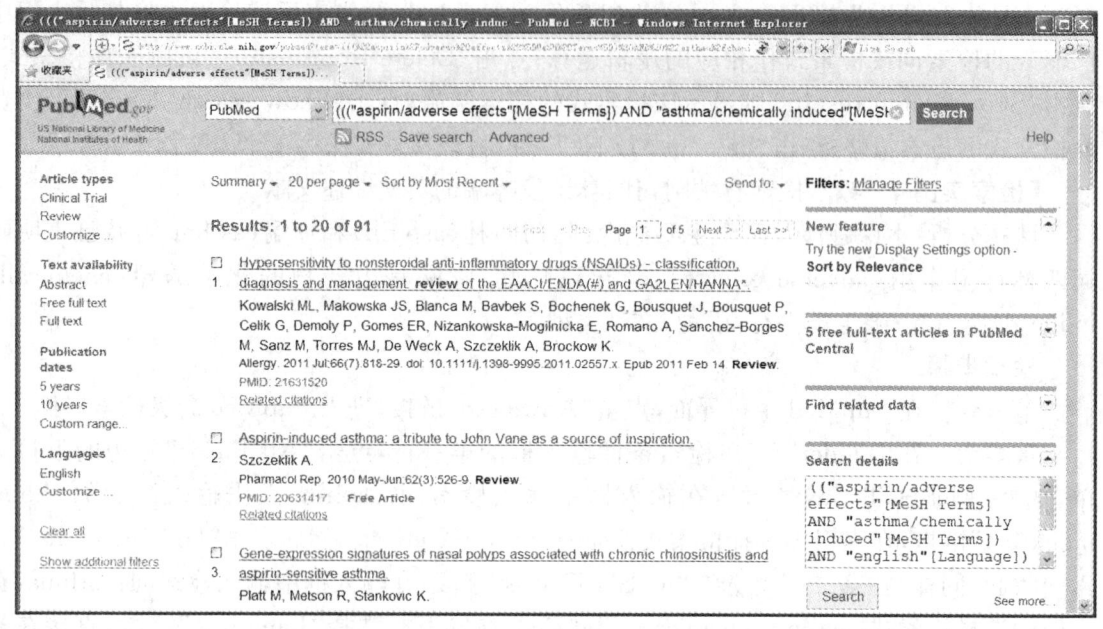

图4-16 检索结果显示界面

4.3.3 检索结果的显示与处理

1. 检索结果的显示

通过基本检索和高级检索得到相同的检索结果显示界面如图4-16所示,显示命中的记录数(Results),并默认以题录格式(Summary)显示、以最新记录(Most Recent)在前排序。

在检索结果题录显示的上方,点击显示格式"Summary"后的下拉菜单,可选择显示格式(文摘格式、MEDLINE格式等)。同样,通过下拉菜单可选择每屏显示的记录数(Items per page)、排序方式(Sort by)等显示设置。

如果题录中的题名加有方括号,表示该文献来源于非英语语种。如果点击某题录中的题名,则以文摘格式显示该记录;题录下的"Related citations"链接,提供了丰富的相关论文信息;题录中有"Free Article"、"Free PMC Article"标记的,表示该记录能提供免费全文,可在文摘格式显示界面,通过点击全文链接点(Full text links),链接到免费全文(Free full text)链接站点或来源刊网站,用户可根据需要阅读或下载全文(HTML格式或PDF格式);题录右侧的"Search details"栏,则提供了系统实际执行的检索策略,用户可以在此修正、完善检索策略,然后点击下面的"Search"按钮,执行新的检索。

2. 检索结果的过滤

检索结果显示界面的左边侧栏,提供了对检索结果的多种过滤(Filter)限定功能,如文献类型(Article types)、文本获得(Text availability)——Abstract/Free full text/Full text(摘要/免费全文/全文)、出版日期(Publication dates)、研究对象(Species)——Humans/

Other Animals(人/其他动物)、语种(Languages)、性别(Sex)、学科主题(Subjects)、期刊类别(Journal categories)、年龄(Ages)、检索字段(Search fields)等过滤限定项。

其中,在文献类型"Article types"选项下,点击"Customize"链接,可显示包括期刊论文(Journal Article)、病例报告(Case Reports)、临床试验(Clinical Trial)、Meta分析(Meta-Analysis)、综述(Review)、实践指南(Practice Guideline)、系统综述(Systematic Reviews)、随机对照试验(Randomized Controlled Trial)、临床讨论(Clinical Conference)等多种重要且实用的文献类型限定选项;在出版日期限定"Publication dates"下,点击"Custom range",可自定义日期范围(Custom date range)。

用户还可以在点击"Show additional filters"后的菜单中,选择过滤项,然后点击"Show"按钮,选中的过滤项目就会在检索结果显示界面的左边侧栏中显示。PubMed检索结果过滤限定选项界面,如图4-17所示。

只要在检索结果显示界面的左边侧栏中,点击(选择)过滤项目,随即就会将相关检索结果限定过滤出来。

需要指出的是,"Filters"的各个选项一经选定(Filters activated)后,对后面的检索一直有效,直至重新设定,或取消(Clear all)为止。

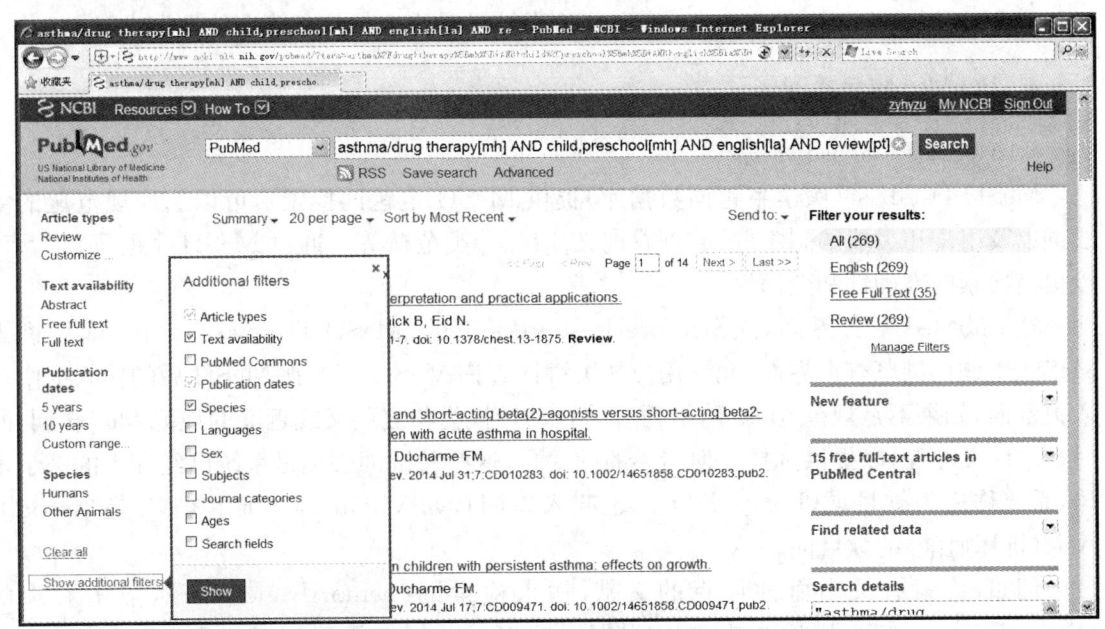

图4-17 PubMed检索结果过滤限定选项界面

【检索实例4-5】 检索近5年发表在临床核心期刊上有关人类干细胞移植的英文综述文献(要求检索词出现在论文标题中)。其中,能获得免费全文的文献有几篇。

检索步骤:

第一步 进入PubMed主页界面,在检索框中输入检索词:stem cell transplantation[ti],点击"Search",完成初步检索,得到检索结果。

第二步 在检索结果显示界面左边侧栏的Publication dates中点击5 years;在Species中点击Humans;在Article types中点击Review。

第三步 在左边侧栏下方,点击 Show additional filters,在弹出的 Additional filters(添加过滤项)窗口中分别勾选 Languages 和 Journal categories,点击"Show"按钮后,再在左边侧栏 Languages 中点击 English;在 Journal categories 中点击 Core clinical journals,即可得到相关的检索结果。

第四步 再在左边侧栏 Text availability 中点击 Free full text,可得到其中免费全文的题录。

3. 检索结果的输出

在"Send to"后的下拉式菜单中,提供多种可供选择的检索结果输出方式。

➢ (Send to) File,表示将检索结果以文本格式打开或保存。

➢ (Send to) Clipboard,表示将选中的记录保存到临时粘贴板(最多只能存放 500 条记录),等待进一步处理。

➢ (Send to) Collections,表示将检索结果以文档形式存放在"My NCBI"中。

➢ (Send to) E-mail,表示将检索结果以电子邮件形式进行传输。

➢ (Send to) Order,表示通过馆际互借获取原始文献,一般为付费服务。

➢ (Send to) My Bibliography,表示将检索结果以书目形式保存于"My NCBI"中。

➢ (Send to) Citation manager,表示将检索结果采用文献信息管理软件生成引文。

4.3.4 PubMed 特色检索

1. MeSH Database

MeSH Database(医学主题词数据库)提供 MeSH 主题词检索。可以选择规范化的主题词以及组配相关联的副主题词、查看词义注释、分类范畴等。通过 MeSH 主题词检索,可以提高检索的准确性和全面性。

在 PubMed 主页界面,点击 More Resources 下的"MeSH Database"链接,即可进入 MeSH 主题词浏览查询界面,允许用户从关键词查询 MeSH 词。在 MeSH 后的输入框中输入关键词,如果不是规范 MeSH 词,系统将自动转换为与之同义或近义的规范 MeSH 词,同时显示词义注释,以提供选择。但转换的前提是,这些关键词必须是系统已经存入的医学术语,系统称之为款目词(Entry Terms,也叫入口词),如 Vitamin C(维生素 C)是 Ascorbic Acid(抗坏血酸)的款目词。

例如,检索有关出血性休克的文献,输入检索词:hemorrhagic shock,点击右边的"Search"按钮。在接下来的界面中,根据系统提示并仔细阅读词义注释,选择其适合的 MeSH 词为 **Shock, Hemorrhagic**。点击该词链接,则可根据检索要求,选择副主题词、主要主题词限定(Restrict to MeSH Major Topic)、是否包括下位主题词扩展检索(Do not include MeSH terms found below this term in the MeSH hierarchy)等其他检索修饰,并可浏览该词的分类范畴。如图 4-18 和图 4-19 所示(两图为同一 Web 页面)。

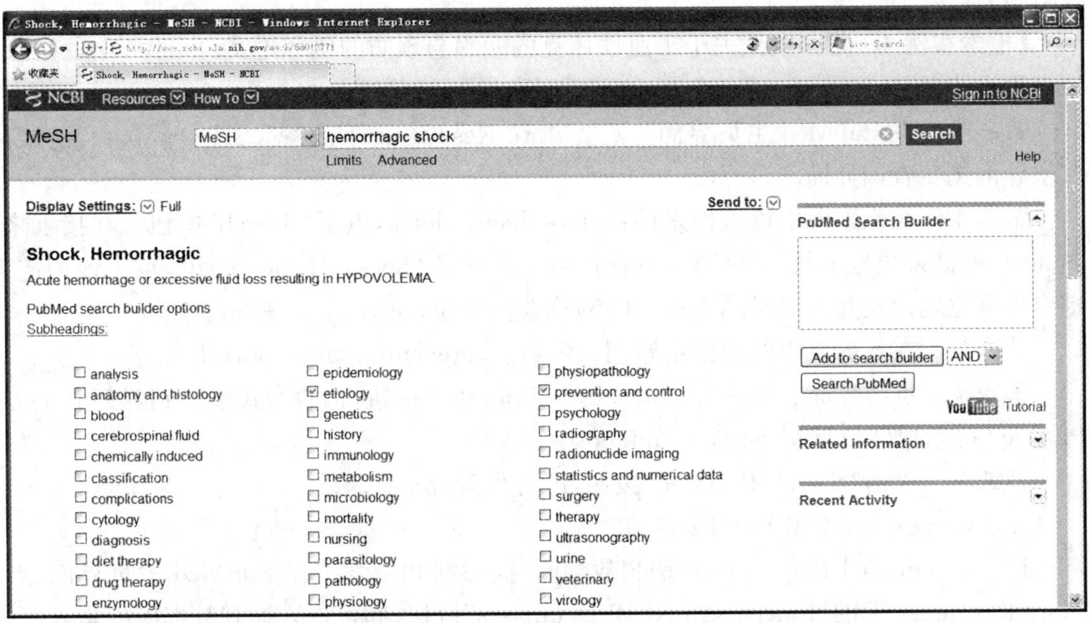

图 4-18 MeSH Database 主题词及其相关联副主题词浏览选择界面

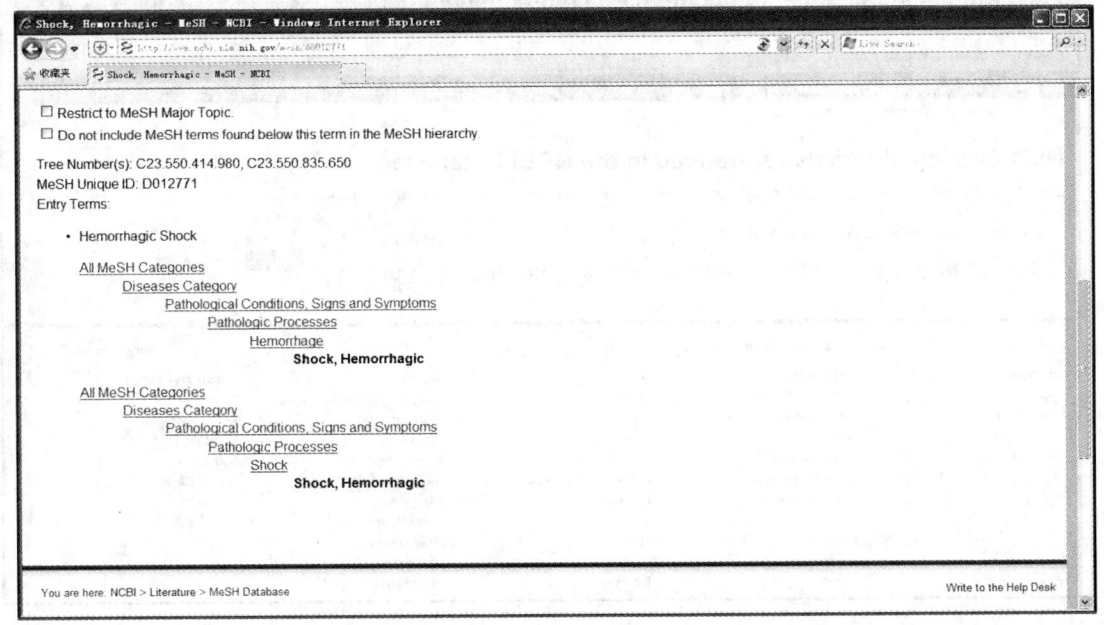

图 4-19 MeSH Database 主题词检索限定及所属分类范畴界面

在选择所需的检索修饰后,点击"Add to search builder"按钮,即可将检索词或检索式添加到 PubMed 检索框(PubMed Search Builder)中,点击"Search PubMed"按钮,系统执行检索,并显示检索结果。

系统默认进行主题词检索方式检索,多个副主题词与主题词之间的逻辑运算为 OR;如果该检索是在原有检索基础上的加词检索,则可在"Add to search builder"按钮后的逻辑算符下拉菜单中,选择符合要求的逻辑运算方式进行运算,最后再点击"Search PubMed"按钮执行检索。

【检索实例4-6】 查找关于出血性休克的病因与预防的研究论文。

检索步骤：

第一步　在PubMed主页界面，点击More Resources下的"MeSH Database"链接，进入主题词浏览查询界面。

第二步　在检索框中输入检索词：hemorrhagic shock，点击"Search"按钮。在接下来的界面中，根据系统显示及词义注释，选择规范主题词是 **Shock, Hemorrhagic**，点击该词链接，则出现该主题词及其相关联副主题词的浏览选择界面，如图4-18所示。

第三步　在该界面中勾选副主题词：etiology; prevention and control。

第四步　点击界面右侧的"Add to search builder"按钮，将检索式添加到界面右上方的PubMed检索框（PubMed Search Builder）中。

第五步　点击"Search PubMed"按钮，即可得到检索结果。

2. Journals in NCBI Databases

Journals in NCBI Databases（期刊数据库）提供期刊检索。在PubMed主页界面，点击More Resources下的"Journals in NCBI Databases"链接，即可进入期刊数据库检索界面，如图4-20所示。

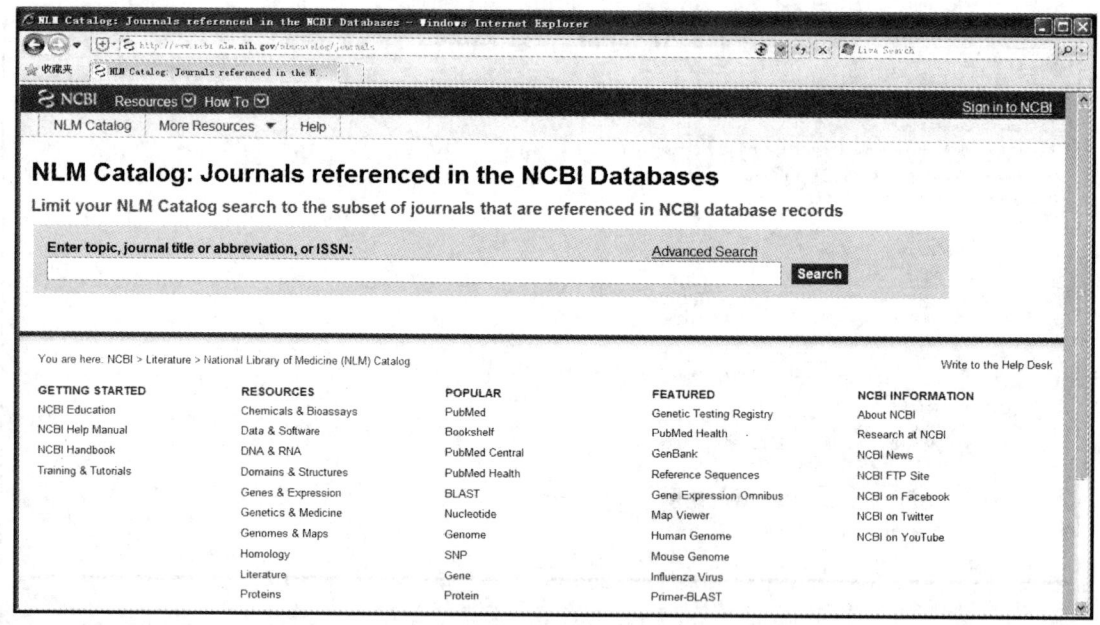

图4-20　期刊数据库检索界面

通过在检索框中输入刊名（带有半角双引号的刊名全称或MEDLINE刊名缩写、ISO刊名缩写）、ISSN号等，可以获取该期刊的相关信息，如主办机构、刊名缩写（NLM刊名缩写、ISO刊名缩写）、刊名全称、ISSN号、出版起始年、出版者、使用语种、出版国家、NLM存储号等；也可以输入学科主题来检索浏览相关学科主题的期刊信息。

在期刊信息浏览界面，点击"Add to search builder"按钮，可将该期刊添加到PubMed检索框（PubMed Search Builder）中，以检索该期刊中发表的文献。

3. Clinical Queries

Clinical Queries(临床查询)是专门为临床医生提供的查询服务,设计了按 Clinical Study Categories(临床研究范畴)、Systematic Reviews(系统综述)和 Medical Genetics(临床遗传学)3 个方面的检索。在 PubMed 主页界面,点击 PubMed Tools 下的"Clinical Queries"链接,即可进入临床查询界面。

检索时,只需在检索框内输入(疾病)检索词,点击检索框右边的"Search"按钮,即可分栏显示所命中的 3 个方面的文献记录。

例如,在检索框中输入检索词:hypertension(高血压),点击"Search"按钮,即可得到关于高血压的临床研究范畴(Clinical Study Categories)、系统综述(Systematic Reviews)和临床遗传学(Medical Genetics)3 个方面分栏显示的检索结果,如图 4-21 所示。

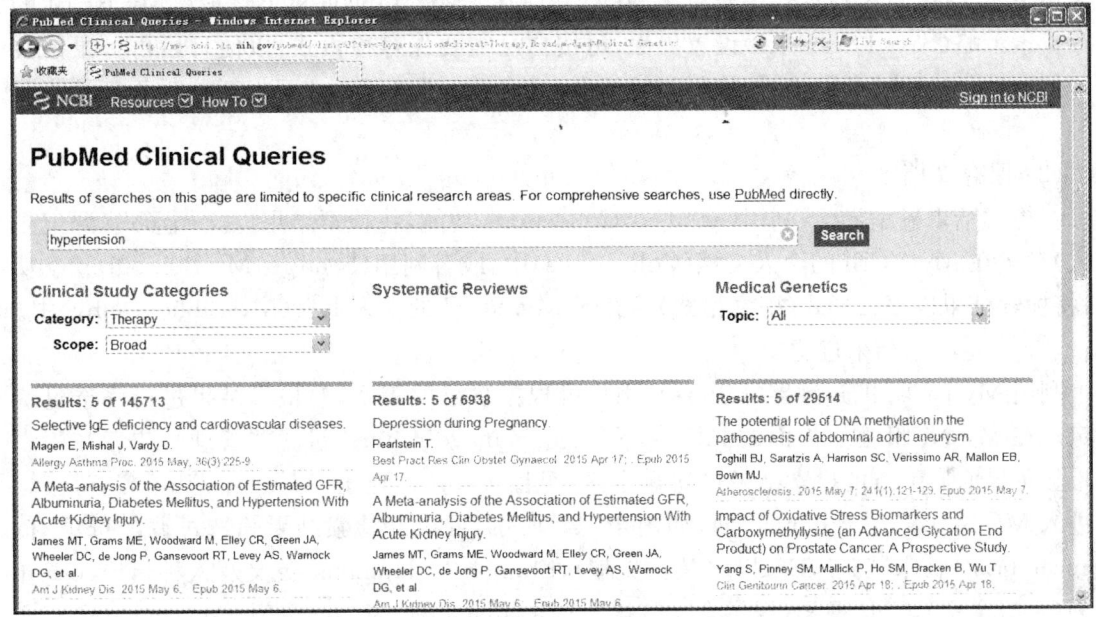

图 4-21 Clinical Queries 设置及其检索结果显示界面

其中,Clinical Study Categories 还设置了与临床疾病密切相关的 5 个方面的筛选:Etiology(病因)、Diagnosis(诊断)、Therapy(治疗)、Prognosis(预后)和 Clinical prediction guides(临床预报指南),并提供强调查全率(Broad)或查准率(Narrow)选择。Medical Genetics 也设置了相关方面的筛选:如 Diagnosis(遗传诊断)、Differential Diagnosis(鉴别诊断)、Clinical Description(遗传疾病临床症状)、Genetic Counseling(遗传咨询)、Molecular Genetics(分子遗传学)、Genetic Testing(遗传检测)等。在分栏显示的检索结果界面,根据需要做好选择后,即可筛选出相关文献。

4. Citation Matcher

Citation Matcher(引文匹配器)可通过输入文献来源信息查找特定的文献,分成两种方式:Single Citation Matcher(单一引文匹配)和 Batch Citation Matcher(批量引文匹配)。Citation Matcher 设置了界面友好的题录选项:刊名、出版日期、卷、期、页、著者、题名词等,输入已知的信息,便可获取某一引文的全部信息。

在 PubMed 主页界面,点击 PubMed Tools 下的"Single Citation Matcher"或"Batch Citation Matcher"链接,即可进入单一引文匹配或批量引文匹配界面。

5. My NCBI

My NCBI(个人文档管理)是 PubMed 推出的个性化服务,其主要功能有:保存检索策略、保存文档、设定检索结果过滤项等。在 PubMed 主页界面,点击右上角的"Sign in to NCBI"链接,输入用户名和密码进行登录,首次使用需要免费注册(Register for an account)。登录用户,在任意界面点击右上角登录区的"My NCBI"链接,即可进入 My NCBI 主页界面,可对已保存的检索策略、已保存的文档与书目记录、过滤器等进行管理。

(1) 保存检索策略

在检索结果显示界面,点击检索输入框下的"Save search"链接,或者在高级检索界面的检索历史显示区,点击检索式序号后出现的菜单中的 Save in My NCBI,进入 My NCBI 的保存检索策略(Saved Searches)设置界面,可按自己需要保存检索式,以便日后再登录该文档,对其进行检索史回顾、修改、施行新的检索,也可设定是否通过电子邮件自动更新检索服务等。

(2) 保存文档

在检索结果显示界面,利用(Send to)Collections 功能,将检索结果以文档形式(源记录形式)存放在 My NCBI 的个人文档(Collections)中,或者利用(Send to)My Bibliography 功能,将检索结果以书目形式(引文格式)保存于 My NCBI 的个人书目(My Bibliography)中。

(3) 设定检索结果过滤项

利用 My NCBI 的过滤器(Filters),用户可根据自己的需要,对检索结果进行筛选过滤设定。在 My NCBI 主页界面的 Filters 下,点击 Manage Filters(过滤器管理),或者在检索结果显示界面右上方的检索结果过滤显示区(见图 4-17),点击"Manage Filters"链接,均可进入 My NCBI——Filters 界面,如图 4-22 所示,提供对检索结果筛选过滤的选项有:Clinical Trial(临床试验),English(英文文献),English & Humans(英文及人种),Free Full Text(免费全文),Full Text(提供全文链接),Humans(人种),Items with Abstracts(带有文摘),Published in the last 5 years(近 5 年出版的文献),Review(综述文献)等。此外,还可以创建自定义筛选过滤项(Create custom filter)。筛选过滤项选定后,就会在左边的过滤列表(Your PubMed filter list)中出现。

检索结果筛选过滤项一旦设定后,在以后每一次检索结果显示界面右上方的检索结果过滤显示区,系统就会显示该用户所设定过滤项的命中记录数(Filter your results)(见图 4-17所示)。

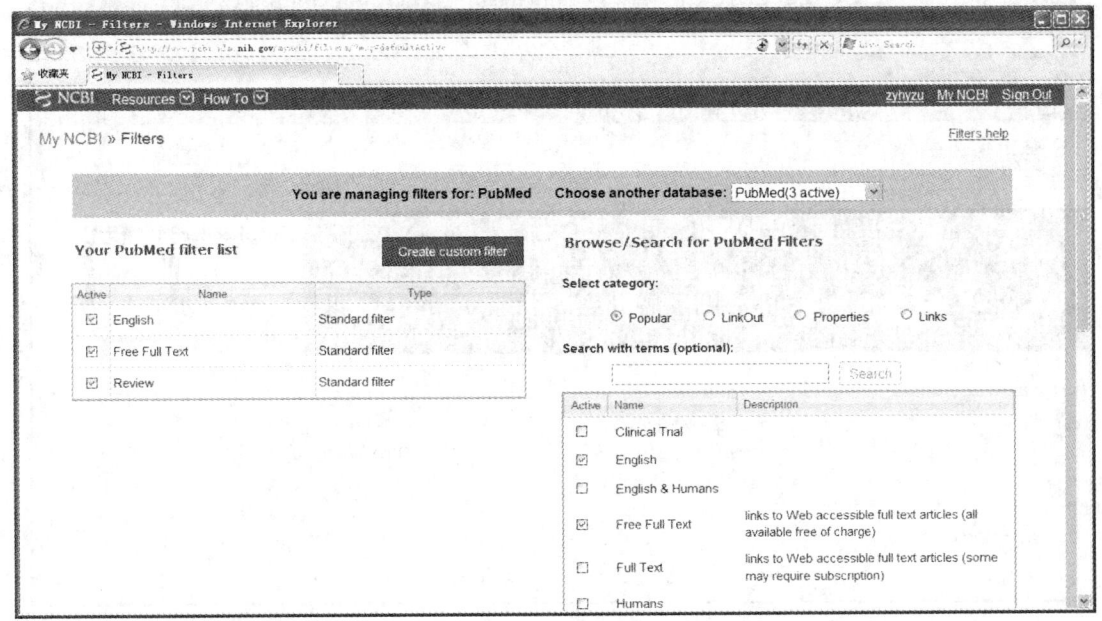

图 4-22 My NCBI——Filters 界面

4.3.5 PubMed 相关资源

在 PubMed 主页界面，点击左上角 Resources 下拉菜单，NCBI 提供了众多生物医学信息资源链接。如在 Literature（文献资源库）中，提供了 PubMed Central。除文献资源库外，还提供了诸如 DNA & RNA，Proteins，Sequence Analysis，Genes & Expression，Genomes & Maps，Domains & Structures 等多种相关资源的链接，点击这些链接，可进入相应资源库进行检索。这里主要介绍 PubMed Central 的使用。

PubMed Central，即 PubMed 免费文档，简称 PMC，它是美国国立医学图书馆生命科学期刊文献的数字化文档，绝大部分为 OA 期刊，可以不受任何限制获取全部或部分期刊全文文献。

在 PubMed 主页界面，点击左上角 Resources 下拉菜单，在 Literature（文献资源库）中，点击 PubMed Central，即进入 PMC 主页界面，如图 4-23 所示。除提供期刊浏览之外，PMC 还提供了基本检索、高级检索和限定检索等方式获取文献全文。

1. 期刊浏览

在 PMC 主页界面，点击检索框下的"Journal List"（刊名列表）链接，即可进入期刊浏览界面，提供刊名直接检索、按刊名字顺或专业文档浏览，来获取相关期刊的论文。

2. 基本检索

与 PubMed 相同，PMC 提供了基本检索，用户可以从主题、著者、期刊名称等检索文献，其检索策略与检索规则同 PubMed。即在 PMC 主页界面，在检索框中输入检索词或检索式，点击检索框后的"Search"按钮，即可得到相关的附有全文链接的题录。

PMC 检索结果——题录显示界面，如图 4-24 所示。

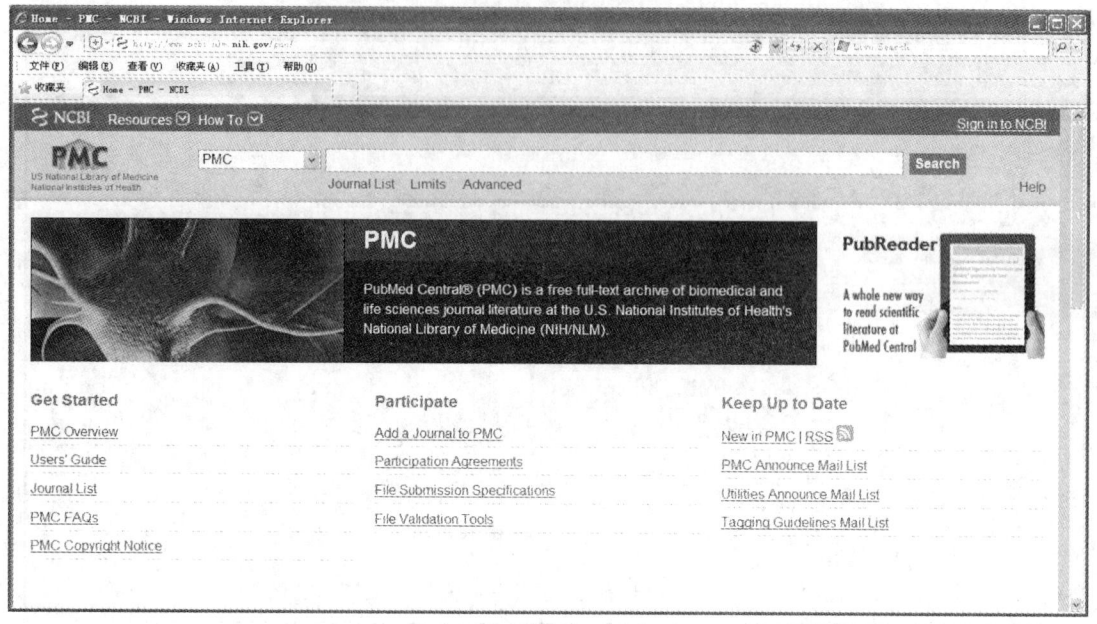

图 4-23 PMC 主页界面

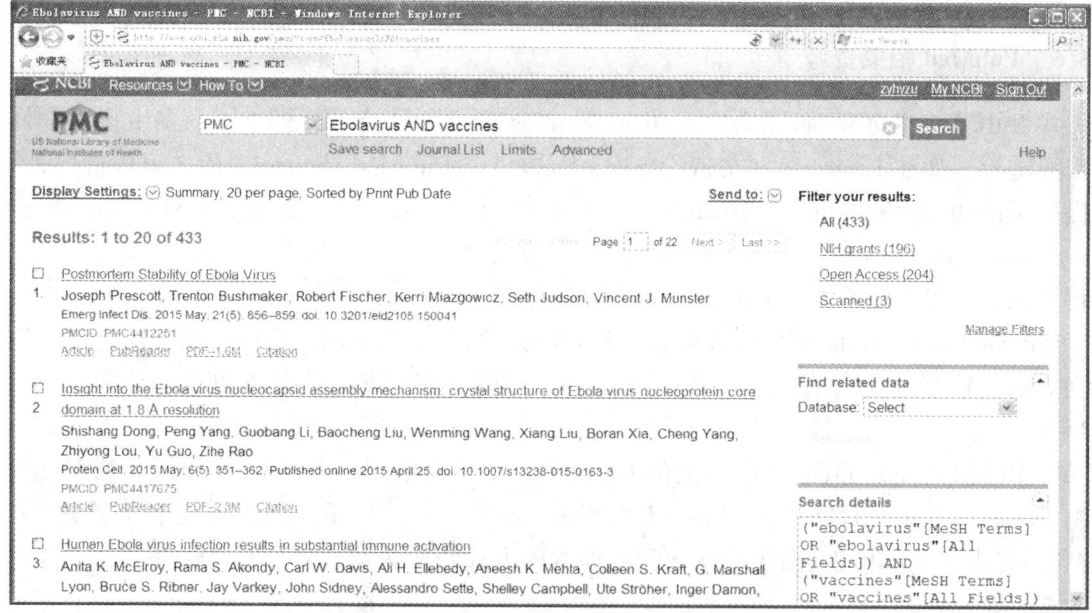

图 4-24 PMC 检索结果——题录显示界面

3. 高级检索

在 PMC 主页界面，点击检索框下的"Advanced"链接，进入 PMC 高级检索界面，与 PubMed 高级检索一样，可以在检索区构建检索表达式进行检索。检索区的下方也提供检索历史显示区。

4. 限定检索

在 PMC 主页界面，点击检索框下的"Limits"链接，进入 PMC 检索限定选择界面，以菜单及复选等形式，提供对日期、文献类型、检索字段、特定著者或期刊等多种限定条件，供用户对基本检索框中的检索词或检索式加以限定选择。

限定检索时,先点击"Limits"链接进入检索限定选择界面,然后在检索框内输入检索词或检索式,再根据检索课题要求选择相应的限定,点击"Search"按钮,即可执行检索。

需要指出的是,"Limits"的各个选项一经设定后,对后面的检索一直有效,直至重新设定,或变更(Change)或取消(Remove)为止。在检索结果显示界面,点击记录上方检索条件限定栏(Limits Activated)的"Change"或"Remove"按钮,可实现对当前检索条件限定的变更或取消。

4.4 SciFinder 数据库

4.4.1 概况

SciFinder 数据库是由美国化学文摘社(CAS)自行设计开发、美国《化学文摘》(Chemical Abstracts,CA)的网络版出品,是世界最大并且应用最广泛的化学、化工以及相关学科文献数据库。收录来自 200 多个国家和地区 60 多种文字的期刊、专利、评论、会议录、技术报告、图书等出版物中的各种化学研究成果,涵盖化学、化学工程、生物化学、药物化学,以及药理、临床医学、食品科学等其他相关学科。其收录的文献量,占世界化学化工文献总量的 98%。在生物医学文献方面,侧重于报道人或动物疾病或外部因素导致体内发生的各种变化,如疾病病变过程中对各种化学成分的测定,药物对疾病的治疗机理及不良反应,放射性物质或有毒化学物质对器官、组织的损伤,以及疾病的诊断和治疗方法等。

SciFinder 数据库包含 5 类 6 大子数据库,分别为:
➢ 文献数据库(Reference Database):CAPlus,MEDLINE;
➢ 结构数据库(Structure Database):CAS REGISTRY;
➢ 反应数据库(Reaction Database):CASREACT;
➢ 商业来源数据库(Commercial Sources Database):CHEMCATS;
➢ 管制数据库(Regulatory Database):CHEMLIST。

4.4.2 登录与访问

SciFinder 数据库 Web 版是使用浏览器来访问的网络检索平台,用户需在机构单位(如校园网)IP 范围内访问。在使用之前用户必须先用机构单位的后缀名邮箱地址(如扬州大学用"@yzu.edu.cn"),从机构单位所提供的 URL 访问 SciFinder 用户注册网页,按步骤与要求进行注册,注册后系统将自动发送一个链接到用户所填写的邮箱中,于 48 小时内激活此链接,即可完成注册,建立用户自己的 SciFinder 用户名和密码。

使用 SciFinder 用户名和密码,即可访问 SciFinder 数据库(https://scifinder.cas.org/)。由于该数据库有并发用户限制,当无法立即开始使用时,可能所有并发用户目前都在使用中,请稍候再尝试登录。

4.4.3 检索方法与检索规则

登录后的 SciFinder 数据库检索界面,如图 4-25 所示,在左上角"Explore"标签菜单中,以列表形式提供"REFERENCES"(学术文献检索)、"SUBSTANCES"(化学物质检索)

和"REACTIONS"(化学反应检索)3种检索方式,每一种检索方式又分别提供多种途径检索各类信息。

在任何操作界面,只要点击左上角的"SciFinder"数据库标识,即可返回 SciFinder 数据库检索界面。

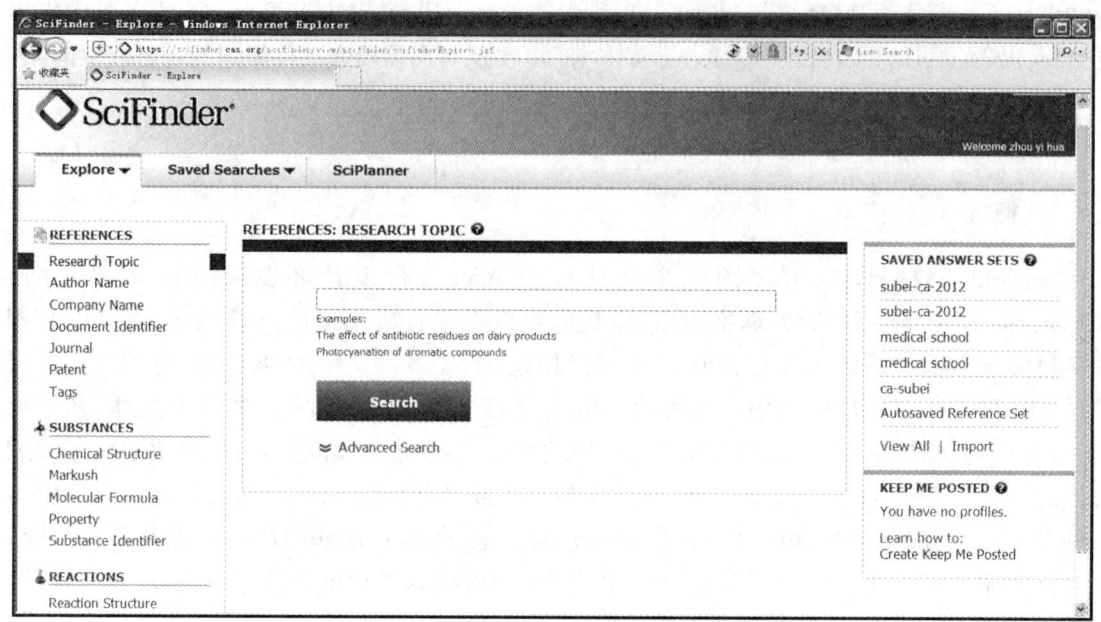

图 4-25 **SciFinder 数据库检索界面**

1. 检索途径

(1) Explore References(学术文献检索)

提供从 Research Topic(研究主题)、Author Name(著者姓名)、Company Name(公司名称)、Document Identifier(文献标识符)、Journal(期刊)、Patent(专利)等途径检索各类信息。

(2) Explore Substances(化学物质检索)

提供了 Chemical Structure(化学结构式)、Markush(Markush 结构式)、Molecular Formula(分子式)、Property(理化特性)、Substance Identifier(化学物质名称、CAS 登记号)等途径检索。化学结构式和 Markush 结构式检索,需要利用系统内嵌的结构式绘图工具,绘制化学物质结构式进行检索。

(3) Explore Reactions(化学反应检索)

提供了 Reaction Structure(反应结构式)检索途径,利用系统内嵌的结构式绘图工具,通过绘制化学反应中物质的结构进行检索。

检索时,根据需要选择合适的检索途径,按照检索规则与要求输入检索表达,即可进行相应检索方式的检索。

2. 检索规则

(1) 研究主题检索

以输入 2~3 个关键词为最佳,最多不超过 5 个关键词,支持自然短语检索,不支持布尔逻辑运算符,最好在词之间的合适位置使用介词;能识别常用的缩写、单复数及过去式等;能

第 4 章 外文期刊医学信息资源检索

自动进行同义词、近义词检索;可用括号,括号内为前词的同义词。

(2) 化学物质检索

化学物质名称最多输入 25 条;每个条目输入小于 200 字符;可以有空格,不区分大小写;支持俗名、商品名检索。

理化特性检索可以选择实验特性,如沸点、密度、熔点、电导系数、半数致死量等检索;如果选择实际特性,可选择生物浓度因素、药物吸收常数、分子溶解度、容量、酸度系数等检索。

(3) 分子式检索

分子式输入按 Hill 规则,对于不含 C 的物质,按照字母顺序书写输入;对于含 C 物质,先 C 后 H 在前面,其他按照字母顺序,相同元素相加。输入时不同元素之间可用空格隔开;输入聚合物、盐类等,则各组分之间应以"."隔开,聚合物则输入单体组成以括号加 X,如(C3H6O.C2H4O)x。

【检索实例 4-7】 检索 2011～2015 年间发表的有关抗生素残留对乳制品影响的中英文期刊研究论文。

课题分析:

本课题涉及"抗生素残留"、"乳制品"等研究主题,不涉及结构式、登记号、分子式等,所以选择 Research Topic(研究主题)检索。

检索步骤:

第一步 进入 Research Topic(研究主题)检索界面[SciFinder 数据库检索界面,默认为学术文献——研究主题(**REFERENCES:RESEARCH TOPIC**)检索界面,如图 4-25 所示]。

第二步 先在检索框中输入检索主题表达:the effect of antibiotic residues on dairy products;再点击界面中的"Advanced Search"菜单,将折叠的检索限定选项打开,并在"Publication Years"栏的输入框中输入 2011～2015;"Document Types"栏的复选框中勾选 Journal;"Languages"栏的复选框中勾选 Chinese 和 English;然后点击"Search"按钮,即进入 Research Topic Candidates(研究主题候选)界面,如图 4-26 所示。

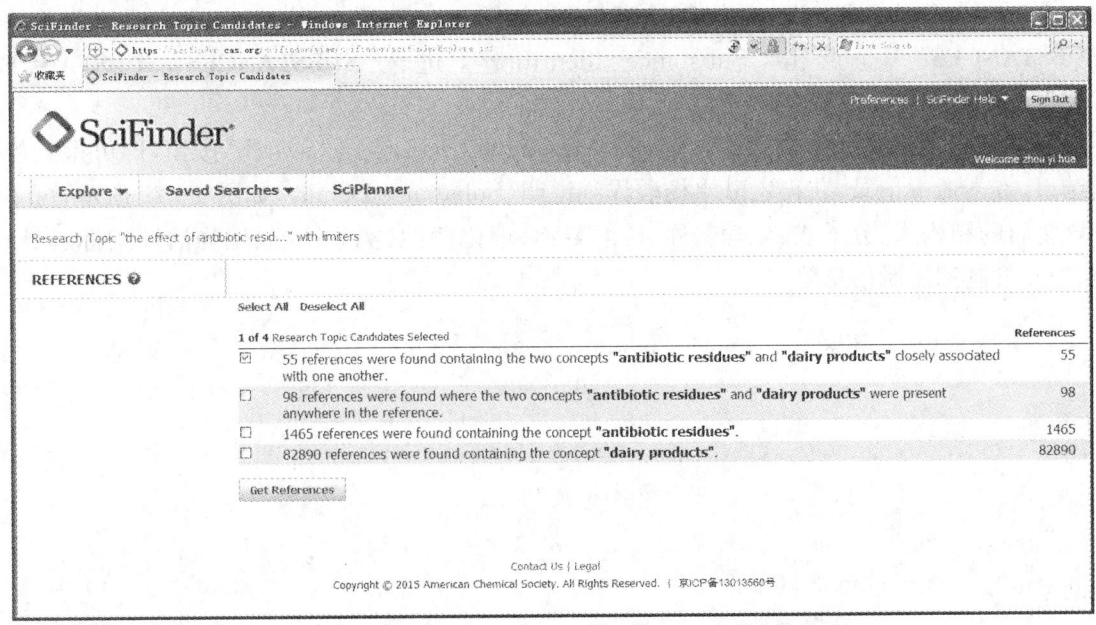

图 4-26 Research Topic Candidates(研究主题候选)界面

第三步 在研究主题候选界面,勾选感兴趣选项的复选框,点击"Get References"按钮,即可得到检索结果显示列表,如图4-27所示。

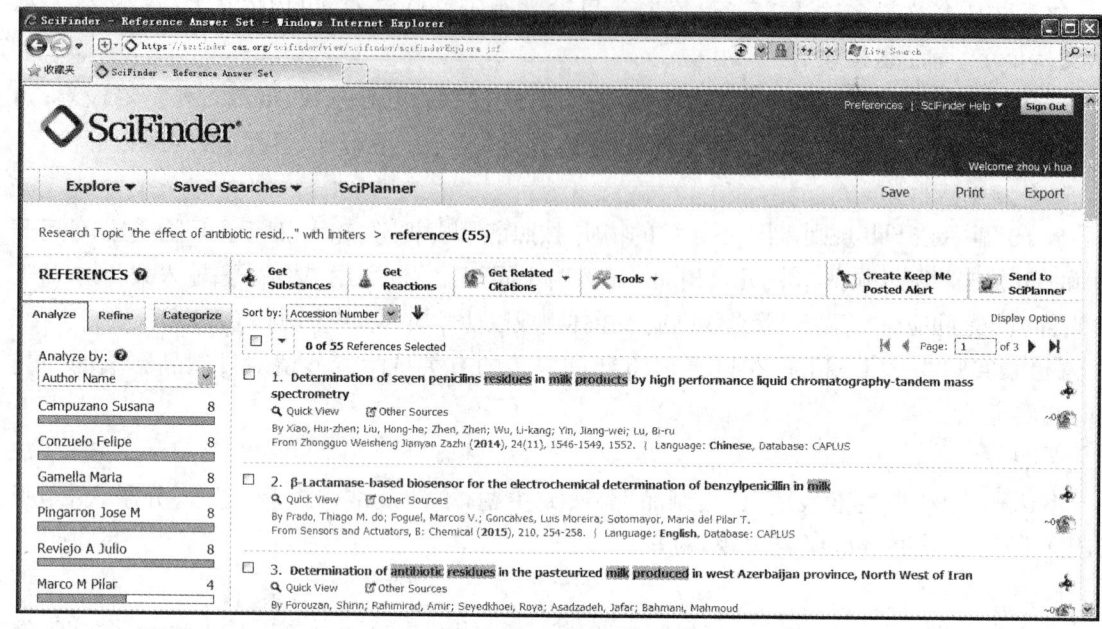

图4-27 检索结果显示列表界面

【检索实例4-8】 查找有关乙酰水杨酸的物质特性。

课题分析:

本课题是关于乙酰水杨酸(Acetylsalicylic acid)物质特性的检索,选择化学物质检索中的"Substance Identifier"检索。

检索步骤:

第一步 登录SciFinder数据库检索界面,如图4-25所示,在"**Explore**"标签菜单的"**SUBSTANCES**"中,点击"Substance Identifier",进入**SUBSTANCES：SUBSTANCE IDENTIFIER**检索界面,如图4-28所示。

第二步 在检索框中输入检索词:Acetylsalicylic acid,点击"Search"按钮,即可得到检索结果,点击命中记录,获得乙酰水杨酸详细说明(Substance Detail),如图4-29所示,可了解该物质的结构式、分子式、化学名称、其他名称、理化特性、实验性能、生物活性指标、供应商、物质管制和注册信息等。

第 4 章　外文期刊医学信息资源检索

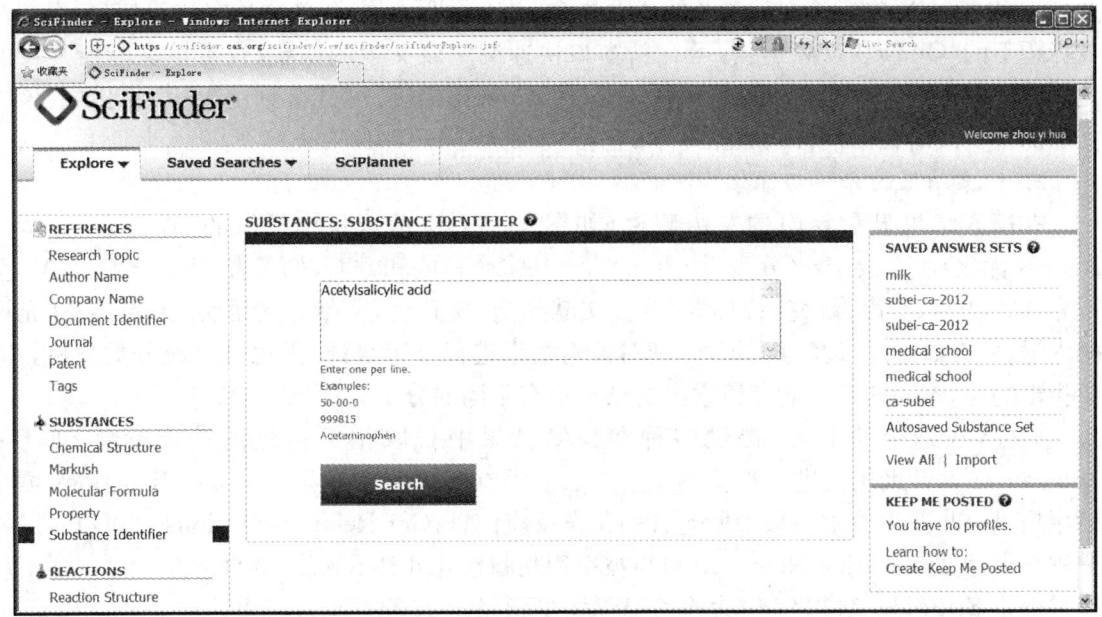

图 4-28　Substance Identifier 检索界面

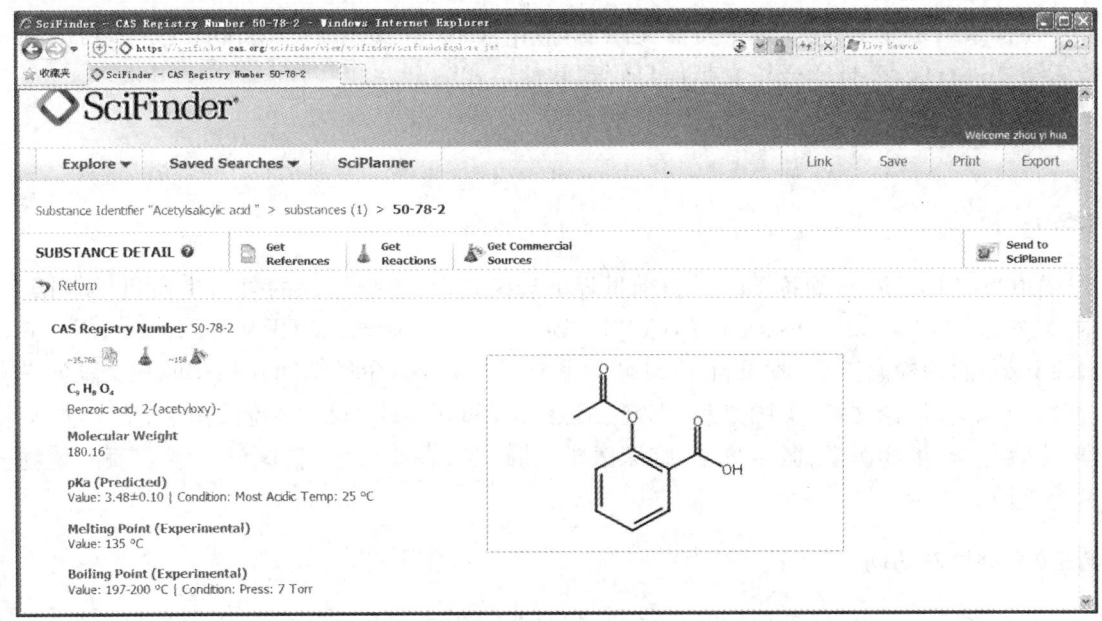

图 4-29　乙酰水杨酸详细说明(SUBSTANCE DETAIL)界面

4.4.4　检索结果的显示与处理

1. 检索结果的显示

在检索结果显示界面(如图 4-27 所示),除了可选择排序方式(Sort by)外,点击题录右上角的 Display Options(显示选项),系统提供了对检索结果显示方式的选择,如题录格式显示、文摘格式显示等,以及设定一屏显示的记录数;点击标题可查看该记录的详细题录及文摘信息,其中还包括该文献涉及的主要概念、补充说明术语、化学物质名称等信息;点击文献标题下的"Quick View"链接,可在新窗口快速浏览该文献的摘要、查看该文献所涉及的化学物质结构图;点击文献标题下的"Other Sources"链接,可链接到由出版商提供的该篇文献的全文或所在单位订购数据库中的全文(PDF 或 HTML 格式)。

2. 检索结果的分析与优化

在检索结果显示界面的左边侧栏(如图 4-27 所示),系统提供的 Analyze(分析)、Refine(优化)、Categorize(分类)功能标签,可从多个角度和方面,如著者、机构名称、CAS 登记号、CA 类目、子库、研究主题、索引词、文献类型、期刊名、文献原文语种、出版年、补充说明术语、所在数据库以及分类等,分别对检索结果进行分析统计、优化过滤或分类分析。需要指出的是,不同的检索途径检索出的结果中有不同的分析和优化功能。

此外,在题录的上方,提供多种在检索结果中获取相关信息的功能标签,如 Get Substances 可帮助用户进一步获得检索结果中所包含的化学物质信息;Get Reactions 可帮助用户进一步获得检索结果中所包含的化学反应信息;Get Related Citations 则可以帮助用户进行引用文献(Citing References)与被引用文献(Cited References)的分析检索。

由于 SciFinder 数据库包含多个子库,在题录上方的 Tools(工具)中,点击 Remove Duplicates(去重),可以除去检索结果中的重复记录。

3. 检索结果的输出

在检索结果显示界面,选中所需文献后,点击"Save"、"Print"、"Export"按钮,可分别将检索结果进行保存、打印或按文献信息管理软件格式输出。

4.5 BIOSIS Preview 数据库

4.5.1 概况

BIOSIS Previews 简称 BP,是目前世界上规模较大、影响较深的著名生命科学数据库。内容来自 Biological Abstracts(BA)和 Biological Abstracts/RRM(Reports, Review, Meetings)两种检索工具,收录自 1926 年以来近 6 000 种生命科学期刊和非期刊文献如学术会议、研讨会、评论文章、美国专利、书籍、书籍章节和软件评论等,涵盖植物学、生态学、动物学、生物化学、生物医学、微生物学、临床医学、药理学、农业科学、兽医学、生物工程、生物技术等领域。

4.5.2 登录与访问

利用 Thomson Reuters 提供的 Web of Science™ 平台(https://apps.webofknowledge.com/),购买用户可以与全世界同行在同一时间访问这一著名的生命科学数据库,单位订购用户也可以通过单位局域网或校园网提供的数据库资源目录链接,登录该平台。

Web of Science™ 平台采用全新的中文界面,更方便中国用户的访问,受 IP 地址控制,而无并发用户限制。

4.5.3 检索方法与检索规则

在 Web of Science™ 平台的"所有数据库主页"界面,点开"所有数据库"后的下拉菜单,选择"BIOSIS Previews®",进入 BIOSIS Previews 主页界面,如图 4-30 所示,提供基本检索和高级检索两种检索方式。

图 4-30 BIOSIS Previews 主页界面

1. 基本检索

基本检索是 BIOSIS Previews 主页界面默认的检索方式,实际是一种多字段检索,用户可以点击检索框下的"添加另一字段"链接来增加检索框的行数,并可通过选择相应字段、检索年限来限定检索范围。提供选择的字段有主题、标题、作者、出版物名称、出版年、语种、文献类型、分类数据、主要概念、概念代码、化学与生化名称、分类注释等,多个字段具有生物学特征,其中,主题字段是一个复合字段,是指在文献的标题、文摘、主要概念词、疾病、化合物等 10 多个反映文献主题的字段中检索。

检索时,在检索框中输入检索词或检索表达式,选择对应字段,再在下面"时间跨度"栏选择检索年限,然后点击"检索"按钮,即可得到检索结果。

【检索实例 4-9】 检索 2010~2015 年间有关禽流感疫苗研究的文献(要求检索词出现在文献标题中)。

课题分析:本课题涉及的主要概念为禽流感、疫苗。表示禽流感的英文有 avian influenza,avian flu,bird flu,三者为同义词,所以用运算符"OR"连接,注意 birds flu 的文献也要考虑,所以 bird 后用截词符;疫苗的英文为 vaccine,考虑到单复数同时能命中并反显出来,所以 vaccine 后也用截词符。此外,要求检索字段选择标题字段;检索年限选择 2010 年至 2015 年。

检索步骤:

第一步 进入 BIOSIS Previews 主页、基本检索界面,在检索框下点击"添加另一字段"增加一行检索框。

第二步 在第一个检索框中输入检索式:avian influenza OR avian flu OR bird * flu,

字段选择"标题";在第二个检索框中输入检索词:vaccine*,字段选择"标题";上下两行检索框之间的逻辑运算选择"AND"。再在下面选择检索的时间跨度为2010至2015。

第三步 点击"检索"按钮,即可得到检索结果。检索结果显示界面,如图4-31所示。

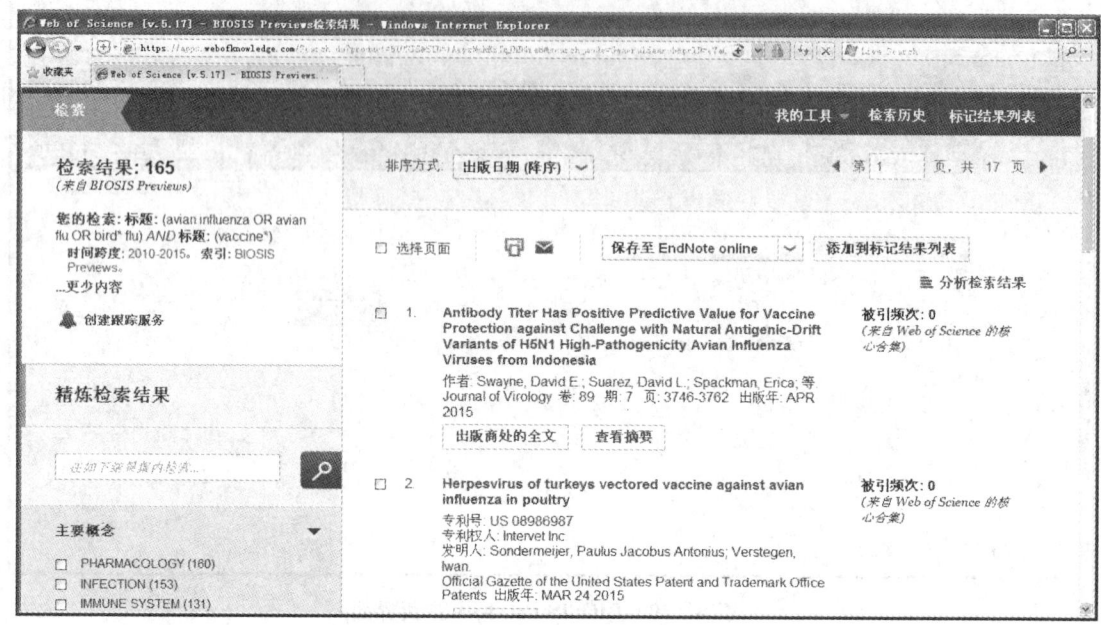

图4-31 检索结果显示界面

2. 高级检索

在BIOSIS Previews主页界面,点开"基本检索"后的下拉菜单,选择"高级检索",进入其高级检索界面,如图4-32所示。

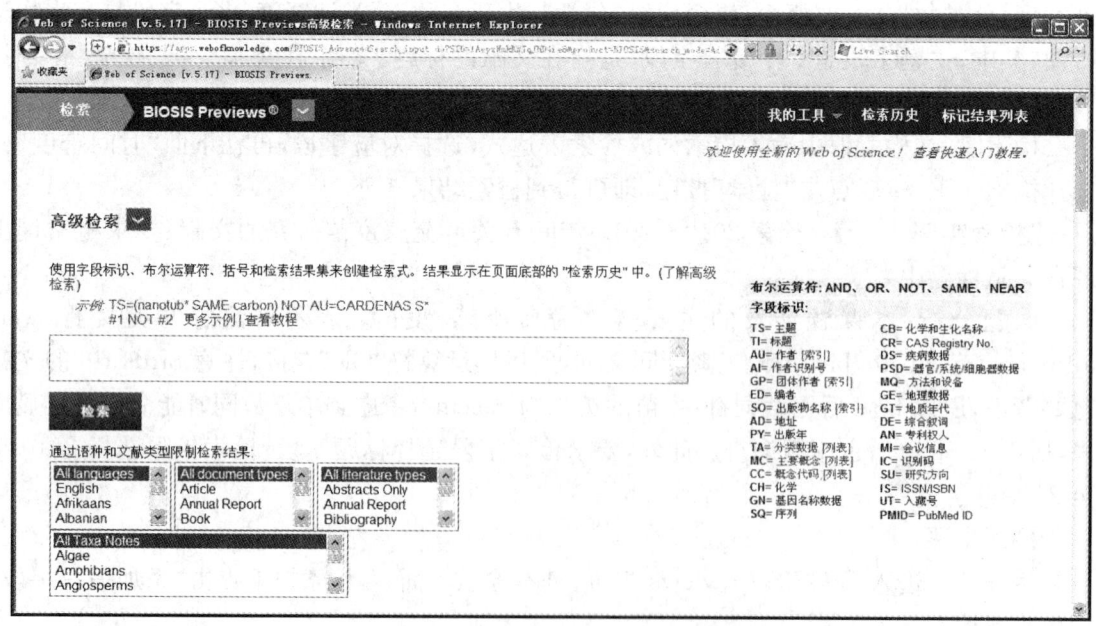

图4-32 BIOSIS Previews高级检索界面

高级检索界面上部为检索区,提供一个较大的检索输入框,让用户使用两个字母的字段标识、布尔逻辑运算符、括号和检索式引用等,在检索框中自行创建检索式,且在界面的右侧提供了两个字母的字段标识及其中文名称。

检索时,只要在检索框中构建合理的检索式,选择界面下方的限制条件,如检索的时间跨度、语种、文献类型、生物体普通名等项,然后点击"检索"按钮,检索结果就会显示在界面下部的"检索历史"中。

高级检索界面下部为检索历史显示区。每次检索后,系统都会自动给该次检索结果一个编号,加入"检索历史"。用户在 BIOSIS Previews 其他界面,点击右上方标签栏的"检索历史"链接,或者在高级检索时的界面下部,都可以查看检索历史,了解检索式及其检索结果,并可选择检索式进行(AND,OR)组配检索。

3. 检索规则

BIOSIS Previews 检索应注意以下检索规则:

(1) 支持布尔逻辑检索

布尔逻辑运算符 AND,OR,NOT 和 SAME 可用于组配检索词,并且运算符不区分大小写,所以在检索框内可直接输入带有运算符(and,or,not,same)的检索式。其中,邻近算符 SAME 表示可查找被该运算符分开的检索词出现在同一个句子中的记录,不强调出现的前后顺序,但 SAME 不能用于会议信息字段,也不能用于连接两个不同字段标识的检索。运算符的优先顺序为:()>SAME>NOT>AND>OR。输入的检索词可以是任意的字母、数字、单词或词组,如 p53,cancer,AIDS 等,也可以是连缀词组,如 Interleukin-6。

(2) 截词检索

使用的截词符有"*""?""$",它们可在检索式中表示未知字符。"*"为无限截词符,表示任意的字符截断,也包括空字符,例如,hypno * 可检索出 hypnotize,hypnotizer,hypnotist,hypnotoxin,hypnotization 等;"?"表示任意 1 个字符,例如,Barthold? 可查找 Bartholdi 和 Bartholdy;"$"表示 0 个或 1 个任意字符,例如,flavo$r 可查找 flavor 和 flavour。"$"对于检索可能包含空格、连字号或撇号的作者姓氏非常有用。截词检索可以找到该单词的所有变化形式或不同拼写或单复数。

需要注意的是,截断符可位于检索词的中间或结尾,但不能位于开头;进行"主题"或"标题"检索时,通配符之前必须至少有 3 个字符,否则检索会产生错误;出版年检索中不能使用截断符。例如,可以使用 2008,但不能使用 200 *。

(3) 精确短语检索

要在检索结果中检索精确短语,使用引号括起短语。例如,检索式"avian influenza",将只检索包含与该短语完全匹配的记录。

4.5.4 检索结果的显示与处理

1. 检索结果的显示

在检索结果显示界面(如图 4-31 所示),左边侧栏的上面部分显示命中的记录数以及检索语句的概要。检索结果默认以题录格式列表显示,并根据默认排序选项"出版日期(降序)"进行排序。点击题录下方的"查看摘要"链接可快速浏览该记录的文摘内容;有的记录还提供来自"出版商处的全文"链接;点击记录中的标题,则显示该记录的详细信息,其中包括该文献所涉及的生物学特征信息,如研究方向、主要概念、生物体分类数据、化学数据、疾病数据、基因名称数据、方法和设备、地理数据等。

2. 精炼检索结果

检索结果显示界面左侧的"精炼检索结果"一栏,是系统从检索结果的记录中提取项目进行的分级列表。最常出现的项目显示在列表上部,括号中的数字表示包含该项目的检索结果的记录数量。选中一个或多个复选框,然后单击"精炼"按钮,以便仅显示包含所选项目的记录。

3. 分析检索结果

在检索结果显示界面,点击题录列表右上角的"分析检索结果"链接,系统提供了对检索结果按作者、主题概念、语种、文献类型、出版年、来源出版物名称、学科分类等字段进行分析,方便用户查看相关记录。

4. 输出记录

在浏览题录、精炼检索结果或者在分析检索结果的基础上,在检索结果显示界面勾选记录后,点击题录列表右上方的"添加到标记结果列表"按钮,将所选记录添加到标记结果列表中。所有选择结束后,点击数据库界面右上方标签栏的"标记结果列表",则提供有输出记录的选项。选项确定后,点击打印机图标,可将所选记录设置为可供打印的格式进行打印或复制;可以选择通过电子邮件发送记录;也可以保存到 EndNote,或保存为其他文件格式。

4.6 Ei Compendex 数据库

4.6.1 概况

Ei Compendex 数据库是美国《工程索引》(Engineering Index,EI)的网络版,是目前全球最全面的工程领域的题录型数据库。它收录了1969年至今来自5 100多种工程类期刊、会议论文集和技术报告的文献,涵盖工程及其应用科学领域的各学科,其中也包括生物工程、生物医学工程、生物信息学、基础与临床医学工程技术、生物材料与力学、营养学、食品科学与工程、化学和工艺工程、医学物理等交叉学科方面的文献信息。

4.6.2 登录与访问

Ei Compendex 数据库目前检索平台采用的是 Ei Engineering village 2,购买该数据库的高校图书馆或相关研究所的用户,可通过 Ei Engineering village 2 链接登录,或直接输入网址(http://www.engineeringvillage.com/)登录,受 IP 控制,无并发用户限制,但对 IE 有版本要求。

4.6.3 检索方法与检索规则

Ei Compendex 数据库登录后直接进入其检索界面,如图4-33所示。提供快速检索(Quick Search)、专家检索(Expert Search)和主题词检索(Thesaurus Search)3种检索方式。点击界面上方对应的检索标签,即可在这3种检索方式之间切换。

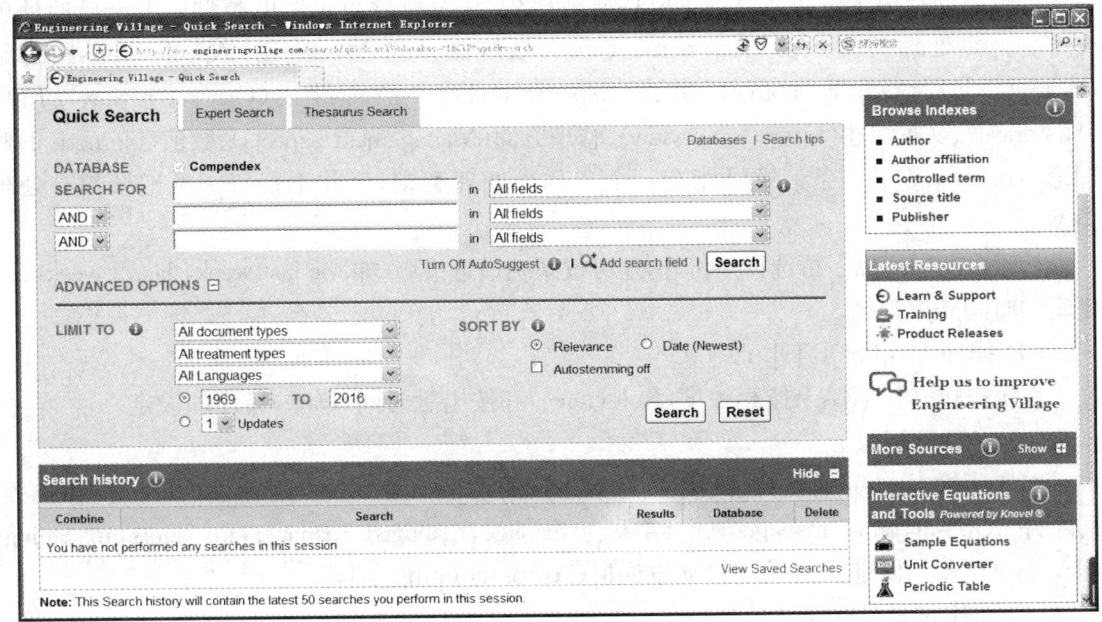

图 4-33 Ei Compendex 检索界面

1. 快速检索

快速检索(Quick Search)是 Ei Compendex 检索界面默认的检索方式。除提供检索框与检索字段外,在检索界面点击检索框下"ADVANCED OPTIONS"(高级选项)切换按钮,可将折叠的检索限定(LIMIT TO)、排序(SORT BY)等选项打开。

(1) 检索框与检索字段

快速检索界面默认提供 3 个检索输入框以及对应的字段选择,可以单击检索框下的"Add search field"按钮,以增加检索框的行数。检索框之间可用布尔逻辑运算符(AND,OR 或 NOT)连接,进行联合检索。

提供的检索字段有:所有字段(All fields)、主题/题名/文摘(Subject/Title/Abstract)、摘要(Abstract)、作者(Author)、作者单位(Affiliation)、题名(Title)、Ei 分类号(Ei Classification code)、期刊代码(CODEN)、会议信息(Conference information)、会议论文编号(Conference code)、国际标准刊号(ISSN)、Ei 主标题词(Ei main heading)、出版者(Publisher)、刊名(Source title)、Ei 受控词(Ei controlled term)、原出版国(Country of origin)。

(2) 检索限定(LIMIT TO)

系统提供的检索限定有文献类型、处理类型、语种和时间 4 种选项。使用检索限定,可得到更为精确的检索结果。

其中,文献类型指的是所检索的文献源自出版物的类型。可选择的文献类型有全部文献类型(All document types,系统默认选项)、期刊论文(Journal article)、会议论文(Conference article)、会议论文集(Conference proceeding)、专题论文(Monograph chapter)、专题综述(Monograph review)、专题报告(Report chapter)、综述报告(Report review)、学位论文(Dissertation)和专利(Patents)等。

处理类型指用于说明文献的主要特征、研究方法及所探讨主题的类型。可选择的处理类型有全部处理类型(All treatments types,系统默认选项)、应用(Applications)、传记(Biographical)、经济(Economic)、实验(Experimental)、一般性综述(General review)、历史(Historical)、文献综述(Literature review)、管理方面(Management aspects)、数值(Numerical)和理论(Theoretical)。一条记录可能有一个或几个处理类型,但并不是每一条记录都有处理类型。

检索时间限定除了可选择年份外,还可按系统最近按周(如 the last week, last 2 weeks…)更新的时间获取数据。

(3) 排序方式(SORT BY)

系统提供对检索结果按相关度(Relevance)和按出版时间(Date)排序的设定。

(4) 自动取词根

在快速检索中,系统将自动检索以所输入词的词根为基础的所有派生词(作者项的检索词除外)。例如,输入 management,结果为 manage, managed, manager, managers, managing, management 等。除非勾选关闭自动取词根(Autostemming off)。

(5) 索引浏览(Browse Indexes)

索引浏览可以帮助用户选择合适的检索词。在快速检索界面,检索区的右侧提供了作者(Author)、作者单位(Author affiliation)、受控词(controlled term)、刊名(Source title)和出版者(Publisher)5 个字段的索引词表。点击字段名可以到相应的索引词表中查看。在索引词表中,选择检索词的第一个字母或者在"Search for"后的查询框中输入检索词的前几个字母,点击"Find"按钮,进行浏览。选定的检索词将自动被粘贴到检索区的检索框中,如果检索框中已有输入的检索词,则在选词前先要选择连接词的运算方式(AND,OR)。

(6) 结束检索(End Session)

点击界面右上角的"End Session"按钮结束检索。如果一项检索处于非激活状态超过 20 分钟,则检索将自动结束。

【检索实例 4-10】 查找 2005～2015 年间有关生物降解技术在心血管支架中应用研究的期刊论文(要求检索词出现在论文标题中)。

课题分析:本课题涉及生物降解(biodegradable)、心血管支架(cardiovascular stent)两个主要概念,并有字段、文献类型和时间限定。

检索步骤:

第一步　登录 Ei Compendex 数据库,进入快速检索界面。

第二步　在第一行检索框中输入检索词:biodegradable,在后面的字段下拉菜单中选择"Title"字段,在第二行检索框中输入检索词:cardiovascular stent,在后面的字段下拉菜单中选择"Title"字段,上下两行检索框之间的逻辑运算选择"AND";在检索框下检索限定(LIMIT TO)中的全部文献类型(All document types)下拉菜单中选择 Journal article,时间菜单中选择 2005 TO 2015。

第三步　点击"Search"按钮,即可得到检索结果。检索结果显示界面,如图 4-34 所示。

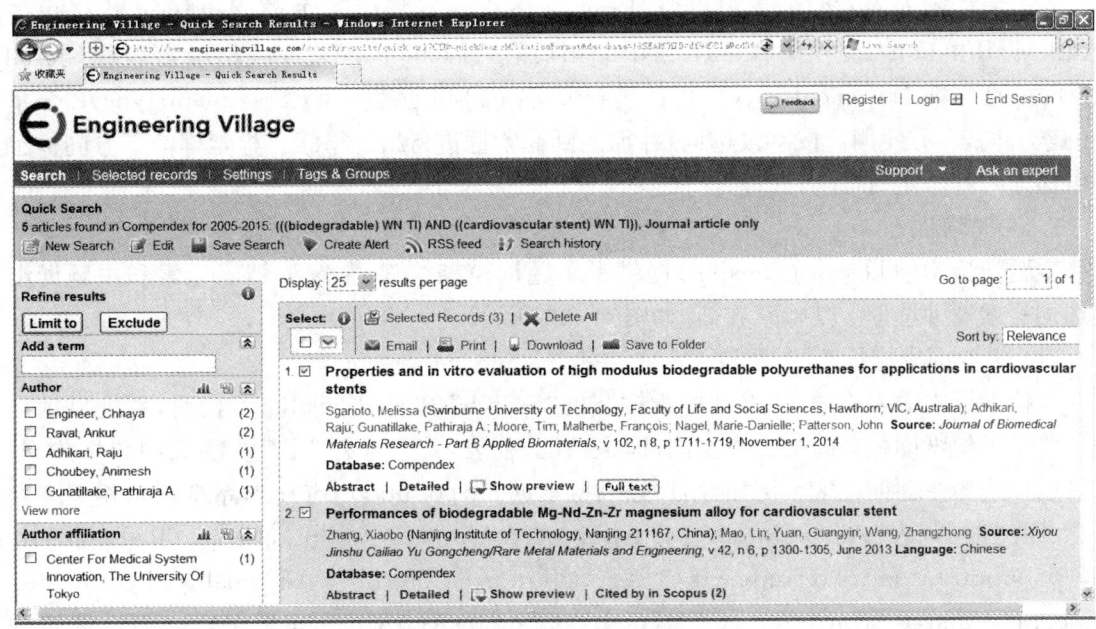

图 4-34 检索结果显示界面

2. 专家检索

专家检索(Expert Search)界面提供一个较大的检索框,用户需要自行构建检索式,如图 4-35 所示。在检索框内输入的检索表达式需要合理使用检索运算符,各字段的代码可参见检索框下的 SEARCH CODES 列表。

专家检索包含更多的检索选项,可使用复杂的检索运算符,进行更灵活更准确的检索,因此,一般适用于专业检索人员和检索经验丰富的研究人员使用。

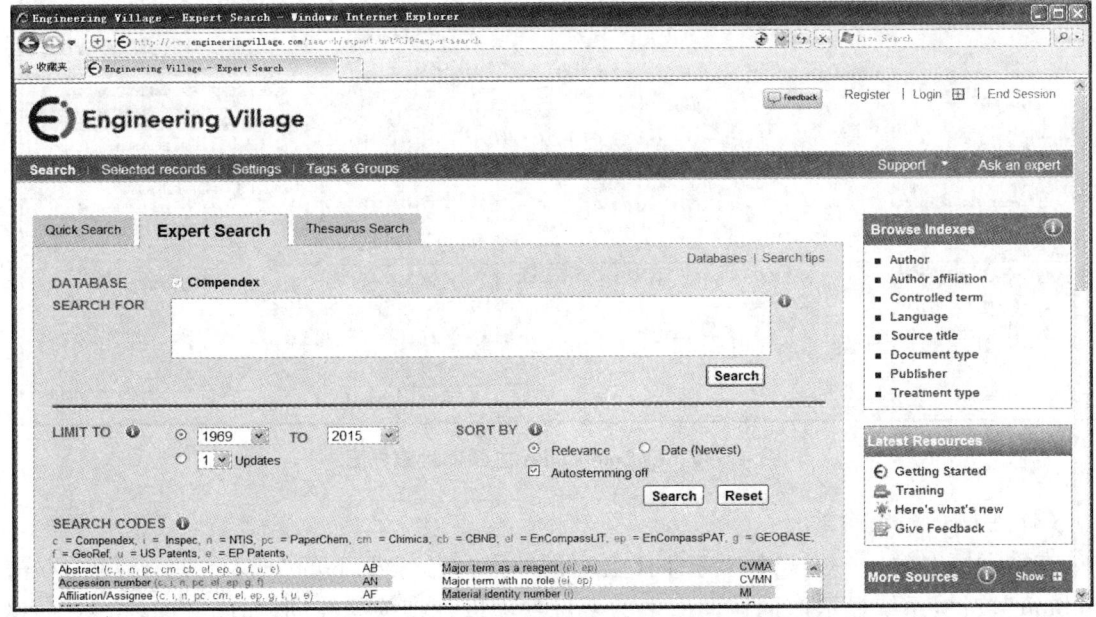

图 4-35 Ei Compendex 专家检索界面

在专家检索界面右侧的索引浏览(Browse Indexes),提供了作者(Author)、作者单位(Author affiliation)、受控词(Controlled term)、语言(Language)、连续出版物名称(Serial title)、文献类型(Document type)、出版者(Publisher)和处理类型(Treatment type)8 个字段的索引词表,方便用户按字段选词,并加入到检索框进行组配检索。检索框的下方同样也提供检索时间限定、排序方式设定等。

3. 主题词检索

主题词检索(Thesaurus Search)提供了主题词模糊检索、主题词精确检索和主题词浏览选词检索 3 种选择。其检索界面,如图 4-36 所示。

(1) 主题词模糊检索

在检索框中输入检索词,点选检索框下的"Search"项,点击"Submit"按钮,系统显示与用户所输入检索词相关的所有受控词(即主题词)列表,其中含有广义词、狭义词和相关词,以供用户选择主题词检索。例如,用户输入检索词 air pollution control,系统显示相关主题概念的受控词列表:Air pollution,Air pollution control,Air pollution control equipment,Air pollution—Control equipment*,Air pollution—Control*,Air quality,Air quality standards,Catalytic converters,Catalytic oxidation,Dust abatement。在列表中勾选主题词,系统会自动添加到下面的 SEARCH BOX(检索框)中,选择布尔逻辑运算符 AND 或 OR 连接,或再选择其他限定条件,点击"Search"按钮,即可执行检索。如果点击列表中的主题词,则显示该词在词库中的著录款项以及相关受控词。

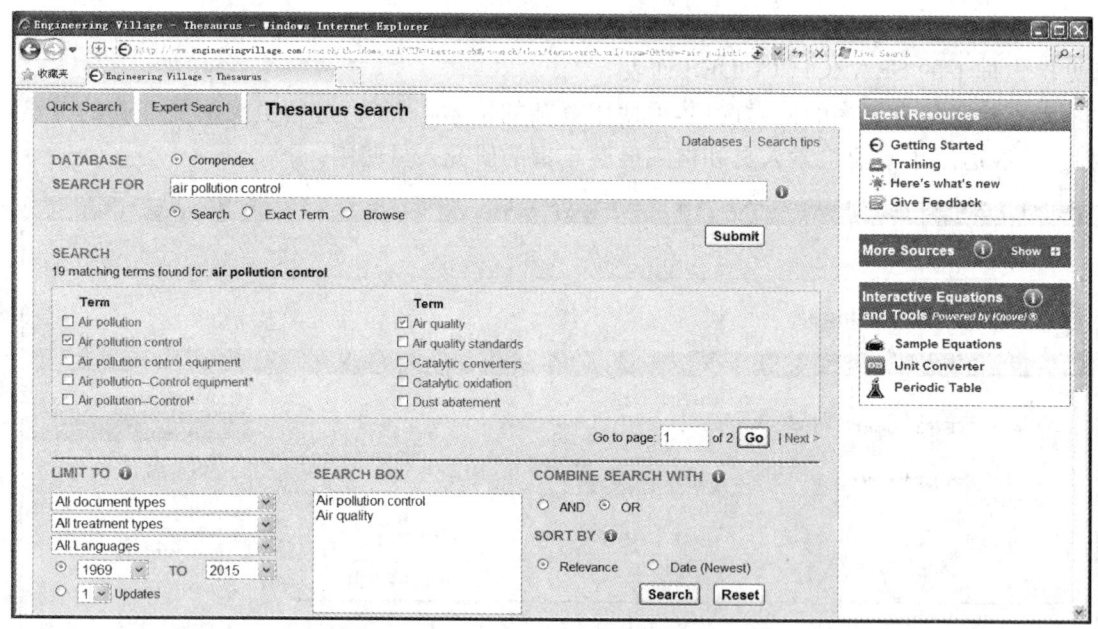

图 4-36 Ei Compendex 主题词检索界面

(2) 主题词精确检索

在检索框中输入一个已知受控词(主题词),点选检索框下的"Exact Term"项,点击"Submit"按钮,系统显示该词在词库中的著录款项以及相关受控词,如广义词、相关词、狭义词,以供用户选词检索。词库中带有"*"的词表示以前曾用作主题词,现已被新的主题词所替代;点击主题词后面的图标,可了解该词的注释信息(Scope Notes)。

(3) 主题词浏览选词检索

在检索框中输入一个检索词,点选检索框下的"Browse"项,点击"Submit"按钮,系统显示该检索词(或相关词)在主题词库的字顺列表,以供用户按字顺浏览并选词检索。

4. 检索规则

(1) 支持布尔逻辑检索

检索词之间可采用布尔逻辑运算符(AND,OR,NOT)构建检索式,检索词不区分大小写,可使用括号指定检索的顺序,括号内的术语和操作优先于括号外的术语和操作,也可使用多重括号。

(2) 字段限定检索

采用位置运算符(wn)将检索结果限定某个字段中检索。例如,"bronchial asthma" wn AB;(shock wave OR shock-waves) wn TI。

(3) 精确短语检索

如果输入的短语或词组(包括停用词 and,or,not,near)要做精确匹配检索,词间不能插词,词序不能颠倒,就应使用括号或引号。例如,"Extracorporeal shock wave";{ureteral stone}等。

(4) 截词检索

采用星号(*)截词符,放在词尾,可以检索到以截词符为止的前几个字母相同的所有词,例如,optic*,可检索出 optic,optics,optical 等词的文献;将星号(*)截词符,放在词中间,可替代任意几个字符,例如,sul*ate,可以检索出 sulphate,sulfate 等词的文献。

(5) 通配符检索

采用问号(?)通配符,可替代 1 个字母。例如,wom?n 可检索出 woman,women 等词的文献。

(6) 作者检索

Ei Compendex 引用的作者姓名为原文中所使用的名字。姓在前,接着是逗号,然后是名。作者名可用截词符(*)截断检索。例如,输入 Smith, A*,将检索:Smith, A.、Smith A. A.、Smith A. B.、Smith, A. Brandon、Smith, Aaron、Smith Aaron C. 等的文献。由于原始论文中作者署名格式的不一致,用户可借助浏览作者索引来选择不同格式进行检索。

此外,还可以查看检索界面提供的检索技巧(Search tips),或点击图标获得联机帮助信息。

4.6.4 检索结果的显示与处理

1. 检索结果的显示

在快速检索、专家检索和主题词检索界面中,一旦检索设置完毕,点击"Search"按钮,都出现如图 4-34 所示的检索结果显示界面。检索结果的显示格式有 3 种:题录格式、文摘格式和详细记录格式。

(1) 题录格式(Citation)

检索结果的题录显示是系统默认格式,默认每页显示 25 条记录,界面上方还提供检索策略的命中数、年代范围和检索式。题录格式包括题名、作者及第一作者单位、原文出处。点击某条题录下的"Abstract"或"Detailed"链接，即可显示文摘格式或详细记录格式；点击"Show preview"可快速浏览其文摘内容；点击"Full text"全文链接按钮，可以看到用户有权限访问的电子版全文，如图4-37所示。

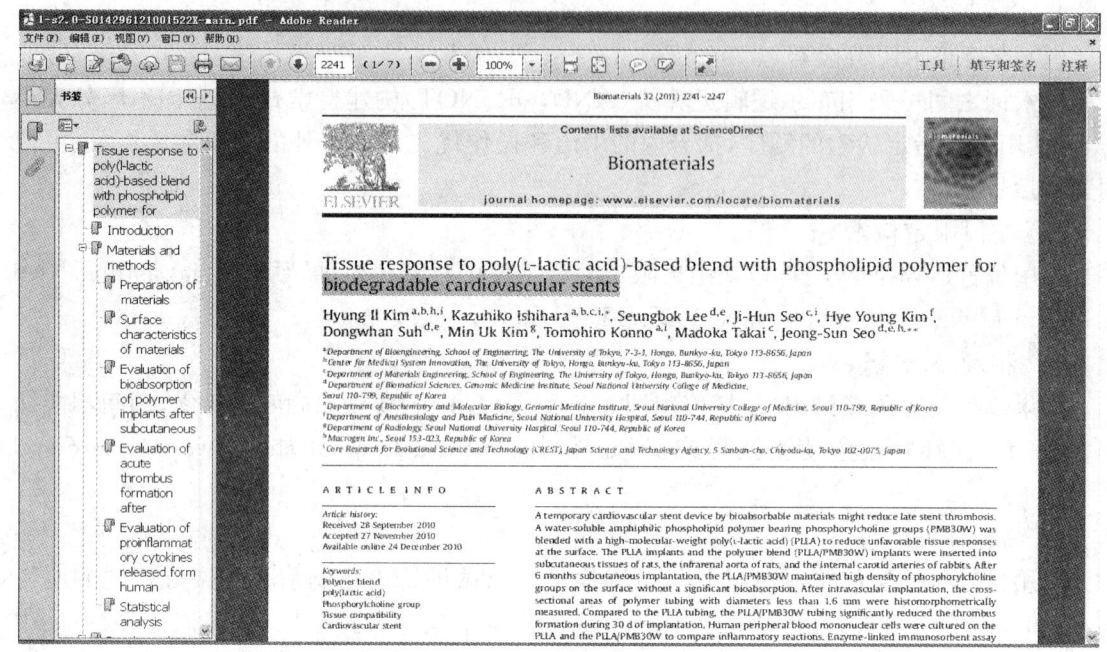

图4-37　PDF格式全文浏览界面

（2）文摘格式（Abstract）

文摘格式除了包含题录信息外，还提供文摘、Ei受控词（Controlled terms）、Ei非受控词（Uncontrolled terms）及分类号（Classification Code）等。点击受控词链接，可查看该主题词下的相关文献；点击非受控词或分类号链接，则可查看该文本词或该分类号所属的文献。

（3）详细记录格式（Detailed）

详细记录显示全部书目信息。其中，Ei存取号（Accession number）的前4位数字为文献被Ei收录的年代，Ei的收录时间一般滞后于文献的出版时间。

2．记录排序、标记与输出

在题录显示界面右上方，系统提供5种记录排序（Sort by）方式：相关度排序（Relevance）、出版年代排序（Date）、作者字顺排序（Author）、刊名字顺排序（Source）以及出版者字顺排序（Publisher）。

在检索结果显示界面，勾选记录前的复选框，可对记录进行标记选择，然后点击"Selected Records"标签栏，可对所选记录进行选择页面格式浏览（Page format）、发送电子邮件（E-Mail）、打印（Print）、下载存盘（Download）或保存在系统服务器上（Save to Folder）等操作。

3．精炼检索（Refine Results）

利用题录显示界面右栏的"Refine results"功能，可获得检索结果分布统计，包括作者（Author）、作者单位（Author affiliation）、受控词（Controlled vocabulary）、分类号

(Classification code)、国家(Country)、文献类型(Document type)、语言(Language)、出版年(Year)、刊名(Source title)、出版者(Publisher)等。勾选项目前的复选框,然后点击上方或下方的"Limit to"或"Exclude"按钮,系统将限定或排除结果范围。

4. 检索历史(Search History)

除了检索界面下部提供有检索历史外,点击检索结果显示界面上方的"Search history"链接,即可进入检索历史界面,显示当前所做过的检索过程,并可用检索序号代替检索式进行逻辑组配检索(Combine Searches)。

习 题

1. 检索2010年以来有关婴幼儿(infant,nurseling,young children)患肺炎(pneumonia)研究的英文期刊论文(要求:检索词出现在文献标题中,指出其中一篇文献的通讯著者及其联系方式,并以引文格式摘录该记录)。

2. 检索有关糖尿病眼部并发症的手术治疗(surgery)与护理(nursing)研究方面的最新英文综述文献,看看是否有免费全文提供(提示:糖尿病并发症 diabetes complications,眼部疾病 eye diseases)(要求:比较检索词分别出现在题名字段和主题词字段中的检索结果;列出检索式与检索限定、检出的文献篇数,并将主题词字段的检索结果以 DC 为文件名保存为文本;下载一篇 PDF 格式全文并摘录其完整题录)。

3. 查找2011年扬州大学教师发表论文被 MEDLINE 收录情况。其中,收录扬州大学医学院季明春教授的文献有几篇、分别为第几著者?(要求:表述检索策略及其检索过程)

4. 2015年《外科研究杂志》(*The Journal of surgical research*)被 PubMed 收录文章多少篇?其中综述有多少篇?提供免费全文文献有多少篇?并查出该刊物的刊名缩写及印刷版的 ISSN 号(要求:表述检索策略及其检索过程)。

5. 根据题录:Vijayvergiya R,Vadivelu R. Role of helicobacter pylori infection in pathogenesis of atherosclerosis. *World J Cardiol*. 2015 Mar 26;7(3):134-43.获取并下载其免费全文,查找并跟踪阅读该主题的相关文献(提示:helicobacter pylori,HP,幽门螺杆菌;atherosclerosis,动脉粥样硬化)。

6. 查找关于中药半枝莲(scutellaria barbata)相关提取物(extract)抗肿瘤应用研究方面的期刊文献(要求:选用 BIOSIS Previews 或 SciFinder 数据库;列出检索式与检索限定、检出的文献篇数)。

7. 查找头孢呋辛酯(cefuroxime axetil)的化学结构式、分子量、CAS 登记号及其监管信息(regulatory information)。

8. 查找哮喘(asthma)发作与空气污染(air pollution)相关性研究的期刊论文(要求：选用 Ei Compendex 数据库；列出检索式与检索限定、检出的文献篇数)。

9. 选择不同数据库检索近年来有关脑血管意外/脑中风(cerebrovascular accident/apoplexy)康复治疗(rehabilitation)随机对照试验(randomized controlled trial,RCT)方面的外文期刊研究论文(要求：至少选用 3 种数据库检索；列出检索式与检索限定；比较检出的文献数量、结果的显示方式与处理)。

10. 某研究生要进行开题，其研究内容为：骨髓移植(bone marrow transplantation)治疗白血病(leukemia/leukaemia)的可行性评估，你能帮助其找到哪些相关的英文文献？(要求：选用的数据库；列出检索式与检索限定，检出的文献篇数)

第 5 章　特种医学信息资源检索

特种医学信息资源是指出版发行和获取途径都比较特殊的一类信息媒体，它属于原始信息媒体范畴，包括会议信息资源、专利信息资源、科技报告、学位论文、标准文献、政府出版物、病历档案、产品资料等，多数有专门的网站或相应的数据库提供网络检索，可以免费获取题录、文摘等信息，有的可以直接免费获取原文。如果获得了题录、文摘信息，可通过就近大型图书馆、文献保障中心或医院病案室等，办理借阅复制原文或委托代办传递索取原文。

5.1　会议信息资源检索

医学会议信息资源包括召开医学会议消息和医学会议论文。由于因特网具有相互交流的特性，会议消息一般容易在网上发布，因此在因特网上已经形成了比较丰富的医学会议信息资源。通过网络检索主动地获取会议信息，随时了解什么时间、什么地方，在什么范围内已经或将要召开什么专题的会议，可作为撰写会议论文和参加学术会议的指南。会议论文具有创见性、新颖性和学术性的优点，有些科研中的重大发现往往首先是在学术会议上公布于众的，加上会议信息又有动态性和启发性的特点，有助于启迪人们研究思维，及时把握学科前沿和专业研究动态。因而，学术会议信息是医学研究的重要信息来源。但由于学术会议文献出版发行方式和表达形式的多样性，给用户系统收集和检索带来一定难度。通常，利用因特网检索医学学术会议信息有以下几种方法。

1. 利用搜索引擎

在许多医学专业搜索引擎中，如 HONmeeting，Medscape 等，通常有专门的会议文献查找栏目，提供很丰富的会议信息。在一些著名的综合性搜索引擎中，一般提供分类和关键词检索，也可以方便地检索学术会议信息。例如，采用关键词检索，在 Yahoo! Search 主页(https://search.yahoo.com/)的检索框中输入带有有关会议术语的主题概念，如输入 AIDS/HIV conference，可以检索到部分有关艾滋病方面的会议信息。

检索会议文献时，要注意了解有关会议的常用术语，如 Conference(会议)，Congress(代表大会)，Convention(大会)，Colloquium(学术讨论会)，Symposium(专业讨论会)，Seminar(研究讨论会)，Workshop(专题讨论会)等，以便准确选择检索词以及对检索结果的判读。

2. 利用学术会议网站

在因特网上，有关医学会议信息的网站很多，网址和网页的形式变化较大，在使用时应该选择较为常用的、可靠的网站。例如，中国学术会议在线、365 医学会议网、爱唯医学网——医学会议、全球医学会展网、生物科学与医学会议信息网等。

(1) 中国学术会议在线

中国学术会议在线(http://www.meeting.edu.cn/meeting/)是由教育部主管、教育部科技发展中心主办,面向广大科技人员的科学研究与学术交流信息服务平台。提供按学术会议的学科分类浏览和会议关键字检索获得会议信息。

(2) 365 医学会议网

365 医学会议网(http://www.365huiyi.com/)是一个医学会议信息发布查询平台,提供查询或发布主要在中国内地召开的医学会议信息。可通过学科领域或主办地区,按年份浏览查询。

(3) 医学会议——爱唯医学网

医学会议——爱唯医学网(http://www.elseviermed.cn/meeting/)主要介绍国际、国内医学会议最新动态,提供重要医学会议的信息预告,可通过学科分类导航浏览或筛选。

(4) 全球医学会展网

全球医学会展网(http://www.med365.com.cn/)是专门的医学会议网站,它致力于国内外医学学术会议信息的资讯服务,其主页界面,如图 5-1 所示。可通过右边侧栏的"科室导航"按学科浏览;左边侧栏的"展会计划"提供按各大洲国家、学科、时间、关键字检索;还可以利用界面下部的"全球会展地图"查找会议信息。

图 5-1 全球医学会展网主页界面

(5) 生物科学与医学会议信息网(HUM-MOLGEN:Events in Bioscience and Medicine)

生物科学与医学会议信息网(HUM-MOLGEN:Events in Bioscience and Medicine)(https://www.hum-molgen.org/meetings/)由国际人类分子遗传交流论坛(HUM-MOLGEN:the international communication forum in HUMan MOLecular GENetics)提供,

其主页界面,如图5-2所示。按会议召开的日期、学科主题和大洲提供当年及近几年即将召开的生物科学与医学方面的国际会议信息,还提供有会议类型、会议主题、大洲限定的会议关键词检索。

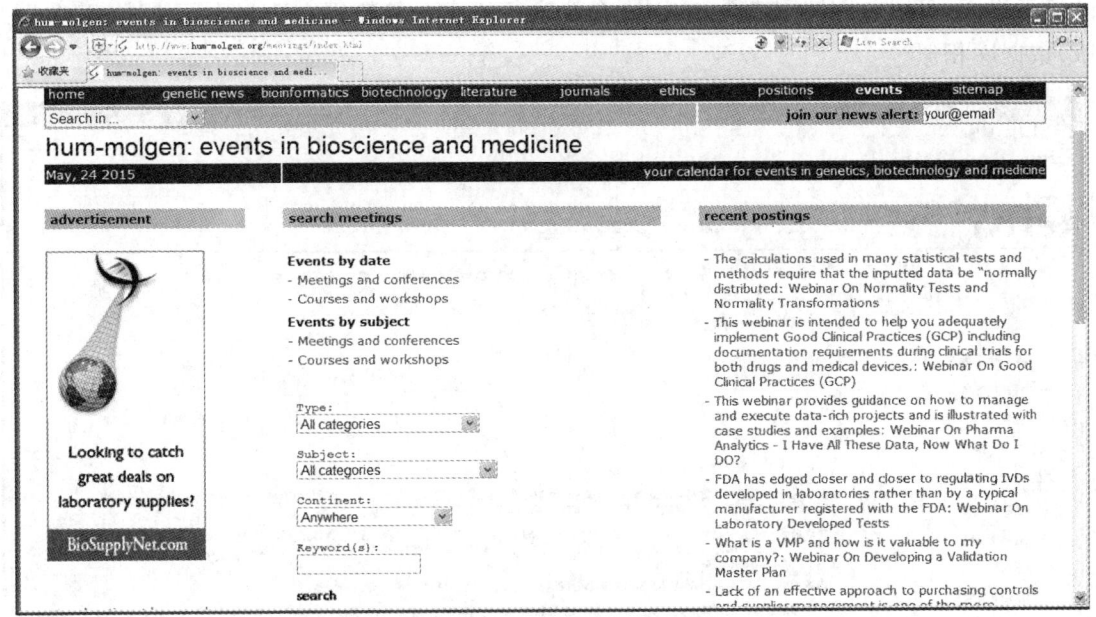

图5-2　生物科学与医学会议信息网主页界面

此外,学术团体是会议信息的重要来源,医学领域各专业学会(协会)通常拥有自己独特的网站,通过网站也可以获得相关的会议信息。

3. 利用会议文献数据库

国外学术会议论文有的以会议论文集(Symposium)、会议录(Proceedings)的图书形式出版发行;有的会议论文被大型综合性数据库所收录,如 BIOSIS Preview,SciFinder,Ei Compendex 等数据库,它们可提供相关会议论文的检索。世界上最著名的科技会议文献数据库当属美国科学信息研究所(Institute for Scientific Information,ISI)编制的 Conference Proceedings Citation Index(CPCI),收录1990年至今的会议文献,有 Science 和 Social Science & Humanities 两个子库,现在归并在 Web of Science™ 平台,购买用户可参考 BIOSIS Preview 数据库的检索方法与检索规则。

国内提供检索学术会议论文的数据库主要有:

(1) 国内外重要会议论文全文数据库

包括《中国重要会议论文全文数据库》和《国际会议论文全文数据库》两个数据库,是中国知网系列数据库之一,重点收录1999年以来,中国科协系统及国家二级以上的学会、协会,高校、科研院所、政府机关举办的重要会议以及在国内召开的国际会议上发表的文献。其中,国际会议文献占全部文献的20%以上,全国性会议文献超过总量的70%,部分重点会议文献回溯至1953年。内容覆盖自然科学、工程技术、农业、哲学、医学、人文社会科学等各个领域,共分基础科学、工程科技Ⅰ、工程科技Ⅱ、农业科技、医药卫生科技、哲学与人文科学、社会科学Ⅰ、社会科学Ⅱ、信息科技、经济与管理科学等10大专辑168个专题。

在中国知网（http://www.cnki.net/）主页界面，先在检索框上方的资源栏目中选择"会议"资源，再点击检索框后面的"高级检索"链接，就可进入国内外重要会议论文全文数据库检索界面，如图5-3所示；也可在中国知网主页的资源总库中选中会议库，直接进入该库的检索界面，可以分别按国内会议、国际会议进行检索。其使用方法与中国学术期刊（网络版）数据库相似。

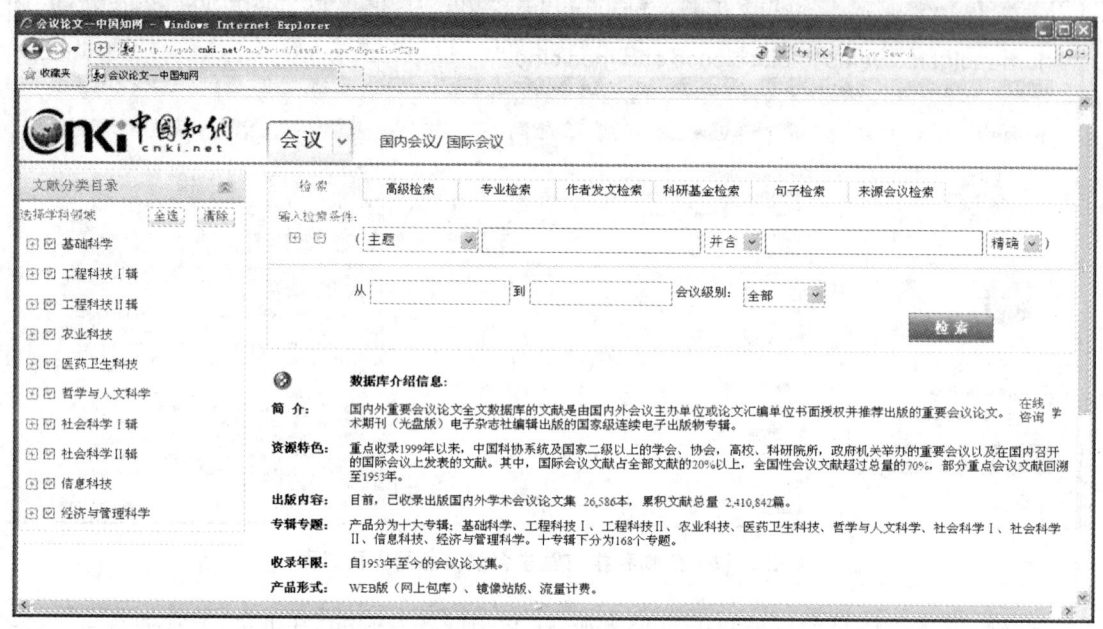

图5-3 中国知网——国内外重要会议论文全文数据库检索界面

（2）万方数据学术会议论文资源

万方数据学术会议论文资源，也称中国学术会议文献数据库，主要收录1983年以来由国家级学会、协会、部委、高校召开的各种学术会议论文，涵盖自然科学、人文社会科学、工业技术、农林、医学等多个领域，为用户提供最全面、详尽的会议信息，是了解国内学术会议动态、科学技术水平和进行科学研究必不可少的工具。

在万方数据知识服务平台（http://www.wanfangdata.com.cn/）主页界面，点击资源栏目中的"会议"链接，即可进入万方数据学术会议论文资源的检索界面，如图5-4所示，可进行简单检索，或通过学术会议的学科分类导航及会议主办单位导航浏览。也可在万方数据主页界面的检索框后点击带有"A"字样的放大镜检索图标，在出现的菜单中选择"跨库检索"链接，即进入万方数据跨库检索界面，可对选择的会议论文资源进行高级检索和专业检索。

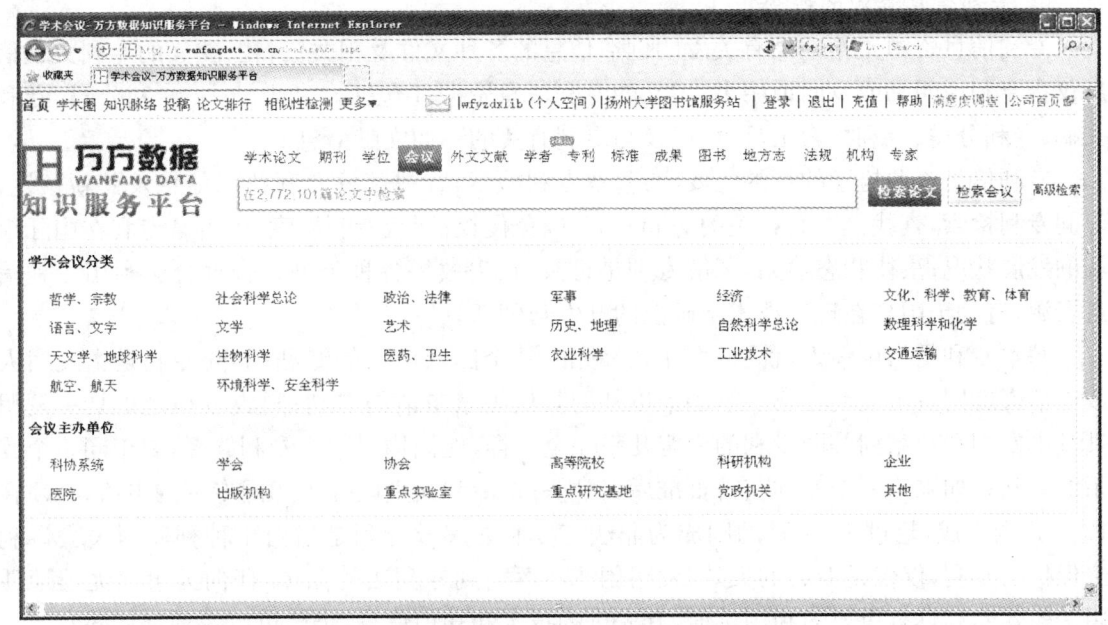

图 5-4　万方数据学术会议论文资源检索界面

5.2　专利信息资源检索

5.2.1　专利及专利信息资源概述

1. 专利相关知识

专利是一种法律制度,是一个国家对本国或外国科学技术领域中的发明用法律给予保护。专利,又称专利权,是一种财产权。拥有某项发明创造的专利权人可以使用和处理该项发明创造,而他人未经专利权人许可,不得制造、使用和销售该项发明创造,否则就侵犯专利权。职务发明的专利权人大多为提出专利权申请的单位法人,又称申请人。

根据发明创造实质内容的不同,专利类型分为3种:
- 创造发明专利——是一种具有创造性、先进性和实用性的发明专利,从实际申请日算起,保护期限为20年。
- 实用新型专利——指产品设备、装置、器具等技术革新专利,从实际申请日算起,保护期限为10年。
- 外观设计专利——指产品的外形、包装、图形、色彩优美的外观设计,从实际申请日算起,保护期限为10年。

简单地说,一项发明创造获得授予专利权,必须具备"三性":
- 新颖性——在申请专利前从未公开发表、从未公开使用或没有被公众所知的技术。
- 创造性——具备创造性的实用新型同现有技术相比应当具有实质性特点和显著进步。
- 实用性——是指发明或者实用新型申请的主题必须能够在产业上制造或者使用并能产生积极效果。

2. 专利信息资源的概念

专利信息资源是指记录有关发明创造信息的各种文件及相关资料。狭义的专利文献信息仅指专利说明书或发明说明书;广义的专利信息资源还包括专利申请书、专利公报、专利文摘、专利分类、专利检索工具书,以及与专利有关的一切文献信息。

专利信息资源检索的目的主要为:基本专利检索,查找某种专利技术信息及其新颖性;等同专利检索,查找是否有相关的等同专利,以免侵权;同族专利检索,了解某专利在国际市场的发展状况;法律状态检索,了解专利是否有效、失效等各种类型。合理合法利用专利信息资源,有利于用户在现有技术基础上的开发与创新。

基本专利是指申请人就同一发明在最先的一个国家申请的专利;等同专利是指发明人或申请人就同一个发明在第一个国家以外的其他国家申请的专利;同族专利是指某一发明其基本专利和一系列等同专利的内容几乎完全一样,他们构成一个专利族系,属于同一个族系的专利。如果第一个专利获得批准后,就同一个专利向别国提出相同专利的申请,必须在12个月内完成,超过12个月的则成为非法定专利。失效专利是指由于种种原因失去专利法保护的专利,仅仅是专利的失效、发明创造不再受到专利法的保护,任何人可以无偿地使用。失效专利具有重要的利用价值,其先进的技术和知识信息,仍然可以发挥经济效益。

为了方便用户检索使用专利信息资源,各国或地区在因特网上建立了很多专利检索网站和专利数据库。有的是免费检索,提供题录与摘要浏览;有的甚至免费提供正文、附图的浏览与下载等。

5.2.2 专利信息资源检索网站

1. 中华人民共和国国家知识产权局专利检索与服务系统

中华人民共和国国家知识产权局网站(http://www.sipo.gov.cn/)(其主页界面如图5-5所示),于2011年4月起对公众提供了网上免费专利检索系统的新平台,收录了103个

图 5-5 国家知识产权局网站主页界面

国家、地区和组织的专利数据，以及引文、同族、法律状态等数据信息，其中涵盖了中国、美国、日本、韩国、英国、法国、德国、瑞士、俄罗斯、欧洲专利局和世界知识产权组织等。中外专利数据，每周三更新；同族、法律状态数据，每周二更新；引文数据，每月更新。

在国家知识产权局网站主页界面，选择其中的"专利检索与查询"栏，在跳转到的"专利检索与查询"新界面中，点击"专利检索及分析"模块，即可进入专利检索及分析（http://www.pss-system.gov.cn/）界面，如图5-6所示。

图5-6 专利检索及分析界面

在专利检索及分析界面，点击"专利检索"标签栏，即可进入专利检索界面，如图5-7所示，提供常规检索、表格检索、药物专题检索、检索历史、文献收藏夹、多功能查询器等多种检索方式与检索功能。未注册用户可进行常规检索、表格检索；对于免费注册后的用户，有权限使用药物专题检索、检索历史、文献收藏夹、多功能查询器等检索服务。系统默认为常规检索界面，点击相应检索标签，可进入其他检索方式界面。这里以常规检索、表格检索为例，介绍专利检索方法及其主要检索规则。

（1）常规检索

常规检索界面，如图5-7所示，提供一个检索输入框，在检索输入框下有6个检索入口选项，分别是检索要素（指在摘要、标题、权利要求和分类号中检索）、申请号（原申请号获得专利后即为专利号）、公开(公告)号、申请(专利权)人、发明人和发明名称。

检索时，用户可根据已知条件，点选检索入口，按系统提示的格式将相应检索标识输入到检索框中，点击"检索"按钮，即可得到检索结果。检索结果以列表方式显示概要信息，并在检索历史的列表中显示此次检索的相关信息。

（2）表格检索

表格检索（又称高级检索）界面，如图5-8所示，在界面的左上方，分别点击中外专利联合检索、中国专利检索和外国及港澳台专利检索3个标签，可选择专利检索范围。提供申请

图 5-7 专利检索——常规检索界面

号、申请日、公开(公告)号、公开(公告)日、发明名称、IPC 分类号、申请(专利权)人、发明人、优先权号、优先权日、摘要、权利要求、说明书、关键词等 14 个检索入口。其中,中国专利检索除增加了外观设计珞珈诺分类号、外观设计简要说明、申请(专利权)人所在国(省)、申请人地址和申请人邮编 5 个检索入口外,还提供了文献类型过滤选项,分别为公开文献、授权公告文献、发明专利、实用新型专利和外观设计专利。

检索时,直接在检索入口输入框中输入相应的检索标识,选择合适的限定条件,点击"检索"按钮,即可执行检索。

(3) 检索规则

① 支持布尔逻辑检索。逻辑运算符使用 AND/and,OR/or,NOT/not,并采用半角括

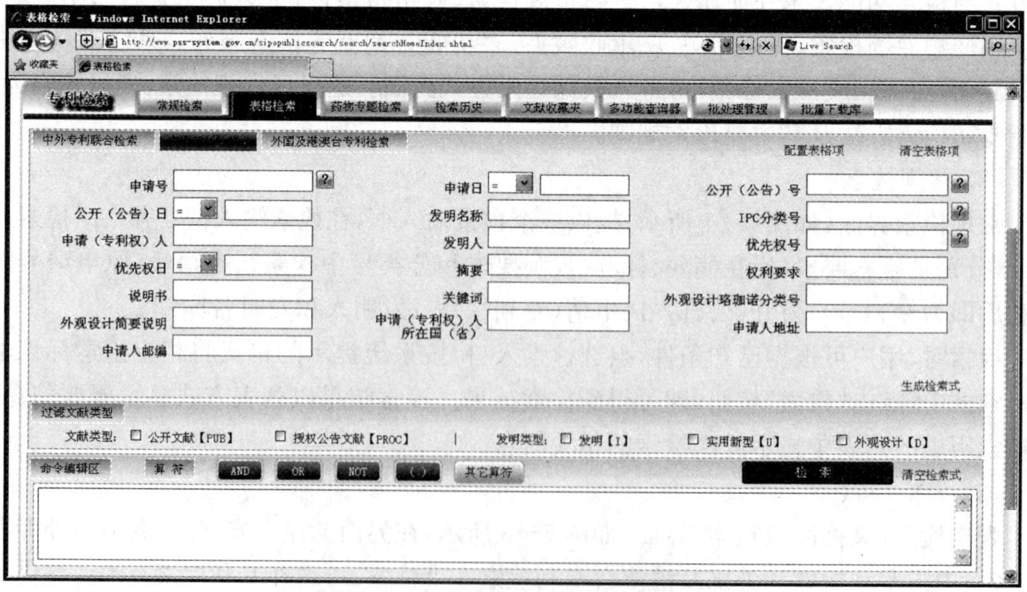

图 5-8 专利检索——表格检索界面

弧()算符的优先级检索;检索词之间默认空格为逻辑 OR 运算,若输入的是带有空格的词组,则需要将该词组加上半角双引号,系统便执行该词组的匹配检索。

② 支持组合检索。系统支持多个检索入口的逻辑组合检索,在表格检索界面的下方提供了可以构建或生成检索式的命令编辑区,方便用户使用运算符编辑检索表达式。对于检索入口已经输入了检索标识,点击检索入口输入栏右下方的"生成检索式"功能键,该检索表达式就会出现在命令编辑区中,并且多个检索入口之间默认为 AND 运算,便于用户查看、修正检索表达,以便执行新的检索;也可以点击输入有检索词或检索式的检索入口名称,该检索表达式就会出现在命令编辑区中,多个检索入口之间可以选择命令编辑区所提供的逻辑算符进行组合,然后可执行新的检索。

③ 检索标识要符合检索入口的格式要求。由于不同的检索入口有不同输入格式与要求,如果将鼠标指向输入框,页面会自动出现针对该检索入口的输入示例,用户则可参考使用。

【检索实例 5-1】 查找 2012 年以来公开的有关治疗慢性咽炎的中药及其制备工艺的国内发明专利(要求检索词出现在发明名称中)。

课题分析:本课题涉及的主要概念有慢性咽炎、中药,慢性咽炎又称为梅核气;限定条件为公开日期:>=2012;专利发明类型为发明专利。

检索步骤:

第一步 进入专利检索——表格检索界面,点击"中国专利检索"标签。

第二步 在检索入口发明名称栏中输入检索式:(慢性咽炎 OR 梅核气) AND 中药;在公开日检索入口的匹配下拉菜单中选择>=,其后的输入框中输入:2012;再在发明类型中勾选"发明"。

第三步 点击"检索"按钮,即在界面下方以列表方式显示命中记录的概要信息,如图 5-9 所示。

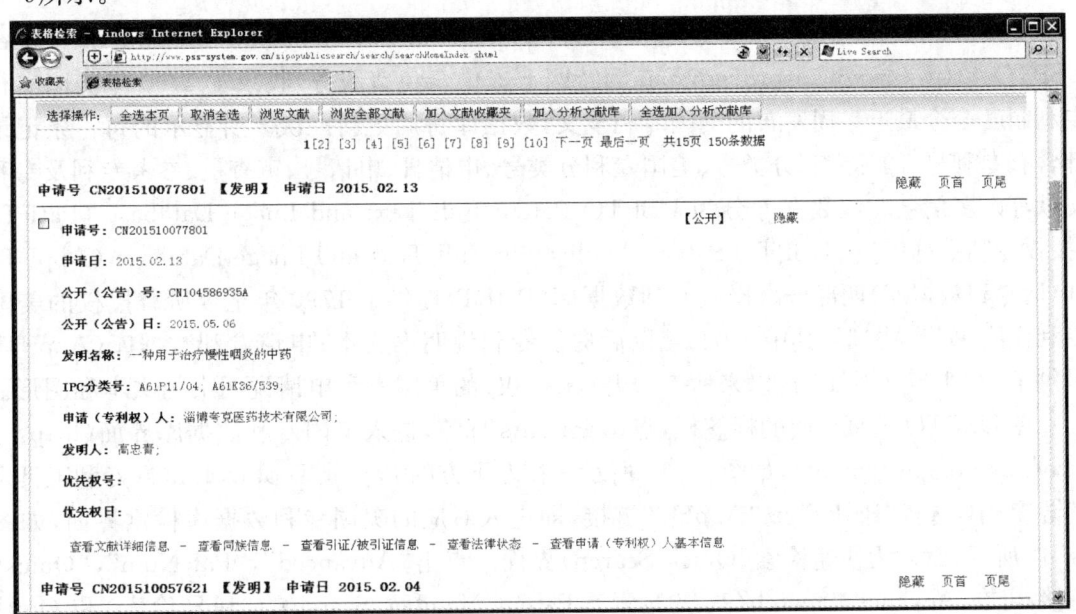

图 5-9 实例检索结果——记录列表显示界面

对于免费注册后的登录用户,在检索结果记录列表显示界面,点击其中一条记录下方的"查看文献详细信息"链接,或者勾选记录后,点击界面上的"浏览文献"操作选项,即可进入文献浏览界面,如图 5-10 所示,提供按摘要信息、全文文本和全文图像 3 种方式浏览文献。点击界面上方的"下载文献"选项,则可进行文献下载设置,并可选择全文文本、全文图像方式打开或保存文献。

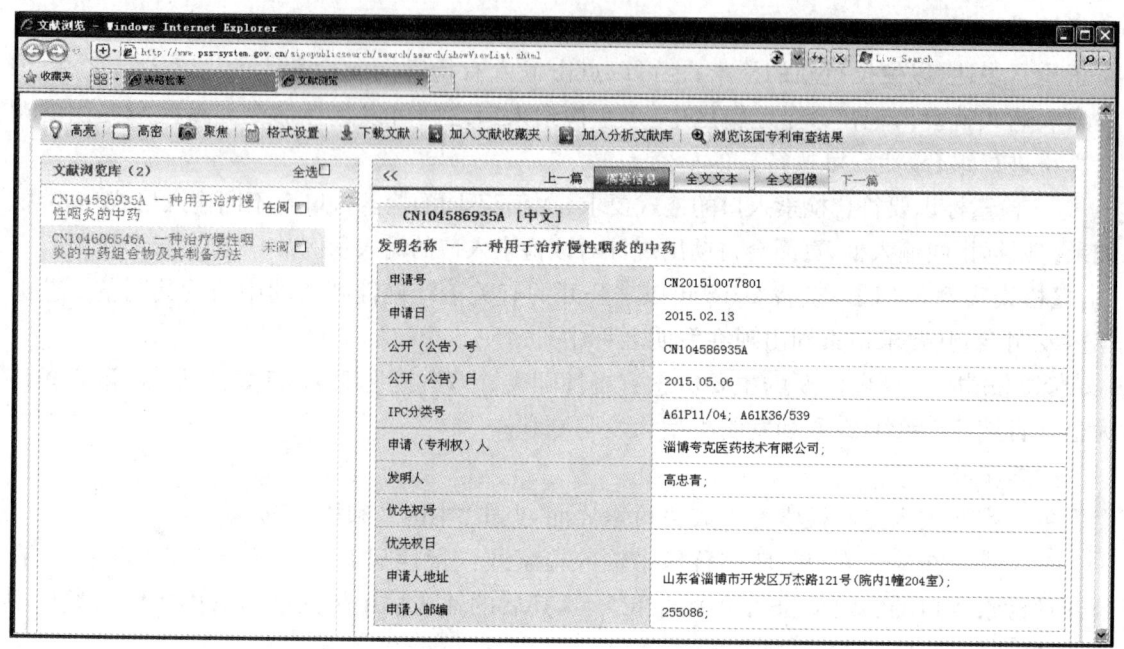

图 5-10 文献浏览界面

2. USPTO 美国专利数据库

美国专利数据库由美国专利和商标局(United States Patent and Trademark Office,USPTO,http://www.uspto.gov/)在因特网上提供全免费服务,收录了 1790 年美国实行专利制度至今最近一周发布的美国专利全文,数据库每周更新一次。所显示的每一条记录都含有专利号、国际专利分类号、美国专利分类号、申请日、申请号、审查员、参考专利及专利文献等许多信息。该数据库分为 USPTO Patent Full-Text and Image Database(PatFT)(授权专利数据库)和 USPTO Patent Application Full-Text and Image Database(AppFT)(申请专利数据库)两部分。授权专利数据库(PatFT)提供了 1790 年至今所有授权的美国专利说明书扫描图形,其中 1976 年以后提供专利说明书文本;申请专利数据库(AppFT)提供了 2001 年 3 月 15 日以来所有公开(未授权)的美国专利申请说明书的文本和图形。

在 USPTO 主页界面的标签栏,点击 Patents 标签,进入美国专利数据库界面(http://www.uspto.gov/patent),如图 5-11 所示。在左下方的 Patent Tool & Links(专利工具及其链接)中,选择"PatFT"或"AppFT"链接,即进入对应的美国专利数据库检索界面,如图 5-12 所示,默认为快速检索(Quick Search)界面。点击"Advanced","Pat Num","Quick"链接,可在 Advanced Search(高级检索)、Patent Number Search(专利号检索)和 Quick Search(快速检索)之间切换。

第5章 特种医学信息资源检索

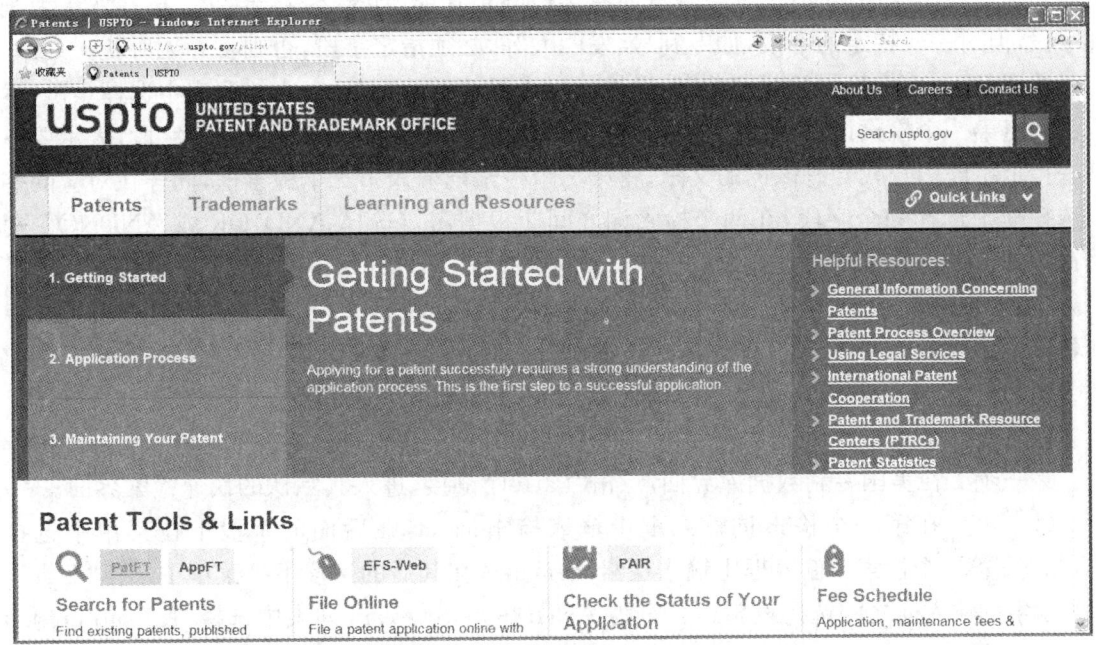

图5-11 美国专利数据库界面

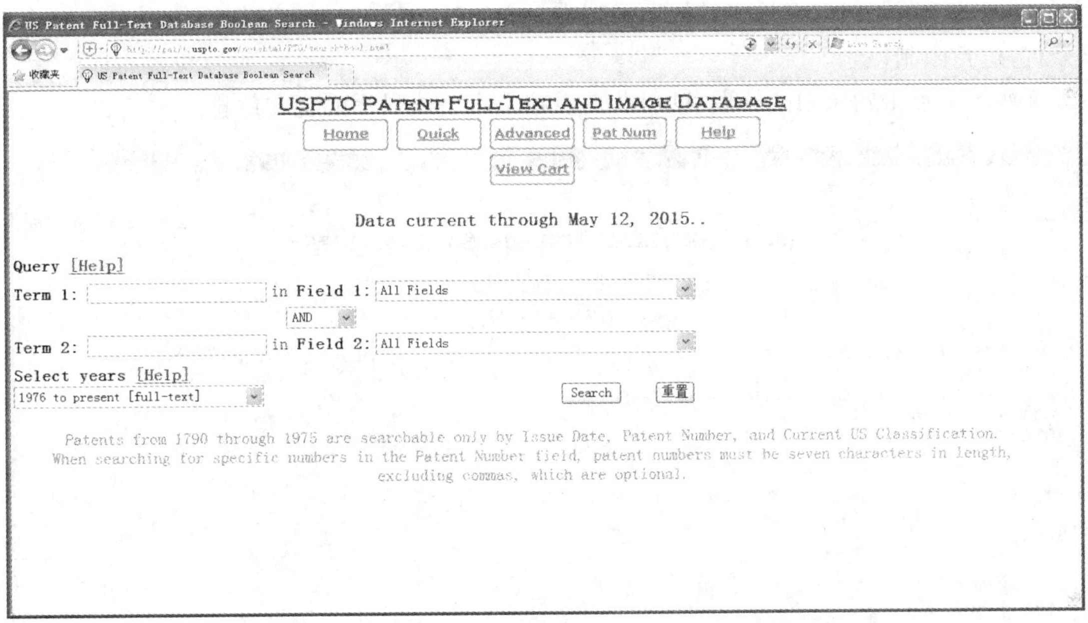

图5-12 美国专利数据库检索界面——快速检索界面

(1) Quick Search(快速检索)

快速检索界面,如图5-12所示。提供上下两个检索词输入框,适用于由两个检索词构成逻辑关系的快速检索,检索词输入框内不能输入逻辑检索表达式。检索词可以是单词,也可以是词组或短语,但词组或短语输入时必须加上半角双引号使之作为单个检索词输入;系统允许在检索词后使用前方一致截词符"$",词干的长度至少是3个字符,但带有引号的词组或短语后面不能用截词符"$";数据库有字段限定功能,如果不选择字段,缺省默认为全部字段,但对一些特定的字段,如专利号、发明人等,必须指定字段,否则将一无所获。

检索时,先确定检索的时间范围,在快速检索界面上的 Select years 列表中选择年份,然后依次将第一个检索词输入第一个检索框,在对应的字段选择框中选择一个字段,表示要在某一指定字段内查找含有该词的文献;将第二个检索词输入第二个检索框,同样在对应的字段选择框中选择一个字段,在两个检索词之间应根据需要选择 AND,OR 或 ANDNOT 逻辑符中的一个,构成检索表达,最后点击"Search"按钮,即可开始检索。

【检索实例 5-2】 检索关于 CT 成像的授权专利全文信息(主要概念词要求出现在专利名称中)。

课题分析:本课题包含两个主要概念 CT、成像(image),选择授权专利数据库(PatFT)。

检索步骤:

第一步 在美国专利数据库界面,点击"PatFT"链接,进入其默认的快速检索界面。

第二步 在第一个检索词输入框中输入检索词:ct,在后面的字段下拉菜单中选择"Title";在第二个检索词输入框中输入检索词:image,在其后的字段下拉菜单中选择"Title",上下检索词输入框之间选择逻辑运算符为 AND;在 Select years 列表中选择"1976 to present [full-text]"。

第三步 点击"Search"按钮,即可得到检索结果题录列表。检索结果题录列表显示界面,如图 5-13 所示。可在检索结果题录列表上方的"Refine Search"栏,添加格式类似的检索条件,进行限制检索。

第四步 点击题录中的标题,即可获得以超文本格式显示的全文信息。

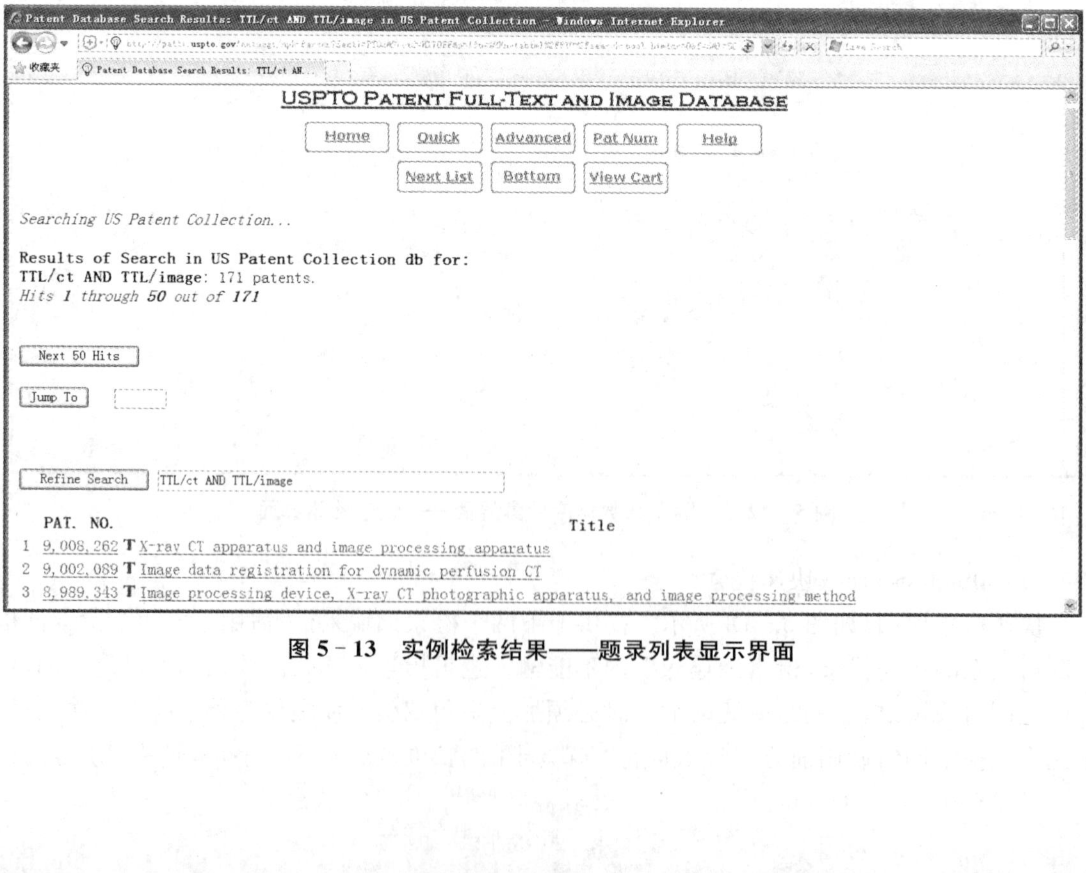

图 5-13 实例检索结果——题录列表显示界面

(2) Advanced Search(高级检索)

高级检索界面,如图 5-14 所示。在选择年份 Select Years 列表中选择年份后,直接将检索式输入到 Query 检索框内,点击"Search"按钮,即可进行检索。

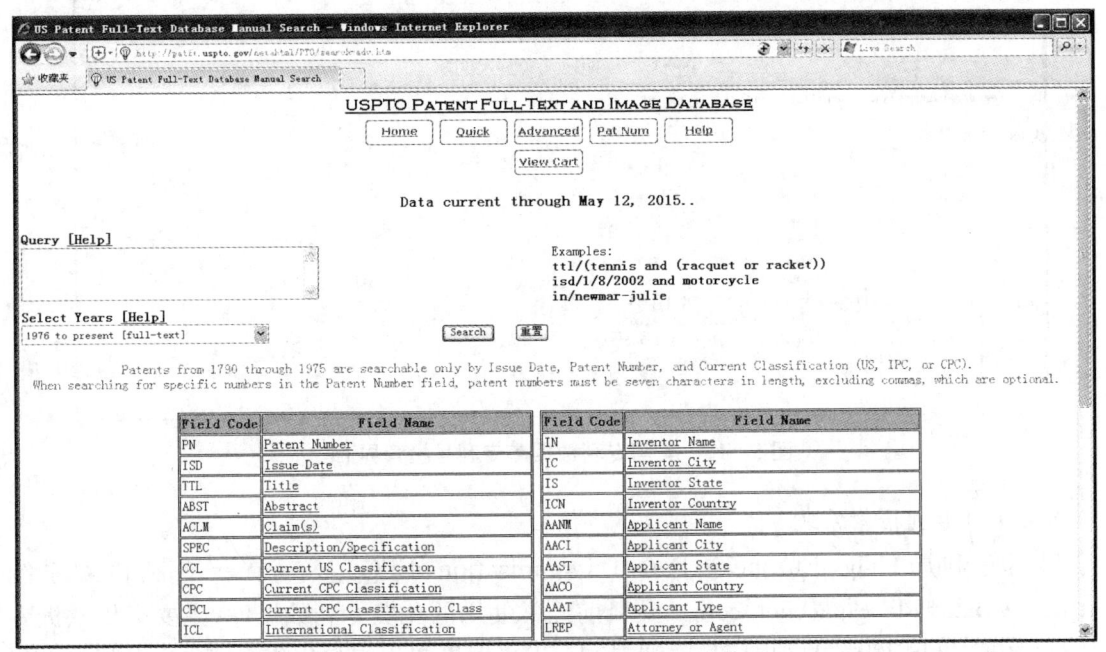

图 5-14 美国专利数据库高级检索界面

在 Query 检索框的右侧,系统提供了一个检索式范例,可供参考。如果需要指定字段检索,其检索式的输入格式为:字段名代码/检索词。例如,检索式 IN/Clark 的含义是在发明人字段内,查找发明人为 Clark 的专利文献。在操作屏幕下方有字段名代码与字段名对照表,可供查找。

高级检索实际上是一种嵌套式的布尔逻辑检索,其优点是可以利用布尔逻辑算符连接多个检索项,如单个检索词、短语或词组、字段名加检索词、逻辑运算式等,一次性输入检索框进行检索。

例如,查找生物传感器芯片及其制造方法的专利,并且要求检索词在专利名称中出现,可以表达为:ttl/("biosensor chip" and "manufacturing method")。

(3) Patent Number Search(专利号检索)

专利号检索界面,如图 5-15 所示。检索时,系统自动对 1976 年至今的数据库进行检索,无需限定年份,只要在 Query 检索框内输入专利号或其他与专利相关的号码(专利号长度必须是 7 个字符,但不包括逗号),点击"Search"按钮,即可进行检索。

如果需要检索两个以上专利号,则将每个专利号之间用空格隔开。例如,查找专利号为 D123456 和 T219,322 的文献,可在 Query 检索框内输入检索式:D123456 T219,322。

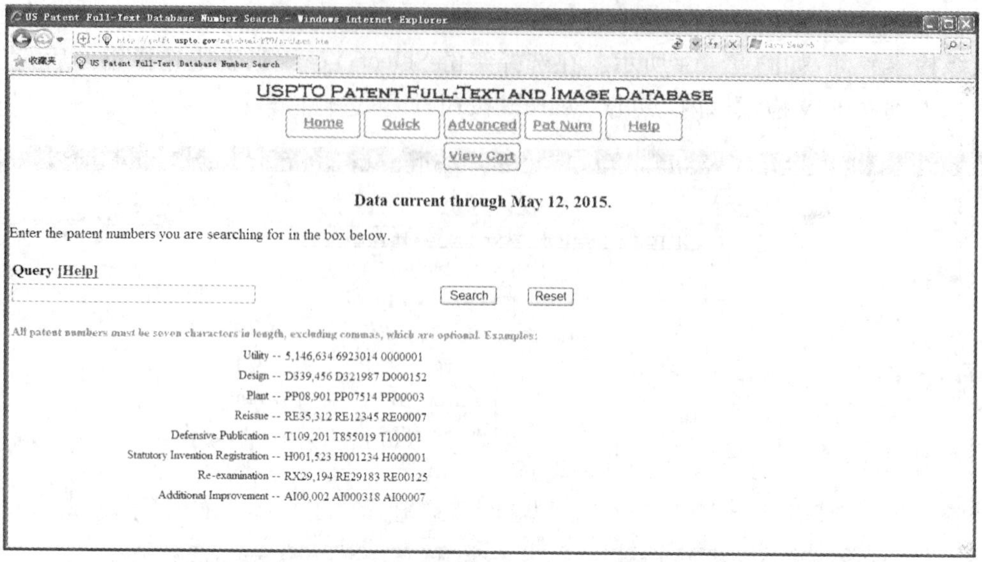

图 5-15　美国专利数据库专利号检索界面

3. EPO 专利检索系统

欧洲专利局（The European Patent Organization，EPO）Espacenet 专利检索系统（http://worldwide.espacenet.com/）是目前经常使用的免费专利数据库，主要提供欧洲专利局和欧洲专利组织成员国出版的欧洲专利（EP）、世界知识产权组织（WIPO）出版的世界专利（PCT）以及欧洲专利局收集的世界各国专利（Worldwide）。来源不同的专利文献信息，其详细程度和覆盖年限都不相同，有些可以检索到全文，有些可以检索到文摘和题录。

Espacenet 专利检索系统支持英文、德文和法文 3 种语言界面，其主页界面，如图 5-16 所示。提供了 Smart search（智能检索），Advanced search（高级检索），Classification search（分类检索）3 种检索方式，点击主页界面左侧的检索方式链接，即可进入相应的检索界面。系统支持通配符、括号、布尔逻辑运算符以及短语检索等检索规则。

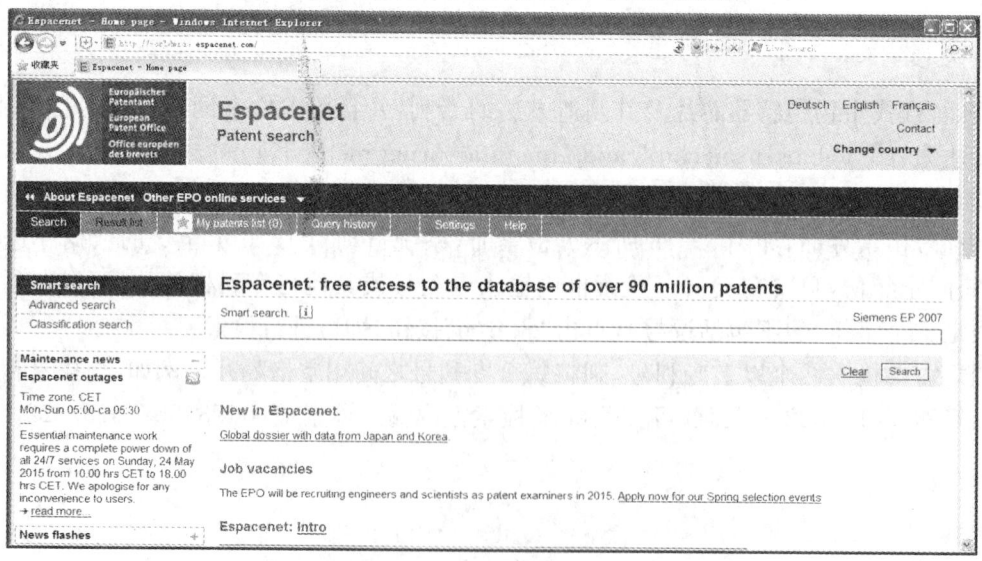

图 5-16　Espacenet 专利检索系统主页界面

(1) Smart search(智能检索)

智能检索界面是 Espacenet 专利检索系统主页的默认界面,如图 5-16 所示。检索时只要在检索框输入检索词,如关键词、发明人名称、申请人名称、专利号、日期、分类等,最多可输入 20 个检索词,点击检索框下的"Search"按钮,系统会自动检测字段并进行检索。

(2) Advanced search(高级检索)

高级检索界面,如图 5-17 所示,分为专利来源选择区(Select the collection)和检索字段输入区(Enter search terms)。系统提供了 10 个检索字段,包括 Title(题名中的关键词),Title or abstract(题名或文摘中的关键词),Publication number(公开号),Application number(申请号),Priority number(优先权号),Publication date(公开日),Applicant(s)(申请人),Inventor(s)(发明人),CPC(EPO 合作专利分类号),IPC(国际专利分类号)。用户可以在一个字段中检索,也可在多个字段中默认为逻辑"与"(AND)的组合检索。字段的输入格式在界面中均有示例。

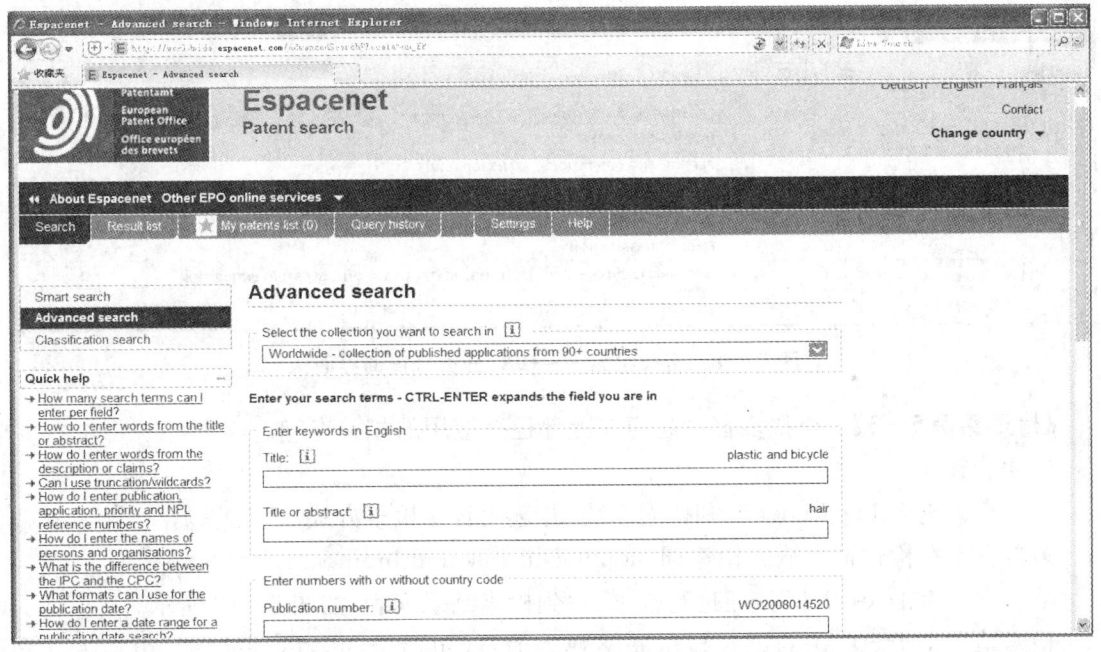

图 5-17 高级检索界面

(3) Classification search(分类检索)

EPO 于 2013 年 1 月推出 CPC(Cooperation Patent Classification)分类号查询系统,其查询界面,如图 5-18 所示。在提供的检索框中可以输入关键词,也可以输入分类号来查询与课题相关的 CPC 分类号,检索框下方还提供了多种切换显示按钮。

分类检索时,首先根据检索课题的要求,进行 CPC 分类号的查询。可以在界面上方的输入框中输入关键词或分类号,点击输入框右边的"Search"按钮,找到适合的 CPC 分类号;也可以在中间的类号、类目及描述的列表区,逐级点击类号或类目进行浏览,或点击检索框右边"View section"的索引首字母依次浏览,以找到符合课题检索要求的 CPC 分类号。

在找到相应的 CPC 分类号后,勾选 CPC 分类号的复选框,系统会自动将该分类号显示在左边侧栏下方的 Selected classifications 框内,最多可选择 10 个分类号。选好后,点击其下面的"Find patents"按钮,系统直接检索该分类号的专利,并以列表方式显示检索结果;如果点击的是"Copy to search form"按钮,系统将 CPC 分类号从查询界面转换到高级检索界面,并将所选分类号直接传送到高级检索界面的 CPC 分类号检索字段,通过点击界面下方的"Search"按钮,执行该字段的专利检索,或与其他字段进行逻辑"与"(AND)的组合检索。

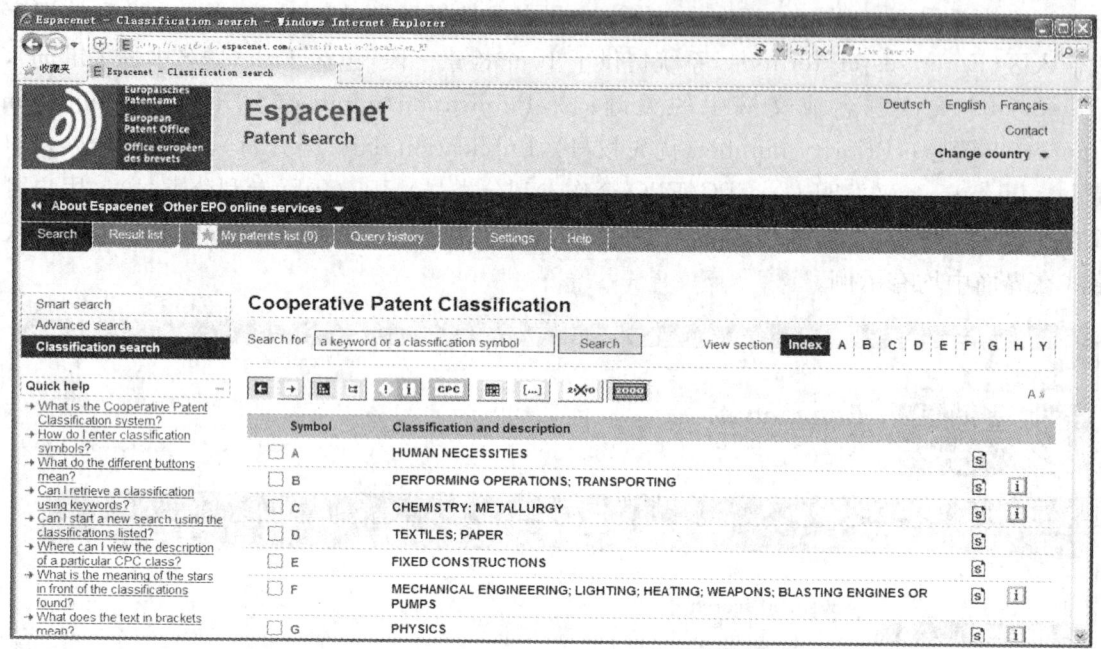

图 5-18 分类检索——CPC 分类号查询界面

【检索实例 5-3】 查找多普勒超声在脑部检查应用的相关专利。

检索步骤:

第一步 进入 Espacenet 专利检索系统,并选用智能检索方式。

第二步 在检索框中输入检索词:doppler ultrasound brain。

第三步 点击"Search"按钮进行检索,得到检索结果列表,如图 5-19 所示。

检索结果小于 500 条的记录显示完整列表信息,包括专利名称、发明人、申请人、CPC 分类号、IPC 分类号、出版信息、优先权日等内容。

在浏览专利标题的基础上,可勾选复选框选中所需结果,若点击五星图标则将该专利信息添加到个人收藏夹(My patents list)中进行保存。已添加到列表中的记录则以红色五星图标显示,可保存 100 条记录,最长为 1 年。

点击专利标题可浏览专利的详细信息,如图 5-20 所示。若在左边侧栏,点击其中的"Bibliographic data"、"Description"、"Claims"、"Mosaics"、"Original document"、"Cited documents"、"citing documents"、"INPADOC legal status"、"INPADOC patent family"等栏目可分别显示各部分内容。但不同的记录,其详细程度有所不同,取决于 Espacenet 专利检索系统对各国、各地区和国际专利组织的专利信息收录并提供服务的详细程度。

第 5 章 特种医学信息资源检索

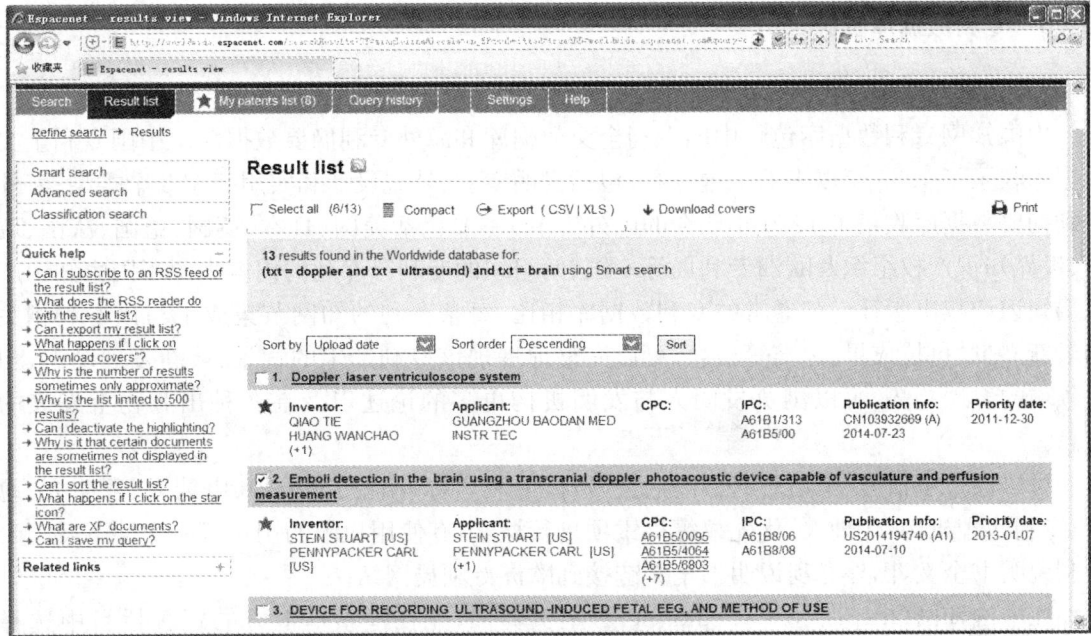

图 5-19 检索实例结果列表

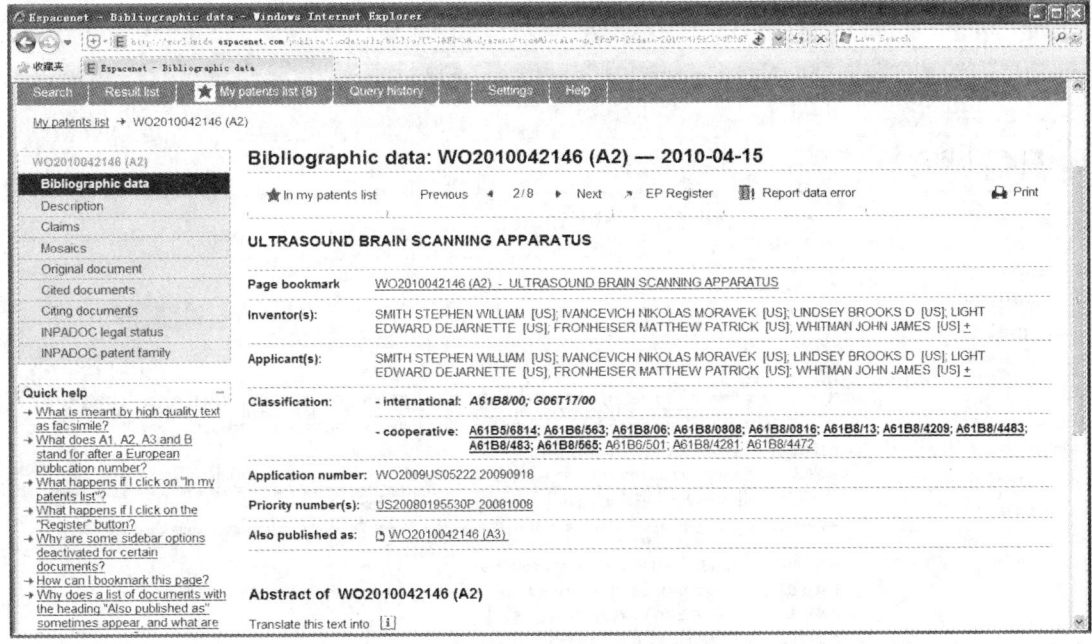

图 5-20 专利详细信息显示界面

5.2.3 专利数据库资源

1. 中国知网专利数据库

中国知网专利数据库包含中国专利全文数据库和海外专利摘要数据库。中国专利全文数据库收录了1985年以来的中国专利,包括发明专利、外观设计和实用新型3个类型;海外专利摘要数据库收录了1970年至今的国外专利,主要包括美国、日本、英国、德国、法国、瑞士、世界知识产权组织及欧洲专利局等6国、两组织的专利。专利的内容来源于国家知识产权局知识产权出版社。与通常的专利数据库相比,每条专利的知网节集成了与该专利相关的最新文献、科技成果、标准等信息,可以完整地展现该专利产生的背景、最新发展动态、相关领域的发展趋势,可以浏览发明人与发明机构更多的论述以及在各种出版物上发表的信息。

可以通过申请号、申请日、公开号、公开日、专利名称、摘要、分类号、申请人、发明人、地址、专利代理机构、代理人、优先权等检索项进行检索,有使用权限的用户可一次性下载国内专利说明书全文,国外专利说明书全文链接到欧洲专利局网站。

在中国知网(http://www.cnki.net/)主页界面,先在检索框上方的资源栏目中选择"专利"资源,再点击检索框后面的"高级检索"链接,就可进入专利数据库检索界面,如图5-21所示;也可在中国知网主页的资源总库中选中专利库,直接进入该库的检索界面,可以分别按中国专利、海外专利进行检索。其使用方法与中国学术期刊(网络版)数据库相似。

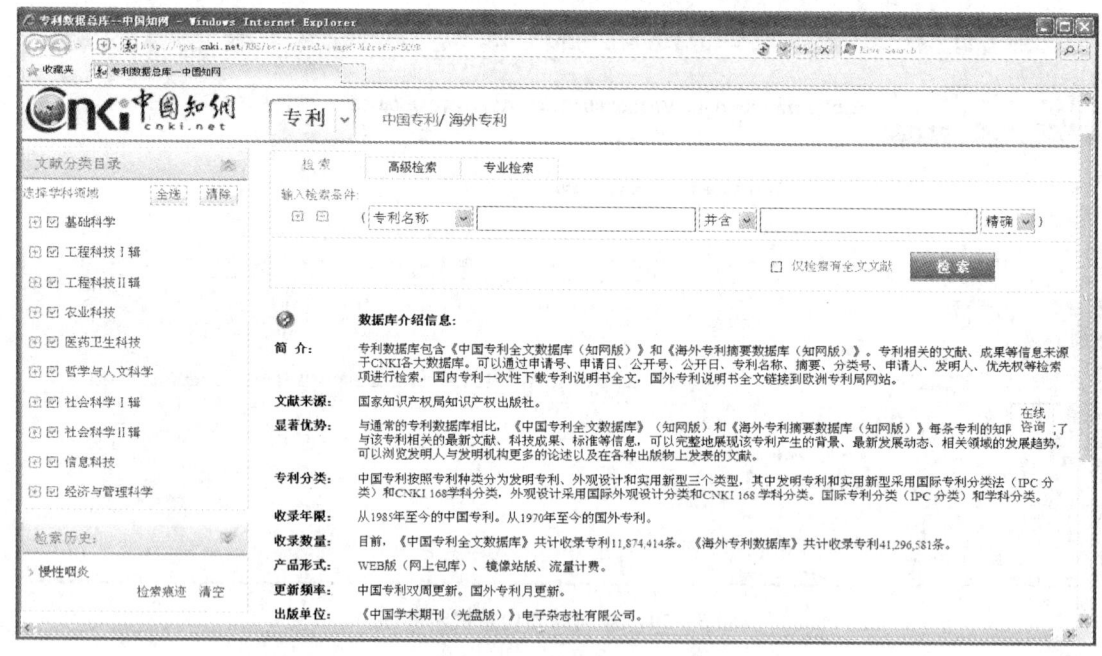

图5-21 中国知网——专利数据库检索界面

2. 万方数据知识服务平台中外专利资源

万方数据知识服务平台中外专利资源是全文资源,收录了国内外的创造发明、实用新型及外观设计等专利4 600余万项。内容涉及自然科学各个学科领域,每年增加约30万条,中国专利每两周更新一次，国外专利每季度更新一次。

在万方数据知识服务平台(http://www.wanfangdata.com.cn/)，点击主页界面上方资源栏目中的"专利"链接，即可进入万方数据中外专利资源检索界面，如图5-22所示，可进行简单检索和通过专利的IPC国际专利分类浏览。也可在万方数据主页界面的检索框后点击带有"A"字样的放大镜检索图标，在出现的菜单中选择"跨库检索"链接，即进入万方数据跨库检索界面，可对选择的中外专利资源进行高级检索和专业检索。

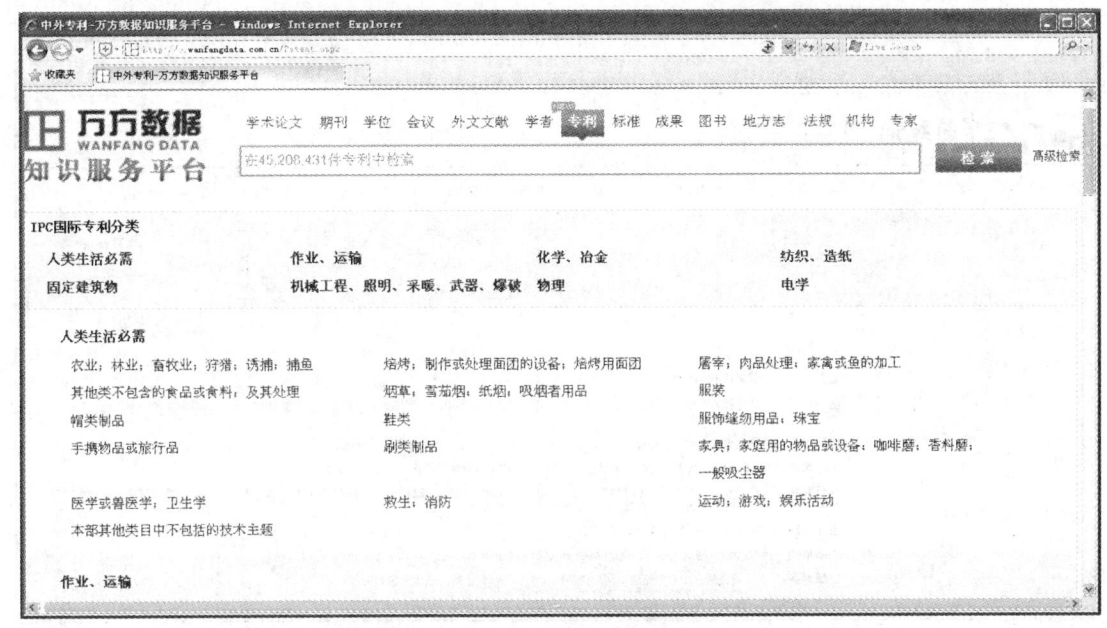

图5-22 万方数据中外专利资源检索界面

5.3 学位论文信息资源检索

学位论文是高等院校和科研院所的本科生、研究生为获得学位资格(学士、硕士和博士)而撰写的学术性研究论文。学位论文包括学士论文、硕士论文和博士论文，通常需要检索的学位论文仅限于硕士和博士学位论文。学位论文具有学术性、科学性、创造性、专业性和规范性的特点。学位论文一般不公开出版，通常以打印本或以扫描的形式存储在规定的收藏地点。中国硕士以上学位论文可在中国国家图书馆(收藏有自然科学和社会科学方面的博士论文)、中国科技信息研究所和中国社会科学院信息所(分别收藏自然科学和社会科学方面的博士论文和硕士论文)查到原文，也可向颁发学位的院校研究生部或图书馆索取。

近年来，随着研究生教育与网络技术的发展，人们开始重视对学位论文信息资源的开发和利用，各种学位论文数据库相继出现，为用户提供了即时、共享的学位论文信息资源。

1. 中国博士学位论文全文数据库和中国优秀硕士学位论文全文数据库

中国博士学位论文全文数据库和中国优秀硕士学位论文全文数据库是中国知网系列数据库之一，统称博硕士学位论文全文数据库，是目前国内相关资源最完备、高质量、连续动态更新的中国优秀博、硕士学位论文全文数据库，收录从1984年至今来自全国665家硕士培养单位的优秀硕士学位论文和全国423家博士培养单位的博士学位论文，内容涉及基础科学、工程技术、农业、医学、哲学、人文、社会科学等各个领域。

在中国知网(http://www.cnki.net/)主页界面,先在检索框上方的资源栏目中选择"博硕士"资源,再点击检索框后面的"高级检索"链接,就可进入博硕士学位论文全文数据库检索界面,如图5-23所示;也可在中国知网主页的资源总库中选中学位论文库,直接进入该库的检索界面,可以分别按"博士"库、"硕士"库进行检索。其使用方法与中国学术期刊(网络版)数据库相似。

图5-23 中国知网——博硕士学位论文全文数据库检索界面

2. 万方数据知识服务平台学位论文资源

万方数据知识服务平台学位论文资源是全文资源,也称中国学位论文全文数据库,收录自1980年以来我国900余所高等院校、研究生院以及研究所的硕士、博士以及博士后论文共计330余万篇,每年增加约30万篇,涵盖理、工、农、医、人文社科、交通运输、航空航天、环境科学等各学科。数据内容包括论文题名、作者、专业、授予学位、导师姓名、授予学位单位、馆藏号、分类号、论文页数、出版时间、主题词、文摘等信息。

在万方数据知识服务平台(http://www.wanfangdata.com.cn/),点击主页界面上方资源栏目中的"学位"链接,即可进入万方数据学位论文检索界面,如图5-24所示,可进行简单检索,还可按学位论文所属的学科、专业目录浏览或按学校所在地浏览。也可在万方数据主页界面的检索框后点击带有"A"字样的放大镜检索图标,在出现的菜单中选择"跨库检索"链接,即进入万方数据跨库检索界面,可对选择的学位论文资源进行高级检索和专业检索。

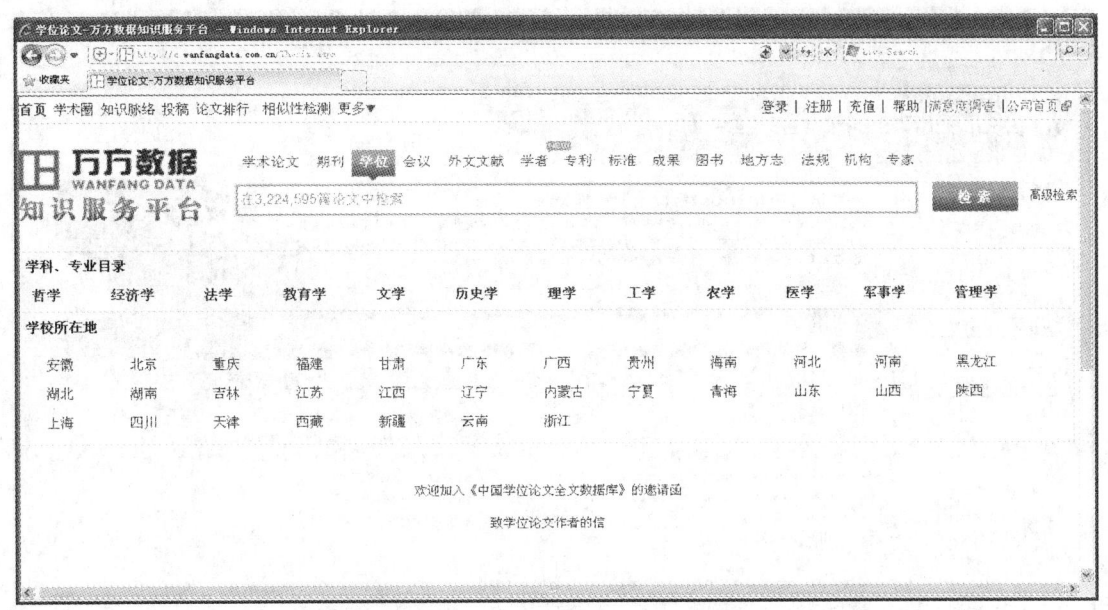

图 5-24 万方数据学位论文检索界面

3. PQDT

PQDT(ProQuest Dissertations & Theses,原名 ProQuest Digital Dissertations,PQDD)是由美国 ProQuest 公司(原名 UMI 公司)提供的世界著名学位论文数据库,收录了从 1861 年至今美国、加拿大、欧洲各国及世界其他国家 2 000 多所大学和研究机构的博士、硕士论文的摘要及索引,内容涵盖文、理、工、农、医等各个学科,是学术研究中十分重要的参考信息源。1997 年以来的部分论文不但能看到文摘索引信息,还可以看到前 24 页的论文原文。

PQDT 是目前国内各高等院校、科研院所以及公共图书馆等单位普遍使用的国外学位论文数据库。为了满足用户对博硕士学位论文全文的广泛需求,CALIS 组织了 PQDT 全文集团订购,建立了 ProQuest 学位论文全文检索平台,并在北京大学图书馆(CALIS 全国文理中心)、上海交通大学图书馆和中国科技信息研究所(中信所)建有 3 个镜像站。

CALIS 团购用户,通过单位镜像站的链接,或者通过合法身份认证的 IP 地址,就可直接登录 ProQuest 学位论文全文检索平台主页界面,如图 5-25 所示。提供基本检索、高级检索和学科导航 3 种检索方式,进行学位论文的检索、浏览和下载全文。

(1) 基本检索

在主页界面上,默认检索界面即为基本检索界面,提供一个检索输入框,即在检索框中输入检索词,点击"检索"按钮,系统就会在标题、摘要、全文中执行检索,检索结果以题录列表方式显示。

基本检索支持布尔逻辑算符检索,多个检索词用空格分开或用 and 连接,表示逻辑"与"运算;检索词用 or 连接,表示逻辑"或"运算;排除包含检索词的检索结果要使用 and not,表示逻辑"非"运算;完整词组或短语检索需要使用半角双引号。

(2) 高级检索

在主页界面,点击"高级检索"链接,进入高级检索界面,如图 5-26 所示。系统提供多

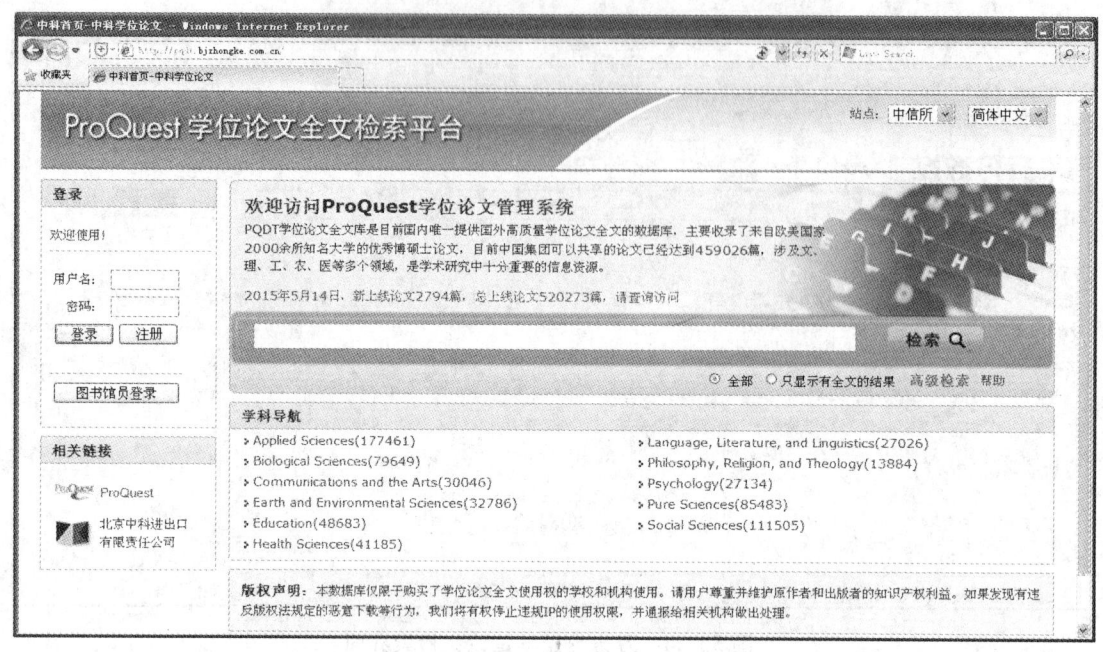

图 5-25　ProQuest 学位论文全文检索平台主页界面

个字段检索输入框，可供选择的常用字段有标题、摘要、学科、作者、学校、导师、来源等，并可进行出版年限、学位论文类型、语种等的限定。其中，"学科"字段，可通过点击该字段后面的"选"按钮，在出现的"选择学科"菜单中，依次选择学科类目、二级学科类目、三级学科类目，点击"添加"按钮，并点击"确定"后，其检索就会限定在所选学科范围之内。

检索时，用户可以选择字段在检索框中输入检索词，在"包含以下"后的匹配方式下拉菜单中选择"所有词"，表示逻辑"与"匹配；选择"任一词"，表示"或"匹配；选择"短语"，表示是短语或词组匹配检索。可进行单个字段的检索，也可进行多个字段之间"并且"、"或者"、"排除"的组合检索。在选择其他检索限定后，点击"检索"按钮，即可得到检索结果的题录列表。

【检索实例 5-4】　查找关于癌症基因治疗方面的学位论文（检索词要求出现在论文标题中）。

检索步骤：

第一步　登录 ProQuest 学位论文全文检索平台，进入其高级检索界面。

第二步　在第一个检索框中输入检索词：cancer tumor，字段选择"标题"，匹配方式下拉菜单中选择"任一词"；在第二个检索框中输入检索词：gene therapy，字段选择"标题"，匹配方式下拉菜单中选择"短语"，两行检索框之间选择"并且"运算。其他选择默认。

第三步　点击"检索"按钮，得到检索结果的题录列表。实例检索结果题录列表显示界面，如图 5-27 所示。还可以按学科、发表年度、学位等精炼检索结果。

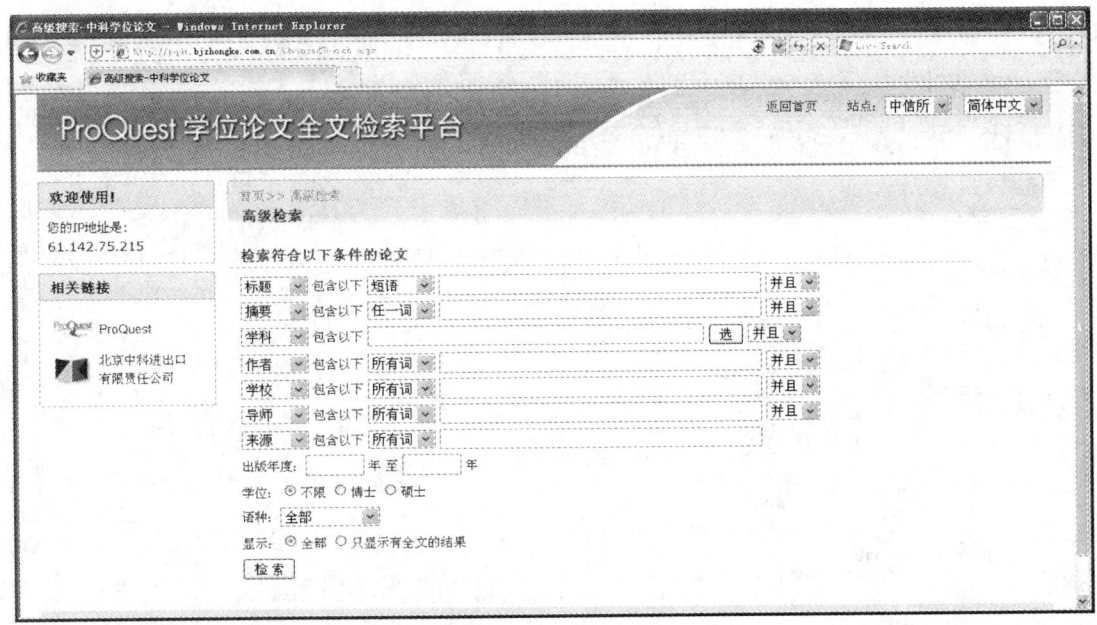

图 5-26　ProQuest 学位论文全文检索平台高级检索界面

图 5-27　实例检索结果题录列表显示界面

在题录列表显示界面，若点击标题或点击题录下方的"查看详情"链接，即可得到该记录包括文摘在内的全字段显示，如图 5-28 所示；若点击"PDF"下载图标，就可查看或下载 PDF 全文。

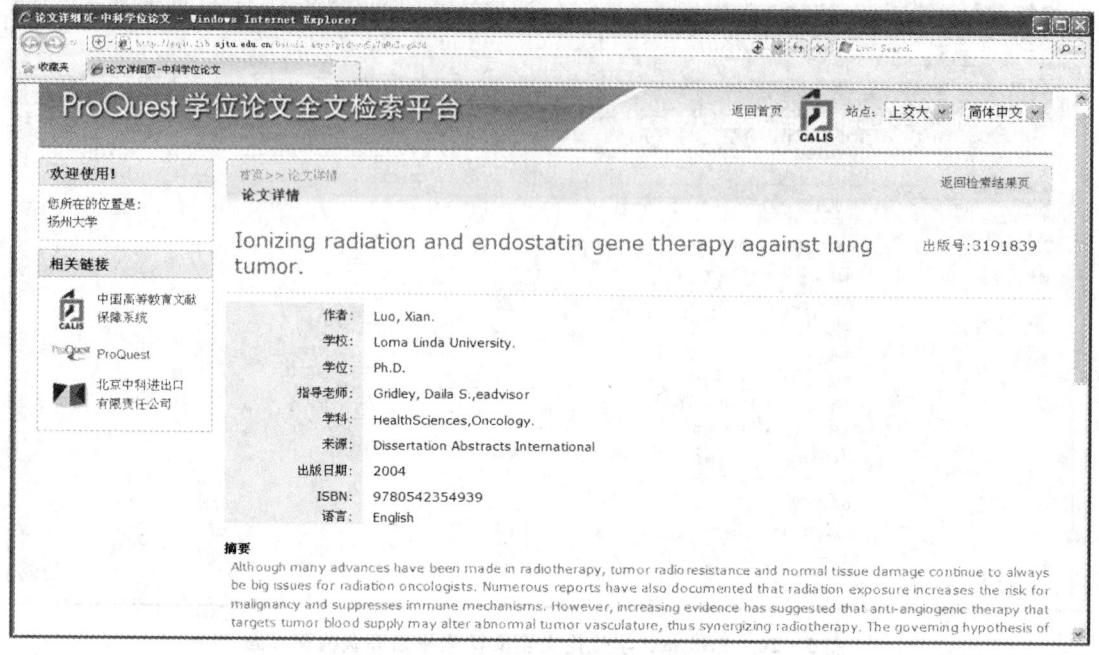

图 5-28 记录全字段显示界面

(3) 学科导航

通过主页界面下方的学科导航,可以浏览某一学科的学位论文。浏览的学科包括 Applied Sciences, Biological Sciences, Communications and the Arts, Earth and Environmental Sciences, Education, Health Sciences, Language/Literature and Linguistics, Philosophy/Religion and Theology, Psychology, Pure Sciences, Social Sciences 11 个大类。在点击学科大类得到浏览结果的题录显示界面,其右边侧栏,还提供按二级学科或三级学科、发表年度、学位等精炼浏览结果的功能。

5.4 科技报告信息资源检索

科技报告是科研成果的总结,是关于科研进展情况的实际记录,也是医学科研人员交流科技成果、传播科技信息的重要手段。由于其往往涉及尖端学科领域和医学科研技术的最新研究课题,为国家安全和保护技术专有,常带有不同程度的保密性质,因而其流通范围总是受到严格限制。

科技报告作为一种重要的科技信息源,许多国家和地区都十分重视其生产和使用。

美国是生产科技报告的主要国家,美国科技报告出版数量占世界科技报告总量的 80%,其中,历史较久、报告量多、参考价值大的主要有 4 大报告,即侧重于民用工程技术的 PB 报告、军事工程技术的 AD 报告、航空航天技术的 NASA 报告以及能源技术的 DE 报告。目前,通过相关网站建立的数据库,或者通过美国国家技术信息服务处(National Technical Information Service, NTIS)网站(http://www.ntis.gov/)的 NTIS 数据库,可以免费检索到一些解密公开后的美国政府科技报告的摘要信息,该数据库涉及的学科范围有数、理、化、生物、医学、环境保护、工程技术、天文、地理、农学、能源、航空航天、交通运输等广泛领域。

我国主要以科技成果公报或科技成果研究报告的形式进行传播交流,并建立了相关的科技成果类数据库,如中国知网的中国科技项目创新成果鉴定意见数据库、万方数据的中国科技成果数据库等。此外,还可通过相关网站如国家科技成果网等获取相关科技成果、技术项目、成果转化等信息。

1. 中国科技项目创新成果鉴定意见数据库

中国科技项目创新成果鉴定意见数据库是中国知网系列数据库之一,收录了1978年以来所有正式登记的中国科技成果,按照《中图法》(第4版)进行中图分类,并按照GB/T13745《学科分类与代码》进行学科分类,每月更新。每条成果信息包含成果概况、立项情况、评价情况、知识产权状况,以及成果应用、成果完成单位、成果完成人等基本信息。此外,每项成果的知网节集成了与该成果相关的最新文献、科技成果、标准等信息,可以完整地展现该成果产生的背景、最新发展动态、相关领域的发展趋势,可以浏览成果完成人和成果完成机构更多的论述以及在各种出版物上发表的文献。

在中国知网(http://www.cnki.net/)主页界面,先在检索框上方的资源栏目中选择"成果"资源,再点击检索框后面的"高级检索"链接,就可进入中国科技项目创新成果鉴定意见数据库检索界面;也可在中国知网主页的资源总库中选中国科技项目创新成果鉴定意见数据库,直接进入该库的检索界面,用户可通过成果名称、关键词、分类号、成果完成人、成果完成单位等字段进行检索,其使用方法与中国学术期刊(网络版)数据库相似。

2. 万方数据知识服务平台科技报告与科技成果资源

万方数据知识服务平台的科技报告与科技成果资源都是题录资源。其中,科技报告目前收录包括我国科学技术部已公开的中文科技报告20 000余份和来自美国政府4大科技报告(AD、DE、NASA、PB)110万余份;科技成果资源主要来自中国科技成果数据库,收录1978年以来国内的科技成果及国家级科技计划项目,其中收录的科技成果总记录80多万项,内容涉及众多学科领域,每月更新。

在万方数据知识服务平台(http://www.wanfangdata.com.cn/),点击主页界面上方资源栏目中的"科技报告"链接,进入科技报告检索界面,除提供简单检索外,中文科技报告还可按科技计划项目名称浏览,外文科技报告则可按4大科技报告浏览。浏览到科技报告结果后,还可按题名、作者、关键词等字段在结果中检索。

如果点击资源栏目中的"成果"链接,即可进入万方数据科技成果资源检索界面,可进行简单检索,还可以通过科技成果的行业分类导航、学科分类导航、地区分类导航进行浏览。也可在万方数据主页界面的检索框后点击带有"A"字样的放大镜检索图标,在出现的菜单中选择"跨库检索"链接,即进入万方数据跨库检索界面,可对选择的科技成果资源进行高级检索和专业检索。

3. 国家科技成果网

国家科技成果网(http://www.tech110.net/)由科技部发展计划司于1999年创建,2006年由国家科学技术奖励工作办公室管理。国家科技成果网作为国家科技成果信息服务平台,已搭建起一个覆盖全国的科技成果信息服务网络,提供了一个在产、学、研等多个层次进行交流、展示的平台。促进了科技成果的推广与转化,避免低水平的重复研究,提高科技研究的起点和技术创新能力。网站设置的栏目众多,如科技成果、科研专家、科研机构、科技资讯、科技政策、药物研发、统计分析等。其中,"科研成果"栏目,提供按科技成果的项目名称、关键词检索和分类浏览等多种查找方式,可获得关于科技成果的介绍、成果信息、研发单位、研发人员、专利情况、应用前景等内容。

5.5 标准信息资源检索

标准是由公认的权威机构批准的标准化工作成果,使人们在从事科学实验、检验检测、生产技术等活动时对其质量、规格、技术要求以及检验方法等方面所做的统一规定,并可重复使用、具有法律效力的文件。

按照标准使用范围和颁布单位的不同,可分为:国际标准(如 ISO 标准、IEC 标准)、区域标准(如全欧标准 EN)、国家标准(如 GB)、行业标准(如化工行业标准,代号 HG)和企业标准(代号 Q)等 5 大类型。

医学技术标准是一种特定形式的信息资源体系,医药科技人员可以从标准文献中了解有关专业领域的技术水平和发展趋势,为临床医疗科研决策提供有力依据,还可以利用技术标准对疾病进行命名,进行药品的质量控制,对临床测试分析、检验、操作、取样的方法进行规定等。

随着标准化事业的日益发展,标准文献的数量不断增多。与此同时,各行各业的标准都实现了网络化服务,人们可以利用标准数据库、标准网站等标准文献网络信息系统,检索并获取标准文献全文、文摘或题录信息。

1. 中国知网标准数据总库

中国知网标准数据总库是国内数据量最大、收录最完整的标准数据库,分为中国标准题录数据库、国外标准题录数据库、国家标准全文数据库和中国行业标准全文数据库。

中国标准题录数据库收录了所有的中国国家标准(GB)、国家建设标准(GBJ)、中国行业标准的题录摘要数据,共计标准约 13 万条;国外标准题录数据库收录了世界范围内重要标准,如国际标准(ISO)、国际电工标准(IEC)、欧洲标准(EN)、德国标准(DIN)、英国标准(BS)、法国标准(NF)、日本工业标准(JIS)、美国标准(ANSI)、美国部分学/协会标准(如 ASTM,IEEE,UL,ASME)等标准的题录摘要数据,共计标准约 31 万条;国家标准全文数据库收录了由中国标准出版社出版的,国家标准化管理委员会发布的所有国家标准,占国家标准总量的 90% 以上;中国行业标准全文数据库收录了现行、废止、被代替以及即将实施的行业标准,全部标准均获得权利人的合法授权。

标准的内容来源于中国标准化研究院国家标准馆,相关的文献、专利、成果等信息来源于 CNKI 各大数据库。可以通过标准名称、标准号、关键词、摘要、分类号、发布/出版单位等检索项进行检索。

在中国知网(http://www.cnki.net/)主页界面,先在检索框上方的资源栏目中选择"标准"资源,再点击检索框后面的"高级检索"链接,就可进入标准数据总库检索界面;也可在中国知网主页的资源总库中选中标准库,直接进入标准数据总库的检索界面,可以分别按"国家标准全文"库、"行业标准全文"库、"国内外标准题录"库进行检索。其使用方法与中国学术期刊(网络版)数据库相似。

2. 万方数据知识服务平台中外标准资源

万方数据知识服务平台中外标准资源是题录资源,包括中国行业标准、中国国家标准、国际标准化组织标准、国际电工委员会标准、美国国家标准学会标准、美国材料试验协会标准、美国电气及电子工程师学会标准、美国保险商实验室标准、美国机械工程师协会标准、英国标准化学会标准、德国标准化学会标准、法国标准化学会标准、日本工业标准调查会标准等 39 万多条记录,每月更新。

在万方数据知识服务平台(http://www.wanfangdata.com.cn/),点击主页界面上方资源栏目中的"标准"链接,即可进入万方数据中外标准检索界面,可进行简单检索和通过标准的学科分类浏览。也可在万方数据主页界面的检索框后点击带有"A"字样的放大镜检索图标,在出现的菜单中选择"跨库检索"链接,即进入万方数据跨库检索界面,可对选择的中外标准资源进行高级检索和专业检索。

3. 戴特标准数据库

戴特标准数据库——戴特标准检索系统由重庆戴特科技有限公司出品,涵盖了国际标准、国家标准和各行业标准等的标准信息资源。其中,国内标准全文数据库包括农业、林业、医药卫生、劳动保护、化工、冶金、机械、电工、电子元器件与信息技术、仪器、仪表、工程建设、建材、公路、水路运输车辆、食品、轻工、环境保护等学科/行业方面的标准数据,包括所有国家标准、国家计量规范/规程、行业标准,并且采用国际通用的 PDF 文件格式显示标准全文信息。

单位购买用户可通过数据库资源目录的链接访问,登录后的戴特标准数据库检索界面,如图 5-29 所示。可通过标准号、标准名称、分类号、发布日期等进行检索,也可以按照标准类别浏览。

图 5-29 戴特标准数据库检索界面

4. ISO 标准信息检索

国际标准化组织(International Organization for Standardization,ISO)网站是世界上最大的标准化网站(http://www.iso.org/iso/home.htm),可检索 ISO 所有已颁布标准,获得 ISO 标准的标准号和题目,有的还可免费获得摘要信息。如要获得全文,可以通过 ISO 订购,也可通过就近大型图书馆信息机构代查复制。其主页界面,如图5-30所示。

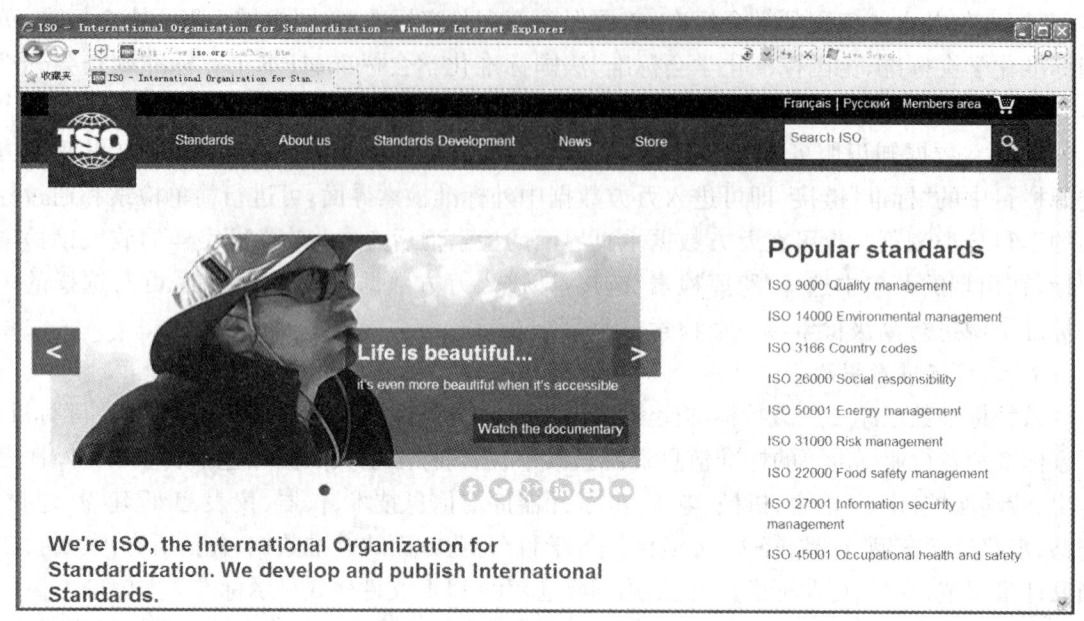

图5-30 ISO网站主页界面

在ISO网站主页界面右上角,点击放大镜检索图标,进入ISO标准检索界面,如图5-31所示。提供简单检索、高级检索和浏览3种检索浏览方式。

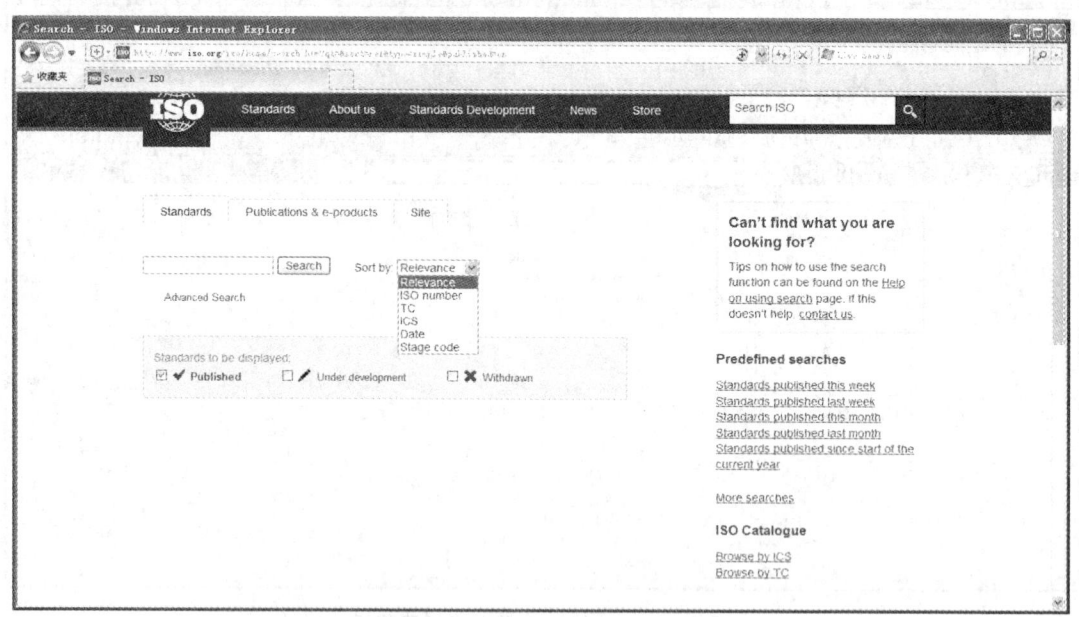

图5-31 ISO标准检索界面

(1) 简单检索

提供一个检索输入框(系统默认检索界面),可输入关键词或短语,默认在标准名称和摘要字段检索。支持逻辑运算检索(AND,OR,NOT)、截词检索(*)和半角双引号的短语检索。

(2) 高级检索

在检索界面点击检索框下的"Advanced Search"链接，进入高级检索界面，如图 5-32 所示。通过关键词或短语（可在标准名称、摘要、标准全文字段检索）、ISO 号、ISO 分类号、ICS 号、阶段码（Stage code）、时间范围、技术委员会或分委会的编号进行检索，可单独使用，也可组合起来进行检索。高级检索方式支持逻辑运算符、截词符和短语检索等。

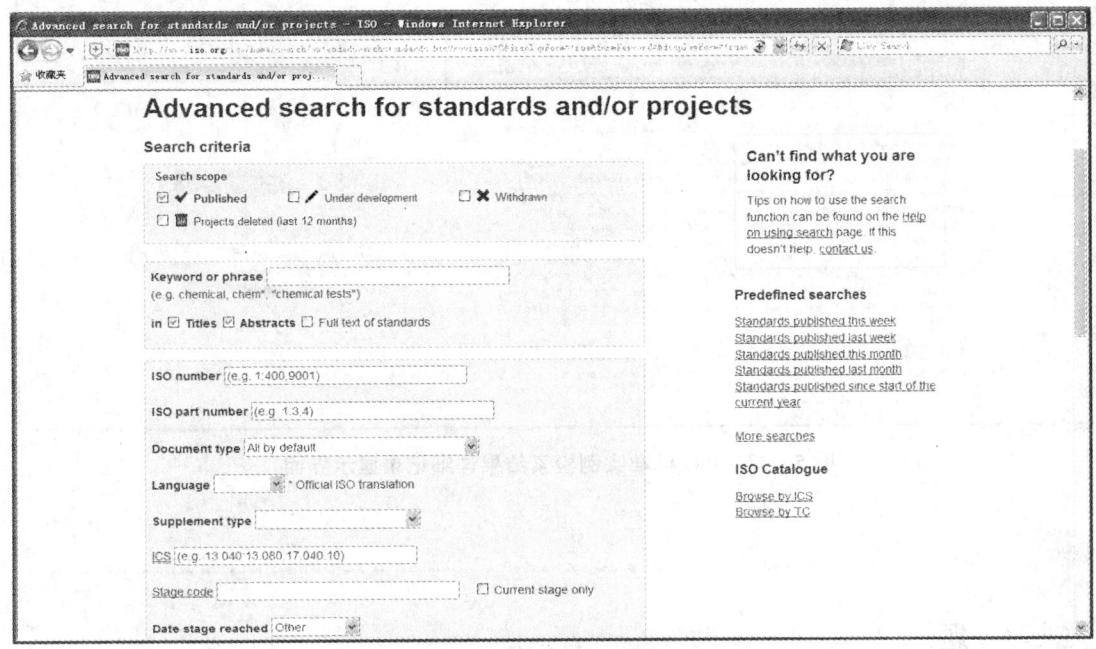

图 5-32　ISO 标准高级检索界面

(3) 浏览

提供两种浏览方式，一是 Browse by ICS（按国际标准分类进行浏览），二是 Browse by TC（按技术委员会进行浏览）。

在检索界面的右下侧，点击"Browse by ICS"链接，进入国际标准分类浏览界面，提供国际标准分类表（ICS）的一级类目及类号表，可逐级点击类目及类号，进入三级类目下的标准目录，然后在标准目录中选择所需标准，点击 ISO 标准号，即可获得所需的标准信息。点击"Browse by TC"链接，进入按技术委员会浏览界面，点击委员会的代码，进入分委会界面，再点击分委会代码，进入分委会的标准目录，然后在标准目录中选择所需标准，点击 ISO 标准号，即可获得所需的标准信息。

【检索实例 5-5】　检索有关饮用水质的 ISO 标准。

检索步骤：

第一步　登录 ISO 网站，进入 ISO 标准检索界面。

第二步　在简单检索输入框中输入检索词：drink water quality。

第三步　点击"Search"按钮，即可得到标准的题录显示信息。点击标准号进入该标准的详细记录显示界面（包括标准的摘要等），如图 5-33 所示。如果点击带有标准号的"Preview"链接，可浏览该标准文本的前几项内容，并提供购买获取该标准全文的详细信息。

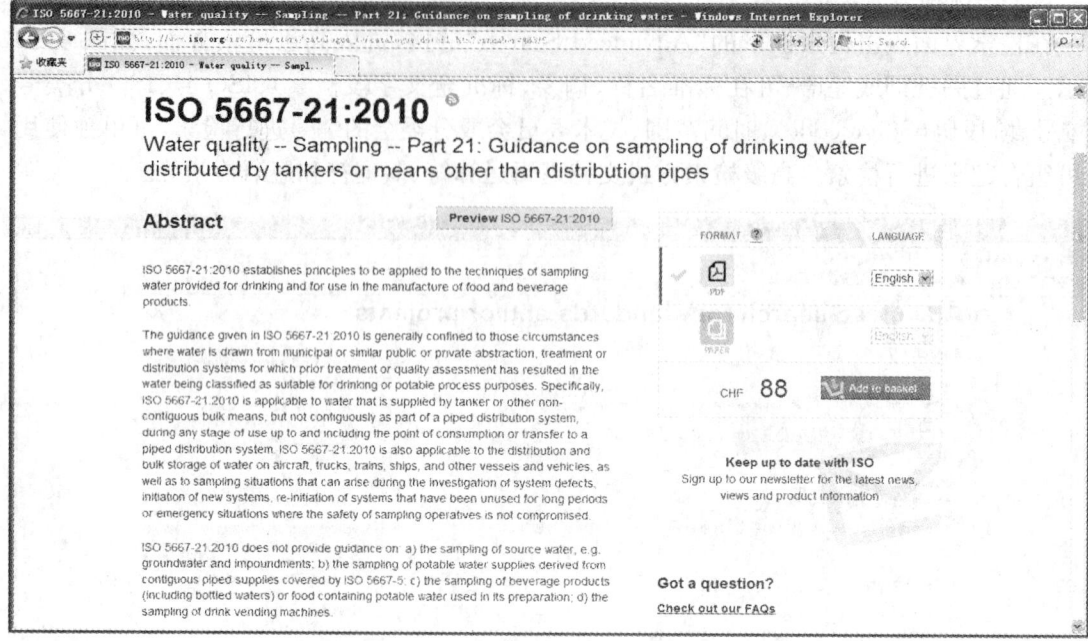

图 5-33 ISO 标准实例检索结果详细记录显示界面

1. 医学会议论文资源、专利文献信息和学位论文各有哪些特点？分别可通过哪些途径获取全文资源？
2. 查找一条来年召开的您所感兴趣的国际医学会议信息（会议名称、日期和地点）；检索与您研究课题相关的中文医学会议论文。
3. 检索有关中药三七及其提取物在糖尿病预防与治疗中应用的专利。
4. 检索关于禽流感（avian influenza）疫苗（vaccine）研制与应用的美国专利和欧洲专利的全文信息。
5. 检索关于临床护理工作中患者满意度（patient satisfaction）研究的中外学位论文。
6. 查找有关灵芝多糖抗肿瘤作用机理的研究报告。
7. 试查找有关血管支架（vascular stents）方面的中外会议论文、专利、学位论文、标准以及研究报告。
8. 查找现行 GB《文后参考文献著录规则》的发布日期和实施日期，并能下载其全文到自己的文件夹中。

第 6 章　学术分析评价信息资源检索

6.1　引文及引文检索概述

1. 引文

引文(Citation)，就是被引用文献(Cited Article)，即学术研究文献后所附有的参考文献(Reference)，它是学术文献的重要组成部分。相对而言，凡文后列有参考文献的学术研究文献称为引用文献(Citing Article)，也称引证文献、施引文献。

例如，文献 A 引用了文献 B，则文献 B 称引文或被引用文献，文献 A 为引用文献、引证文献。一篇刚发表的文献，其后列有参考文献，称作引用文献，过段时间该文献被列于其他文献的参考文献中，又被称为被引用文献。

来源文献(Source Article)是指引文数据库中收录的文献。引文数据库中的文献引用与被引用信息都是从来源文献中获得。来源文献中个别文献后没有参考文献或脚注的文献，仍是来源文献，但不称之为引用文献。

引文的著者称为被引著者(Cited Author)，引文所登载的出版物称为被引出版物(Cited Work)，被引年份(Cited Year)是指被引文献发表(出版)的年份；而引用文献的著者则称引用著者。被引出版物的类型很多，有专题著作、期刊文献，也有特种文献、电子出版物等。

2. 引文检索

引文检索(Cited Reference Search)是从学术文献之间相互引证关系的角度，对学术研究文献后所附的参考文献进行的检索，是以被引用文献为检索起点来查找引用文献的一种途径。

引文检索时，检索的入口词最常见的是选用被引用文献的著者(通常采用被引第一著者)或题名，也可以是反映被引用文献主题的词，或被引出版物、发表的年份等。数据库中提示引文检索的字段有："引文"、"参考文献"、"Cited Author"、"Cited Work"、"Reference"、"Cited Reference"等，选择相应的引文检索字段，输入对应的检索词即可获得相关文献信息。

引文索引(Citation Index)是由引文信息资源检索系统提供的用来查找某位著者的论文被引用情况的一种索引。通常，执行引文检索的第一步是提供一个引文索引列表(List of Cited References)，即提供被引文献的著者、所在出版物的名称、卷号、起始页、出版年份，有的还有被引文献题录的链接等信息，供用户核对和选择，在此基础上进一步检索，最终获得检索结果。

3. 影响因子

影响因子(Impact Factor)是一个国际上通行的期刊定量评价指标，它反映了某一期刊刊载的论文在特定年份或时期被引用的频率，它是美国科学信息研究所(ISI)的期刊引证报告(JCR)中的一项数据(详见 6.4.1 节)。

一般来说，一种刊物的影响因子越高，即刊载的文献被引用率越高，说明这些文献报道的研究成果影响力越大，该刊物的学术水平高，其学术影响力也越大。

4. 引文检索的作用

引文检索不是常规的检索途径，但在学术交流和科研评价中的作用越来越大，概括起来主要体现在以下几个方面。

(1) 可以从学术文献之间相互联系和影响了解学科之间的继承与发展

由于文献的相互引证直接反映学术研究之间的交流与联系，通过引文检索，可以查找相关研究课题早期、当时和最近的学术文献，从文献之间的内在联系有效地揭示过去、现在、将来的科学研究之间的内在联系，揭示科学研究中所涉及的各个学科领域的交叉关系，帮助研究人员迅速地掌握科学研究的历史、发展和动态，从中也可以了解同行及权威人士的研究工作。

例如，可以探索和跟踪某个医学概念、某种医疗方法或者某研究主题从最初提出到目前的研究概况，掌握相关著者或单位发表论文及其被引用状况，关注同行最新的研究动态和争论热点，从而把握相关学科领域的研究前沿。

(2) 可以作为衡量研究成果学术性的重要客观指标

一项科学研究工作的质量是由它对所在领域的影响程度来衡量的，通过检索文献被引用情况，可以比较真实地反映研究者的研究成果在科研活动中的价值、地位及其影响，可用来评价著者的学术水平、著作的学术价值。由于一篇特定文献一经发表，其后的参考文献是永远不变的，而该文献的被引频次是动态的，也就是说被引用的次数可能会从零逐渐变多。一篇文献被引频次越高，表示该文献的影响力越大，说明文献的质量高。

在现实中，通常把文献被权威数据库系统收录和被引频次作为考查某位学者的研究能力和学术研究水平高低的客观依据之一；同样，某个国家或地区、某个机构单位的文献被权威数据库系统收录的数量以及文献被引频次，在一定程度上能反映该国家或地区、该机构单位的科研总体实力。目前，可利用 ISI 基本科学指标(ISI Essential Science Indicators)来查询某个国家/地区、某一机构论文被引次数的排名情况。

(3) 可以从文献引证的角度为文献计量学和科学计量学提供重要的研究工具

通过期刊影响因子来查看期刊的学术质量、学术影响力，不仅为信息机构选购期刊作为重要参考依据，也为研究人员选择学科核心期刊阅读文献、投稿交流等提供十分有益的指导。

通过对某学科领域研究文献的学术影响的分析，以及对某学科研究成果发表的地域、著者、核心期刊等信息的分析，可进行初步的学科评价，有利于研究人员把握研究趋势，正确地寻求交流与合作，从而不断推动知识创新。

5. 自引与他引

自引和他引属于两种不同的引用方式，它们具有显然不同的作用、价值和意义。自引通常指著者引用自己先前发表的著作或与他人合著的著作。只要一部著作被其著者或合著者之一的其他著作引用，或者说，只要被引文献与引证文献的著者中有任何一位是相同的，就是引证者引用自己的著作，均属于自引。除自引以外的引用则属于他引，他引更能体现研究成果的社会效应和价值。在考察研究人员学术水平时,著者自引通常不计。

6.2 国内引文信息资源检索系统

6.2.1 中国引文数据库

1. 概况

中国引文数据库(Chinese Citation Database,CCD)是中国知网系列数据库之一,收录了中国学术期刊(光盘版)电子杂志社出版的所有源数据库产品的参考文献,涉及期刊类型引文、学位论文类型引文、会议论文类型引文、图书类型引文、专利类型引文、标准类型引文、报纸类型引文等。源数据库包括中国学术期刊(网络版)数据库、中国博士学位论文全文数据库、中国优秀硕士学位论文全文数据库、中国重要会议论文全文数据库等。内容覆盖自然科学、工程技术、农业、哲学、医学、人文社会科学等各个领域,共分基础科学、工程科技Ⅰ、工程科技Ⅱ、农业科技、医药卫生科技、哲学与人文科学、社会科学Ⅰ、社会科学Ⅱ、信息科技、经济与管理科学等10大专辑。收录年限为1912年至今。

CCD通过揭示各种类型文献之间的相互引证关系,不仅可以为科学研究提供新的交流模式,同时也可以作为一种有效的科学管理及评价工具。

2. 检索方法

在中国知网(http://www.cnki.net/)主页界面,先在检索框上方的资源栏目中选择"引文"资源,再点击检索框后面的"高级检索"链接,就可进入中国引文数据库检索界面,如图6-1所示;也可在中国知网主页的资源总库中点击中国引文数据库,直接进入该库的检索界面。在中国引文数据库检索界面,提供了文献分类目录浏览、检索、高级检索、专业检索等检索浏览方式。

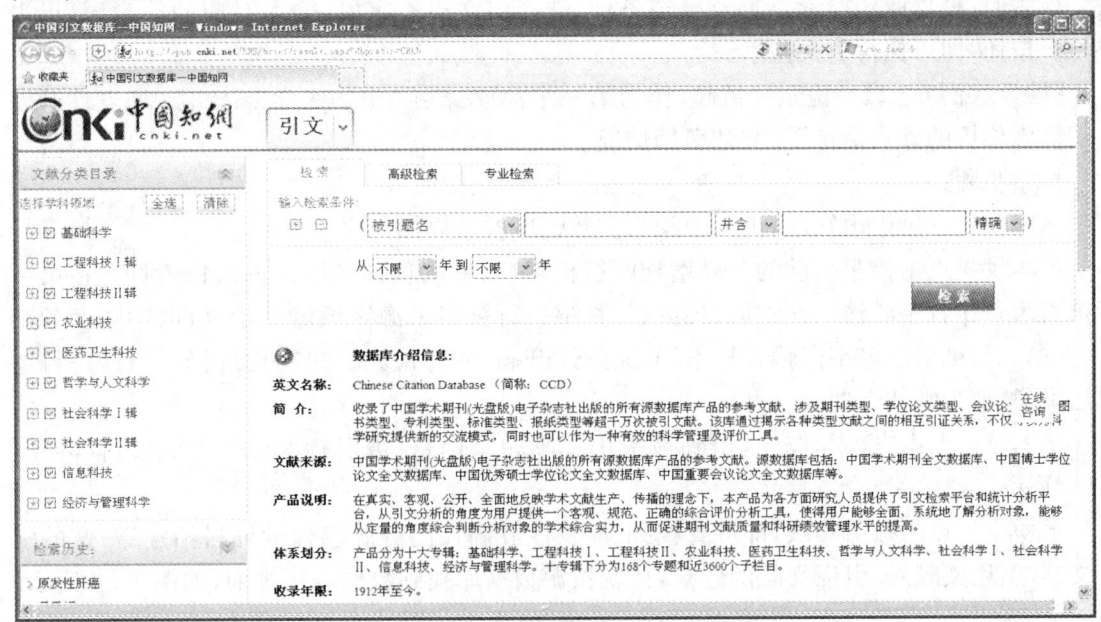

图6-1 中国引文数据库检索界面

(1) 文献分类目录浏览

中国引文数据库将引文数据按学科领域分为 10 大专辑,在各专辑下又分 168 个专题和近 3 600 个子栏目。文献分类目录浏览用户可以不需要输入任何检索词,只需要确定课题所属的学科专辑,在检索界面左侧的专辑导航栏中逐级点击自己关心的专辑、专题栏目名称(点击专辑或专题栏目名称前的"十"号,可以依次展开下级栏目),就能直接查到所选专题的被引文献的题录。

例如,想要浏览心脏瓣膜疾病方面文献的被引用情况,在数据库检索界面左侧专辑导航栏中依次点击展开医药卫生科技→心血管系统疾病→心脏疾病→心瓣膜疾病,就可浏览到有关心脏瓣膜疾病方面的被引文献的题录,内容包括被引题名、被引作者、被引文献来源、被引文献发表时间、被引频次等信息。点击被引频次,即可查找到该被引文献的引证文献题录信息;若点击被引题名,可通过查看该文献的引文网络图获取引证文献的题录信息。

此外,文献分类目录可与其他检索途径结合起来在指定学科领域或专题范围内进行引文信息检索。

(2) 检索

这是访问数据库后默认检索界面的检索方式,有输入检索条件的检索栏、检索字段等内容。

输入检索条件的检索栏前后有两个检索框,可通过点击检索栏前的"+"或"-"按钮,来增加或减少检索栏行数;检索栏的两个检索框内不能输入检索式,可分别输入单个检索词,词与词之间可作逻辑匹配("并含"、"或含"、"不含");多行检索栏之间可通过选择"并且"、"或者"、"不含"进行逻辑运算,并按照由上而下按顺序运算,遵循"先运算的先输入"规则。

在检索框前的检索字段下拉菜单中可供选择的字段有:被引题名、被引作者、被引第一作者、被引单位、被引来源、被引文献关键词、被引文献摘要和被引文献分类号。

检索时,根据课题检索要求及已知条件,选择引文检索字段,输入对应的检索词,点击"检索"按钮,即可执行引文检索。

【检索实例 6-1】 检索吴孟超(作为第一作者)发表于《中华医学杂志》上"原发性肝癌伴门静脉癌栓的外科治疗"一文被引用情况。

检索步骤:

第一步 登录中国知网,进入中国引文数据库检索界面。

第二步 点击检索栏前的"+"增加两行检索栏,依次选择字段并输入检索词。在第一行被引第一作者字段输入检索词:吴孟超,在第二行被引来源字段输入检索词:中华医学杂志,在第三行被引题名字段输入检索词:原发性肝癌,三行检索栏之间均选择"并且"进行逻辑运算,其他为默认选项。

第三步 点击"检索"按钮,得到被引用文献题录信息、被引频次(29 次)等内容,如图 6-2 所示。

第四步 点击被引频次,即可查找到"原发性肝癌伴门静脉癌栓的外科治疗"一文的引证文献(引用文献)。引证文献的题录,依次按源数据库找到数据进行排列,如图 6-3 所示。

第6章 学术分析评价信息资源检索

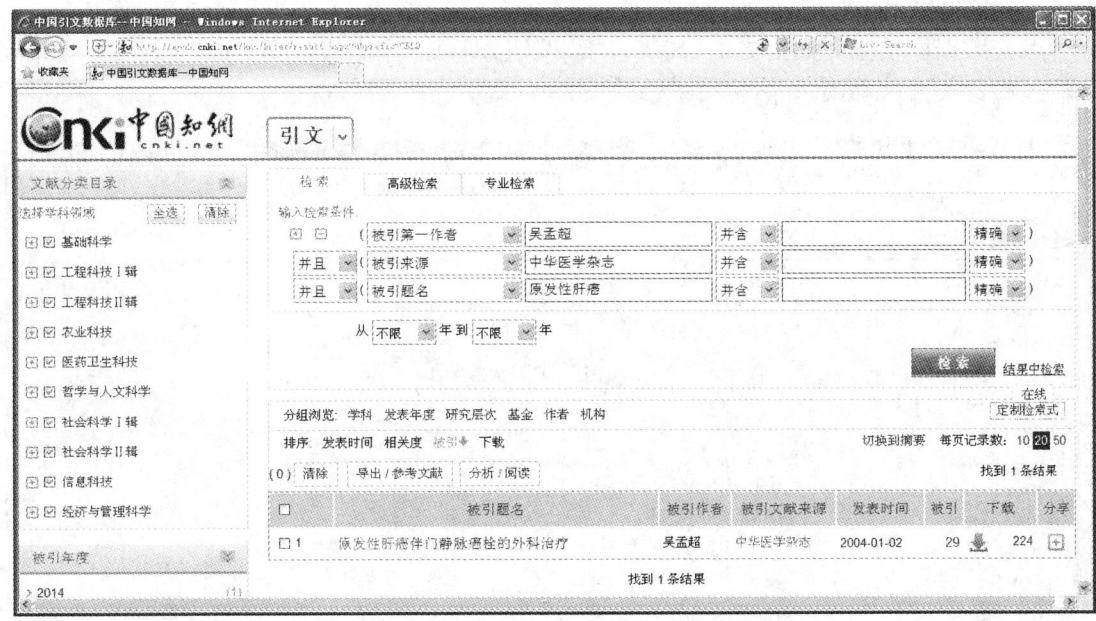

图6-2 检索界面设置及其检索结果

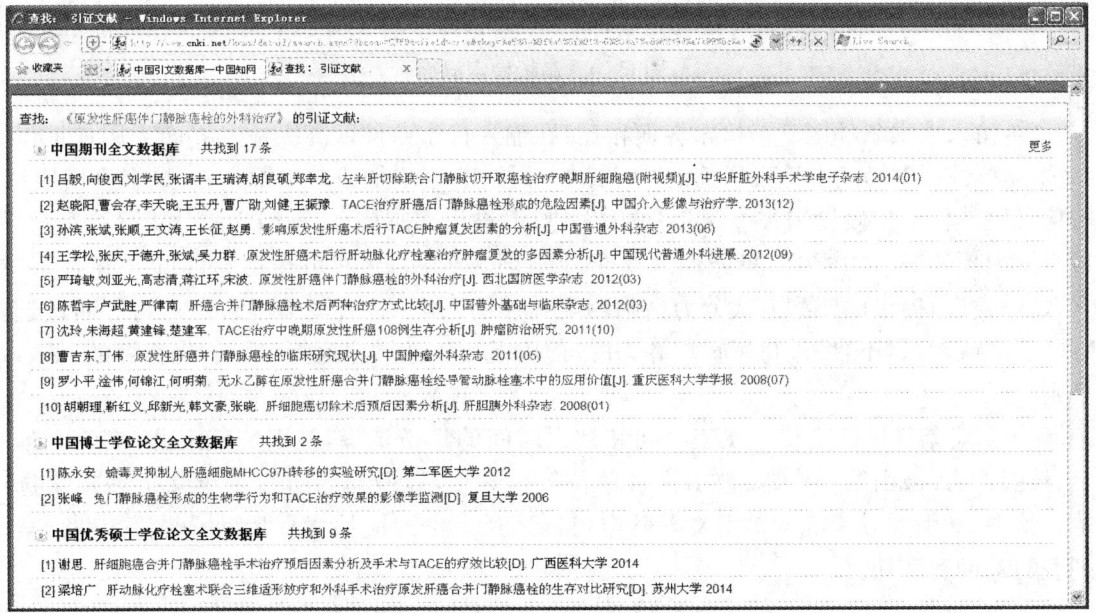

图6-3 实例检索结果——引证文献(引用文献)题录列表

(3) 高级检索

点击数据库检索界面上方的"高级检索"按钮,即可进入高级检索界面,如图6-4所示,分输入检索条件区和限定条件区两大块。

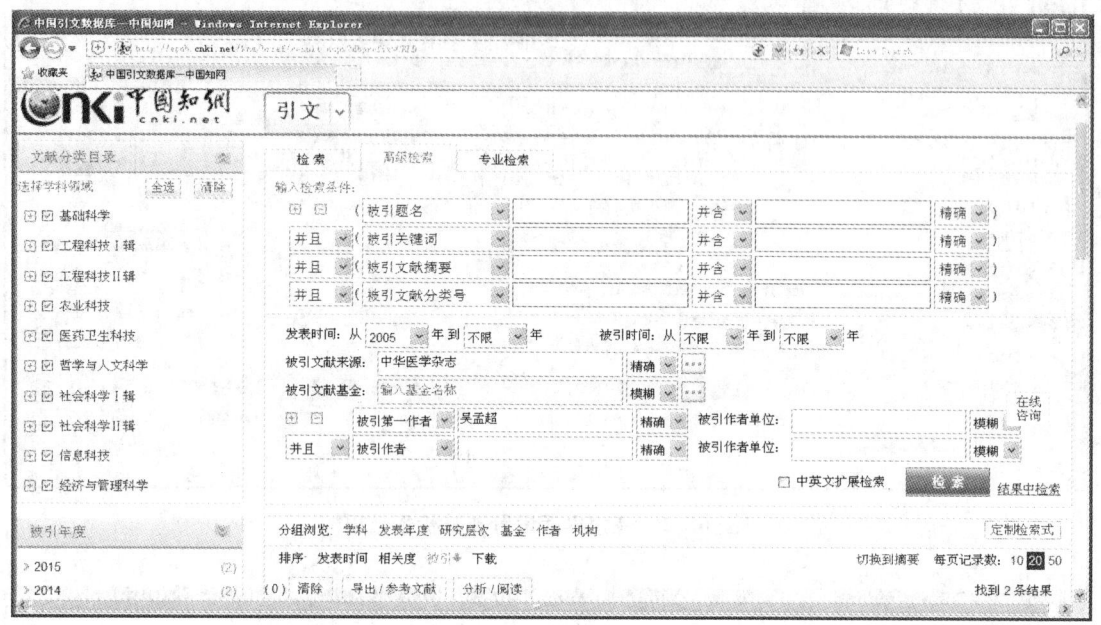

图6-4 高级检索界面

① 输入检索条件区。与检索界面相比,在输入检索条件区高级检索界面为用户提供了4行的检索栏,也可点击检索栏前的"+"或"-"按钮,来增加或减少检索栏(最多可增加到7行检索栏);检索字段设为被引题名、被引关键词、被引文献摘要、被引文献分类号4个选项;检索框内不能输入检索式,只能输入单个检索词,词与词之间可作逻辑匹配("并含"、"或含"、"不含");提供的匹配方式分为精确匹配和模糊匹配两种;多个检索栏之间可通过选择"并且"、"或者"、"不含"进行逻辑运算,并按照由上而下按顺序运算,遵循"先运算的先输入"规则。

② 限定条件区。提供了发表时间和被引时间的年份选择,被引文献来源、被引文献基金、被引作者/被引第一作者、被引作者单位等检索项,以及是否进行中英文扩展检索选项等。其中,被引文献来源和被引文献基金可以通过点击对应检索框后的 图标,进行索引列表的查询和添加。

例如,查找2005年以来吴孟超(以第一作者身份)发表在《中华医学杂志》上论文的被引用情况。可以在"发表时间"项选择从"2005"年到"不限"年;在被引文献来源栏中输入检索词:中华医学杂志;在选择的被引第一作者栏中输入检索词:吴孟超,点击"检索"按钮,即可得到被引文献题录及其被引频次。若点击被引频次,就可查找到该被引文献的引证文献题录。

(4) 专业检索

专业检索提供一个比较大的检索框,需要用户按照检索要求编制合理的检索表达式进行检索,适用于熟练掌握检索技术的专业检索人员。检索式的编制要参照数据库提供的检索字段标识、逻辑运算符、检索表达式语法规则,检索式输入时,除中文检索词外,其他符号须在英文半角输入法状态下输入。

6.2.2 期刊数据库引文检索

目前,具有引文检索功能的中文期刊数据库主要有:中国学术期刊(网络版)数据库(CAJD)、中国生物医学文献数据库(CBM)、中文科技期刊数据库等。

1. 中国学术期刊(网络版)数据库(CAJD)引文检索

中国学术期刊(网络版)数据库(CAJD)是中国知网(http://www.cnki.net/)系列数据库之一,其引文检索功能实际上是提供了从"被引用文献"(Cited Article)检索到"引用文献"(Citing Article)的一种检索设置。

当进入中国学术期刊(网络版)数据库检索界面后,在检索项下拉菜单中选择字段"参考文献",在检索输入框中输入被引作者、被引文献题名或题名中的一部分、被引文献的刊名,点击"检索"按钮,即可得到引用文献题录。

【检索实例 6-2】 检索 2011 年至 2015 年间禽流感病毒学研究专家刘秀梵院士的相关研究成果被核心期刊文献引用的情况。

检索步骤:

第一步 登录中国知网,进入中国学术期刊(网络版)数据库检索界面。

第二步 选择检索字段"参考文献",在第一个检索框中输入检索词:刘秀梵;点击检索栏前的"+"增加两行检索框,并分别选择检索字段"参考文献",在第二行的检索框中输入检索词:禽流感,在第三行的检索框中输入检索词:病毒;三行检索框之间均选择"并且"进行逻辑运算。

第三步 选择时间为 2011 年到 2015 年,来源类别中勾选"核心期刊",匹配方式选"精确"。

第四步 点击"检索"按钮,得到引用文献题录显示列表。其检索设置与检索结果显示界面,如图 6-5 所示。

2. 中国生物医学文献数据库(CBM)引文检索

镜像版 CBM 中的引文检索,与 CAJD 一样,提供了从"被引用文献"检索到"引用文献"的一种检索设置。

利用 CBM 进行引文检索时,检索入口选"参考文献",输入的检索词是对被引文献著者、被引文献题名或题名中的一部分和被引刊名的检索。

【检索实例 6-3】 检索顾玉东"21 世纪臂丛损伤诊治的研究方向与任务"一文被引次数。

检索步骤:

第一步 进入 CBM 检索界面,点击检索入口下拉菜单,选择字段"参考文献"。

第二步 在检索输入框中输入检索式:顾玉东 and 21 世纪臂丛损伤诊治的研究方向与任务。检索设置如图 6-6 所示。

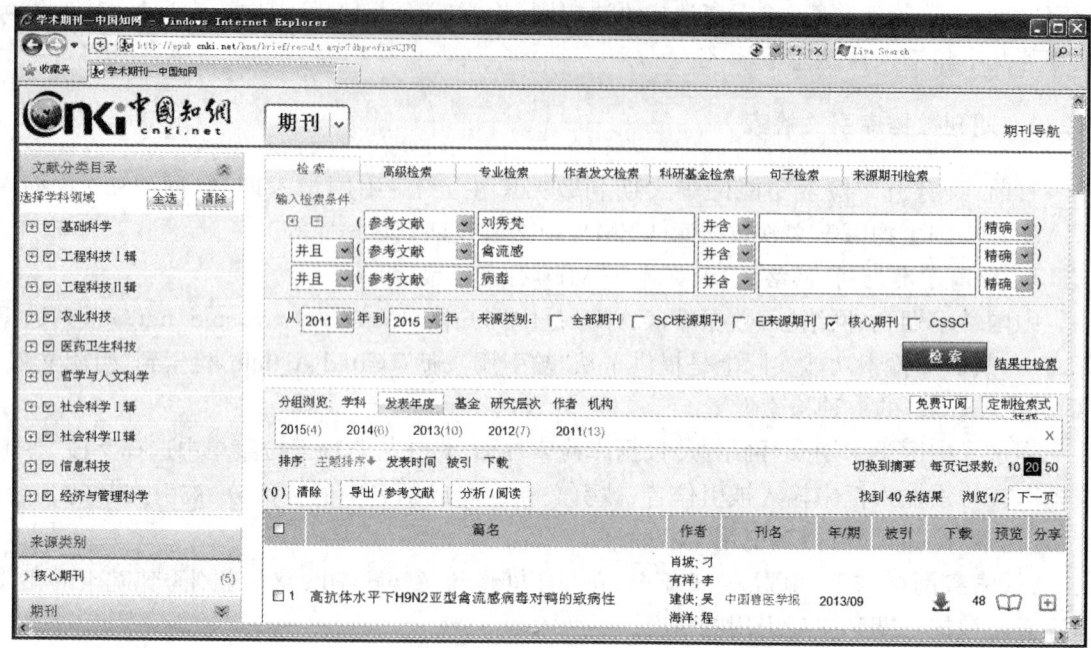

图 6-5 CAJD 引文检索实例：检索设置与结果显示界面

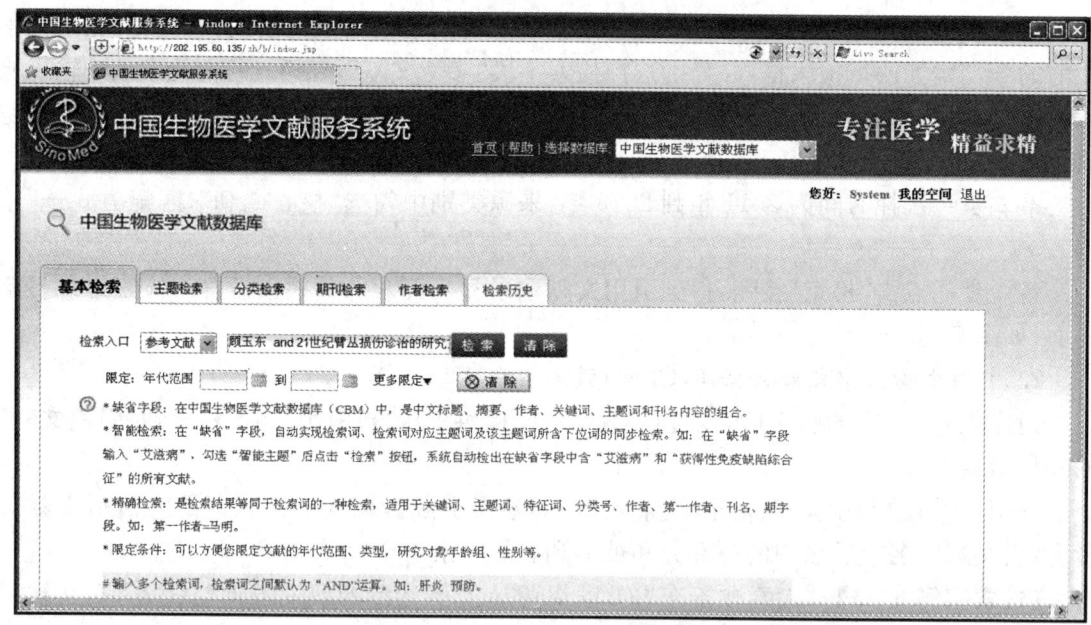

图 6-6 CBM 引文检索设置界面

第三步 点击"检索"按钮，即可得到检索结果题录显示列表，如图 6-7 所示，共有 7 篇引用文献。点击引用文献题录中的"参考文献"链接，可以查看该篇引用文献的全部引文（参考文献）。

网络版 CBM 不仅设有专门的引文检索方式，而且还能提供强大的引文分析功能（详见 3.4.5 节）。

图6-7 CBM引文检索实例结果显示界面

3. 中文科技期刊数据库(维普)引文检索

中文科技期刊数据库——维普期刊资源整合服务平台的期刊文献检索界面,在其基本检索方式中,第一行检索框设有引文检索字段,可从"被引用文献"检索到"引用文献"。维普期刊资源整合服务平台——期刊文献引文检索入口界面,如图6-8所示。

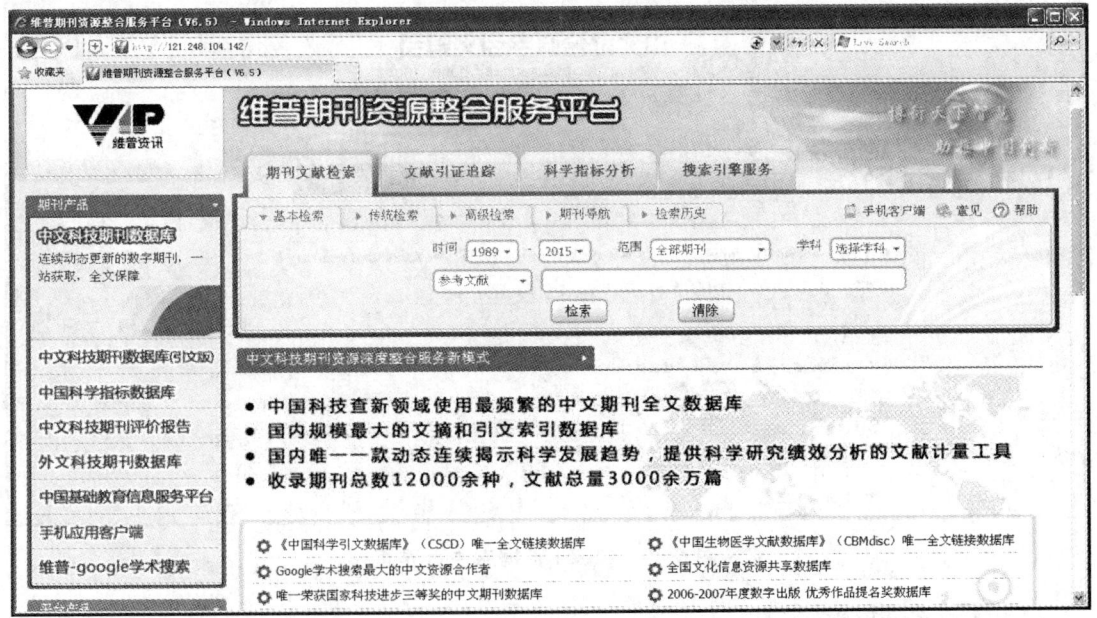

图6-8 维普期刊资源整合服务平台——期刊文献引文检索入口界面

检索时,首先登录维普期刊资源整合服务平台,进入期刊文献检索界面,在第一行检索字段的下拉菜单中选择"参考文献"字段,在检索输入框中输入检索词(可以是被引著者、被引刊名、被引文献题名或被引文献题名中的一部分),再进行其他检索限定,然后点击"检索"按钮,即可执行检索,获得引用文献的题录列表。

6.2.3 中文社会科学引文索引(CSSCI)

1. 概况

中文社会科学引文索引(Chinese Social Sciences Citation Index,CSSCI)是由南京大学中国社会科学研究评价中心开发研制,用来检索中文人文社会科学领域的论文收录和被引用情况。CSSCI采取定量与定性评价相结合的方法,从全国2 700多种中文人文社会科学学术期刊中精选出学术性强、编辑规范的期刊作为来源期刊。收录年限自1998年至今。

2. 检索方法

JALIS(江苏省高等教育文献保障系统)管理中心买断中文社会科学引文索引(CSSCI)在江苏省内高校的使用权,江苏省高校校园网用户均可以使用。登录数据库(http://cssci.nju.edu.cn/)进入数据库主页界面,如图6-9所示。CSSCI提供来源文献检索、被引文献检索两种检索功能。前者一般用于检索文献被CSSCI收录情况,即某位作者的某篇文章是否被CSSCI收录,或者某一学科、某一单位、某一地区被CSSCI收录了哪些文章;后者主要用于检索文献的被引用情况。

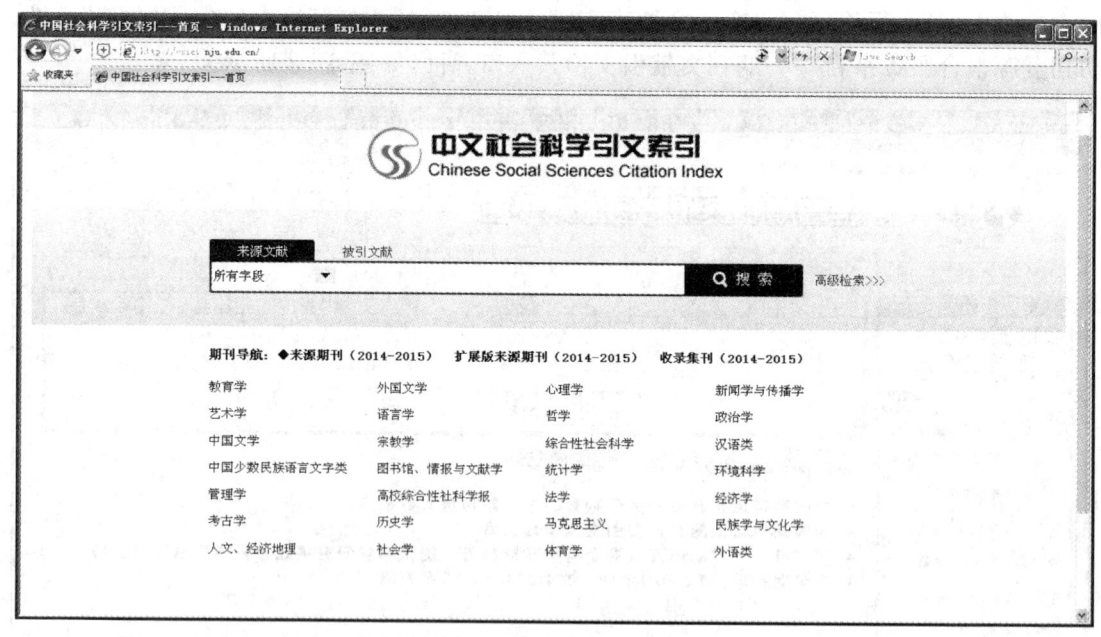

图6-9 CSSCI数据库主页界面

(1) 来源文献检索

来源文献检索有基本检索、高级检索和学科导航等浏览检索方式。数据库主页默认的检索方式就是来源文献的基本检索和学科导航浏览,若点击检索框后的"高级检索"链接,进入来源文献高级检索界面,如图6-10所示。在来源文献高级检索界面,可通过上部检索区的字段组配和下部检索限定区的选择,进行来源文献检索。

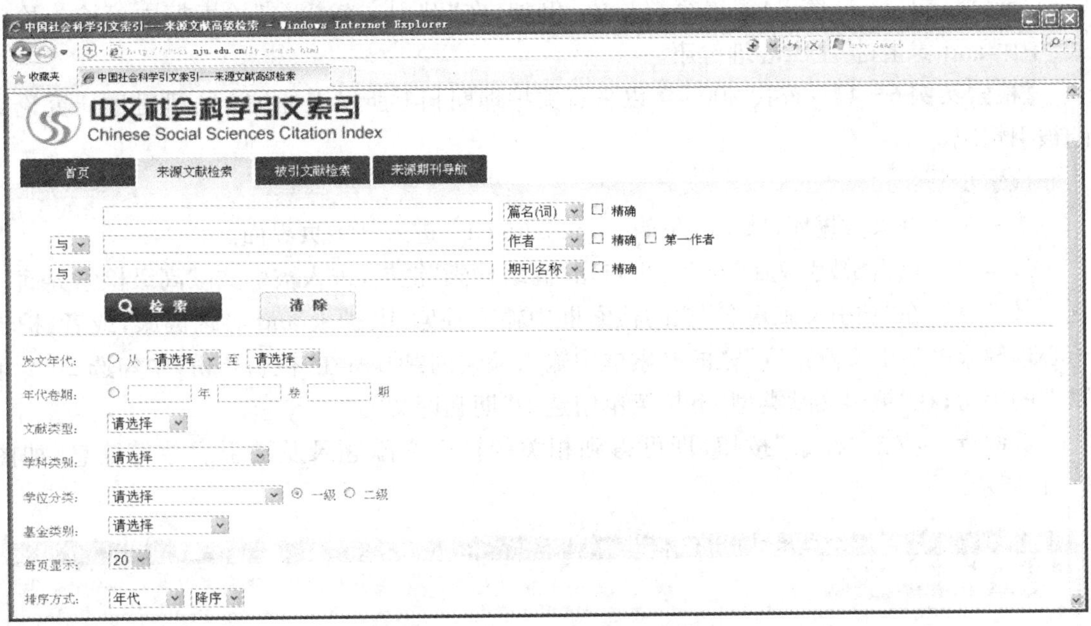

图 6-10　CSSCI 来源文献高级检索界面

(2) 被引文献检索

在数据库主页界面,点击"被引文献"标签,则切换为被引文献的基本检索界面。若点击检索框后的"高级检索"链接,进入被引文献高级检索界面,如图 6-11 所示。在被引文献高级检索界面,可通过上部检索区的字段组配和下部检索限定区的选择,进行被引文献检索。

图 6-11　CSSCI 被引文献高级检索界面

其中,"被引文献年代"是指被引文献的出版年代;"被引年份"是指引用年份。支持 and (+),or(),and/or,not(-)逻辑算符检索,例如,在"被引文献篇名"检索框中可输入检索式:中医 and 养生;护士+心理健康。

【检索实例 6-4】 查找 2005 年以来有关护理期刊上所发表的护士心理健康研究论文的被引情况。

检索步骤:

第一步 登录数据库(http://cssci.nju.edu.cn/)进入其主页界面。

第二步 点击"被引文献"标签,再点击"高级检索"链接,进入被引文献高级检索界面。

第三步 在"被引文献篇名"栏的检索框中输入检索式:护士 and 心理健康,或者:护士+心理健康;"被引文献期刊"栏的检索框中输入检索词:护理;在"被引年份"中勾选 2005 年以来的年份;在"被引文献类型"下拉菜单中选中"期刊论文"。

第四步 点击"检索"按钮,即可得到相关的被引文献题录及被引次数等信息,如图 6-12 所示。

图 6-12 被引文献检索结果显示界面

在被引文献检索结果显示界面的左边,提供有二次检索和精炼检索的功能;若点击被引文献篇名,进入被引文献详细页,可得到来源文献(引用文献)题录;如果点击被引文献题录右边的查看图标,可链接到该被引文献在中国知网、万方等的节点文献。

6.3 Web of Science 核心合集

6.3.1 概况

Web of Science™平台的 Web of Science 核心合集(Web of Science Core Collection)是含有引文检索的文摘型数据库和检索化学结构、化学反应的事实型数据库的集合,数据库记录主要来源于学术期刊和会议文献,少数文献有全文链接。由于 Web of Science 核心合集含有多个著名引文数据库,而且注重收录期刊的质量,它的权威性受到学术界的认可。目前,国内外学术研究机构通常把被 Web of Science 核心合集收录的期刊视为核心期刊,被其收录的论文及其被引用的数量、所刊载论文期刊的影响因子,作为评价学术水平的一个重要指标。

Web of Science 核心合集的数据库构成:

1. Science Citation Index Expanded(SCIE)(科学引文索引扩展版)

收录科技期刊 8 000 余种,其中包括我国科技期刊 150 余种,来源文献最早可回溯到 1899 年,涵盖的学科领域有生命科学、医学、化学、物理学、数学、生物学、农学、植物学、兽医学、天文学、地球科学、材料学、计算机科学和工程技术等。

2. Social Sciences Citation Index(SSCI)(社会科学引文索引)

收录 2 600 余种社会科学期刊,其中包括我国的社科期刊 9 种;选择性收录科技期刊 3 300 余种,收录来源文献 1898 年至今,涵盖的学科有人类学、历史学、法学、语言学、哲学、心理学、政治学、社会学、公共卫生、药物滥用、精神病学、情报学和图书馆学、城市研究和妇女研究等。

3. Art & Humanities Citation Index(A&HCI)(艺术和人文科学引文索引)

收录 1 400 余种艺术与人文科学期刊,选择性收录自然科学和社会科学期刊约 6 800 余种,收录来源文献自 1975 年至今,涵盖的学科有考古学、建筑学、艺术、古典作品、舞蹈、民间传说、历史、语言学、文学、文学评论、音乐、诗歌、广播影视、宗教和戏剧等。

4. Conference Proceedings Citation Index-Science(CPCI-S)(科学会议录引文索引)

收录从 1990 年以来的自然科学方面的会议文献。

5. Conference Proceedings Citation Index-Social Sciences & Humanities(CPCI-SSH)(社会科学和人文科学会议录引文索引)

收录从 1990 年以来的社会科学与人文科学方面的会议文献。

6. Current Chemical Reactions(CCR)

提供了从 1986 年至今的 90 万个化学反应。其数据来源于权威出版机构的一流期刊和专利文献中的单步和多步的新合成方法,每一种方法都提供了完整的化学反应过程,同时伴有详细精确的图形来表示每个化学反应的步骤。

7. Index Chemicus(IC)

收录自 1993 年至今国际一流期刊上报道的新的有机化合物的化学结构与评论数据,其中许多记录展示了从最初的原料到最终产品的整个化学反应过程。它是揭示生物活性化合物和天然产品最新信息的重要信息源。

6.3.2 登录与访问

由 Thomson Reuters 提供的 Web of Science™ 平台(https://apps.webofknowledge.com/),采用全新的中文界面,更方便中国用户的访问,受 IP 地址控制,而无并发用户限制。单位订购用户可通过单位局域网或校园网提供的数据库资源目录链接,登录该平台即可访问 Web of Science 核心合集。

6.3.3 检索方法与检索规则

在 Web of Science™ 平台的"所有数据库主页"界面,点开"所有数据库"后的下拉菜单,选择"Web of Science™ 核心合集",进入 Web of Science 核心合集主页界面,如图 6-13 所示。点开"基本检索"后的下拉菜单,可供选择的检索方式有基本检索、作者检索、被引参考文献检索、化学结构检索和高级检索。检索操作前,可在界面左下方先选择文献的时间范围和 Web of Science 核心合集的子数据库。

图 6-13 Web of Science 核心合集主页界面

1. 基本检索

基本检索,即来源文献检索,是系统默认检索界面,实际是一种多字段检索,用户可以点击检索框下的"添加另一字段"链接来增加检索框的行数,并可通过选择相应字段、检索年限跨度来限定检索范围。可供选择的常用检索字段有主题、标题、作者、团体作者、编者、出版物名称、出版年、地址、机构扩展、语种、文献类型等。

主题和标题是最常用的检索字段,而主题字段则是一个复合字段,是指在文献的标题、文摘字段中检索。由于系统不设主题词检索,所以,检索词的选取要考虑同义词的情况。可用布尔逻辑算符(AND,OR,NOT,SAME)连接检索词;可进行截词检索(*);也可采用半角双引号进行词组/短语精确检索等(可参见 4.5.3 节)。

检索时,在检索框中输入检索词或检索表达式,选择对应字段,再在下面的"时间跨度"项选择检索年限,然后点击"检索"按钮,即可得到检索结果。

【检索实例 6-5】 检索 2012 年至 2014 年间有关吸烟与肺癌相关性的研究论文(要求检索词出现在文献题名中)。

课题分析:本课题涉及的主要概念是吸烟、肺癌。表示吸烟的英文有 smoke,smoking,smoker,smokers,所以采用截词检索 smok*;肺癌的英文有 lung cancer,lung carcinoma, lung tumor 等，用"OR"连接。

检索步骤：

第一步 进入 Web of Science 核心合集主页、基本检索界面，在检索框下点击"添加另一字段"增加一行检索框。

第二步 在第一个检索框中输入检索词：smok*，字段选择"标题"；在第二个检索框中输入检索式：lung cancer OR lung carcinoma OR lung tumor，字段选择"标题"；上下两行检索框之间的逻辑运算选择"AND"。再在下面选择检索的时间跨度为 2012 至 2014。

第三步 点击"检索"按钮，即可得到检索结果。检索结果显示界面，如图 6-14 所示。

图 6-14 基本检索结果显示界面

2. 作者检索

作者检索是一种作者甄别检索，它通过对研究领域和机构组织的进一步选择，来区别同名同姓不同人发表的文献。

【检索实例 6-6】 查找扬州大学兽医学院刘秀梵院士的文献。

检索步骤：

第一步 进入 Web of Science 核心合集主页界面，点开"基本检索"后的下拉菜单，选择作者检索，进入作者检索——作者甄别界面，如图 6-15 所示。

第二步 在"姓（必填）"框内输入 liu，在"首字母"框内输入名首字母 xf，点击"选择研究领域"，在出现的"研究领域"选项中勾选 LIFE SCIENCES BIOMEDICINE，再点击"选择组织"，在出现的"机构名称缩写"中勾选 YANGZHOU UNIVERSITY。

第三步 点击"完成检索"，得到刘秀梵署名的文献题录列表。

图 6-15 作者检索——作者甄别界面

3. 被引参考文献检索

Web of Science 核心合集的引文检索,提供了通过被引用文献检索到引用文献的一种检索设置。

在 Web of Science 核心合集主页界面,点开"基本检索"后的下拉菜单,选择"被引参考文献检索",进入被引参考文献检索界面,如图 6-16 所示。在第一行默认的"被引作者"检索框中输入被引文献著者、第二行"被引著作"检索框中输入被引文献著作(即被引文献所在的书刊名)、第三行"被引年份"检索框中输入被引文献发表的年份。三者可单独一项检索,也可以同时两项或三项进行逻辑"与"检索。

【检索实例 6-7】 检索 2005 年丁升在国际生物类期刊 *Cell* 上发表的文献"Efficient transposition of the piggyback resource(PB) transposon in mammalian cells and mice"2010 年至 2014 年间被引用情况。

检索步骤:

第一步 进入 Web of Science 核心合集被引参考文献检索界面。

第二步 在默认的 3 行检索框中依次输入:ding s,cell,2005。再在下面选择引用年份的时间跨度为 2010 至 2014(检索设置参见图 6-16 所示)。

图 6-16　被引参考文献检索界面

第三步　点击"检索"按钮,得到被引参考文献索引,如图 6-17 所示。

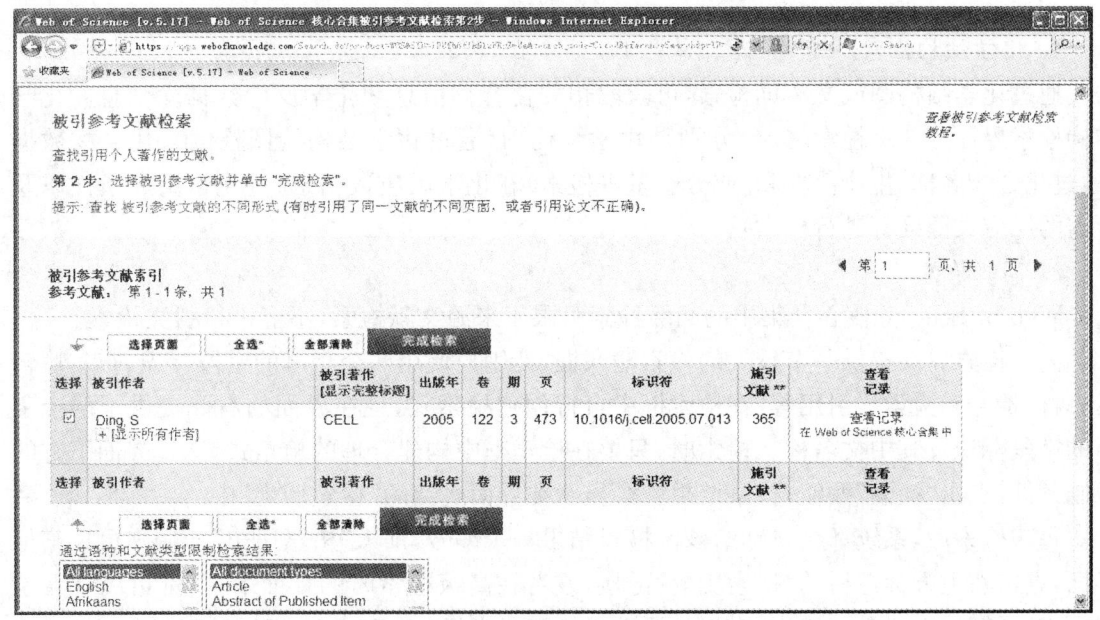

图 6-17　被引参考文献索引界面

第四步　浏览被引参考文献索引条目。从左到右分别表示:被引文献著者、被引文献所载期刊、被引文献发表年、卷、期、起始页、被引文献标识符(DOI,数字对象唯一标识符)、施引文献数(即从论文发表至查询日止所有年份的引用文献数)、查看被引文献在数据库中的详细记录。

第五步 勾选被引参考文献索引条目最左侧的复选框，点击被引参考文献索引界面中的"完成检索"按钮，即可得到引用文献记录题录显示列表，如图6-18所示。

图6-18 引文检索结果界面

4．化学结构检索

通过化学结构图或文本词检索，可获取相关化合物信息和化学反应数据库信息。化学结构检索界面分3个检索区域，分别是化学结构图（通过化学结构绘图检索）、化合物数据（通过化合物名称、生物活性和/或分子量等检索）和化学反应数据（通过化学反应条件以及所需的反应关键词等进行检索）。

5．高级检索

Web of Science核心合集中的高级检索只限于来源文献检索，不能进行引文检索。

高级检索界面提供一个较大的检索输入框，让用户使用两个字母的字段标识、布尔逻辑运算符、括号和检索式引用等，在检索框中自行创建检索式，且在界面的右侧提供了两个字母的字段标识及其中文名称。检索时，只要在检索框中构建合理的检索式，选择界面下方的限制条件，点击"检索"按钮，检索结果就会显示在界面底部的"检索历史"中。

每次检索后，系统都会自动给该次检索结果一个编号，加入"检索历史"。用户可在其他界面，点击右上方标签栏的"检索历史"链接，或者在高级检索时的界面下部，都可以查看检索历史，了解检索式及其检索结果，并可选检索式进行（AND，OR）组配检索。

6.3.4 检索结果的显示与处理

1．检索结果的显示

在检索结果显示界面（如图6-14和图6-18所示），左边侧栏的上面部分显示命中的记录数以及检索语句的概要。检索结果默认以题录格式列表显示，包括标题、著者（3个著者以内)和文献出处,同时显示被引频次。题录列表有多种排序方式,默认按"出版日期(降序)"进行排序。如果选择按"被引频次(降序)"排序,可以锁定检索结果中高影响力论文。

在题录下方,除可点击"查看摘要"链接快速浏览该记录的文摘内容外,还提供来自"出版商处的全文"链接;若点击题录中的标题,则进入该记录的全记录显示界面,如图6-19所示,显示该记录的详细信息,包括该文献的标题、全部著者、期刊信息、摘要、通讯著者、详细的著者单位/地址、基金资助、学科类别、文献类型、全文链接以及引文网络等信息。

图6-19 全记录显示界面

在全记录显示界面右侧的"引文网络"栏下,提供了许多非常有用的信息。如:

(1) 查看施引文献

点击"被引频次"链接,可以查看该文献的施引文献(引证文献),了解该文献的被引用情况(例如,有谁引用了这篇论文等)。如果再点击这些施引文献的标题,又可查看它的全记录,包括它的施引文献。如此循环查找新的施引文献,文献越查越新,从而追踪到课题研究的发展方向。

(2) 查看引用的参考文献

点击"引用的参考文献"链接,可以查看该文献本身引用了哪些参考文献。再点击这些参考文献的标题,又可以查看到其全记录,包括它引用的参考文献。如此循环查看参考文献,文献越查越旧,从而能够追溯该课题研究的历史来源和研究过程。

(3) 查看共引文献

点击"查看Related Records(相关记录)"链接,进入相关记录(相关记录,即共引文献,是指引用了与该文献相同的一篇或多篇参考文献的其他文献)列表,可以看到还有哪些文献也引用了这篇文献中的参考文献,以及共同引用的参考文献数。如果点击某篇文献的"共同引用的参考文献"后边的数字,可以看到这两篇文献共引了哪些参考文献,从中说明两篇文献的内容主题有一定的联系,共同引用的参考文献数字越大,说明两篇文献的研究工作越相关。

(4) 其他

点击"创建引文跟踪",进行设置并保存后,将通过电子邮件获得该文献日后被引用的信息;点击"查看引证关系图",可了解该文献和其他论文之间的引用关系(引用的文献和施引文献)。

2. 精炼检索结果

检索结果显示界面左侧的"精炼检索结果"栏,是系统从检索结果的记录中提取项目进行的分级列表,可将检索结果分解限定在某一方面,如某一主题、某一文献类型、某一作者、某一出版物、某一年、某一机构的文献等。最常出现的项目显示在列表上部,括号中的数字表示包含该项目的检索结果的记录数量。选中一个或多个复选框,然后点击"精炼",则仅显示包含所选项目的记录。

若点击其中某个项目的"更多选项/分类…",会有更多的类别出现在界面的中间,最多显示前100个,可按记录数由多到少或按字顺排序,可通过选中或排除来精炼检索结果。

3. 分析检索结果

在检索结果显示界面,点击题录列表右上角的"分析检索结果"链接,系统提供了对检索结果按作者、国家/地区、文献类型、编者、基金资助机构、团体作者、语种、机构、出版年、研究方向、来源出版物名称、Web of Science类别等字段进行分析,方便用户查看相关记录。

(1) 来源文献检索结果的分析

通过对基本检索或高级检索检出的来源文献进行分析,有助于从宏观上把握检索结果的各种分布情况,以便了解:某一专题的核心研究人员有哪几位?某一专题文献的高产国家是哪些?某一方面的文献类型分布情况如何?某一专题的权威研究机构有哪些?某一方面文献的语种分布如何?某一专题的研究起始于什么年份或历史上研究的高峰期处于什么年代?某一专题文献主要集中在什么刊物上?某一方面文献所属学科的分布情况和学科交叉情况如何?

【检索实例6-8】 分析2012年至2014年间对吸烟与肺癌相关性研究(检索词出现在文献题名中)发文数量居前3位的著者,他们发表了哪些文献?

操作步骤:

第一步 在图6-14检索结果显示界面题录列表的右上角,点击"分析检索结果"链接,进入"结果分析"界面。

第二步 在"根据此字段排列记录"下拉列表中,选"作者",点击"分析"按钮,即可得到对448篇文献的作者分析结果,如图6-20所示。居前3位的著者,分别是YANG P(11篇)、LIU G(10篇)、LANDI MT(8篇)。

第三步 分别勾选这三位著者前的复选框,再点击"查看记录"按钮,即显示这三位著者发表文献的题录列表。如果有合著文献,则显示的记录数会小于三位著者发文数之和。

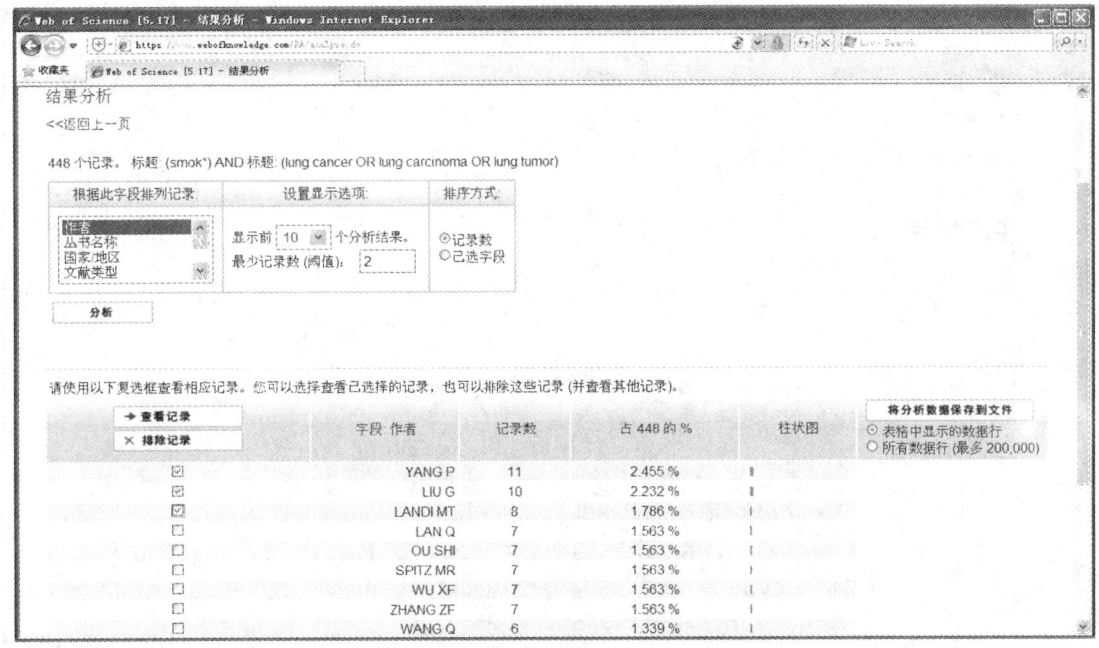

图6-20　来源文献分析——作者分析结果

(2) 引文检索结果的分析

通过对引文检索结果——引用文献进行分析,可以了解哪些学者、哪些机构、哪些国家或地区在延续某一研究领域的工作? 文献被引用的高峰期是否已过? 从而可以判断被引文献对目前研究的影响力大小;所关心的文献主要被哪些刊物引用? 以便确定日后期刊选读和投稿方向;这些文献有哪些文献类型? 从中可了解该研究通常以什么途径发表;引用文献的学科领域分布情况如何? 从中可了解某课题研究的学科交叉与相互借鉴渗透等情况。

【检索实例6-9】　2005年丁升在国际生物类期刊 *Cell* 上发表了文献"Efficient transposition of the piggyback resource(PB) transposon in mammalian cells and mice",请问在2010年至2014年间有哪些国家或地区在延续丁升所做的研究? 其中,美国和中国发表的引用文献分别占的百分比是多少? 查看这些论文。

操作步骤:

第一步　在图6-18检索结果显示界面题录列表的右上角,点击"分析检索结果"链接,进入"结果分析"界面。

第二步　在"根据此字段排列记录"下拉列表中,选"国家/地区",点击"分析"按钮,即可得到对217篇引用文献的"国家/地区"分析结果,如图6-21所示。其中,USA(美国)发表的引用文献103篇,占47.465%,PEOPLES R CHINA(中国)发表的引用文献43篇,占19.816%。

第三步　勾选 USA 和 PEOPLES R CHINA 前的复选框,再点击"查看记录"按钮,即显示美国和中国发表的引用文献的题录列表。

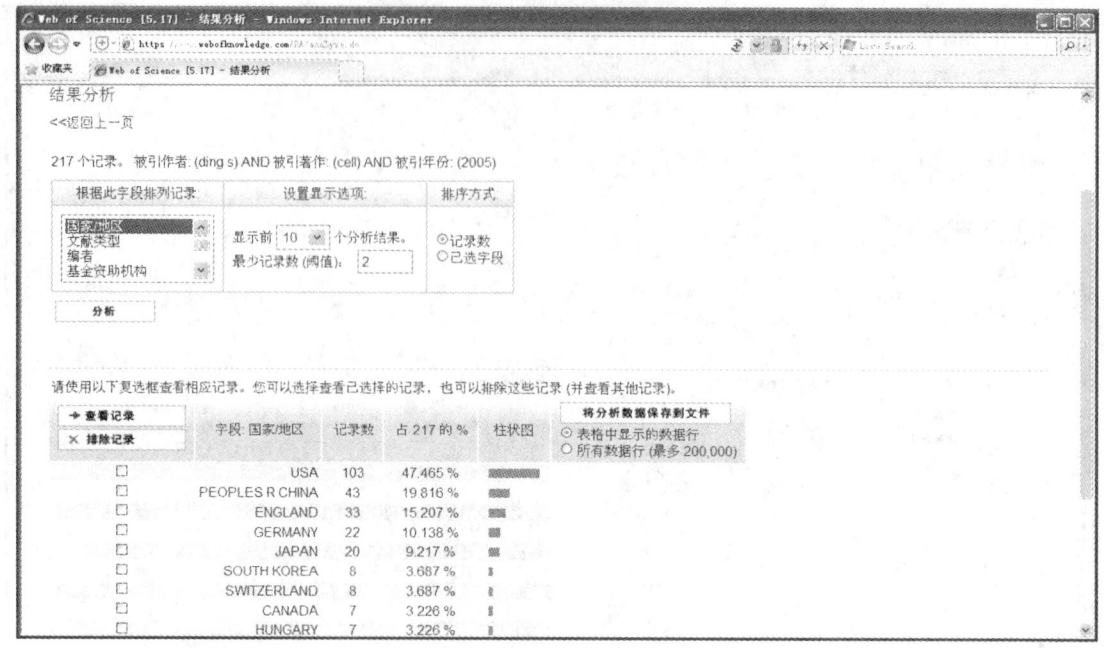

图 6-21 引用文献分析——国家/地区分析结果

4. 创建引文报告

在检索结果显示界面,点击题录列表右上角的"创建引文报告"链接,系统对检索结果小于 1 万篇的记录创建引文报告。报告的上部分用两个直方图反映近 20 年来某一著者或某一主题的文献每年发文量和每年被引量(取决于用户订阅的产品可访问数据的年份回溯深度和您选择的时间跨度);报告的下部分以列表方式揭示每一篇文献在每一年的被引情况,以及年平均被引次数。其主要作用是为了反映研究历史,帮助预测研究趋势,快速分离出高被引文献,统计出 H 指数。

H 指数(h-index)指某专题、某期刊或某著者有 H 篇论文分别被引用了至少 H 次,是考察某专题、某期刊或某著者文献产出量和被引量的测评指标,也可作为衡量学术影响力的评估指标。H 指数能够比较准确地反映某一学者的学术成就,一位学者的 H 指数越高,则表明他的论文影响力越大。例如,某人的 H 指数是 20,这表示他已发表的论文中,每篇被引用了至少 20 次的论文总共有 20 篇。图 6-22 为创建的引文报告界面示例。

5. 输出记录

在浏览题录、精炼检索结果或者在分析检索结果的基础上,在检索结果显示界面勾选记录后,点击题录列表右上方的"添加到标记结果列表"按钮,将所选记录添加到标记结果列表中。所有检索、选择结束后,点击数据库界面右上方标签栏的"标记结果列表",在出现的标记结果列表的题录上部,提供有输出记录的选项,如图 6-23 所示。选项确定后,点击打印机图标,可将所选记录设置为可供打印的格式进行打印或复制;可以选择通过电子邮件发送记录;也可以保存到 EndNote,或保存为其他文件格式。

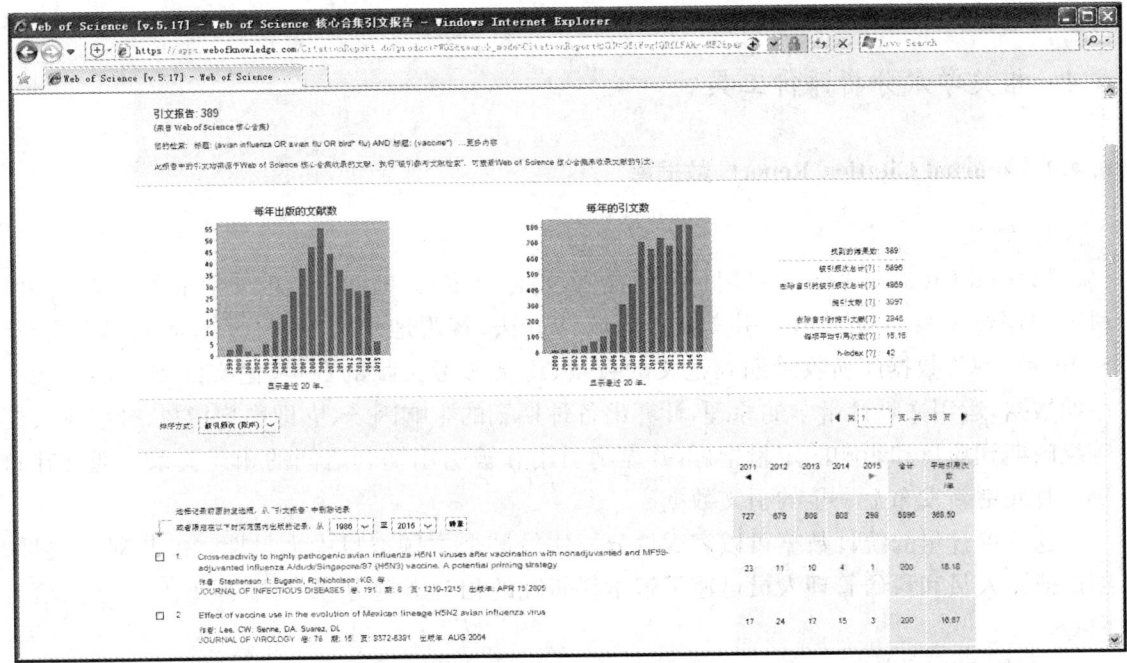

图 6-22 引文报告界面

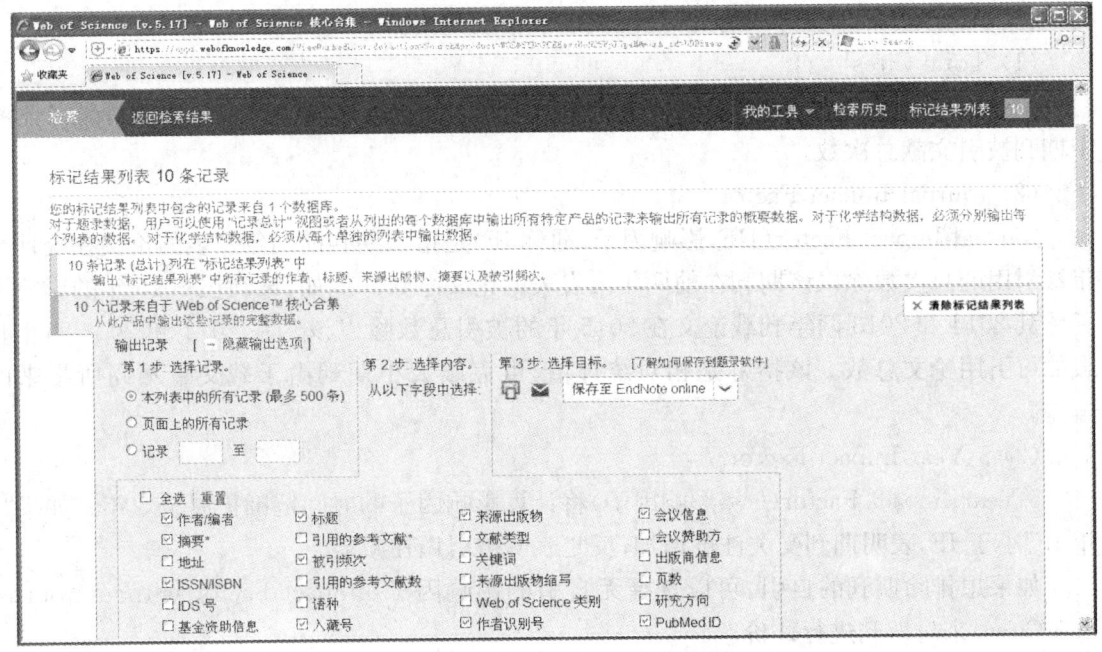

图 6-23 输出记录选项界面

6. 全文获取

在检索结果显示界面的题录下方和一条记录的全记录显示界面均有指向全文的链接，凡是在 Web of Science 核心合集中检索出的文献记录，属于单位用户已经订购的全文数据库如 ScienceDirect，SpringerLink 等中的资源，或者是属于网上免费的全文资源（OA 资源),均可直接下载全文。也可通过邮件与著者进行联系,获取全文。

6.4 相关学术分析评价工具

6.4.1 Journal Citation Reports 数据库

1. 概况

Journal Citation Reports(期刊引证报告,简称 JCR)数据库是国内外学术界公认的多学科期刊评价工具。应用基于引文数据的统计方法,客观地统计 Web of Science 核心合集 SCIE 和 SSCI 数据库所收录期刊论文的数量、论文参考文献的数量、论文的被引用次数等原始数据,运用文献计量学的原理,计算出各种期刊的影响因子、立即影响指数、被引半衰期等反映期刊质量和影响的定量指标,并显示引用和被引用期刊之间的相互关系。通常在每年 6 月底更新发布上一年的引文数据。

这些可计量的统计数据可以客观地分析比较某个主题类目中大量期刊的相对重要性,帮助研究人员和科研管理人员迅速了解学科研究的相对影响力、期刊排名,以便决定投稿方向等。

2. 常用数据

JCR 除了提供期刊基本信息,如刊名(缩写和期刊更名)、出版周期、语种、出版国、出版商、所属学科及分区信息等内容外,还提供以下常用数据。

(1) Total Cites

Total Cites(被引总次数)提供某期刊在 JCR 统计年被引文献的总次数;或者是某学科中期刊被引文献总次数。

(2) Journal Impact Factor

Journal Impact Factor(JIF,影响因子,通称 IF)是指某期刊前两年发表的论文在统计当年被引用的总次数除以该期刊在前两年内发表的论文总数。例如,某刊在 2015 年的影响因子是其 2014 和 2013 两年刊载论文在 2015 年的被引总数除以该刊在 2014 和 2013 两年刊载的可引用论文总数。该指标是相对统计值,可克服大小期刊由于载文量不同所带来的偏差。

(3) 5-Year Impact Factor

5-Year Impact Factor(5 年影响因子)将计算影响因子的时间范围扩展至 5 年。如果"5 年 IF"小于 IF,表明期刊受关注度增加;反之表明被引用在减弱。

如果想排除期刊的自引,可以选择无自引的影响因子(Impact Factor without Journal Self Cites)来对期刊进行评价。

(4) Immediacy Index

Immediacy Index(即年指数、即引指数)是指期刊当年发表的文献在当年平均被引用的次数,可衡量文献发表后在学术界所引起的反应速度。

(5) Cited Half Year

Cited Half Year(期刊被引半衰期)是将某期刊在 JCR 统计年内被引用的全部论文依出版年份降序排列,前 50% 论文的出版时间段即为该期刊的被引半衰期,它是测定期刊文献老化速度的重要指标。

(6) Eigenfactor Score

Eigenfactor Score(特征因子分值,EFS)是测定期刊影响力的新指标,与 IF 不同的计算方面是:统计文献被引时间跨度为 5 年;统计源期刊包括自然科学和社会科学,而 IF 则分别统计;剔除期刊自引数据;基于随机的引文链接,并考虑引用期刊影响力;载文量大的期刊分值会高等。

3. 使用方法

登录 JCR,单位订购的个人用户可访问 https://jcr.incites.thomsonreuters.com/,或者从购买单位建立的 InCites™ 平台,以个人免费注册时提供的邮箱地址和自己设定的密码进行登录访问。

JCR 主页界面,如图 6-24 所示,分为右边的浏览显示区和左边侧栏的检索导航区两大块内容,分别提供浏览和检索两种服务功能。

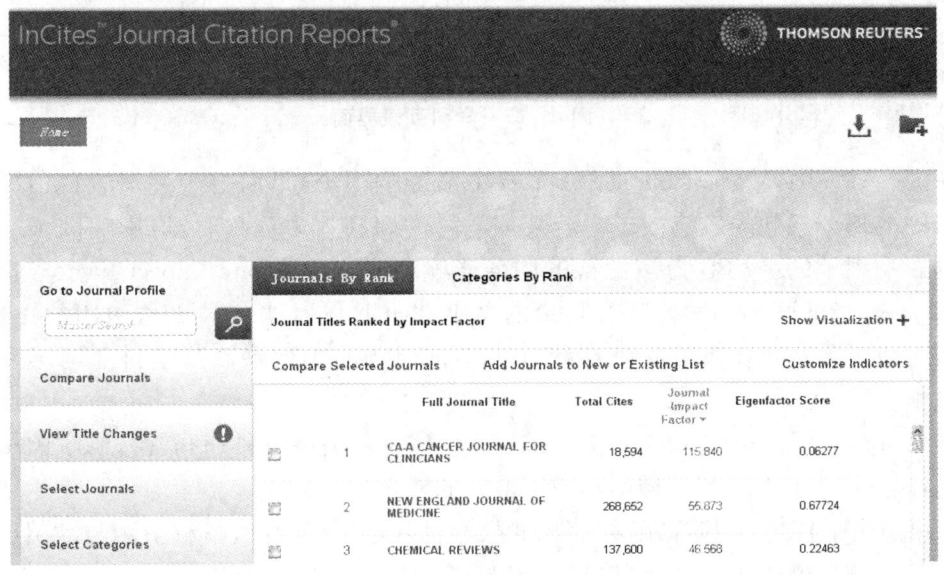

图 6-24　JCR 主页界面

(1) 浏览

① 期刊浏览。在 JCR 主页界面,系统默认提供所有期刊(包括 SCIE 版和 SSCI 版)的刊名列表(Journals By Rank),也可以在左边侧栏的检索导航区,勾选 SCIE 或 SSCI 版,点击"Submit"按钮后,分别列出。刊名列表按影响因子的大小排列期刊名称(Journal Titles Ranked by Impact Factor)。点击影响因子链接,会出现该影响因子计算方法及其结果的窗口。

② 学科浏览。若点击"Categories By Rank"标签,则显示所有学科(包括 SCIE 版和 SSCI 版)的学科列表,也可以在左边侧栏的检索导航区,勾选 SCIE 或 SSCI 版,点击"Submit"按钮后,分别列出。学科列表按所属期刊数量多少排列期刊所属的学科范围(All Journal Categories ranked by Number of Journals),如图 6-25 所示。

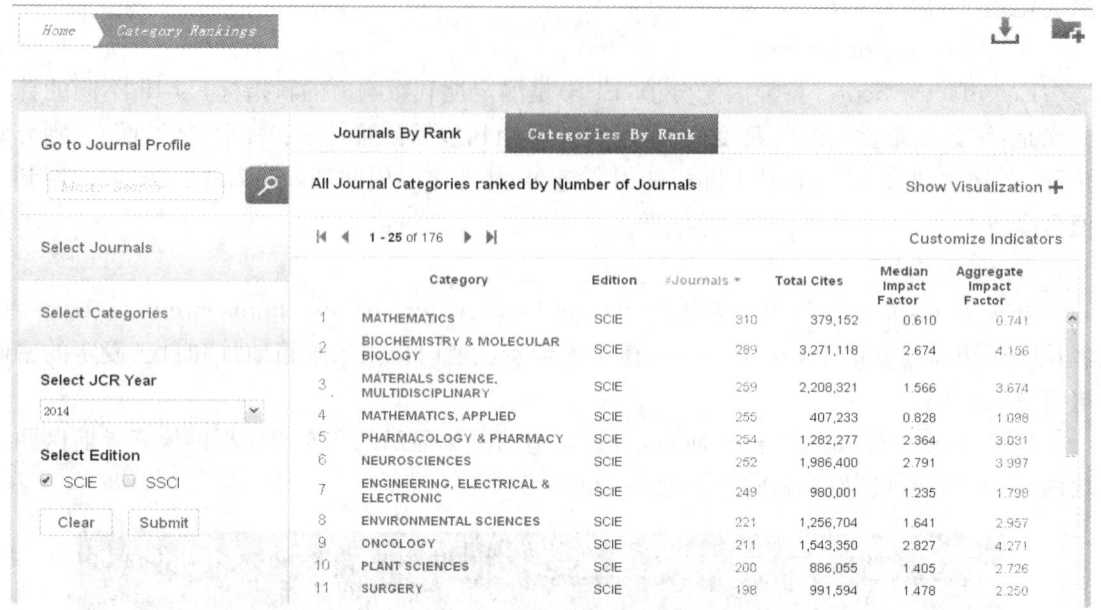

图 6-25 学科列表界面

在图 6-25 中，Median Impact Factor（中值影响因子）是取自于一个学科中影响因子排序居中的那个期刊的影响因子。若某一学科的期刊数为双数时，取影响因子居中的两种期刊影响因子的平均数为该学科的中值影响因子；Aggregate Impact Factor（学科集合影响因子）是指前两年本学科所有收录的文献在JCR统计当年被平均引用的次数，即该学科所有收录前两年发表的文献在统计当年被引用的次数除以该学科前两年发表文献的总数量。

如果再点击所属学科的期刊（Journals）数量链接，则该学科期刊又按影响因子大小排列期刊，以此可查找某学科领域影响因子最高的期刊。

如果点击学科名称，则显示该学科概况、学科基本指标数据、学科引用与被引用数据及其图表、学科集合源数据等详细信息，如图 6-26 所示。

在JCR期刊浏览、学科浏览时，还可以结合左边侧栏提供的选择期刊、学科、年份、Open Access、影响因子四分位（JIF Quartile）、出版商、国家/地区等进行过滤。选择过滤项，点击"Submit"按钮，即可执行过滤。

（2）检索

在JCR主页界面检索导航区，若要在上面的检索区（Go to Journal Profile）检索，可以先确定检索的期刊属于SCIE版还是SSCI版以及需要检索的年份，然后在检索框中输入检索词（刊名全称、刊名缩写、刊名中的关键词、ISSN号等），点击界面下方的"Submit"按钮，即可得到相关期刊的数据。

若要进行期刊比较，可以在JCR主页界面的检索导航区，点击"Compare Journals"链接，选择需要比较的期刊、参数指标及学科类别；或者在刊名列表界面勾选需要比较的期刊，再点击刊名列表上方的"Compare Selected Journals"链接，进入"Compare Journals"界面，选择需要比较的参数指标及学科类别。最后点击"Submit"按钮，即可执行检索。

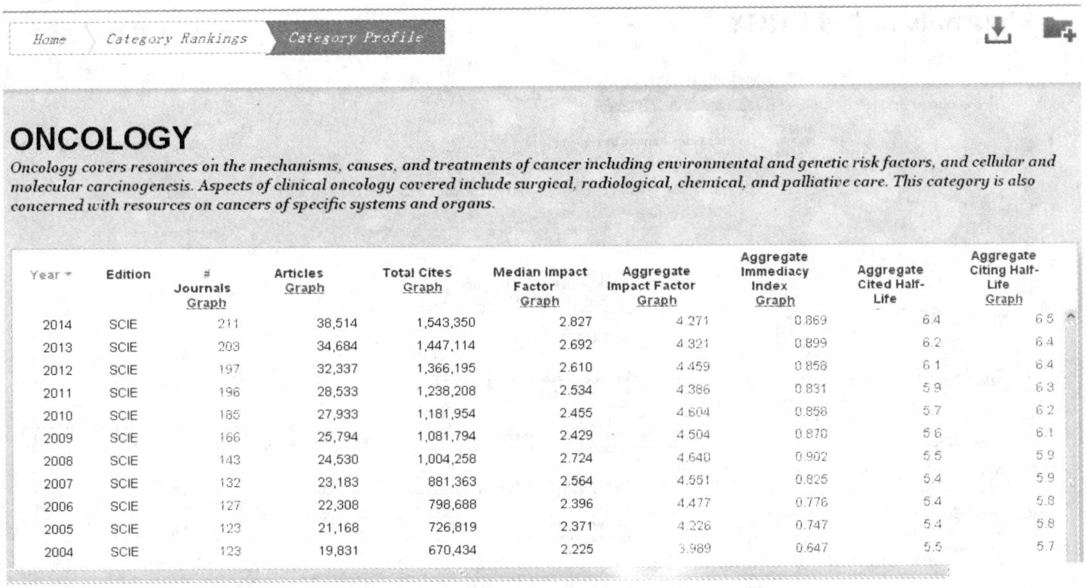

第 6 章 学术分析评价信息资源检索

| Home | Category Rankings | Category Profile |

ONCOLOGY
Oncology covers resources on the mechanisms, causes, and treatments of cancer including environmental and genetic risk factors, and cellular and molecular carcinogenesis. Aspects of clinical oncology covered include surgical, radiological, chemical, and palliative care. This category is also concerned with resources on cancers of specific systems and organs.

Year	Edition	# Journals Graph	Articles Graph	Total Cites Graph	Median Impact Factor Graph	Aggregate Impact Factor Graph	Aggregate Immediacy Index Graph	Aggregate Cited Half-Life	Aggregate Citing Half-Life Graph
2014	SCIE	211	38,514	1,543,350	2.827	4.271	0.869	6.4	6.5
2013	SCIE	203	34,684	1,447,114	2.692	4.321	0.899	6.2	6.4
2012	SCIE	197	32,337	1,366,195	2.610	4.459	0.856	6.1	6.4
2011	SCIE	196	28,533	1,238,208	2.534	4.386	0.831	5.9	6.3
2010	SCIE	185	27,933	1,181,954	2.455	4.604	0.858	5.7	6.2
2009	SCIE	166	25,794	1,081,794	2.429	4.504	0.870	5.6	6.1
2008	SCIE	143	24,530	1,004,258	2.724	4.640	0.902	5.5	5.9
2007	SCIE	132	23,183	881,363	2.564	4.551	0.825	5.4	5.9
2006	SCIE	127	22,308	798,688	2.396	4.477	0.776	5.4	5.8
2005	SCIE	123	21,168	726,819	2.371	4.226	0.747	5.4	5.8
2004	SCIE	123	19,831	670,434	2.225	3.989	0.647	5.5	5.7

图 6-26 学科(肿瘤学)详细信息数据界面

在 JCR 主页界面的检索导航区,若要选择学科(Select Categories)、选择期刊(Select Journals)、选择出版商(Select Publisher)、国家地区(Select Country/Territory)等检索期刊,只要作出相应选择和检索限定后,点击"Submit"按钮,即可执行检索,得到相关期刊数据。其中,选择学科和期刊检索最为常用,并且可选择多个学科、几种期刊同时检索。

【检索实例6-10】 欲查找 2014 年变态反应(过敏反应)学科领域影响因子最高的期刊。

检索步骤:

第一步 进入 JCR 主页界面,点击检索导航区的"Select Categories"栏,进入"Select Category"(选择学科)界面。

第二步 "Select Category"下拉列表中,勾选"ALLERGY";在侧栏中选择年份 2014,选择 SCIE 版。

第三步 点击侧栏下方的"Submit"按钮,即可得到检索结果。变态反应方面的期刊按影响因子降序排列的刊名列表,如图 6-27 所示。

可见,2014 年变态反应这一学科领域影响因子最高的期刊是 JOURNAL OF ALLERGY AND CLINICAL IMMUNOLOGY,影响因子是 11.476。

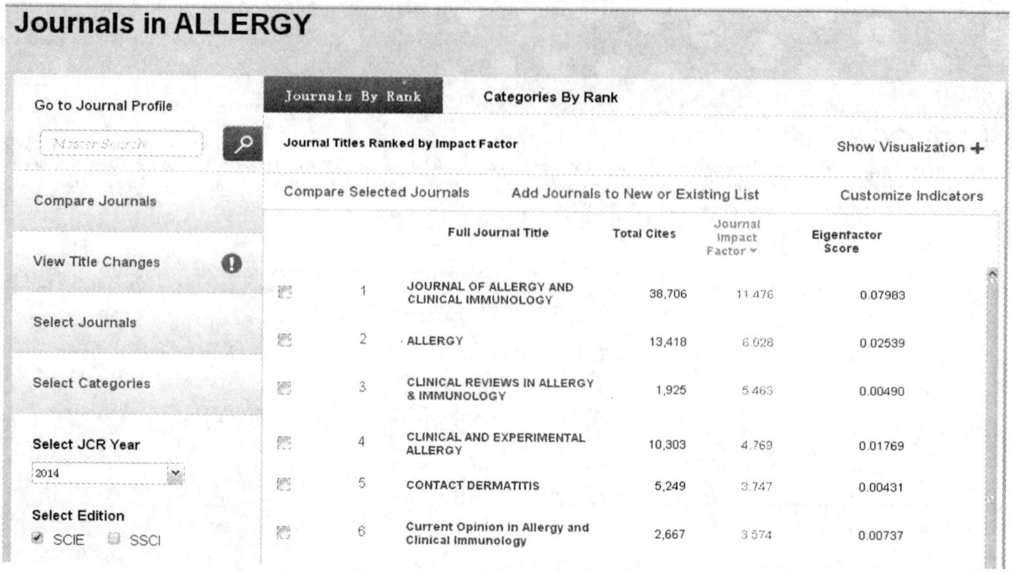

图 6-27 学科检索结果——刊名列表界面

点击期刊名称,可获得该期刊的基本信息及其重要指标数据、期刊来源数据、按影响因子在学科排名情况、被引期刊数据及其图表、引用期刊数据及其图表、期刊引用及被引用关系网络图等详细信息,如图 6-28 所示。

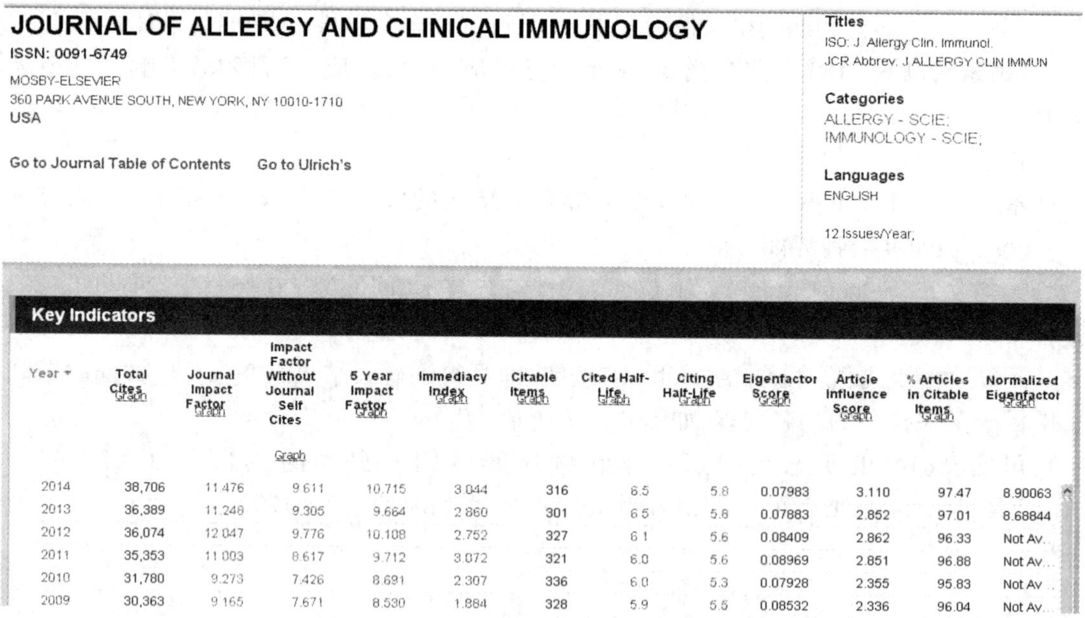

图 6-28 期刊详细信息数据界面

此外,在检索导航区,点击"View Title Changes",可以及时浏览到期刊更名信息;在刊名列表界面或者在学科列表界面,点击"Customize Indicators"链接,用户可选择设定相应指标的显示;点击"Show Visualization+"链接,可获得对应内容的视图信息。

4. 检索结果的处理

在刊名列表界面，点击"Add Journals to New or Existing List"链接，用户可以将选择的期刊给予命名文件名后保存到系统提供的文件夹中，以建立一个期刊列表。点击界面顶部右上方的文件夹图标，可对文件夹中的文件进行浏览、编辑、删除等操作。点击下载图标，可将期刊所属的学科数据、各种期刊数据以 CSV 或 XSL 格式下载，如果是学科或期刊关系的可视化信息、图表等，则以 PDF 格式下载。

6.4.2 Essential Science Indicators 数据库

1. 概况

Essential Science Indicators（基本科学指标，简称 ESI）数据库是一个基于 Web of Science 核心合集数据库的深度分析型研究工具。ESI 可以确定在某个研究领域有影响力的国家/地区、机构、论文和出版物，以及研究前沿。基于期刊论文发表数量和引文数据，ESI 提供对临床医学、化学、物理学等 22 个学科研究领域中的国家/地区、机构和期刊的科研绩效统计和科研实力排名。

ESI 统计数据来源于 SCIE 和 SSCI 数据库中 11 000 多种期刊、最近 10 年的科技论文（Article）和综述（Review），每 2 个月更新一次数据。每一种期刊都按照 22 个学科进行了分类标引，提供国家/地区、机构、论文和期刊排名，以及全球近 5 000 多个规范化的机构名称、客观的科研绩效基准值等。

ESI 是对科研文献进行多角度、全方位分析的理想资源，通过 ESI 可以实现：分析机构、国家/地区和期刊的论文产出和影响力；按研究领域对国家/地区、期刊、论文和机构进行排名；发现自然科学和社会科学中的重大发展趋势；确定具体研究领域中的研究成果及其学术水平和影响力；评估潜在的合作机构，对比同行机构等。

2. 常用数据

（1）Highly Cited Paper

Highly Cited Paper（高被引论文）是指按照同一年同一个 ESI 学科发表论文的被引用次数按照由高到低进行排序，排在前 1% 的论文。

（2）Hot Paper

Hot Paper（热点论文）是统计某一 ESI 学科最近两年发表的论文，按照最近两个月里被引用次数进入前 0.1% 的论文而给出。

（3）Top Paper

Top Paper（高水平论文）是指高被引论文和热点论文取并集后的论文集合。

（4）Research Fronts

Research Fronts（研究前沿）是一组高被引论文，是通过聚类分析确定的核心论文。论文之间的共被引关系表明这些论文具有一定的相关性，通过聚类分析方法测度高被引论文之间的共被引关系而形成高被引论文的聚类，再通过对聚类中论文题目的分析形成相应的研究前沿。

（5）Field Baselines

Field Baselines（学科基准值）即评价基准线，是指某一 ESI 学科论文的分年度期望被引次数。它是衡量研究绩效的基准,是帮助理解引文统计的标尺。

(6) Citation Thresholds

Citation Thresholds(引用阈值)是指在某一 ESI 学科中,将论文按照被引次数降序排列,确定其排名或百分比位于前列的最低被引次数。

(7) Field Rankings

Field Rankings(学科排名)提供近 10 年的论文总数、被引次数、篇均被引次数和高被引论文数。

(8) Citation Rates

Citation Rates(篇均被引次数)按照近 10 年间各年来进行统计,表示各学科每年的篇均被引次数。

(9) Percentiles

Percentiles(百分位)是指每年发表的论文达到某个百分点基准应至少被引用的次数,用来衡量论文引用的活跃度。

(10) ESI Thresholds

ESI Thresholds(ESI 学科阈值)是指近 10 年,某一 ESI 学科被引次数排在前 1% 的作者和机构,或排在前 50% 的国家或期刊的最低被引次数。

(11) Highly Cited Thresholds

Highly Cited Thresholds(高被引论文阈值)是指近 10 年,某一 ESI 学科被引次数排在前 1% 的论文的最低被引次数。

(12) Hot Paper Thresholds

Hot Paper Thresholds(热点论文阈值)是指近两年,某一 ESI 学科最近两个月被引次数排在前 0.1% 的论文的最低被引次数。

3. 使用方法

登录 ESI,单位订购的个人用户可访问 https://esi.incites.thomsonreuters.com/,或者从购买单位建立的 InCites™ 平台,以个人免费注册时提供的邮箱地址和自己设定的密码进行登录访问。

ESI 主页界面,如图 6-29 所示。界面的上部提供用户选择数据类型与下载导出选项。用户可以选择 ESI 各学科所有机构的数据指标(Indicators)、基准值(Field Baseline)或 ESI 阈值(Citation Thresholds)等不同数据类型。

在数据指标(Indicators)选择界面的下部,左侧的筛选区提供用户进行数据筛选,用户可以根据多个选项来筛选数据集,包括研究领域(Research Fields)、作者(Authors)、机构(Institutions)、期刊(Journals)、国家/地区(Countries－Territories)、研究前沿(Research Fronts)等,还可以选择不同的文献类型,包括高水平论文(Top Papers)、高被引论文(Highly Cited Papers)、热点论文(Hot Papers)等;右边的结果显示区给用户提供解读分析对象的详细指标,若点击"Show Visualization"链接,则可以查看数据的可视化结果。

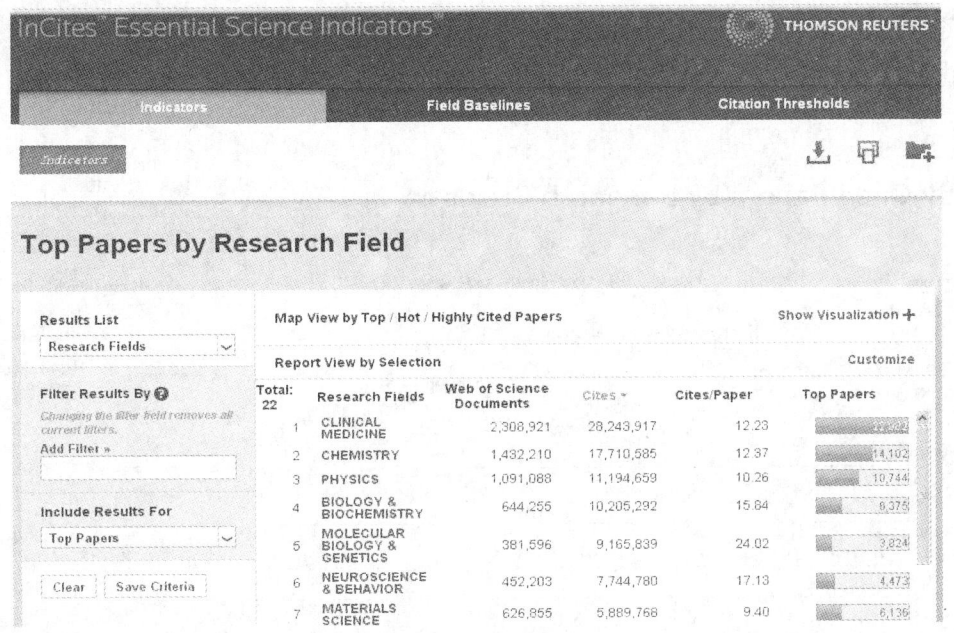

图 6-29　ESI 主页界面

（1）查找某机构进入全球前 1% 的 ESI 学科，并获取某机构在 ESI 学科的高水平论文、高被引论文或热点论文

（以下检索举例，检索的时间均为 2015 年 7 月 16 日）

【检索实例 6-11】　查找扬州大学进入全球前 1% 的 ESI 学科及其高影响力论文。

检索步骤：

第一步　登录 ESI，进入 ESI 主页界面，点击"Indicators"（数据指标）选项。

第二步　在左侧筛选区的"Results List"下拉菜单中，选择 Research Fields（研究领域）；点击"Add Filter"在增加筛选条件中选择 Institutions（机构），并在输入框中输入机构名称的字符串"yangzhou"，选择系统自动提示的英文名称"YANGZHOU UNIV"。

第三步　随即在右侧的结果显示区，从左至右依次显示命中的学科总数（Total）、研究领域（Research Fields）、论文数（Web of Science Documents）、被引次数（Cites）、篇均被引次数（Cites/Paper）、高被引论文（Highly Cited Papers）的数量（如果在筛选区的"Include Results For"下拉菜单中选择 Top Papers 或 Hot Papers，则显示高水平论文或热点论文的数量），如图 6-30 所示。

可见，扬州大学进入全球前 1% 的学科为 CHEMISTRY，PLANT & ANAMAL SCIENCE，AGRICULTURAL SCIENCES，ENGINEERING 4 个学科。ALL FIELDS 项为该校包括已进入和未进入全球前 1% 的所有 ESI 学科的论文指标信息，即可以查看该校近 10 年所发表的 ESI 所有学科的高水平论文、高影响力论文以及热点论文的详细信息。

第四步　当选择第一个学科 CHEMISTRY（化学），点击后面包含有论文数目的蓝色条形图时，会出现 *Indicators-Documents* 界面，如图 6-31 所示，可获得该校化学领域高被引的论文（或者高水平论文、热点论文）题录，并可在该界面，通过选择"Sort By"下拉菜单中的

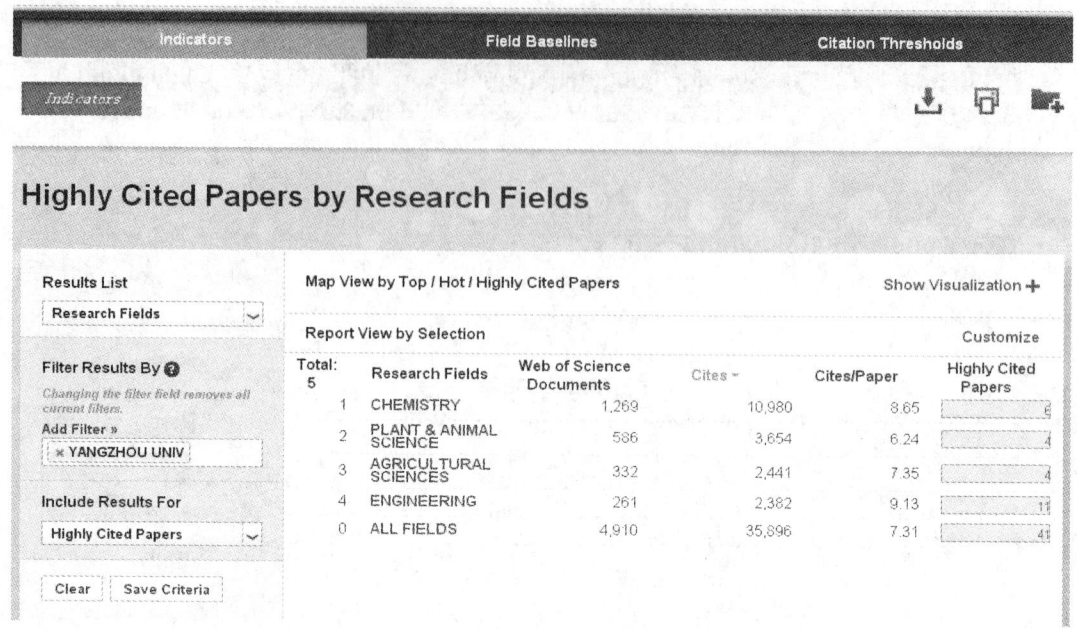

图 6-30　扬州大学前 1% ESI 学科及其高被引论文结果显示界面

选项来进行论文排序；通过点击"Customize Documents"链接来自定义各类指标和题录信息。点击论文题目时，ESI 会自动链接到 Web of Science 核心合集数据库中，获取每一篇论文的详细信息；点击被引次数时，将会显示被引趋势图，并可以将此趋势图导出、下载；点击题录中带有链接的著者、期刊、学科，可分别获得相关信息。

图 6-31　*Indicators-Documents* 界面

如果在图 6-30 的界面中，点击学科名称 CHEMISTRY，则显示该校化学领域引文趋向图及其数据信息，如图 6-32 所示。

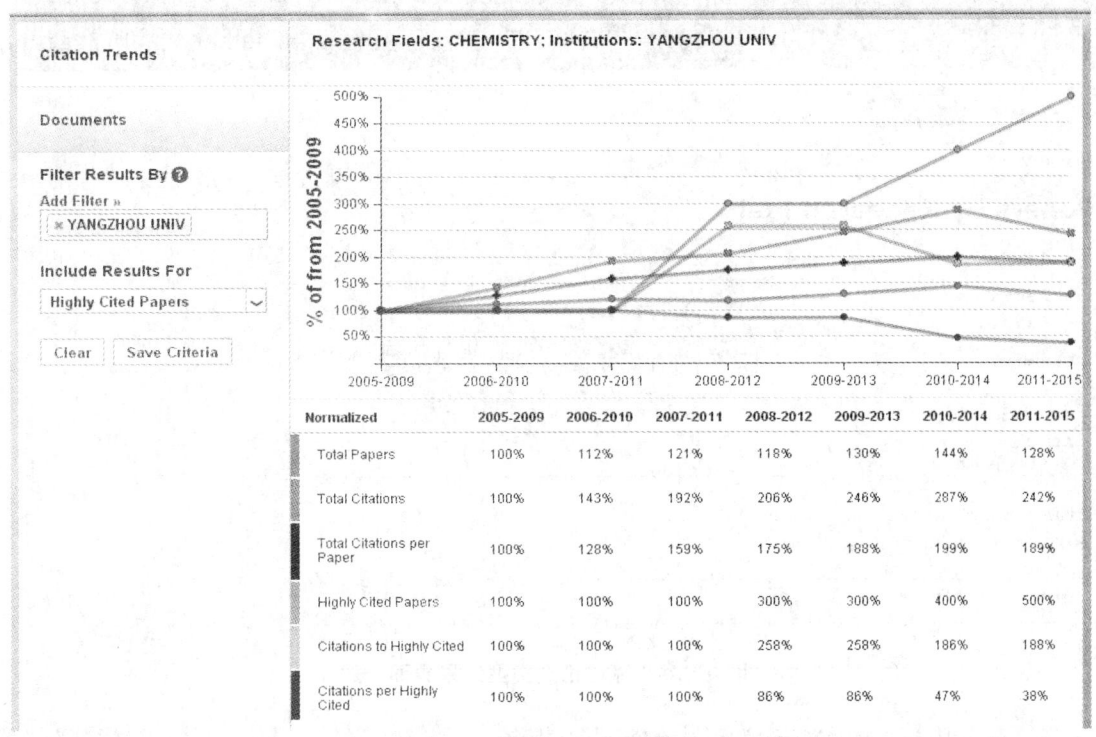

图 6-32　扬州大学化学领域引文趋向图及其数据信息

（2）某机构目前未有学科进入全球前 1%，但欲查找其拥有的高被引论文

【检索实例 6-12】　扬州大学"临床医学"目前未进入全球前 1%，检索其高被引论文。

检索步骤：

第一步　进入 ESI 数据指标（Indicators）选项界面，筛选区选择研究领域（Research Fields）及高被引论文（Highly Cited Papers）选项。

第二步　在结果显示区，选择"Clinical Medicine"，点击右边的"Highly Cited Papers"选项下的蓝色数字条框，进入到 *Indicators-Documents* 界面。

第三步　在 *Indicators-Documents* 界面，在左边的"Add Filter"中选择"Institution"，并在输入框中输入"yangzhou"，出现菜单选项，选择"YANGZHOU UNIV"。

第四步　在结果显示区显示出扬州大学"临床医学"领域的 1 篇高被引论文题录，如图 6-33 所示。

图 6-33 筛选论文类型结果界面

(3) 确定某一机构在 ESI 学科中的影响力排名

【检索实例 6-13】 查找北京大学在临床医学研究领域中的影响力排名。

检索步骤:

第一步 进入 ESI 数据指标(Indicators)选项界面,在左侧筛选区选择机构(Institutions);在增加筛选条件(Add Filter)中选择研究领域(Research Fields),系统会出现 22 个 ESI 学科的下拉菜单,选择目标学科 Clinical Medicine,并默认选高水平论文选项。

第二步 在结果显示区,从左至右依次显示了研究机构总数(Total)、机构(Institutions)、论文数(Web of Science Documents)、被引次数(Cites)、篇均被引次数(Cites/Paper)、高被引论文数量(Top Papers),如图 6-34 所示。

第三步 浏览检索结果。可见,北京大学在临床医学领域中的影响力排名目前为第 300 位。

(4) 查找 ESI 某学科的研究前沿

【检索实例 6-14】 查找临床医学的研究前沿,并获取位居第一的临床医学研究前沿的高被引论文题录信息,以文件名为 Clin Med-Fronts 保存于文件夹中。

检索步骤:

第一步 进入 ESI 数据指标(Indicators)选项界面,在左侧筛选区选择研究前沿(Research Fronts);在增加筛选条件(Add Filter)中选择研究领域(Research Fields),系统会出现 22 个 ESI 学科的下拉菜单,选择目标学科为 Clinical Medicine,并默认选高被引论文为文献输出类型。

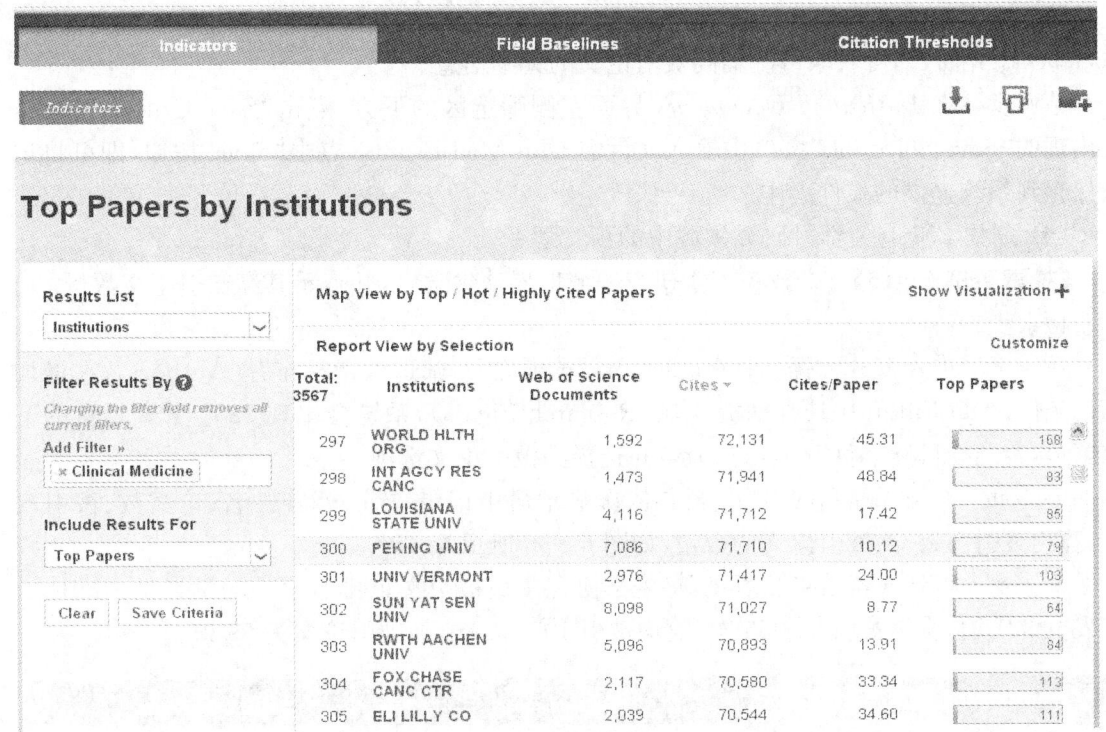

图 6-34　北京大学在临床医学领域中影响力排名

第二步　在结果显示区从左至右依次显示临床医学研究前沿的总数量(Total)、研究前沿的具体内容(Research Fronts)、高被引论文数(Highly Cited Papers)和平均年(Mean Year),如图 6-35 所示。

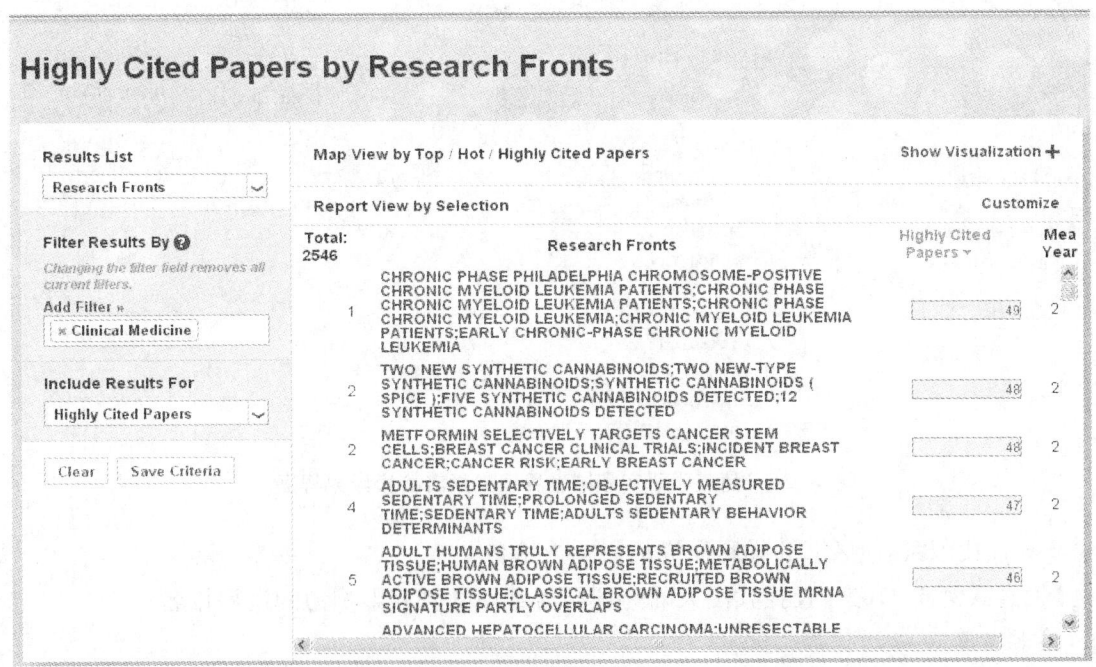

图 6-35　ESI 学科研究前沿(Clinical Medicine)

第三步　选择第一条研究前沿,点击包含高被引论文数的蓝色条形图,进入 Indicators-Documents 界面,即可获取每一篇高被引论文的详细信息。

第四步　在 Indicators-Documents 界面左侧筛选区的下方,点击"Save Criteria"按钮,在出现的"Save Selection"窗口中输入文件名 Clin Med-Fronts,点击"Save"按钮,即可将记录保存到系统提供的文件夹中。

(5) 查找 ESI 有关学科研究领域中的顶尖学者

【检索实例 6-15】 查找免疫学研究领域世界顶尖学者,并查看其高被引论文数量。

检索步骤:

第一步　进入 ESI 数据指标(Indicators)选项界面,筛选区选择作者(Authors);在增加筛选条件(Add Filter)中选择研究领域(Research Fields),系统会出现 22 个 ESI 学科的下拉菜单,若选择目标学科 Immunology,并选择高被引论文选项。

第二步　在结果显示区,从左至右依次显示命中记录总数、著者姓名、论文数、被引次数、篇均被引次数、高被引论文的数量,如图 6-36 所示。

第三步　得到检索结果。可见,免疫学研究领域被引文献排名第一的学者是 AKIRA,S,发文 321 篇,文献被引 34 053 次,篇均被引 106.08 次,高被引论文为 39 篇。

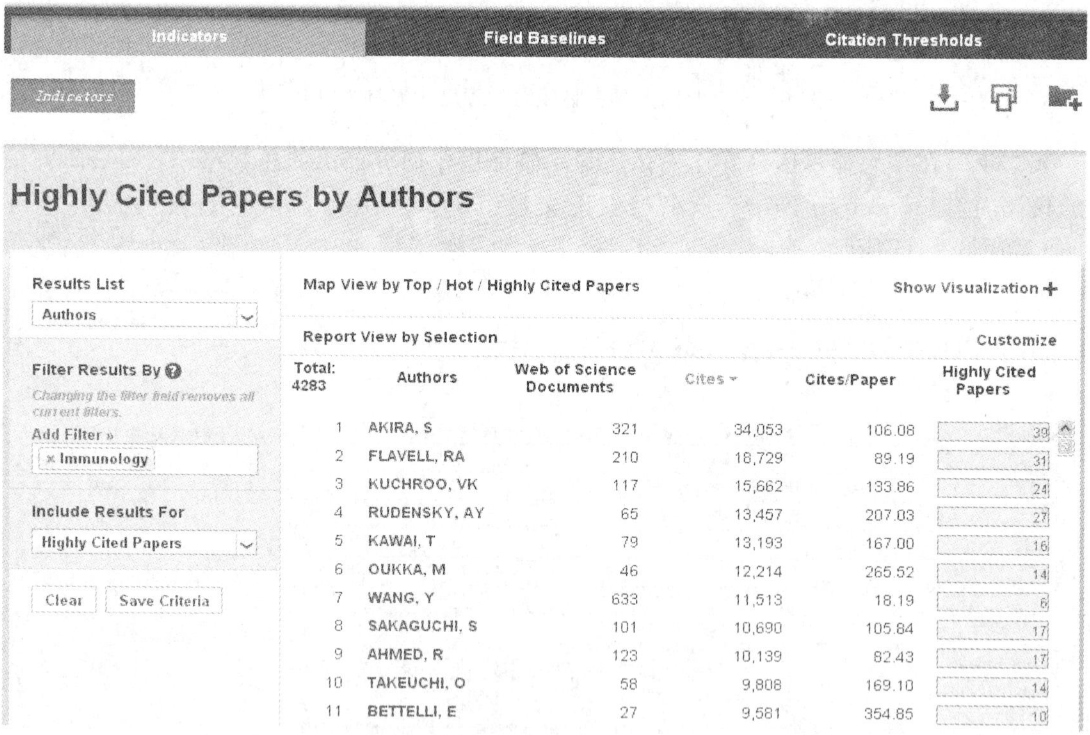

图 6-36　免疫学研究领域世界顶尖学者检索结果界面

(6) 查找国家/地区 ESI 学科研究的影响力排名

【检索实例 6-16】 查找我国大陆药理学与毒理学研究影响力的世界排名。

检索步骤:

第一步　进入 ESI 数据指标(Indicators)选项界面,在筛选区选择国家/地区

(Countries-Territories);在增加筛选条件(Add Filter)中选择研究领域(Research Fields),系统会出现22个ESI学科的下拉菜单,选择目标学科Pharmacology & Toxicology,并选择高被引论文选项。

第二步 在结果显示区,从左至右依次显示命中记录总数、国家/地区、论文数、被引次数、篇均被引次数、高被引论文的数量,如图6-37所示。

第三步 浏览检索结果。可见,中国内地(CHINA MAINLAND)药理学与毒理学研究的影响力排名位居世界第3位。

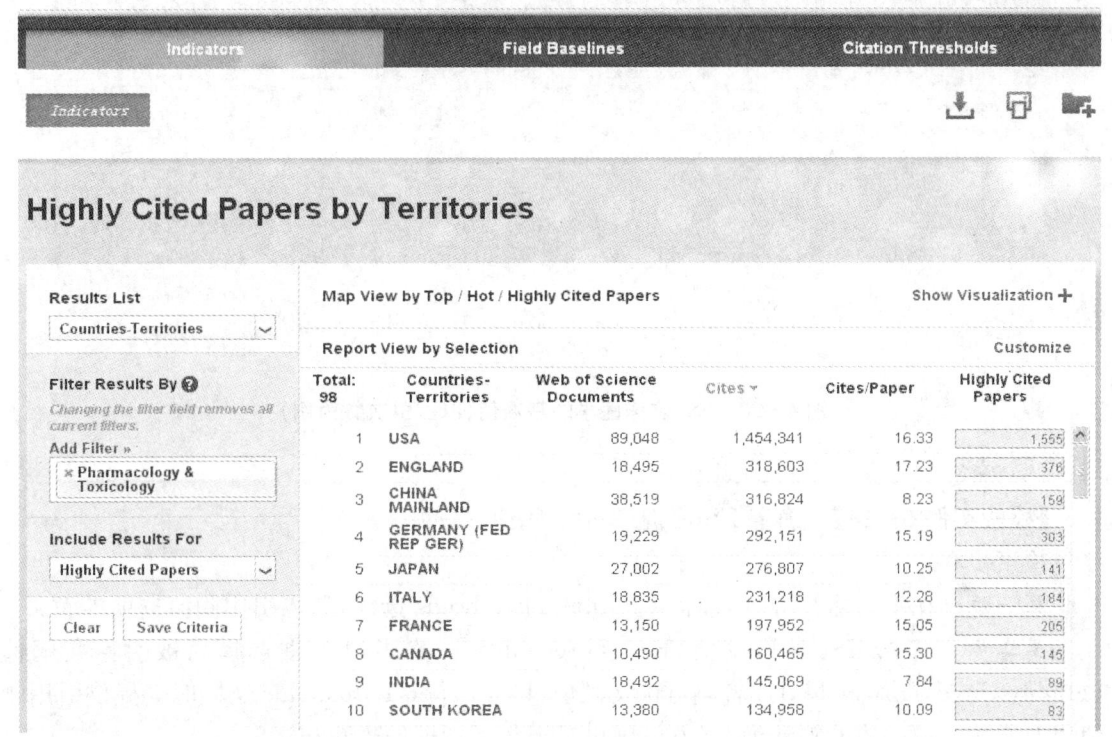

图6-37 药理学与毒理学学科世界排名检索界面

(7) 确定ESI某一学科的基准值(以被引次数为例)。

【检索实例6-17】 确定ESI临床医学的基准值(以被引次数为例)。

检索步骤:

第一步 在ESI主页界面,点击Field Baseline选项,进入学科基准值选项界面。

第二步 根据查询要求,选择篇均被引次数(Citation Rates)。若选择百分位(Percentiles)或者学科排名(Field Rankings),同时会提供学科基准值以及所选子项基准值的解释说明,方便用户对于各项指标的理解与运用。

第三步 阅读结果显示区的相关信息。第一栏为ESI的22个学科,分年度显示各学科论文的被引用情况是否达到了全球平均水平,如图6-38所示。

可以看到,2008年临床医学(Clinical Medicine)学科发表的论文截至到目前的篇均被引次数为18.02。因此,如果一篇发表在2008年的临床医学学科的论文截至到目前的被引次数不低于18.02,则该论文的被引表现不低于全球平均水平,即达到全球平均水平。

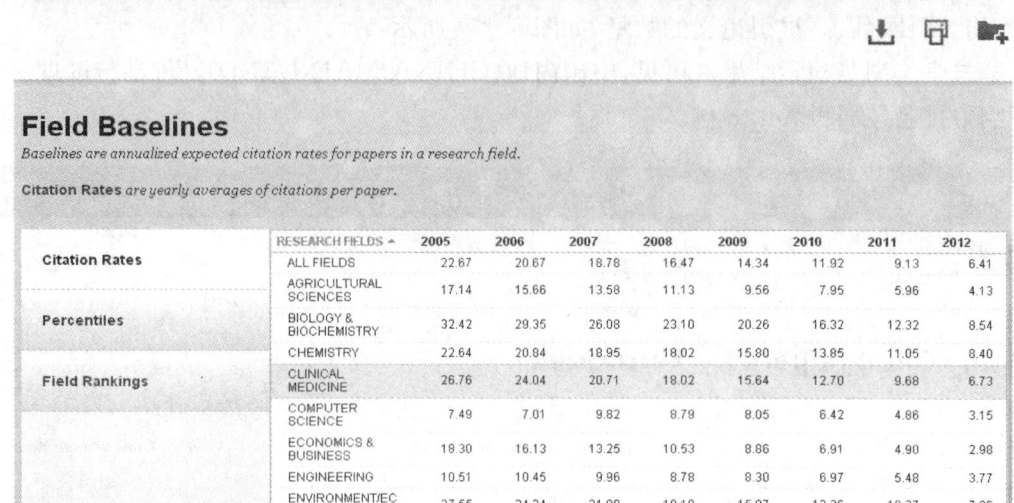

图 6-38 ESI 临床医学的基准值(以被引次数为例)

(8) 确定 ESI 某一学科的阈值

【检索实例 6-18】 确定 ESI 临床医学的阈值。

检索步骤：

第一步 在 ESI 主页界面,点击 Citation Thresholds 选项,进入引用阈值选项界面。

第二步 选择 ESI 学科阈值(ESI Thresholds)。也可以分别选择高被引论文阈值(Highly Cited Thresholds)或者热点论文阈值(Hot Paper Thresholds),同时会提供引用阈值以及所选子项阈值的解释说明,方便用户对于各项指标的理解与运用。

第三步 阅读结果显示区的相关信息。以 ESI 的 22 个学科为出发点,分别从作者、机构、期刊、国家等不同层次来给出被引阈值,如图 6-39 所示。

可以看到,目前总被引次数进入全球前 1‰ 的临床医学(Clinical Medicine)学科的机构要求发表论文的最低总被引次数为 1 742 次。

4. 检索结果的处理

在 ESI 界面的右上方,系统提供了数据下载导出的 3 个图标按钮。点击 图标按钮,可对系统文件夹中的文件进行浏览、编辑、删除等操作,且同一个用户可以共享 JCR 中的文件夹；如果点击右上方的 图标按钮,可选择 PDF、CSV 或 XLS 格式下载结果显示区的数据文件；点击 图标按钮,则将页面结果进行打印。

在 ESI 数据指标(Indicators)选项界面,点击左侧筛选区下方的 "Save Criteria" 按钮,在弹出的 "Save Selection" 窗口中,用户输入文件名后,点击 "Save" 按钮,即可将结果显示区的记录保存到系统提供的文件夹中。

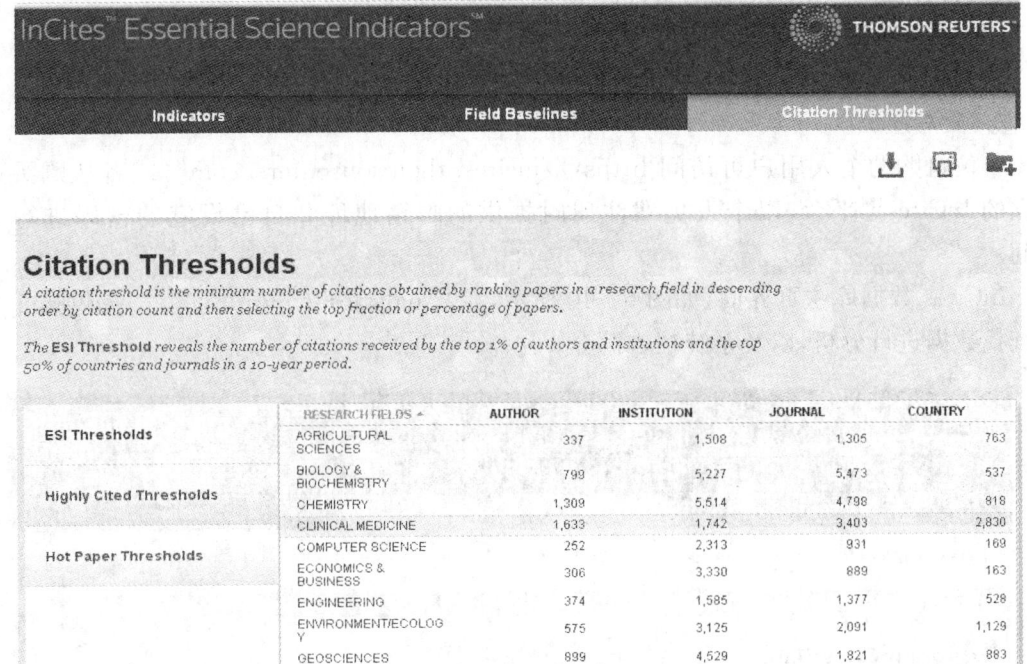

图 6-39 ESI 临床医学的阈值

6.4.3 InCites 数据库

1. 概况

InCites 数据库中集合了近 30 年来 Web of Science 核心合集数据库所有文献的题录和指标数据，涵盖全球 5 000 多所名称规范化的机构信息，拥有多元化的指标和丰富的可视化效果，可以辅助科研管理人员更高效地制定决策。利用 InCites 数据库可以定位重点学科/优势学科，发展潜力学科，优化学科布局；跟踪和评估机构的科研绩效；与同行机构开展对比分析，明确机构全球定位；分析本机构的科研合作开展情况，识别高效的合作伙伴；挖掘机构内高影响力和高潜力的研究人员，吸引外部优秀人才。

InCites 与 Web of Science 核心合集的数据相互连接，采用清晰、准确的可视化方式来呈现数据，用户可以更加轻松地创建、存储并导出报告。

2. 重要相对指标

（1）学科规范化的引文影响力

这是一个排除了出版年、学科领域与文献类型等作用的无偏影响力指标，因此使用它可以进行不同规模、不同学科混合的论文集的比较。

（2）期刊规范化的引文影响力

某出版物实际被引频次与其发表期刊同出版年、同文献类型论文的平均被引频次的比值，这个指标能够回答，诸如某论文在所发表期刊上表现如何之类的问题。

（3）平均百分位

一篇论文的百分位体现了其在同学科、同出版年、同文献类型的论文集中的相对被引表现,因此百分位是一个规范化的指标。

(4) 被引次数排名前10%的论文百分比

这是反映机构中优秀科研成果的指标之一。

3. 使用方法

单位订购的个人用户可访问 https://incites.thomsonreuters.com/,或者从购买单位建立的 InCites™ 平台,以个人免费注册时提供的邮箱地址和自己设定的密码进行登录访问。

InCites 数据库主页界面,如图 6-40 所示,在"Analytics"(分析)标签栏,提供按 5 个模块查找数据进行分析,以及系统报告简介。

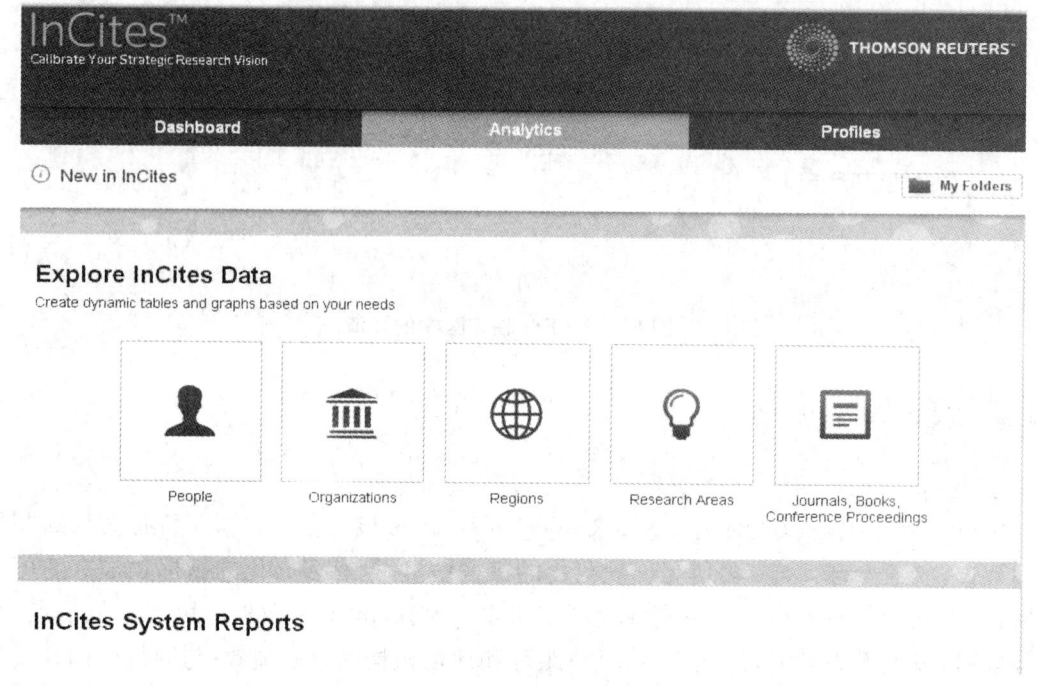

图 6-40　InCites 数据主页界面

➢ People(人员模块)——可分析各个机构所属科研人员和科研团体的产出和影响力等。

➢ Organizations(机构模块)——可分析全球各个机构的科研绩效,进行同行对比。

➢ Regions(区域模块)——可分析各个机构的国际合作区域的分布。

➢ Research Areas(研究领域模块)——可分析机构在不同学科分类体系中的学科布局。

➢ Journals,Books,Conference Proceedings(期刊、图书、会议录文献模块)——可分析文献所发表的期刊、图书和会议录分布。

➢ InCites System Reports(系统报告)——InCites 数据库中内置报告模板,可以通过机构名称等分析其研究绩效、合作论文和教学情况。

每个模块下分为 3 个区域,即左边侧栏的筛选区、右边上部的筛选结果图示区和右边下部的筛选结果显示区。图示区可通过点击"Show"或"Hide"按钮来切换显示或隐藏。Research Areas 模块界面,如图 6-41 所示(图示区被隐藏)。

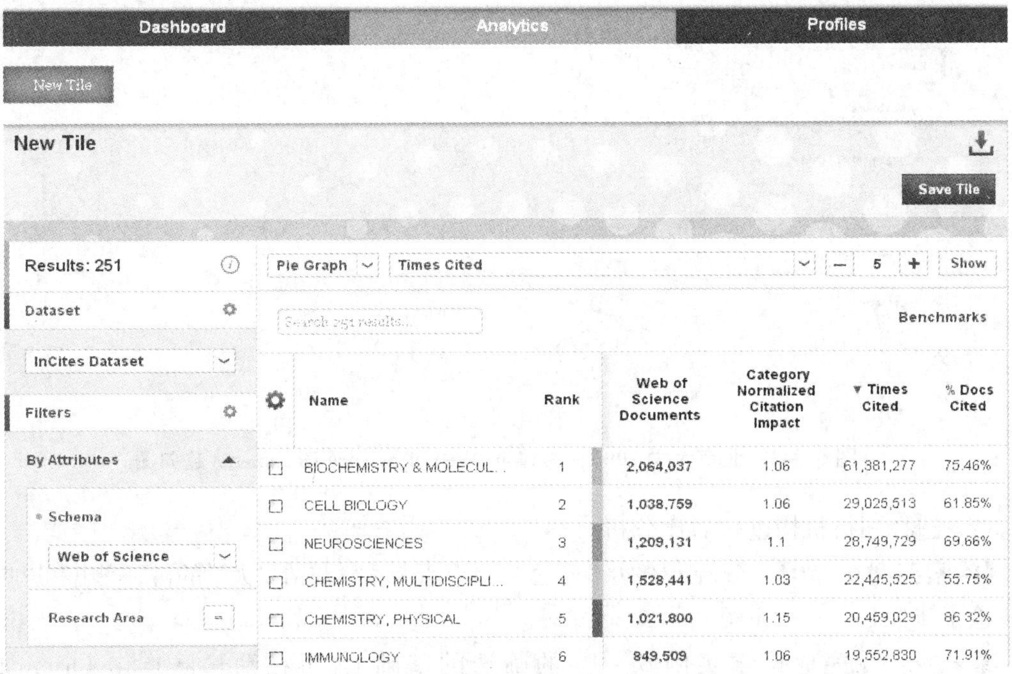

图 6-41 Research Areas 模块界面(图示区被隐藏)

筛选区可以根据多个选项来筛选数据集,包括研究领域、机构名称、合作机构、文献类型、出版年等,点击筛选区底部的"Update Results"(更新结果)按钮,就可以在图示区看到通过筛选得到的各个相关数据所生成的各种图像,在结果显示区可以浏览筛选过后得到的各个相关的数据和相应的指标。

(1) 分析某机构的科研产出和影响力

(以下检索实例,分析比较时间均为 2015 年 7 月 19 日)

【检索实例 6-19】 分析 2005 年至 2014 年北京大学的科研产出和影响力。

检索步骤:

第一步　登录 InCites 数据库,进入其主页界面,点击 Organizations(机构模块)。

第二步　在左边侧栏的筛选区,在"By Attributes"(按属性)栏下,点击 Organization Name,在输入框输入:peking,在系统自动提供的近似名称栏选 Peking University;在 Organization Type 中选择 Academic;在 Location 中输入 china 选择 CHINA MAINLAND;在 Rank 选项中勾选 ESI Most Cited;在 By Time 栏点击 Time Period,选择 2005~2014。筛选完毕后,点击"Update Results"按钮。

第三步　在右边上部的图示区可选择查看 Web of Science Documents 趋向图(Trend Graph),如图 6-42 所示。在下部的筛选结果显示区可见 Web of Science 的论文数及相关指标。

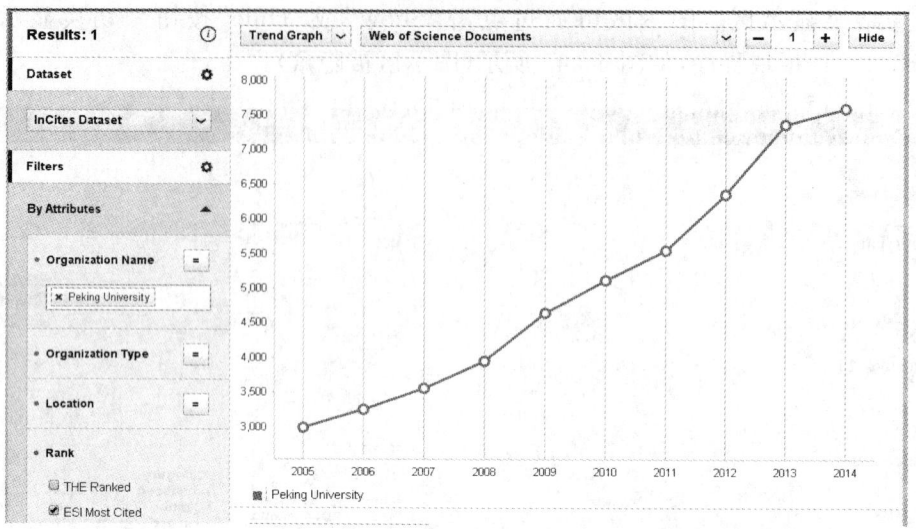

图 6-42　北京大学 2005～2014 年 Web of Science Documents 趋向图

(2) 选择同行机构进行对比分析

【检索实例 6-20】 分析比较 2005 年至 2014 年北京大学与清华大学的科研产出和影响力。

检索步骤：

第一步　在完成检索实例 6-19 的筛选的基础上，再在筛选区点击 Organization Name，在出现的输入框中，输入：Tsinghua University，点击"Update Results"按钮。

第二步　点击图示区右上方的"＋"号（点击"＋"或"－"可调整图中显示的结果数），以增加一条记录的图像显示，即可见到北京大学和清华大学"Web of Science Documents"的趋向图，还可以选择不同作图指标、呈现不同类型的图像。图示区的下方则为两校的论文数量及指标数据列表，如图 6-43 所示。

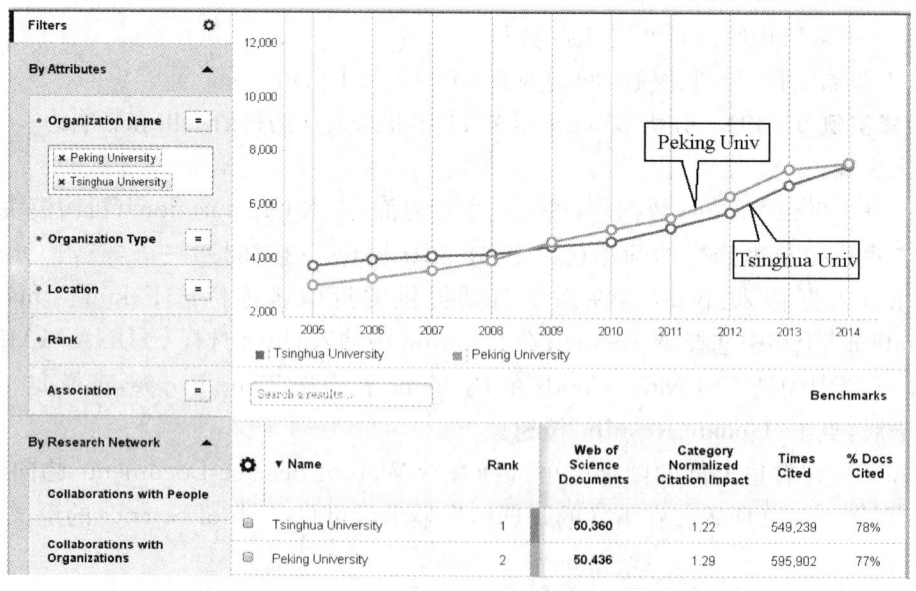

图 6-43　相关数据对比表及"Web of Science Documents"趋向图

第三步 进行结果的比较与分析。如果点击"Benchmarks"(基准数据),可以根据需求选择不同基准值来设定相应的基线作比较。全球基准值(Global Baseline)——是指全球同年所有文献的基准值;所有项目基准值(Baseline for All Items)——是指结果区得到的所有机构文献的基准值。

(3) 分析某机构的国际(国家/地区)合作情况

【检索实例 6‐21】 查找扬州大学学者与美国学者合作研究情况。其中在病毒学(Virology)领域有哪些合作成果,发表在哪些期刊上?

检索步骤:

第一步 在 InCites 数据库主页,点击"Regions"进入区域模块。

第二步 在筛选区的"By Research Network"(研究网络)栏下,点击"Collaborations with Organizations"(合作机构),在输入框中输入:Yangzhou University,其他选默认,点击"Update Results"按钮,在结果显示区即可得到扬州大学与包括大陆在内的 65 个国家和地区的合作情况。

第三步 在结果显示区,点击"USA",在出现的下拉列表中选择"Research Areas"(研究领域),再点击右边的"Refocus"按钮,可选择对研究领域进行重新聚焦。重新聚焦选项界面,如图 6‐44 所示。

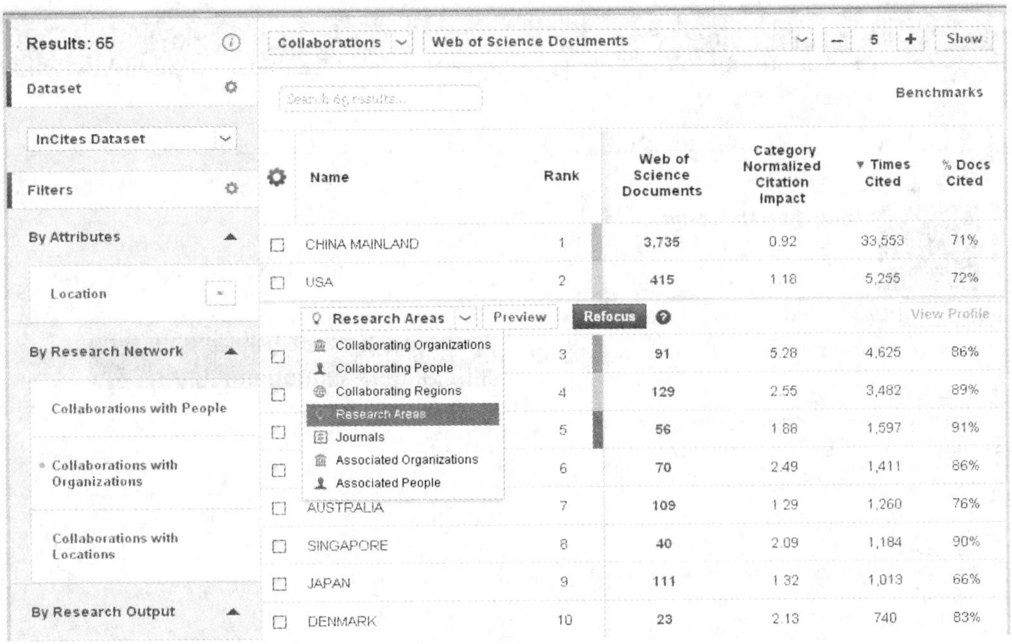

图 6‐44 重新聚焦选项界面

第四步 在得到研究领域重新聚焦的结果显示界面中,点击"Virology"后面 Web of Science Documents 一栏的论文数字,即可获得病毒学领域与美国学者的合作研究发表的论文情况。如果点击"Virology"(病毒学),再在出现的重新聚焦选项中,选择"Journal"聚焦,就可获得病毒学领域合作论文的期刊分布。

(4) 分析某机构的合作机构

【检索实例6-22】 查找北京大学与THE排名大学的合作情况。(注:Times Higher Education World University Rankings,THE 世界大学排名)

检索步骤:

第一步 在 InCites 数据库主页,点击"Organizations"进入机构模块。

第二步 在筛选区的"By Research Network"(研究网络)下,点击"Collaborations with Organizations"(合作机构),在输入框中输入:Peking University。并在"By Attributes"(属性)栏下的"Organization Type"框中选择 Academic;"Rank"栏中勾选"THE Ranked"。

第三步 点击"Update Results"按钮,即可得到北京大学与THE排名大学的合作情况。如果点击大学名称,也可以通过选项进行重新聚焦。

(5) 查找某机构 InCites System Reports(系统报告)

在 InCites 数据库主页,若在"InCites System Reports"(系统报告)选项中,选择"Institution Profile"(机构概况),点击"Run",通过"Find Institution"(查找机构),如 Yangzhou University(扬州大学),则提供一份关于该校的系统分析报告,包括该校的最新动态信息、科研绩效、研究领域、国内/国际合作机构、合作论文和教学情况等内容,如图6-45所示。

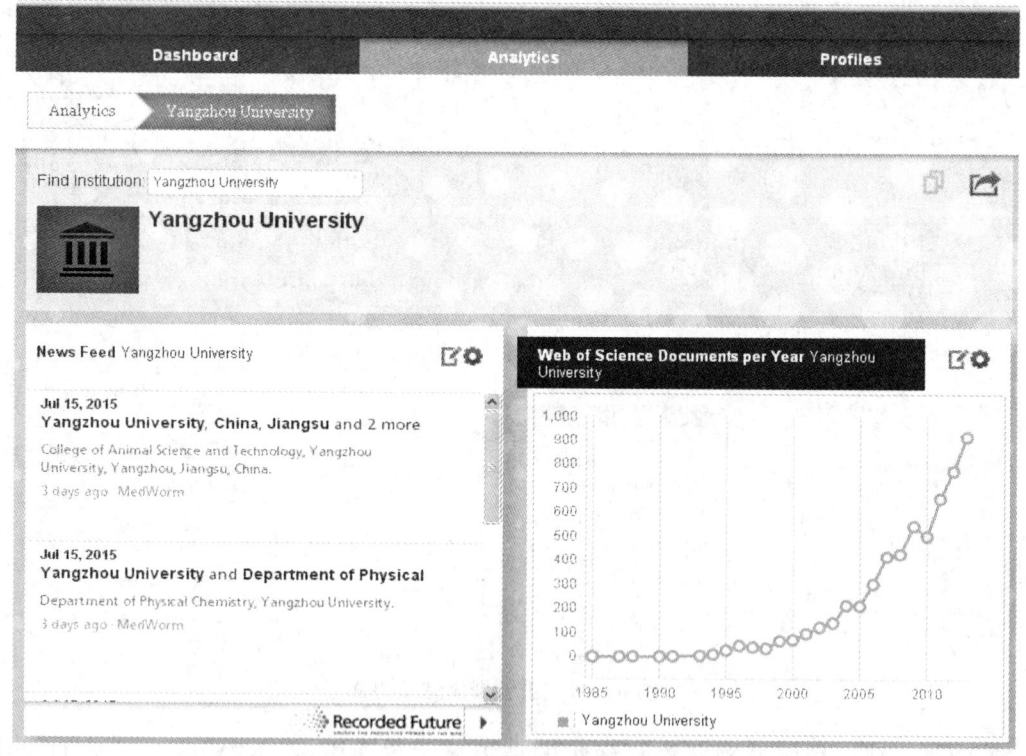

图6-45 Yangzhou University 系统报告

4. 检索结果的处理

在检索结果显示界面,点击右上方的 ⬇ 图标按钮,可选择CSV格式下载检索结果和相应的指标;点击"Web of Science Documents"论文数,可以查看或下载每篇论文的详细信息,包括论文的题录信息和详细的引文指标。点击题录中的标题,订购用户可链接到 Web of Science 核心合集数据库中的详细摘要数据。

6.4.4 GoPubMed 检索系统

1. 概况

GoPubMed(http://www.gopubmed.com/)是由德国 Transinsight GmbH 推出的关于生命科学的语义检索系统,不仅提供对 PubMed 进行基于概念范畴的语义智能检索,而且还提供对检索结果的概念分类导航、对检索结果的多维统计分析。

GoPubMed 所采用的概念主要来自于 Gene Ontology(GO,基因实体库)、MeSH、Universal Protein Resource(UniProt,普通蛋白质资源),以及著者、地理位置、期刊、出版时间等的概念。使用 GoPubMed 既可以帮助用户节省检索时间,又可以快速全面地把握检索到的相关研究课题的文献概貌以及研究态势,如论文著者的研究轨迹、全球核心著者及核心期刊、论文的年度分布图、著者分布世界地图及合著者可视化关系网络图等。

2. 使用方法

GoPubMed 主页界面,如图 6-46 所示。界面中间位置提供一个检索输入框,可采用 PubMed 原有的基本检索规则输入检索词或检索式,点击"find"按钮执行检索。

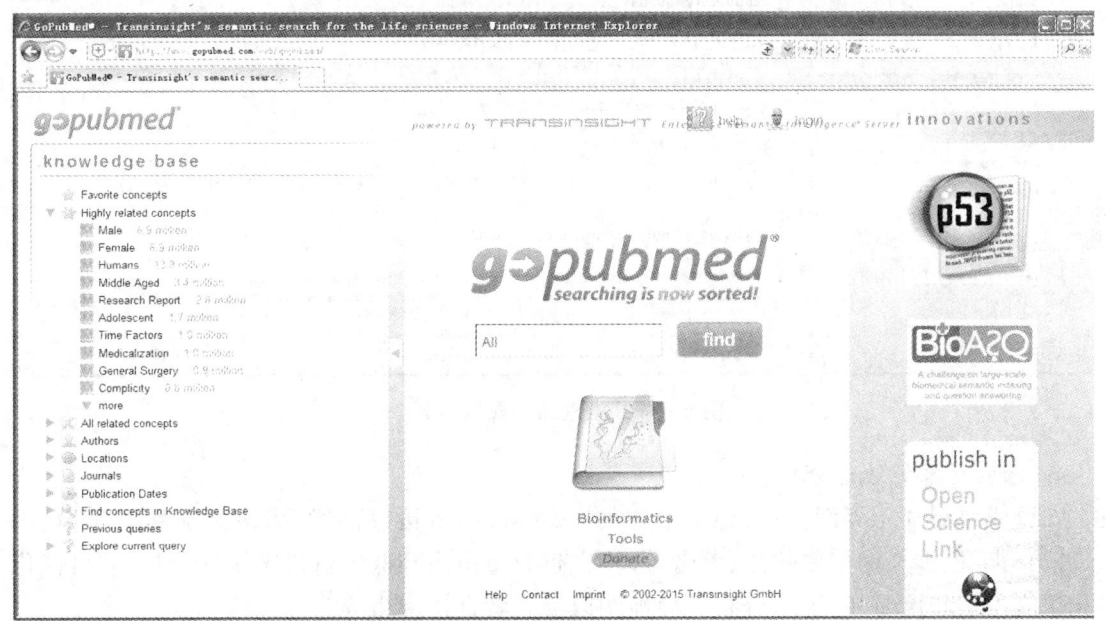

图 6-46 GoPubMed 主页界面

在执行复杂检索时,GoPubMed 会用到一些专有字段,如[go]限定 Gene Ontology 概念;[mesh]实际是一个复合概念,包括题名、文摘字段和主题词及其同义词的检索;[geo]表示地理位置概念的限定;[time]是出版日期的限定。

主页界面的左侧为导航区,检索结果按 Highly related concepts(高度相关概念)、All related concepts(所有相关概念)、Authors(著者)、Locations(地理位置)、Journals(期刊)、

Publication Dates(出版日期),以及 Find concepts in Knowledge Base(在知识库中查找概念)等,进行浏览、精炼(Refine)或过滤(Filter)。如果是免费注册后的登录用户,当选择所从事研究领域的学科主题概念后,在 Favorite concepts(喜爱概念)栏,会显示用户喜爱的相关概念的命中文献信息。

3. 检索结果的显示与处理

检索结果显示界面,如图 6-47 所示,点击左边导航区的概念名称,可以选择进行浏览、逻辑"与"的组配检索、排除概念的检索,或添加到自己喜爱的概念目录中等操作;点击题录上方的"top author",可显示该研究领域的顶尖学者;点击 show abstracts 图标,则记录以文摘格式显示;点击题录右上方的 export 图标,可将 100 条记录的文摘,选择相应格式后输出。若要下载一条记录,只要点击题录或文摘格式显示记录前的磁盘图标,选择相应格式后输出。

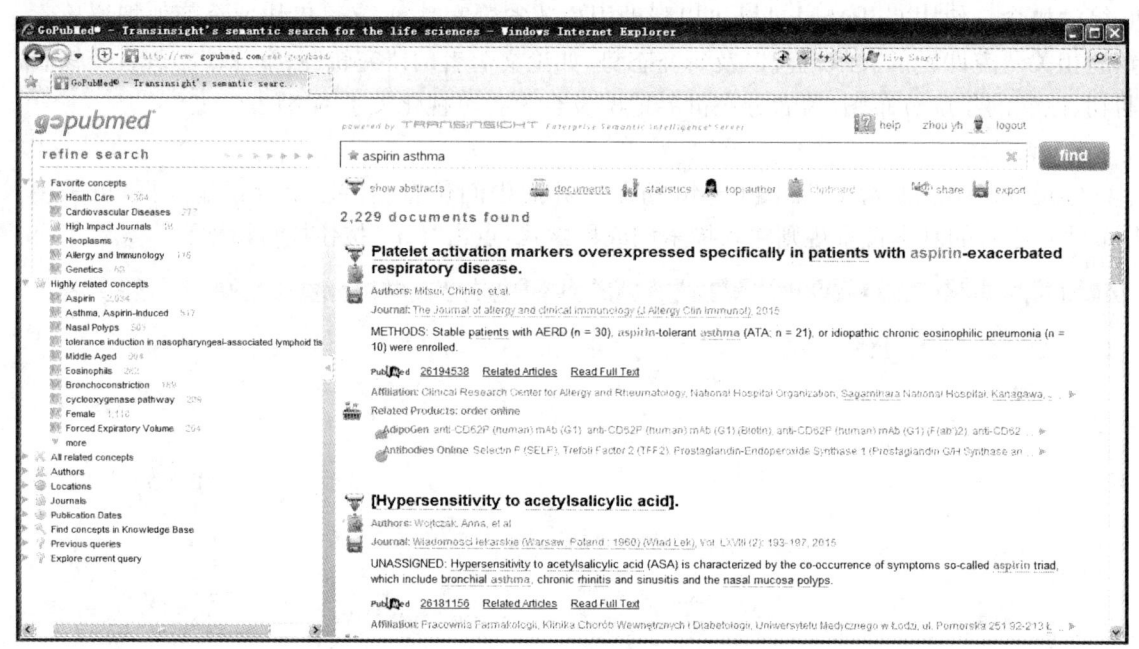

图 6-47 检索结果显示界面

4. 检索结果的统计分析

在检索结果显示界面,点击题录上方的"statistics"链接,检索结果按论文发表年份、国家、城市、期刊、涉及的主要术语、著者等,将文献数量由高到低进行排序统计分析,并可视化显示论文发表年度分布、著者分布世界地图以及著者合作网络等。

著者合作网络,如图 6-48 所示。图中显示线条比较粗,网络连接紧密的为核心著者团队,其合作阵营强大、实力也最强。利用著者合作网络寻找可以合作的相关研究领军人物和科研团队,为开展国际交流与合作提供信息支持和选择依据。

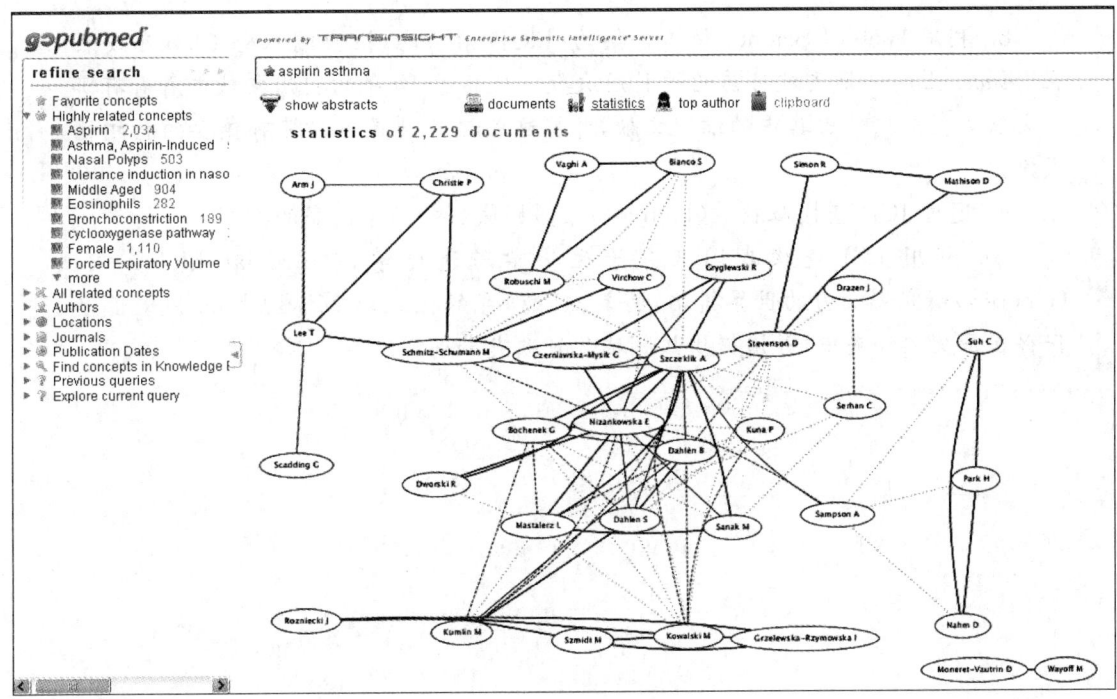

图 6-48 著者合作网络

1. 何为引文、引证文献？什么是影响因子、它有什么价值？
2. 什么叫引文检索？引文检索的主要作用有哪些？
3. 如果你想选择一位导师，如何确定他在国内外的影响及地位？
4. 如果你想了解相关专题研究，如何锁定其高影响力的文献？如何去追溯某一课题研究的历史来源和研究过程？如何追踪有关课题的研究方向？
5. 查找由洪涛、王健伟、孙异临等于2003年发表在《中华医学杂志》上的论文"电镜观察从非典型肺炎患者尸检标本中发现衣原体样和冠状病毒样颗粒"的被引用情况，摘录其中一条引证文献的完整题录。
6. 检索手外科专家顾玉东院士以第一著者身份发表在《中华手外科杂志》上论文的被引用情况，指出其中最高影响力论文的被引次数。
7. 利用Web of Science核心合集的源文献检索功能，查找近5年"肺癌与吸烟关系"的研究论文，指出该研究领域的高被引论文有哪几篇？发文数居前5位的核心著者有哪些？哪种期刊发表该领域文献最多？请试将高被引论文的题录及文摘以打印格式输出。

8. 利用 Web of Science 核心合集的引文检索功能，检索闻玉梅 1995 年发表在 *Lancet* 上的一篇文献目前的被引用次数。从其近 10 年的引用文献中看看有哪些文献类型？精炼出其中的综述文献，并将这些记录设置为以带有摘要的打印格式输出。

9. 通过 JCR 查找血液学（Hematology）领域影响因子最高的期刊。

10. 利用 ESI 查找我国在分子生物学与遗传学（Molecular Biology & Genetics）研究影响力的世界排名，将其热点研究的论文以 MBG-China 为文件名保存在系统文件夹中，并请提供该领域 5 种顶尖期刊。

第 7 章　网络免费医学学术信息资源检索

网络信息资源是以数字化形式将文字、图像、声音、动画等多种媒体形式的信息记录,分布式存储在网络计算机的存储介质以及各类通信介质上,并通过计算机网络通信等手段进行传递并可再现出来的信息资源集合。网络免费医学学术信息资源是网络信息资源的一部分,是指那些能够为医学学术研究所利用,并可免费获得的医学信息资源。从用户使用方式及网络免费医学学术信息的特征和分布状况出发,网络免费医学学术信息资源类型除了网络医学数据库资源、特种医学信息资源等外,还有学术搜索引擎资源、网站医学学术信息资源、OA 期刊资源、循证医学信息资源、事实数据在线医学资源等。

可以说,因特网是一个开放型的巨大信息资源库,数量庞大、增长迅速;更新不断、变化无常;分布散乱、针对性差;良莠混杂、信息价值差异大。面对这样一个庞大无比、动态变化的网络信息资源,尤其是在网络免费医学学术信息资源日益增长的趋势下,用户必然要依赖于因特网上信息资源的有效检索,正确地选择、灵活地运用和合理地评价网络信息资源检索工具和相关专业网站,并掌握一定的检索技巧和检索策略,才能提高网络免费医学学术信息资源的检索效率。

7.1　学术搜索引擎资源

7.1.1　搜索引擎的检索功能

网络信息资源尽管有很多是可以免费获得,但并不是随手可得。查找网络免费医学学术信息资源不同于浏览医学期刊文献那样可以直接进行,而是要有效运用网络信息资源的检索工具——学术搜索引擎来实现。

搜索引擎可以是一个独立的网站,也可以是附在其他类型网站或主页上的一个搜索工具。它们是通过搜索网页的单词和网址,集中了网上包括一切文本、超文本和多媒体内容的有关信息,并把它们储存在可供检索的大型数据库中。通常提供按关键词检索和按分类浏览两种检索方式。当用户输入检索提问时,搜索引擎会告诉用户包含这个检索提问的所有网址,并提供通向该网址的链接点。

搜索引擎的检索功能,主要包含以下两方面:

1. 一般检索功能

搜索引擎一般均支持布尔逻辑检索,而且使用得非常广泛。但各种搜索引擎的检索方式稍有差异,有的用符号表示,有的用菜单表示。一些搜索引擎还设计了邻近检索,检索词紧密连接并按规定次序出现在检索结果中,如 NEAR 近似操作等。此外,还使用截词检索、精确短语检索、字段限定检索等检索功能。

2. 特殊检索功能

(1) 禁用词

为提高检索效率和查准率,西文搜索引擎常常将一些介词、冠词、代词等作为禁用词,仅以这些词进行检索时,搜索引擎不予回答。中文搜索引擎也有同样的功能。

(2) 操作符

搜索引擎在支持布尔逻辑检索及其他操作时可选择使用适宜的操作符。例如,用半角双引号来查询完全符合检索词(词组或短语)的网站;用检索词前加"t:"或"u:"来指定检索词出现的段落。其中"t:"表示只搜索网站的标题,如"t:糖尿病",会找出标题含有糖尿病的网站名称,"u:"表示只搜索网站的网址,如"u:beijing",会找出包含 beijing 的网址;利用"+"或"－"来限定检索词是否要出现在检索结果中,检索词前用"+",表示检出内容必须包含该检索词,检索词前冠"－",则表示检出内容中去除该检索词。

(3) 自动分词

对中文搜索引擎而言,自动分词功能指搜索引擎能对用户键入的没有分隔符的中文检索式进行自动分词再检索。这种做法降低了用户在检索式组织上的工作量,以提高查全率和查准率。

(4) 二次检索或模糊检索

利用搜索引擎提供的二次检索功能,可使检索结果得到进一步的限制(Limit to)、或者精炼(Refine)或过滤(Filter)。模糊检索即所谓的 Fuzzy Match,一般指系统提供对用户的检索式进行自动分词(分不同层次,最多可分至单汉字),然后根据分出的词进行检索,而不是以整个检索式精确匹配的方式进行检索,从而提高查全率。

(5) 检索结果显示

搜索引擎多用最大检索结果限制和命中排序来控制查全、查准率。有些搜索引擎为提高效率、避免无用的资源浪费,会给出一个最大检索结果限制,对于没有最大检索结果限制的搜索引擎,则限制只能回送显示检索结果集中的部分记录;有些搜索引擎会将检索结果按其相关程度(权值)排序,大大方便了用户的选择。

此外,要注意阅读搜索引擎的帮助信息。许多搜索引擎提供了操作、运算符和使用规则的说明,阅读这些信息有助于有效的检索。

7.1.2 学术搜索引擎及其使用

1. Google 学术搜索

(1) 概况

Google 学术搜索(Google Scholar)(http://scholar.google.com/)是谷歌公司于 2004 年底推出的专门面向学术信息资源的免费搜索工具,并于 2006 年 1 月推出中文版。其主页界面,如图 7-1 所示。

图 7-1 Google 学术搜索主页界面

利用 Google 学术搜索,用户除了可以检索普通网页中的学术论文外,还可以检索同行评议期刊论文、学位论文、图书、预印本、文摘、技术报告等学术文献。文献来源于学术出版物、专业学会、预印本库、大学机构,内容涉及医学、物理学、经济学、计算机科学等多个学科领域。

由于 Google Scholar 和我国数据库公司及图书馆的良好合作,通过 Google Scholar 可以检索到万方数据、维普资讯网、中国知网、开放获取的学术期刊、国内高校的学位论文等资源,有使用全文权限的用户,可以直接下载全文。

(2) 检索规则

为提高 Google 学术搜索的检索效果,应当掌握以下检索规则:

① 布尔逻辑检索。输入多个检索词以空格分隔,默认为逻辑"与"(AND)匹配,一次最多可输入 10 个检索词;多个检索词用大写的 OR 连接,表示逻辑"或"检索;检索词前加上减号(减号前必须留一空格),表示逻辑"非"检索,即搜索不包含该检索词的网页。例如,asthma -child。

② 短语检索。用英文状态下的半角双引号括起词组或短语,表示进行精确短语匹配检索。

③ 词干法检索。使用词干法会同时搜索关键词和与关键词相近的字词。例如,搜索 dietary needs,会同时搜索 diet needs 和其他该词的变种。

④ 禁用词。自动忽略"的"、"是"、"of"、"in"、"for"、"about"等禁用词,如要强制检索这些词可用半角的双引号。

(3) 检索方法

Google 学术搜索提供了简单检索和高级检索两种检索方式。

① 简单检索。简单检索界面是 Google 学术搜索主页默认界面。在检索框中直接输入

任意的一个关键词或检索式,即可检索出来自数据库中的检索结果,包括中文数据库、外文数据库(ScienceDirect,SpringerLink 等)中的相关结果。

【检索实例7-1】 查找关于 SARS 疫苗(vaccine)研究的学术文献。

检索步骤:

第一步 进入 Google 学术搜索主页界面。

第二步 在检索框中输入检索式:(sars OR "severe acute respiratory syndrome") vaccine

第三步 点击检索框后的搜索按钮,即可得到检索结果。

② 高级检索。在简单检索输入框的后边,点开下拉箭头,点击"学术高级搜索",即可进入高级检索界面,如图7-2所示。

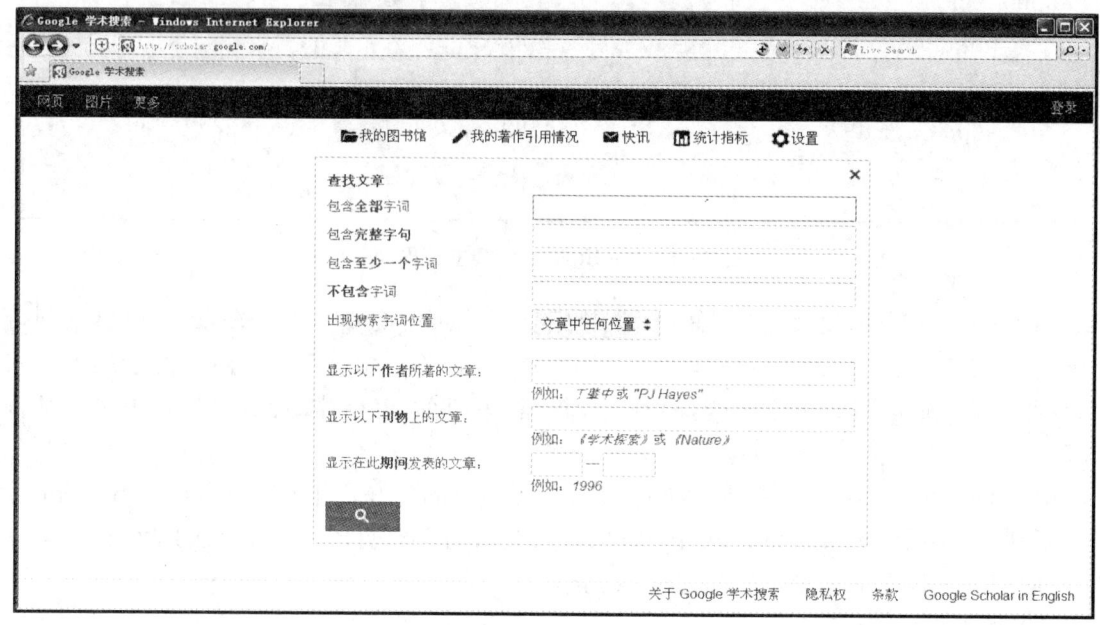

图 7-2 Google 学术搜索高级检索界面

高级检索界面设置了查找文章的匹配与限定选项。匹配选项从上往下4个检索条件输入框分别提供4种匹配方式:包含全部字词、包含完整字句、包含至少一个字词、不包含字词,依次表示 AND 运算、精确短语检索、OR 运算、NOT 运算,每个检索框只能输入检索词,不能输入运算符。限定选项分别有检索词出现的位置(文章中任何位置,还是位于文章标题)、文章的著者、文章发表的出版物、文章发表的时间范围等。

【检索实例7-2】 用 Google Scholar 检索文献标题中出现糖尿病(diabetes)眼部并发症(eye complications)的研究文献。

检索步骤:

第一步 进入 Google 学术搜索高级检索界面。

第二步 在匹配选项的第一个检索框中输入检索词:diabetes,第二个检索框中输入词组:eye complications;在"出现搜索字词位置"选项中选择"位于文章标题"。

第三步 点击搜索按钮,即可得到检索结果,如图7-3所示。

在检索结果显示界面,可见很多记录会带有"[PDF]"标记,这些记录可以直接免费下载

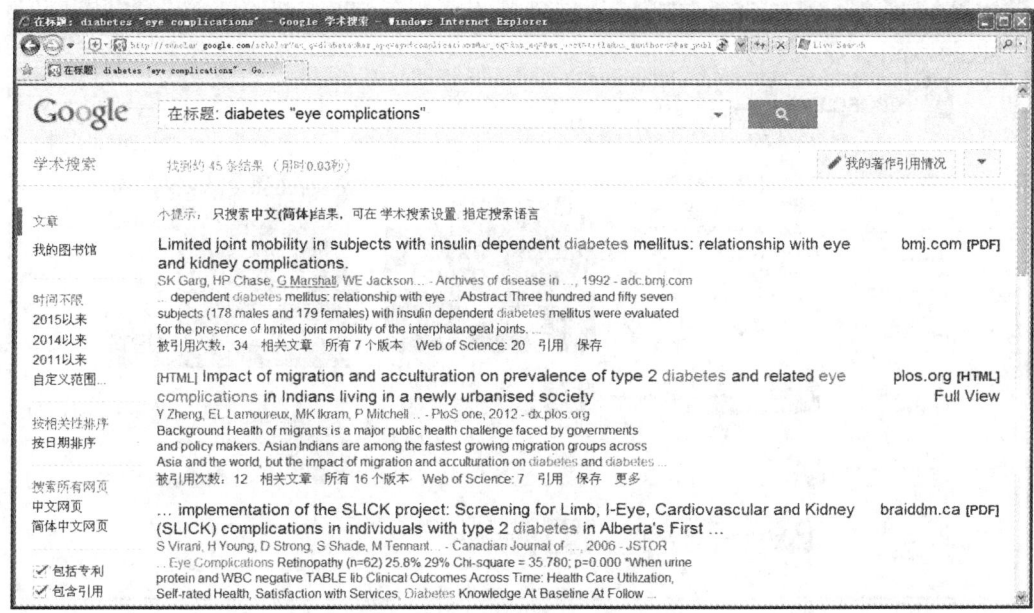

图 7-3 检索结果显示界面

PDF 格式全文;有的带有"[HTML]"标记,这是具有超文本链接的网页型免费全文,有时在超文本全文链接的界面还指向了该文献所在的期刊网站或其他来源站点,或许能提供免费的 PDF 格式全文;也有的带有"[doc]"标记,则为 word 文件。

此外,记录的下方还提供了该记录被引用次数、相关文章、提供该文献全文的网站、Web of Science 的施引文献数(有权限访问 Web of Science 核心合集用户可链接到施引文献)、引用(方法)等链接信息。

点击记录下方的"引用"链接,可以将目标文献直接复制并粘贴一种已设定格式的引用方法,如 GB/T7714-2005,MLA,APA,AMA;或者利用 BibTeX,EndNote,RefMan,RefWorks 其中一个链接,导入到个人文献信息管理软件中。

2. Medscape

(1) 概况

Medscape(https://www.medscape.com/)由美国 Medscape 公司研制,1995 年 6 月投入使用至今已有 20 年的一个非常优秀的医学搜索引擎。Medscape 报道内容多、更新快,是一个免费提供高质量临床医学全文文献、药物与疾病信息和继续医学教育资源的重要网站。其主页界面,如图 7-4 所示。

登录主页后的"Today on Medscape",报道当天最新的医学新闻、临床试验与指南等内容。主页设有 News & perspective(新闻视角),Drugs & Diseases(药物与疾病),CME & Education(教育与继续医学教育)等栏目的资源库;在 SPECIALTIES(学科专业)目录下,目前设有涉及医学临床内、外、妇、儿、口腔、护理、药学、肿瘤学、急诊医学、实验室医学以及家庭医学、公共卫生、基础医学等 36 个学科与主题的信息资源链接。在界面右上方的检索区,提供对 News & perspective,Drugs & Diseases,CME & Education 等栏目资源库的内容进行检索。

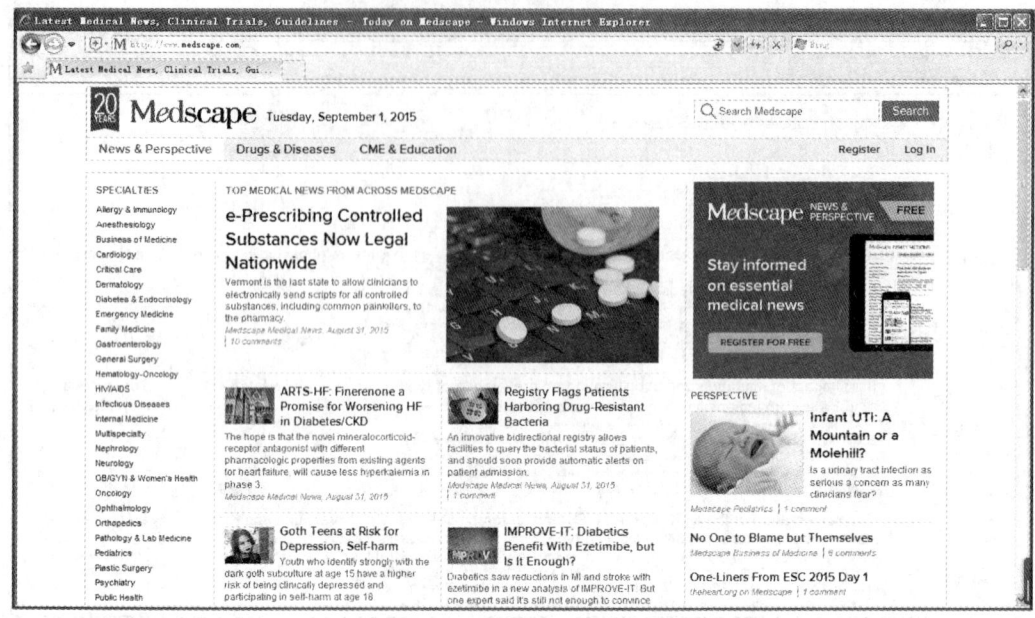

图 7-4 Medscape 主页界面

新用户可点击"REGISTER FOR FREE"进行免费注册,只需在注册表格中逐项填写后,点击"Submit"按钮,即可完成注册进行检索。注册用户登录后可以免费获得 30 多个医学专业的相关专题报道、会议信息、专家报告和来自顶级期刊的学术文章,以及临床医疗参考,如用药参考、疾病与手术、药物处方信息等,还有 1 000 多个专题课程的继续医学教育培训项目。如果在注册时填写了用户所从事研究的主要学科领域,Medscape 会定向提供该学科领域的信息资源。图 7-5 为注册用户登录显示界面,学科研究领域为 Diabetes & Endocrinology(糖尿病-内分泌学专题)。

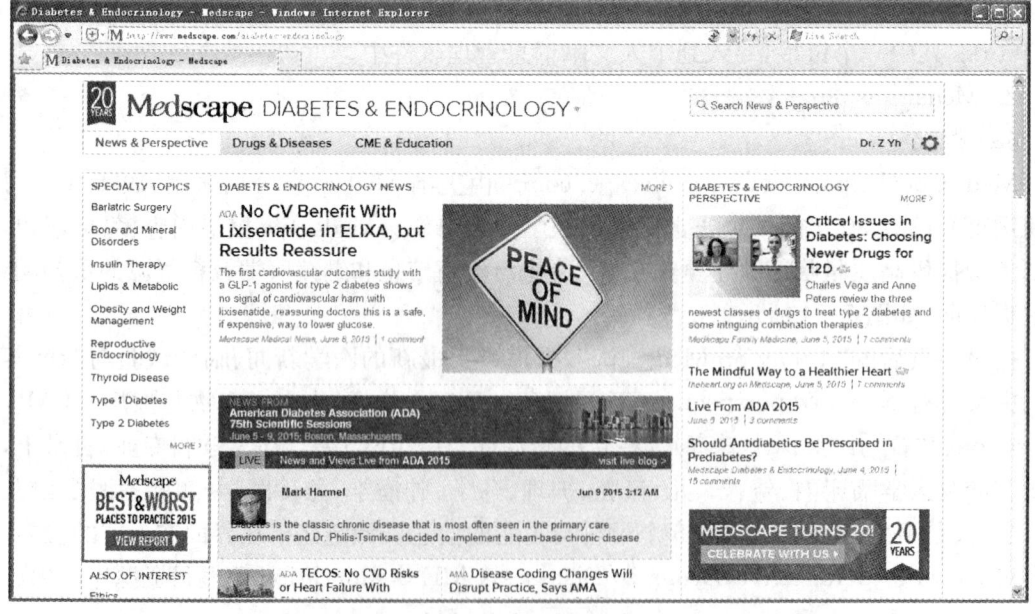

图 7-5 注册用户登录显示界面——糖尿病与内分泌学专题主页界面

(2) 检索方法

Medscape 可通过分类浏览和简单检索两种方式获得信息。

① 分类浏览。在 Medscape 主页界面，依次点击 News & Perspective，Drugs & Diseases，CME & Education 3 个栏目资源库，即进入相应资源的界面，即可获得相关方面的信息，或者可以选择下一级学科或栏目，进一步浏览有关方面的信息。

例如，在 Medscape 主页默认的 News & Perspective 资源栏目界面，在 SPECIALTIES（学科专业）目录中，点击学科专题名称，即显示该学科专题主页（参见图 7-5 糖尿病与内分泌学专题主页界面）。在学科专题主页界面，既可以浏览该专题的下一级专题信息（SPECIALTY TOPICS），也可以浏览该专题的其他各类信息，如新闻（NEWS）、视角（PERSPECTIVE）、最新的继续医学教育项目（CME & EDUCATION）、期刊论文（JOURNAL ARTICLES）、最新会议（LATEST CONFERENCES）、最受欢迎的文章（MOST POPULAR ARTICLES）等。根据需要继续点击各类信息链接，即可获得相应的详细内容或全文文献。

在学科专题主页界面，只要将鼠标指向该专题名称后的倒三角图标，则显示 Medscape 各学科专业站点（Medscape Specialty Sites）的链接列表，从中可以选择切换到其他学科专题主页界面。

② 简单检索。在 Medscape 主页界面右上方的检索区，提供一个检索输入框，针对 News & Perspective，Drugs & Diseases，CME & Education 3 个栏目的资源库进行的检索。检索框中输入检索词或检索式，点击"Search"按钮或按回车即执行检索，检索结果可选择按 3 个栏目的资源库分别浏览，也可以选择按相关度、时间、学科专题、内容类型等加以精炼（Refine）。检索词允许输入单词或多个检索词，多个检索词之间空格系统默认为"and"运算；词组检索用半角双引号括起；逻辑算符可使用 and，or，and not。

【检索实例 7-3】 检索有关化学预防肺癌的期刊论文资源。

检索步骤：

第一步 登录 Medscape 主页界面。

第二步 在右上方的检索框中输入检索式："lung cancer" and chemoprevention。

第三步 点击"Search"按钮或按回车，即可得到检索结果。检索结果显示界面，如图 7-6 所示。

第四步 在检索结果显示界面，点击"Refine"（精炼）标签，在出现的"All content types"（内容类型）选项中选择"Journal Articles"，即可得到相关的期刊论文。

3. HONselect

HONselect（http://www.hon.ch/HONsearch/Pro/honselect.html）是由 HON（Health On the Net Foundation，健康网络基金会）于 1996 年 3 月建立的医学搜索引擎——HON-Medical & Health Web Sites（医学和健康网站，http://www.hon.ch）的一个检索模块。HONselect 经专家精选的网络医学信息资源，提供 33 000 个 MeSH 词为检索入口，整合权威的科学论文、医疗新闻、网站和多媒体图像等各种资源于一体。其检索界面，如图 7-7 所示，提供按主题分类浏览和主题词检索两种检索方式。

在 HONselect 检索界面下方，还有两个链接列表：Most frequently used search terms

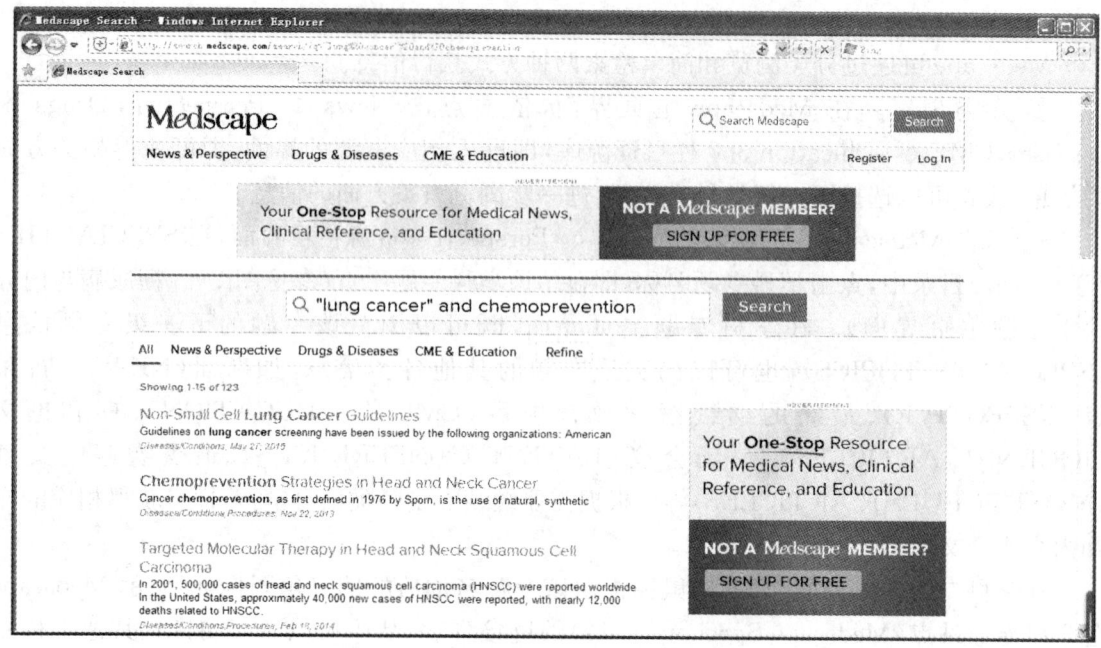

图7-6 Medscape 检索结果显示界面

和 List of rare diseases,通过层层点击,分别可浏览高频使用的检索词(医学主题概念)和罕见疾病的网站资源。

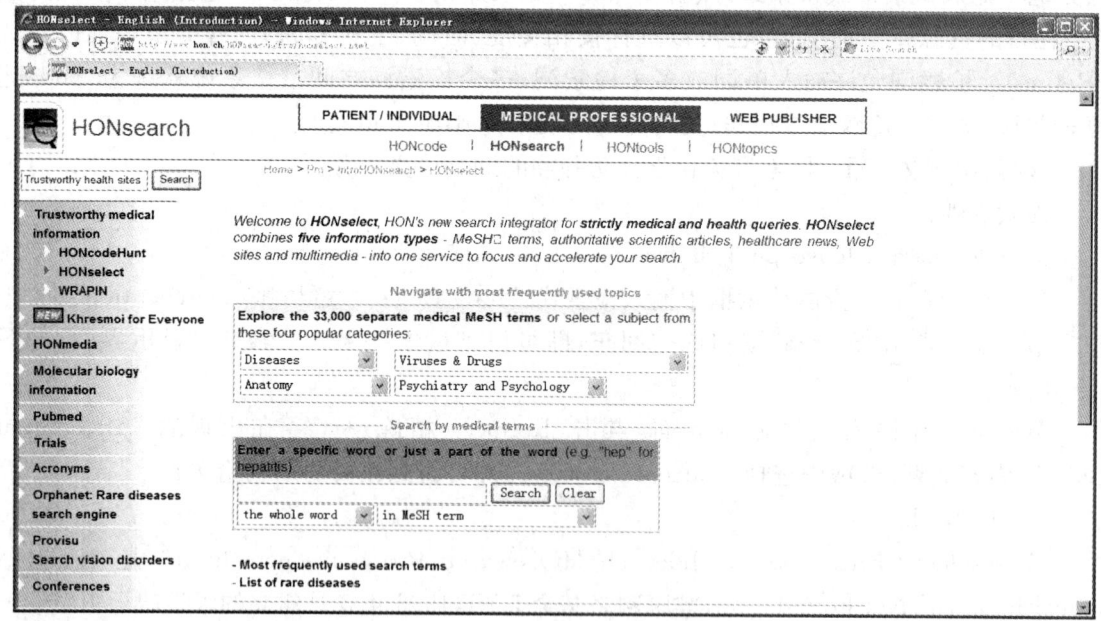

图7-7 HONselect 检索界面

(1) 主题分类浏览

HONselect 检索界面提供 Diseases(疾病)、Viruses & Drugs(病毒与药物)、Anatomy(解剖学)、Psychiatry and Psychology(精神病与心理学)4个大类下最常用主题词的选择菜

单,可直接浏览常用主题的相关资源。其结果显示页包括主题词树形结构及注释表、相关联的副主题词;MEDLINE 相关文献;相关网站资源;医学图像、新闻、会议事件、临床试验等内容。其中相关网站资源将 7 种语言的网页分别列出。每部分均可进行上、下位词和相关主题词链接的扩展检索。

（2）主题词检索

在检索框中可输入完整单词/词组（the whole word）或单词的一部分（the part of word），并可限定在主题词中检索（in MeSH term）或在主题词注释中检索（in MeSH term and description）。检出结果首先显示在主题词表中命中的主题词（MeSH terms）和其他相关主题词（accepted terms），选择点击合适主题词即可浏览检索结果。

【检索实例 7-4】 用主题词检索方式查找有关埃博拉出血热研究的信息资源。

检索步骤：

第一步 进入 HONselect 检索界面。

第二步 在主题词检索框内输入检索词:ebola 或 ebola hemorrhagic fever。

第三步 在检索框下的限定选项中,选"the whole word","in MeSH term"。

第四步 点击"Search"按钮,得到命中的主题词浏览界面,如图 7-8 所示。

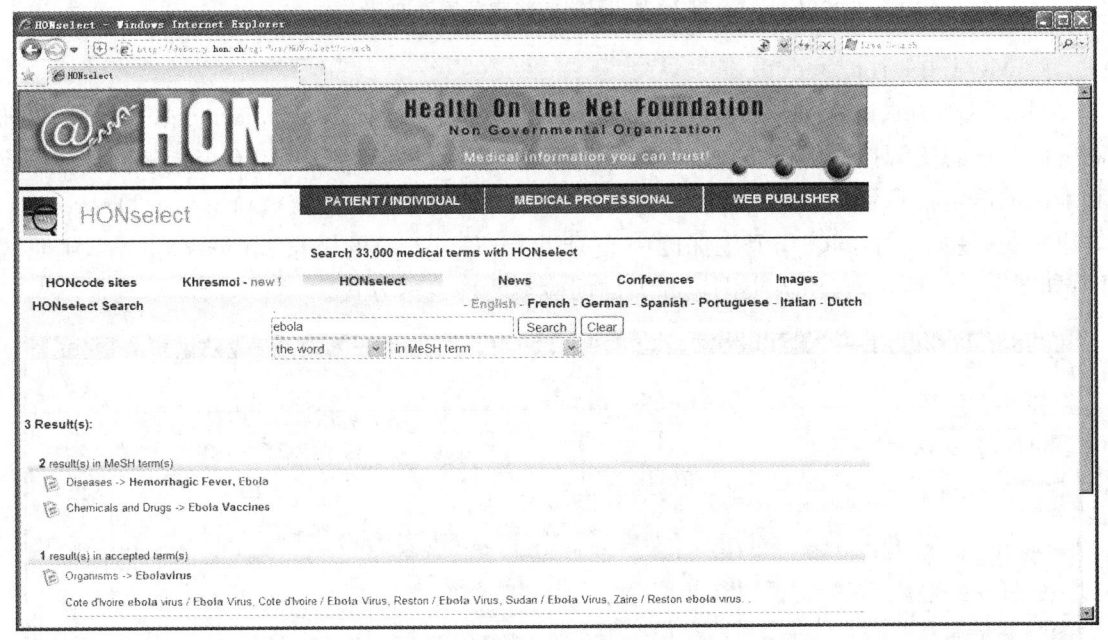

图 7-8 命中主题词浏览界面

第五步 浏览命中的主题词,在 result(s) in MeSH term(s)中,点击 Hemorrhagic Fever，Ebola,即可得到该主题词的检索结果。其检索结果界面,如图 7-9 所示。

第六步 在检索结果界面,依次可浏览"Hemorrhagic Fever，Ebola"一词的树状结构与注释、相关 Web 资源、医学图像信息、医学新闻、MEDLINE 中相关科学论文、临床试验、相关医学会议与事件等信息内容。此外,还提供按副主题词进行限定检索,或按上位主题词进行扩展检索等方式。

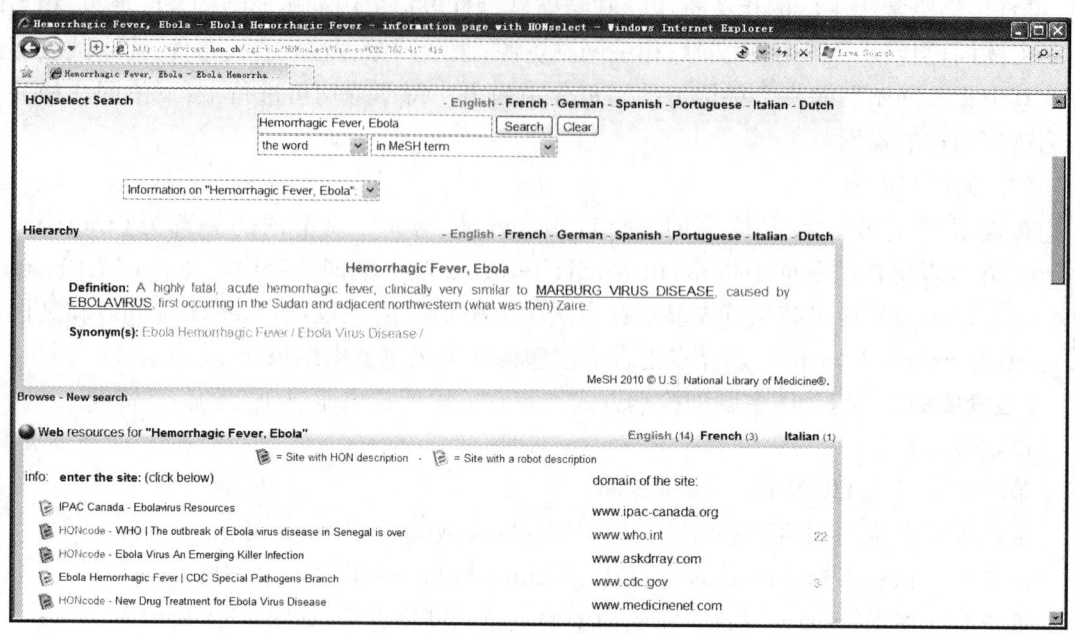

图 7-9 主题词检索结果界面

4. MedExplorer

MedExplorer(http://www.medexplorer.com/)由美国 MedExplorer 公司 1995 年研制的医学信息资源搜索引擎,主要收录了美国和加拿大的医学资源,也有少量来自其他国家和地区的医学信息资源,除提供常见的医学类目外,还提供常见疾病(Disease Disorders)、健康主题(Health Topic)和卫生保健中心(Health Centers)的链接。MedExplorer 主页界面,如图 7-10 所示,提供分类浏览和关键词检索两种检索方式。

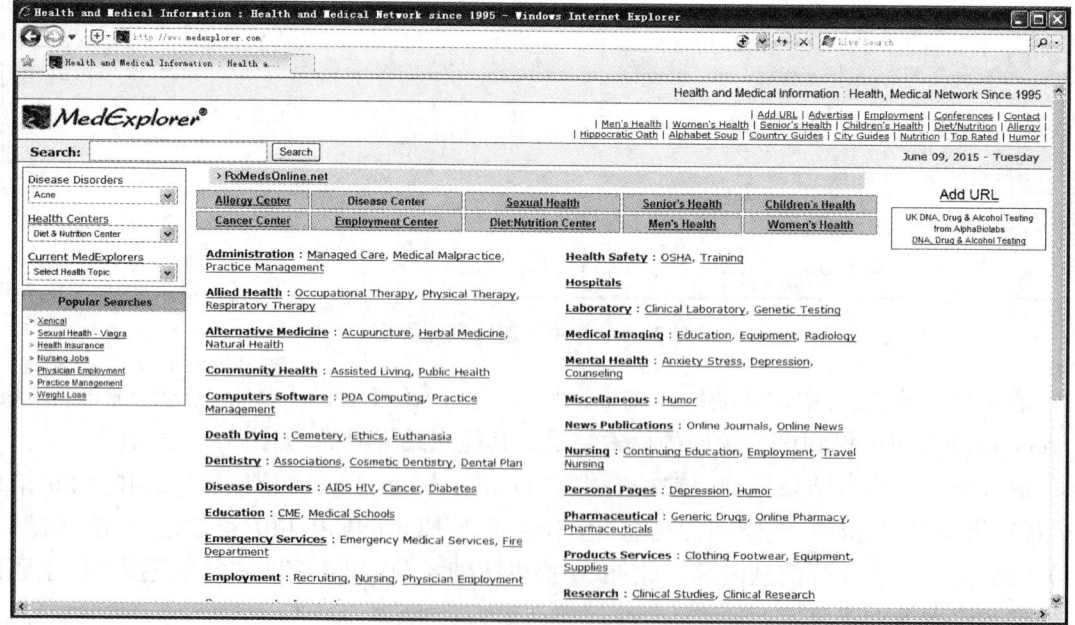

图 7-10 MedExplorer 主页界面

7.2 网站医学学术信息资源

7.2.1 国内医学及相关专业网站选介

1. 国家科技图书文献中心

（1）概况

国家科技图书文献中心（National Science and Technology Library，NSTL，http://www.nstl.gov.cn/）是经国务院批准于2000年6月12日组建的一个虚拟的科技文献信息服务机构，成员单位包括中国医科院医学信息研究所、中国科学院文献情报中心、中国科学技术信息研究所、机械工业信息研究院、冶金工业信息标准研究院、中国化工信息中心、中国农科院农业信息研究所、中国标准化研究院标准馆、中国计量科学研究院文献馆。NSTL负责采集、收藏和开发医学、农学、理工各学科领域的科技文献资源，面向全国开展科技文献信息服务。

NSTL主页界面，如图7-11所示，主要提供文献检索、期刊浏览、全文文献、引文检索等浏览与检索方式，以及代查代借、参考咨询等服务项目。

（2）检索方法

① 文献检索。分普通检索、高级检索、期刊检索和分类检索4种检索方式，可供检索的数据库有：中外文期刊论文、会议论文、学位论文、科技报告等数据库；中外专利数据库；国内外标准、计量规程数据库等。

图7-11 NSTL主页界面

【检索实例7-5】 查找有关空气污染对人类呼吸健康影响研究方面的中文学位论文（检索词能在论文标题中出现）。

检索步骤：

第一步　登录 NSTL 主页，点击"文献检索"标签栏目，进入其普通检索界面。

第二步　在选择数据库区，勾选"中文学位论文"库；在检索区的第一个检索框中输入检索词：空气污染，选择字段"题名"，在第二个检索框中输入检索词：呼吸健康，选择字段"题名"，上下检索框之间选择逻辑运算"与"。

第三步　点击"检索"按钮，即可得到检索结果题录列表，如图 7-12 所示。点击其中的题名，可显示该记录详细内容，根据需要可向收藏单位索取全文。此外，系统还具有二次检索功能。

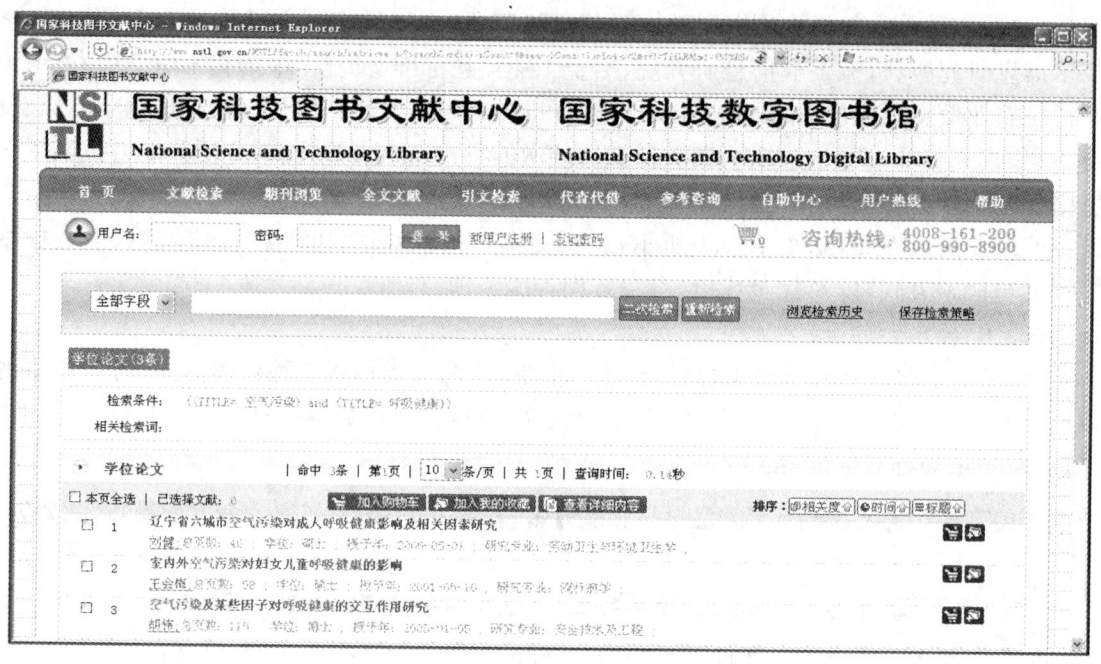

图 7-12　检索结果题录列表显示界面

② 期刊浏览。提供按西文、日文、俄文刊名字顺浏览和按学科分类浏览两种方式进行，浏览到所需刊名后，依次选择年、卷（期），浏览目次，点击其中的题名，即可免费获得包括文摘在内的详细信息，通过馆藏单位可有偿进行传递全文。

③ 全文文献。提供 NSTL 订购的、面向中国大陆学术界用户开放的国外网络版期刊，按全国开通文献、部分单位开通文献、开放获取期刊、试用期刊、NSTL 研究报告等分别提供浏览与检索。例如，可以利用"开放的国外网络版期刊跨库检索平台"，通过关键字、标题、作者进行检索；可通过开放获取期刊集成检索系统，浏览和检索 6 000 多种包括医学在内的 17 个领域相关期刊文献全文信息。全文文献浏览与检索界面，如图 7-13 所示。

图 7-13　NSTL 全文文献浏览与检索界面

④ 引文检索。提供国际科学引文数据库（Database of International Science Citation，DISC）检索。可分别进行 NSTL 文献库的所有来源刊的文献检索、国际科学引文数据库中收录的来源期刊的文献检索以及对来自国际科学引文数据库中收录 3 000 多种引文来源期刊的参考文献信息进行检索。国际科学引文数据库检索界面，如图 7-14 所示。

图 7-14　国际科学引文数据库检索界面

2. 首席医学网

首席医学网（http://www.9med.net/）是一个国内医学学术资源交流网站，是为医护工作者阅读医学期刊、掌握医学信息建立的专业平台。其主页界面，如图7-15所示。

图7-15 首席医学网主页界面

首席医学网设置的栏目主要有：医学期刊、医学会议、中医学、医学护理、医学资讯、医学文献、医学院校、医学知识、医学教育等。它是目前国内最大的医学期刊全文免费分享网站，从2001年以来，陆续收录了1300余种国内外医学期刊，其中有600多种期刊、120多万篇学术文献提供免费全文阅读。此外，首席医学网每年发布最新医学会议信息5 000多条，是国内发布医学会议信息数量最全，更新最快，影响力最大的网站之一。

在医学期刊栏目，选择"期刊全文阅读"，可按学科分类进行"过刊浏览"，不同期刊所提供过刊阅读的时间，从2001年开始至今，各不尽相同，浏览到的期刊论文的全文，有的以HTML格式提供，有的则以PDF格式提供。医学期刊浏览界面，如图7-16所示。

医学会议栏目按学科专业提供会议动态、近期会议、最新会议、会议专题、精品会议等信息；中医学栏目提供了中医药动态、中医腧穴图谱、中草药图谱、中成药、中医名家、中医学院等信息；医学护理栏目提供了护理学校、护理新闻、护理基础、临床护理、护理文苑、护理考试等信息；医学教育栏目则提供继续教育、资格考试、考研动态、专业习题等内容。在主页的上方，还提供了期刊、关键词的简单检索功能。

此外，首席医学网提供了众多的行业链接，如卫生部、国家中医药管理局、中华医学会、医学教育网、中国护理网、中国中医网、国家医学考试网等。

3. 丁香园——医药生命科学专业网站

丁香园——医药生命科学专业网站（http://www.dxy.cn/）成立于2000年，致力于建设医药及生命科学领域多种形式的互联网交流平台。网站设有涉及内、外、妇、儿、肿瘤、皮

图 7-16 医学期刊浏览界面

肤、影像、五官、整形、麻醉、重症、康复、超声、药品等临床医药学科众多专栏,通过专栏可获得相关学科专业的最新资讯、临床综述、精彩幻灯、经典病例、专家讲座等学术研究信息。

7.2.2 国外医学专业网站选介

1. 美国国立卫生研究院

美国国立卫生研究院(National Institutes of Health,NIH,https://www.nih.gov/),是世界上一流的生物医学研究中心,其网上医学信息资源丰富多样。NIH 的任务是:从事 NIH 院内科学研究,资助私立大学、医学院、医院和研究机构的医学科学研究,资助研究人员培训,促进生物医学信息的传播。

NIH 网站主页,如图 7-17 所示,提供以下 6 个栏目方面的内容。

(1) Health Information

Health Information(卫生信息)主要汇集了如健康信息热线、卫生专题(Health Topics)、网上免费数据库、科学教育资源、NIH 出版物等相关卫生信息资源。

卫生专题(Health Topics)汇集了大量医学知识普及性文章,可在"Search Health Topics"检索框中输词检索,也可按相关主题浏览信息。

网上免费数据库主要包括 ClinicalTrials.gov,MedlinePlus 等。

① ClinicalTrials.gov(临床试验数据库)。是向病人、病人家属、公众和医务人员提供美国国内临床试验研究信息的数据库,由 NIH 下属的 NLM 负责开发。目前数据库收录了由 NIH、美国其他联邦机构和制药公司资助来自全美 50 个州和 189 个国家的 19 万多项临床试验研究信息。每项临床试验信息内容包括试验名称、试验主持单位、试验目的、试验内容、参加试验病人的标准、试验的地点、试验是否继续招收病人、参加试验与谁联系、试验起

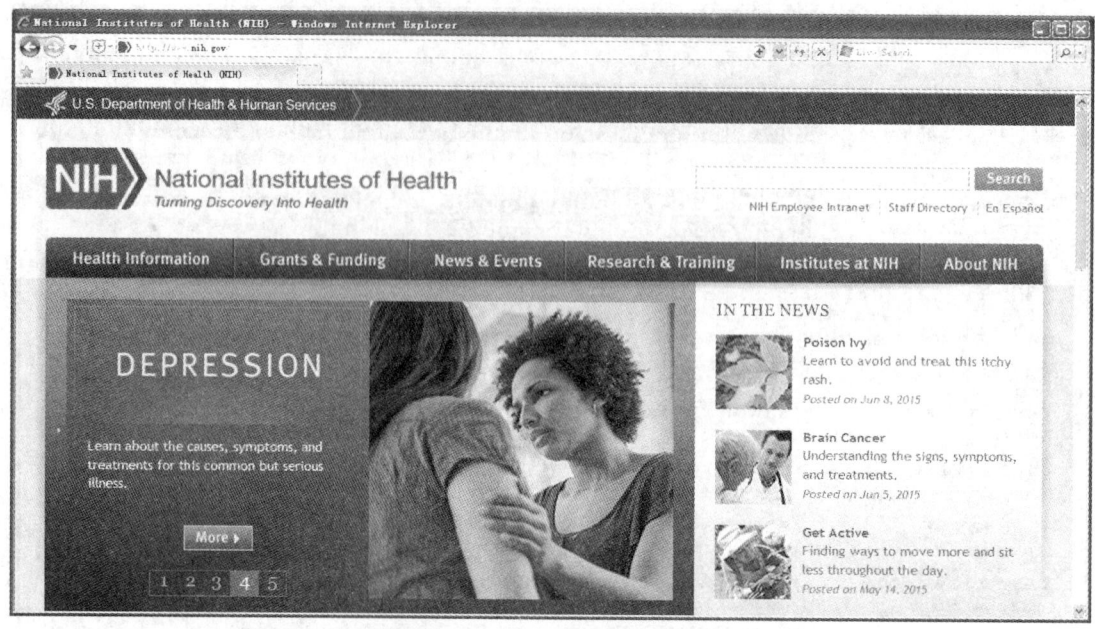

图7-17 NIH网站主页界面

始日期等。这些信息虽然缺少研究结论,但信息快且新,对临床医生和临床试验设计者具有一定的参考启示作用。

ClinicalTrials.gov提供Basic Search(基本检索)、Advanced Search(高级检索)以及按研究专题(Studies by Topic)浏览等检索方式。其主页界面,如图7-18所示。直接进入ClinicalTrials.gov主页的网址为https://clinicaltrials.gov/。

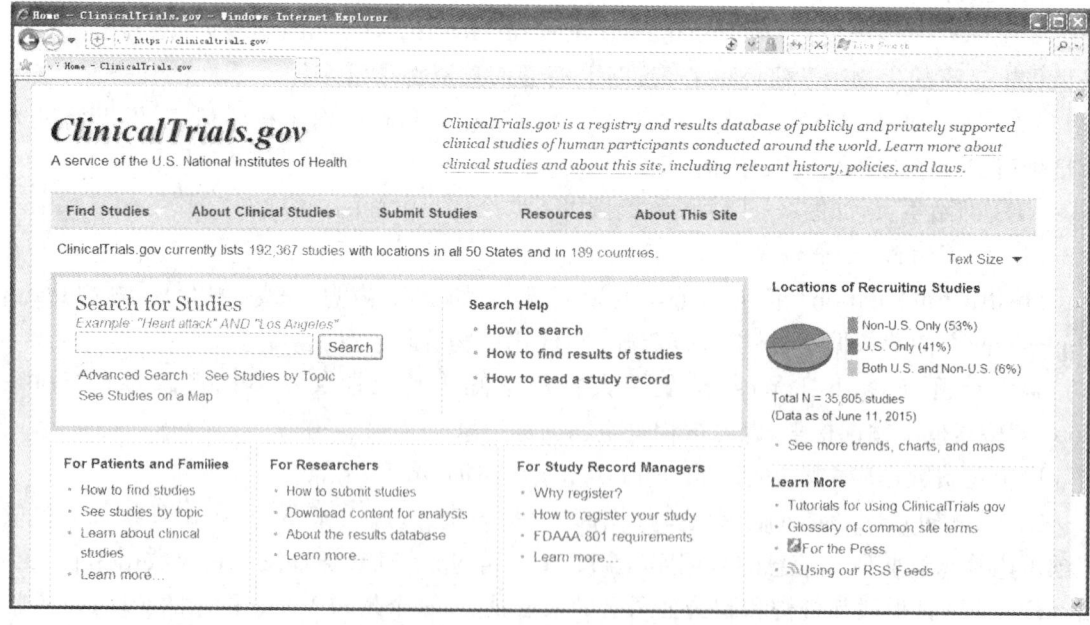

图7-18 ClinicalTrials.gov主页界面

② MedlinePlus。从 MedlinePlus 中可以获得卫生专题信息、药物供应信息、健康视频信息等内容,其主页界面,如图 7-19 所示。其中,卫生专题(Health Topics)将 950 多种疾病分别按专题字顺和分类范畴(身体部位/系统、疾病状态、人口群体、健康状况、诊断和治疗)提供浏览。

例如,在 Bone,Joints and Muscles 专题下分出 Spine 专题,在下又分出 Back Pain 专题,可以得到有关背痛诊断、治疗、预防与处理等方面的信息及其相关研究的期刊论文。直接进入 Health Topics:MedlinePlus 的网址为 https://www.nlm.nih.gov/medlineplus/healthtopics.html。

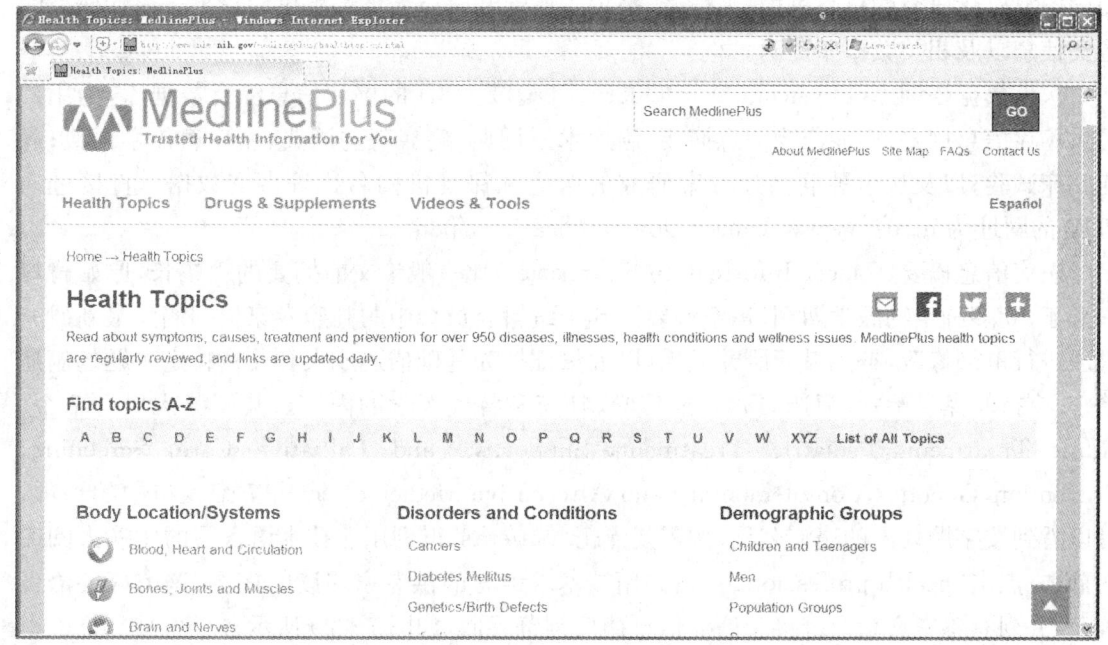

图 7-19　MedlinePlus-Health Topics 主页界面

(2) Grants & Funding

Grants & Funding(基金资助)指由 NIH Office of Extramural Research(OER)提供的基金,大部分(约 80%)用于资助美国国内外研究机构的研究项目(Extramural Research Programs),少部分用于资助 NIH 院内研究项目(Intramural Research Programs)。这部分提供的信息有经费资助申请、科研合同签订、院内外进修、专家审批程序等。

(3) News & Events

News & Events(新闻事件)内容包括 NIH 院内外新闻、大事件、学术会议信息、讲座与研讨会和讨论会等学术教育活动的日程、特别报道、视频、图像、任命事项、招聘信息等。

(4) Research & Training

Research & Training(研究训练)内容有院内外临床、实验室研究和医学教育培训计划;研究相关的各类资源,包括热点科研专题资源、临床研究资源、图书馆共享数据库资源以及有关的安全、规范和指导等信息内容。

(5) Institutes at NIH

Institutes at NIH(研究机构)这部分列出了 NIH 主任办公室和下属 27 个研究所和中心的网站链接。在这些研究所的网页中,蕴藏着丰富的各专业医学信息资源。如美国国立癌症研究所、美国国立医学图书馆等。

(6) About NIH

关于 NIH 的内容介绍,包括 NIH 职员的 E-mail 和电话名录、NIH 交通及示意图、招聘信息、NIH 的历史、为来访者提供的各类信息、NIH 对公众开放的活动、NIH 的教育活动等。

2. 美国国立癌症研究所

美国国立癌症研究所(National Cancer Institute,NCI,https://www.cancer.gov/)是美国国家癌症研究的核心机构,为患者、医护工作者和研究人员等提供大量关于癌症研究的各类信息以及相关数据库资源。

医生数据咨询库(Physician Data Query,PDQ)是 NCI 的癌症信息综合数据库,为用户提供癌症信息摘要、癌症药物信息摘要;癌症术语词典、癌症药物词典、癌症遗传学词典;癌症临床试验;以及从事肿瘤治疗方案研究的医生和保健机构名称等事实数据。直接进入 PDQ 的网址为 http://www.cancer.gov/publications/pdq。

癌症信息摘要(Cancer Information Summaries)比一般论文前摘要的篇幅长,原始材料来源于 70 多种生物医学期刊,每条摘要由 6 个编辑委员会中的肿瘤专家根据癌症最新研究进展进行审阅修改,补充最新研究成果,以大量证据为基础描述成人和儿童特定主题的癌症治疗、支持和姑息治疗、筛选、预防、遗传学、补充和替代医学的内容。其浏览入口有 7 个:Adult Treatment,Pediatric Treatment,Supportive and Palliative Care,Screening,Prevention,Genetics,Complementary and Alternative Medicine。点击 7 个入口中的一项,可以看到按字顺列出的癌症名称,按需要点击"patients"得到用非技术语言写的供病人阅读的摘要;点击"health professionals"得到用技术术语写的供专家阅读的摘要,这类摘要语言规范,并列有参考文献及链接。癌症信息摘要浏览界面,如图 7-20 所示。

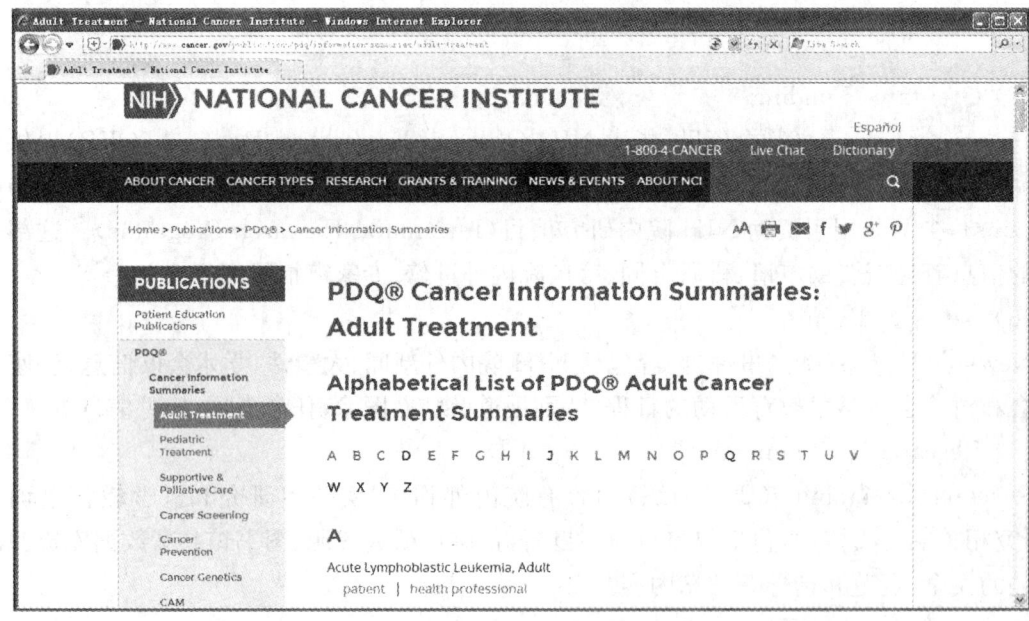

图 7-20 癌症信息摘要浏览界面

癌症临床试验信息(Clinical Trials Information)是全世界最全面的癌症临床试验数据库,可为患者及其家属提供由 NCI 资助的癌症临床试验信息,内容包括癌症的治疗、普查、预防、诊断、遗传学和支持疗法。检索时,在 Cancer Type/Condition 下拉菜单中选择癌症名称或选全部;在 Type of Trials 框内选治疗、筛选、预防、诊断等项或选全部,再在 Stage/Subtype 单选框中选择癌症临床试验分期或分型,以及作其他各种相应的检索限定,最后点击"Search"按钮,递交检索单,可以得到相关的临床试验信息。

3. 美国国立医学图书馆

美国国立医学图书馆(National Library of Medicine,NLM,https://www.nlm.nih.gov/)是世界上最大的医学图书馆,它不仅馆藏量大,而且网上医学资源丰富。NLM 主页界面,如图 7-21 所示,除了提供包括 MEDLINE 在内的几十种数据库给网络用户免费使用外,还有许多资源与服务的链接栏目,如 Health Information,Library Catalog & Services,History of Medicine,Online Exhibitions & Digital Projects,Human Genome Resources,Biomedical Research & Informatics,Environmental Health & Toxicology,Health Services Research & Public Health,Health Information Technology,About the National Library of Medicine,Grants & Funding,Training & Outreach,Network of Medical Libraries 等。

在这些栏目中,除了提供 NLM 馆藏书目查询、书刊借阅、NLM 各种出版物、馆际互借等服务方面的信息外,还提供多个与生物医学研究、生物信息学研究,以及环境卫生科学、药学、毒理学、公共卫生、医疗信息技术与服务等研究相关的数据库链接,提供浏览或检索功能,让用户参考使用。

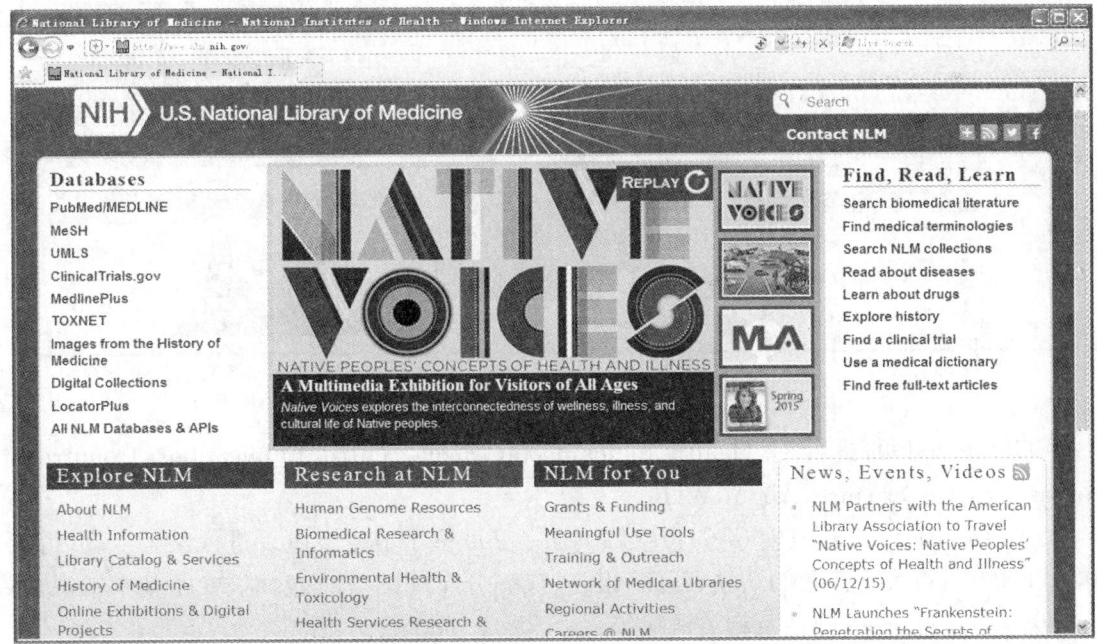

图 7-21　NLM 主页界面

4. 世界卫生组织

世界卫生组织（World Health Organization，WHO，http://www.who.int/）是指导协调国际卫生工作的权威机构。WHO总部设在瑞士的日内瓦，另设非洲、美洲、东地中海、欧洲、东南亚和西太平洋6个地区办公室。WHO的任务是促进技术合作，帮助所需政府加强卫生工作，在紧急情况下向所需政府提供适当的技术援助，促进和加速流行病、地方病和其他疾病的预防和控制；必要时与其他专业机构合作，促进营养、住房、卫生、娱乐、经济和工作条件以及环境卫生方面的改善；促进协调生物医学和卫生事业研究；在医学、卫生和相关专业中促进改善教育与培训的标准；制定生物制品、食品、药品和类似产品的国际标准，使诊断方法标准化；促进精神卫生领域的活动，尤其是那些影响人际关系和睦的活动；也为疾病、死因和公共卫生工作等的国际命名提出常规、协议、规则和建议。

适应于WHO的任务，其网页信息资源在预防医学、世界卫生事业、重大疾病防治、各种标准、全球卫生统计数据等方面尤为突出。目前，除了有英文界面外，还提供阿拉伯文、中文、法文、俄文、西班牙文界面。其主页界面，如图7-22所示。

图7-22 世界卫生组织主页

WHO主页上的链接有Health topics，Data，Media centre，Publications，Countries，Programmes，Governance，About WHO。

其中，Health topics（卫生专题）按字顺列出了200多个卫生专题。进入某一专题，得到的信息可能有：有关本专题的活动、新闻、报告、疾病分布地图、检索索引、专题基本知识、通讯、疾病暴发情况、相关网站及相关链接等。

Data（数据与统计数字）——WHO全球卫生观察站（Global Health Observatory）数据，按主题提供全球卫生统计数据分析，包括每个主题的核心指标、医学标准、数据视图、流行病学数据，以及与主题相关的主要出版物、网页等内容。

Publications（出版物）提供了WHO出版的世界卫生报告、世界卫生统计、国际疾病分类、国际药典、国际卫生条例、国际旅行与卫生等出版物与技术文件,以及多种学术性期刊,如世界卫生组织通报、美国公共卫生杂志、地中海健康杂志、流行病记录周刊、东南亚公共健康杂志、WHO药物信息等。浏览这些期刊,可获得大量相关学术研究的全文文献。

Countries(国家)列出194个WHO成员国的国名。通过国家名链接,可以得到各国的人口数、人均GDP、期望平均寿命、儿童和成年人的死亡率、人均医疗开支、医务人员资源量、卫生状况、疫苗接种情况等信息。

7.3 OA期刊资源

OA期刊资源是获取免费生物医学学术文献的重要途径之一,由于OA期刊大多经同行评审,质量有保障,有的期刊影响因子在生物医学学科中名列前茅。近年来,尤其在医学、生命科学等学科领域中,提供OA期刊浏览与检索的网站日益增多,有的提供的是全刊免费;有的提供的是过刊免费,即若干月前或几年前的卷(期)免费;还有的则提供部分免费,即免费提供最新一期或某几期中的部分文献全文。随之,涌现出许多优秀的OA期刊出版商及检索服务平台。常用的生物医学OA期刊检索服务平台及其使用,简述如下。

1. BioMed Central

BioMed Central(https://www.biomedcentral.com/)现隶属施普林格科学与商业媒体集团,它作为一个独立OA出版商已有15年之久,提供网上即时免费查阅经过同行评审/评议的生物医学领域的研究论文,同时还跟踪所有BioMed Central刊物的引用情况和建立影响因子,以确保所提供OA期刊的质量与可靠性。截至2015年6月17日,共收录涉及生物学和医学领域的免费全文期刊284种。其主页界面,如图7-23所示。

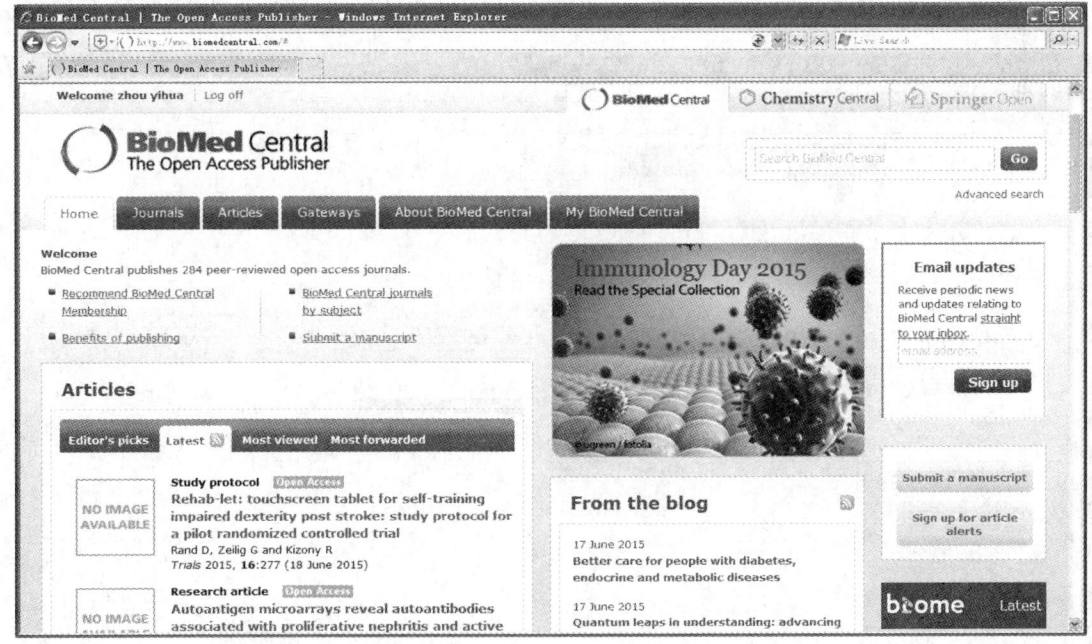

图7-23 BioMed Central主页界面

BioMed Central 主要提供按刊名字顺浏览（Journals A-Z）、期刊学科专题浏览（Browse by subject）、期刊论文文档浏览（Articles）、简单检索与高级检索/布尔检索（Advanced search/Boolean search）等浏览与检索文献的途径。此外，还设有主题门户（Subject gateways）和区域门户（Regional gateways），提供给用户浏览文献。

在 BioMed Central 主页界面，点击标题栏的"Journals"标签，进入按刊名字顺（Journals A-Z）浏览期刊界面，而后若点击"Browse by subject"标签，进入按主题浏览期刊界面。浏览期刊时，点击期刊名称进入该刊主页界面，此时除可浏览该刊最新论文（Latest）外，还可通过点击"Most viewed"或"Archives"链接，浏览该刊的其他文档。在论文题录的下方，若点击"Full Text"或"PDF"链接，即可获得文献全文。

在 BioMed Central 主页界面右上方设有检索区，默认提供一个检索输入框的简单检索方式，可以在检索框中直接输入与 PubMed 基本检索相类似的检索表达式，点击右边的"GO"按钮，即可执行检索。

若经免费注册后，点击检索框下的"Advanced search"链接，进入高级检索界面，如图 7-24 所示。

高级检索提供 5 个多字段选择的检索输入框，每个检索框后可选择对应的匹配方式：All words, Any word, Exact phrase。前 4 个检索框之间的逻辑关系默认为"AND"；表示需要排除（Exclude）的概念检索，需要在最后一个检索框中输入。此外，还提供检索时间范围限定和排序方式、显示记录数、检索期刊过滤（Filters）等选项。

在高级检索界面，点击"Boolean search"标签，即进入布尔检索界面。布尔检索则提供一个检索输入框，可以输入带有布尔算符的检索表达式，例如，singer_p [AU] AND (analg* OR sedation) AND "intensive care" NOT 2001 [DP]，提供的检索限定与高级检索相同。

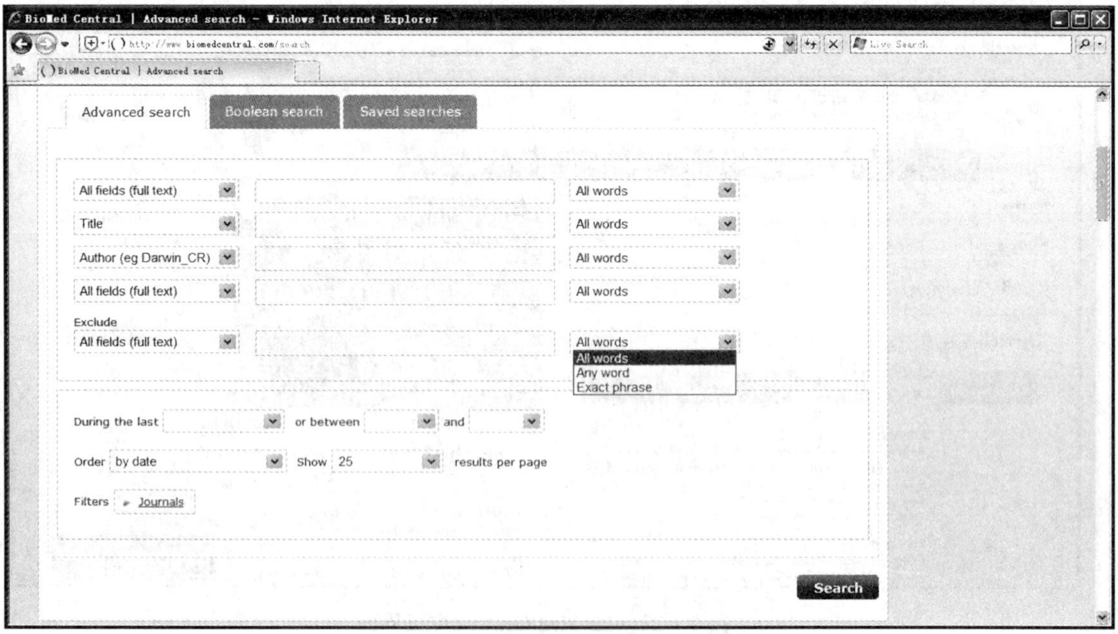

图 7-24 BioMed Central 高级检索界面

在 BioMed Central 主页界面，点击检索区上方的"Chemistry Central"链接，进入 Chemistry Central 界面。Chemistry Central(http://www.chemistrycentral.com/)是隶属于施普林格科学与商业媒体集团的开放存取的化学平台，致力于化学研究的广泛传播与交流。通过 Chemistry Central 可获得部分化学期刊 OA 资源。提供的浏览与检索方式有：按化学特色期刊(Featured journals)浏览、按化学专集(Subject Sections)浏览、按期刊论文文档浏览(Articles)和基本检索、高级检索/布尔检索等论文检索方式。

在 BioMed Central 主页界面，点击检索区上方的"SpringerOpen"链接，进入 SpringerOpen 界面。SpringerOpen(http://www.springeropen.com/)由施普林格科学与商业媒体集团为用户提供涉及包括生物学和医药卫生在内的所有学科领域的 OA 期刊和图书的组合平台。提供按期刊字顺(Journals A-Z)、期刊主题浏览(Browse by subject)、资助期刊(Sponsored Journals)学科、论文文档(Articles)等方式浏览，也提供基本检索、高级检索/布尔检索等论文检索方式。

2. PLOS

PLOS(Public Library of Science)(https://www.plos.org/)是一个非营利学术组织出版商，为加快全球科学和医学领域的发展、促进最新研究成果的转换与交流，为科学家、医生、患者和学生免费获取期刊信息资源提供了平台。其主页界面，如图 7-25 所示。

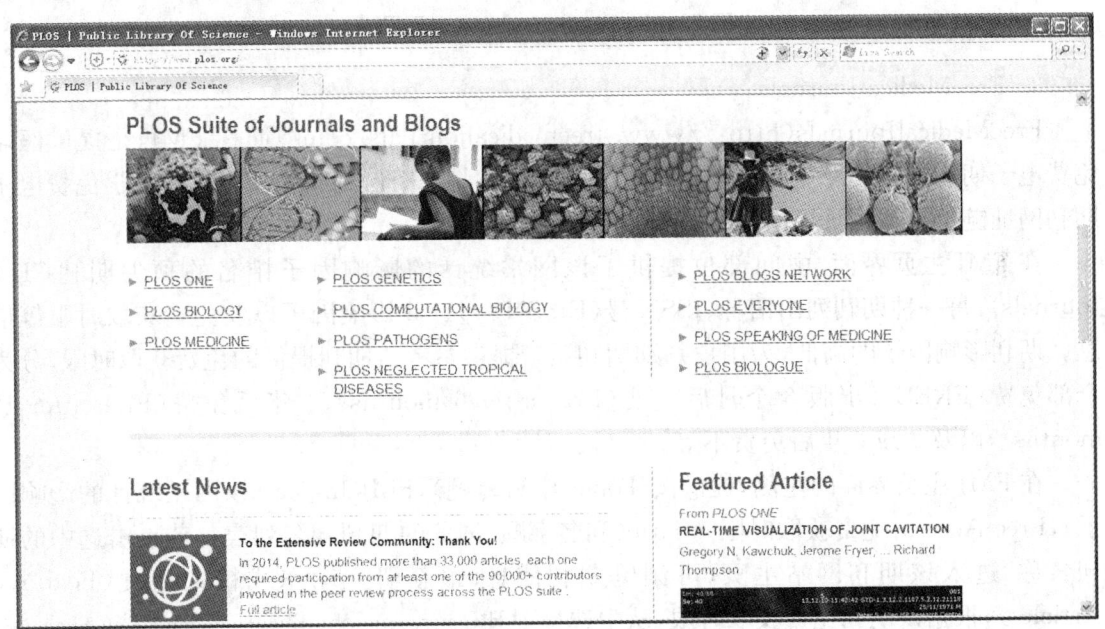

图 7-25 PLOS 主页界面

目前，PLOS 提供 7 种 OA 期刊，它们是 *PLOS One*、*PLOS Biology*、*PLOS Medicine*、*PLOS Genetics*、*PLOS Computational Biology*、*PLOS Pathogens*、*PLOS Neglected Tropical Diseases*。在 PLOS 主页界面，点击其中一种刊名，即可进入该刊主页界面。

例如，*PLOS Medicine* 主页界面，如图 7-26 所示，可以获得该期刊详细的期刊信息、最新研究动态。若点击"Browse"链接，可按现刊(Current Issue)、过刊(Journal Archive)和按专集(Collections)浏览目次及其全文。在期刊主页的右上角还提供有检索区，可通过基本检索或高级检索方式检索该刊的文献。

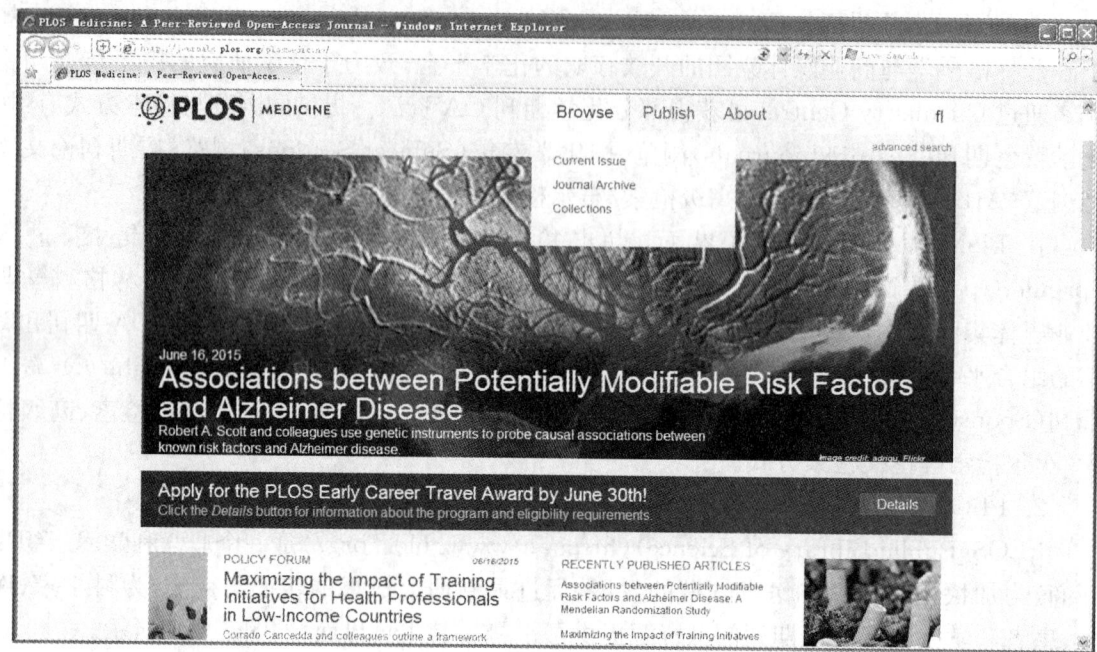

图 7-26 *PLOS Medicine* 主页界面

3. FreeMedicalJournals

FreeMedicalJournals(http://www.freemedicaljournals.com/)简称 FMJ,是提供医学免费电子期刊浏览的专业服务平台,截至 2015 年 6 月 18 日,共收录 4 674 种医学免费电子期刊网址链接。其主页界面,如图 7-27 所示。

在 FMJ 主页界面,中间部位提供了该网站统计的影响因子排名的顶尖期刊(Top Journals),每一种期刊列出语种、ISSN 号(EISSN 号)、ISI 影响因子以及免费获取时限等信息。期刊影响因子的高低,为用户判别期刊质量提供参考。期刊提供的免费获取时限,分为全部免费(FREE)、出版 6 个月后免费(Free after 6 months)、1 年后免费(Free after 12 months),以及 2 或 3 年后免费不等。

在 FMJ 主页界面的左侧,提供按 Topic(学科专题),FMJ Impact(该网站统计的影响因子),Free Access(免费获取时限),Title(刊名字顺)浏览的期刊刊名列表。若点击选中的期刊名称,进入该期刊网站主页,可浏览期刊信息、最新研究动态或精选论文(Featured Articles),根据该期刊免费获取时限,从中选择现刊(Current issue)或从过刊文档(Archive)中选择年/卷(期),浏览目次及其全文。

在 FMJ 主页界面,用户也可通过 Journal Alert(新刊快报)功能,免费注册自己的相关信息及 E-mail 地址,FMJ 可直接将新增期刊的信息发送到用户的电子信箱中。

4. HighWire

HighWire 由美国斯坦福大学于 1995 年创建,收录涉及生物学、人文科学、医学、物理学、社会科学等学科领域的期刊网站服务平台。截至 2015 年 6 月 18 日,其中提供全免费的期刊网站有 129 个、免费试用的期刊网站有 41 个,可以回溯的期刊网站为 291 个,需要付费

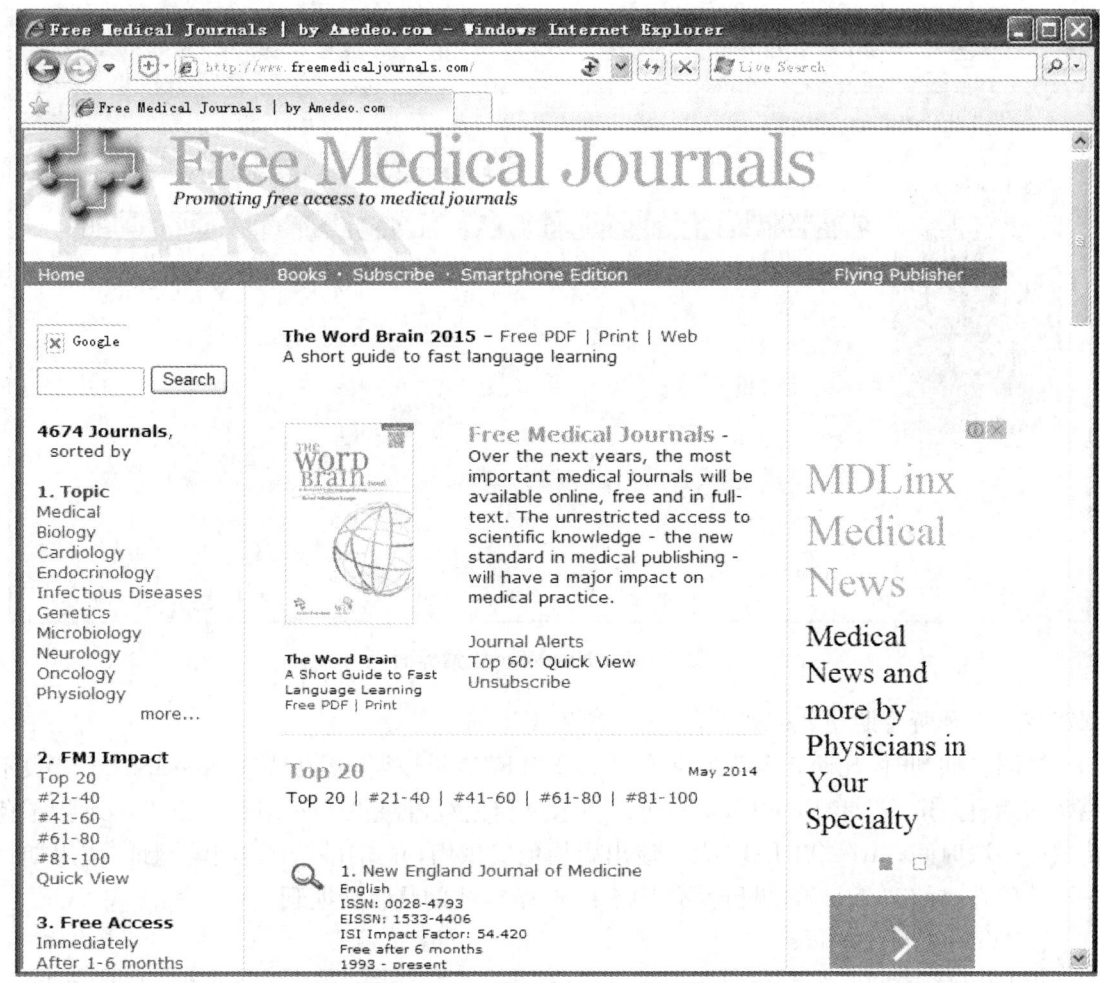

图 7-27　FreeMedicalJournals 主页界面

的期刊网站共 1 453 个。

HighWire 检索界面(http://highwire.stanford.edu/cgi/search)，如图 7-28 所示，主要提供文献关键词检索、期刊浏览等检索与浏览方式。

HighWire 的文献关键词检索提供 any(OR)、all(AND)、phrase(" ")3 种匹配方式，可限定在全文(Anywhere in Text)、题名及文摘(Title & Abstract only)、题名(Title only)、著者(Authors)等特定字段中检索。检索文献的范围可选择只检索 HighWire 提供的出版物网站，或选择包括 PubMed 在内的所有文献，还可对检索年限、文献类型等进行限定。在检索结果题录列表显示界面，只有在题录左边的期刊封面下方标有"this article is FREE"字样的论文，点击题录右侧的"Full text"或"PDF"才可以获得相应格式的全文。

HighWire 的期刊浏览提供按期刊名称字顺(By Title)、出版者(By Publisher)和期刊主题(By Topic)3 种浏览方式。其中，期刊主题浏览(By Topic)分 Biological Sciences(生物科学)、Humanities(人文科学)、Medical Sciences(医学)、Physical Sciences(物理学)、Social Sciences(社会科学)5 个大类，各大类又细分为若干等级的系列子类目，选择特定子类目可

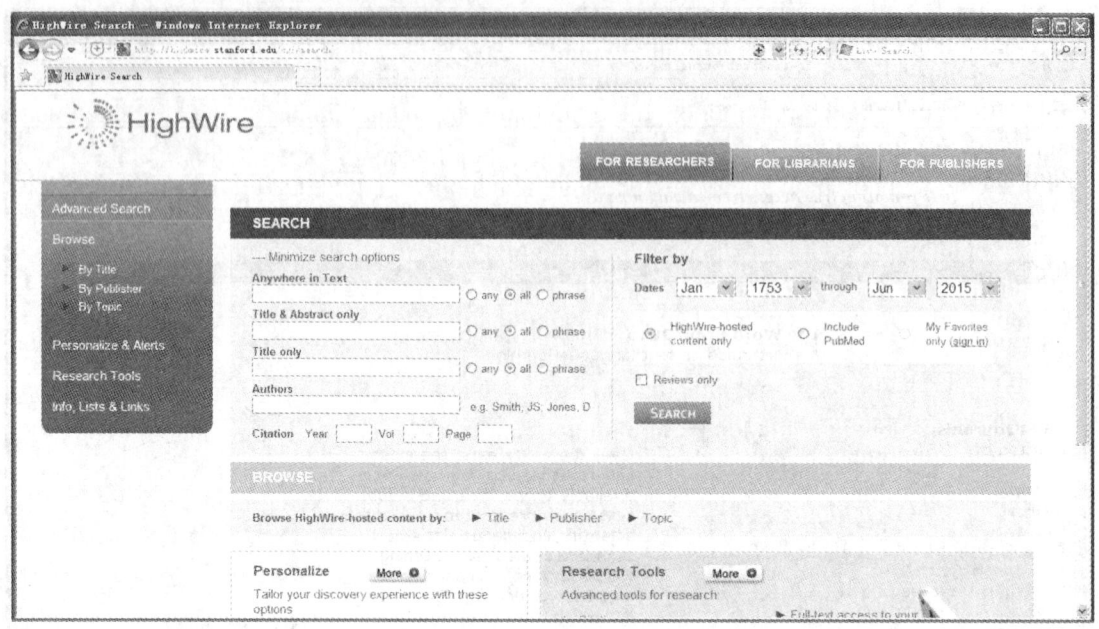

图 7-28 HighWire 检索界面

浏览该类主题所有期刊名称列表，并按关注程度排列。

当浏览期刊时，凡期刊名称后标有"free SITE"表示该期刊全免费；"free ISSUES"表示免费刊期有限定，若是"Free back issues"表示过刊免费，若是"Free trial period"表示指定免费试用一段时间；"free TRIAL"表示该出版物免费试用，并给出一个访问的网址，使用期过后不再免费；标有"soon"的期刊表示即将上线；未标注的是收费期刊。

5. Wiley Open Access

Wiley Open Access(http://www.wileyopenaccess.com/view/index.html)是 2011 年由著名出版商 Wiley 公司为满足著者、读者、机构单位、资助者和社会团体能够快速有效地发布和交流研究成果，进而推出的高质量、具有权威性的 OA 期刊网站服务平台。截至 2015 年 6 月 19 日，Wiley Open Access 提供完全免费的期刊有 50 多种，涉及包括生物学、化学和健康科学在内的多个学科领域。

在 Wiley Open Access 主页，点击"Browse Journals"标签，进入 Wiley Open Access 期刊浏览检索界面，如图 7-29 所示，可通过浏览刊名及其介绍，选择所需浏览的期刊即可进入该期刊主页，可浏览到最新研究动态，或选择年/卷(期)，再浏览目次及其全文；也可在右上方的检索区选择某一期刊后，利用关键词进行简单检索。此外，还提供与 Wiley Online Library 的链接。

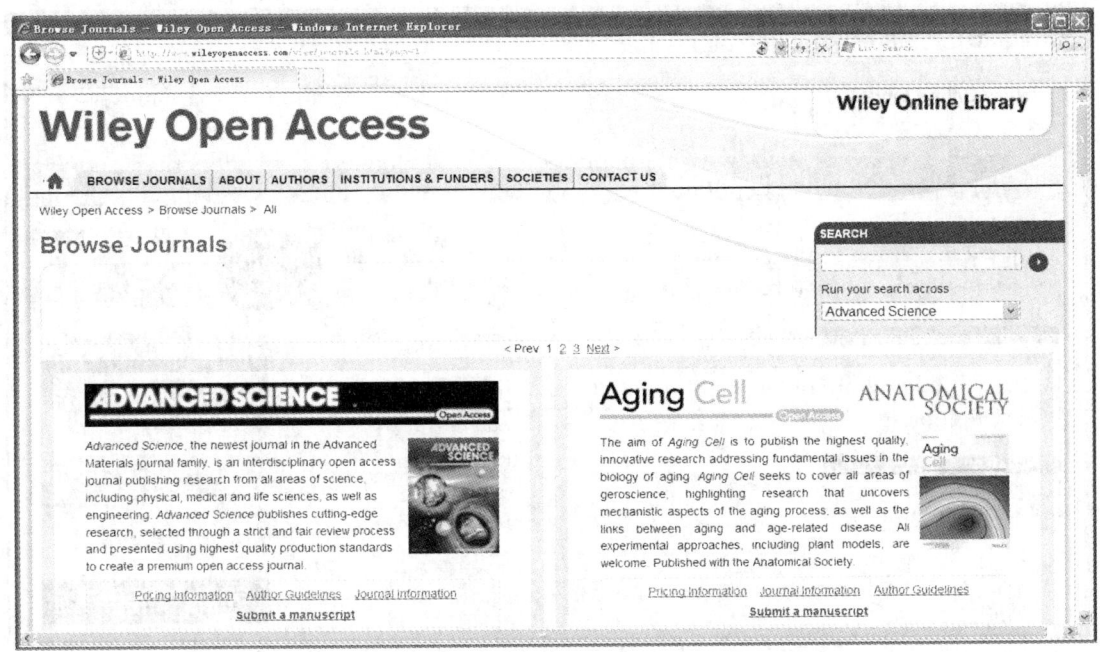

图 7-29　Wiley Open Access 期刊浏览检索界面

6. Wiley Online Library

Wiley Online Library(http://onlinelibrary.wiley.com/)是由著名出版商 Wiley 公司建立的内容广泛、多学科的在线资源平台。截至 2015 年 6 月 19 日,收录涉及生命科学、健康科学和物理科学、社会科学和人文学科在内的期刊 2 300 多种,还有超过 17 000 的在线书籍、数以百计的参考文献,以及实验室资料和数据库等信息集合。其中,提供 OnlineOpen 期刊超过 1 300 种。

OnlineOpen 是指著者、著者的资助机构或著者单位通过支付一定的费用以保证文章发表后通过 Wiley Online Library 面向非订阅者开放。

由于 Wiley Online Library 具有开放获取(Open Access)和混合型开放获取(OnlineOpen)功能,所以,可进行部分免费的期刊论文的浏览与检索。Wiley Online Library 上的开放获取资源可以很清楚地以此紫色的小锁图标"🔓"加以识别(小锁下方有"OPEN"字样);如果小锁图标是黄色且小锁的下方有"FREE"字样,表示是所有用户均可免费访问的内容;而仅仅是开着的黄色小锁,则表示用户所在机构已经订购的内容。

Wiley Online Library 主页界面,如图 7-30 所示,提供浏览(Browse)和检索(Search)两种查找方式。

浏览方式提供按出版物字顺(Publications A-Z)和学科主题(Browse By Subject)两种浏览方式。

若选择出版物字顺浏览,在 Wiley Online Library 主页,点击"Publication"链接,再在右侧筛选栏(FILTER LIST)的出版物类型(PUBLICATION TYPE)中,选择"Journal"类型,也可按字顺点击浏览,在出现的期刊列表中,选择刊名前带有"FREE"字样黄色小锁图标或"OPEN"字样紫色小锁图标的期刊,例如,CA: *A Cancer Journal for Clinicians*(临床医师

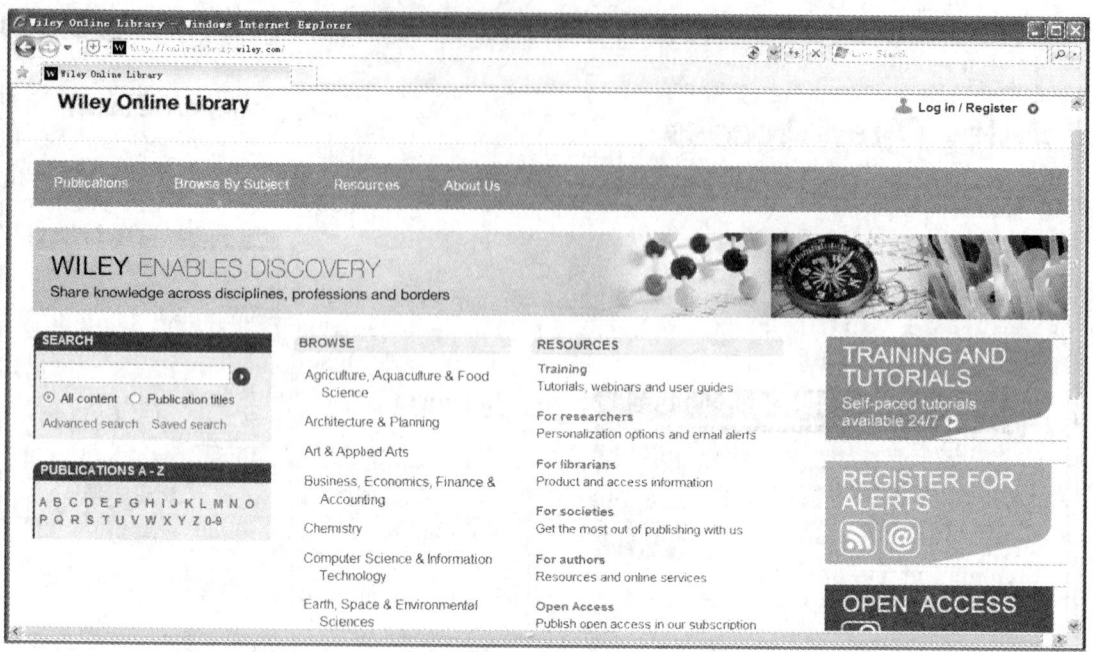

图 7-30 Wiley Online Library 主页界面

癌症杂志),即可进入能提供免费获取内容的该期刊主页,如图 7-31 所示。在期刊主页界面,除了显示该期刊近几期的链接和热点论文外,还显示该期刊的封面缩略图和详细信息,包括主编、影响因子及其在排名、相关期刊等信息。在界面左栏"FOR CONTRIBUTORS"中,提供了 OnlineOpen(在线发表/混合型开放),Author Guidelines(著者指南),Submit an

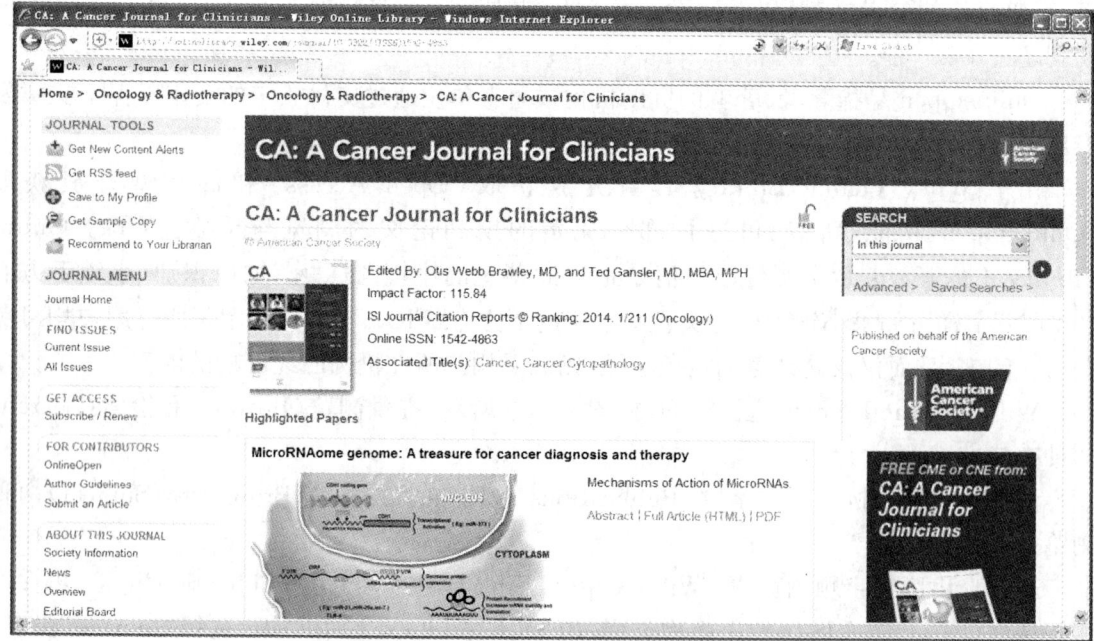

图 7-31 *CA: A Cancer Journal for Clinicians* 主页界面

Article(论文提交)3方面信息。其中在Author Guidelines中介绍了期刊的详细信息,方便著者了解该期刊收稿内容、格式要求,以及进行在线投稿等事项。

Wiley Online Library 按学科主题将书刊分为17个大类,每个大类下面进行二级学科分类。若点击所要浏览的二级学科分类类名,如 Medicine(医学)＞Gastroenterology & Hepatology(胃肠病学和肝病学),则进入该学科(Gastroenterology & Hepatology)浏览界面,显示重点推荐的4种书刊,并可在右边"TOPICS"栏目下,选择按下级主题进一步浏览。如果点击"View all products in Gastroenterology & Hepatology"链接,就可按字顺浏览该学科(Gastroenterology & Hepatology)所有的书刊资源。各级分类下均可按出版物字顺浏览,也可以进一步按出版物类型(PUBLICATION TYPE)筛选(FILTER)。

检索方式包括基本检索(Search)和高级检索(Advanced Search)两种检索方式。

基本检索(Search)只提供在所有内容(All Content)和在出版物标题(Publication Titles)中检索两个选项,且在每个窗口中都提供基本检索方式。

高级检索(Advanced Search)则提供了包括所有字段(All Fields)、出版物标题(Publication Titles)、论文题名(Article Titles)、著者(Author)、全文(FullText)、文摘(Abstract)、著者单位(Author Affiliation)、关键词(Keywords)、资助机构(Funding Agency)、国际标准书号(ISBN)、国际标准刊号(ISSN)、论文唯一标识符(Article DOI)、参考文献(References)等检索选项。用户可进行多个检索条件的逻辑组配,设置时间范围限定等。并且支持布尔逻辑算符(AND,OR,NOT)检索、截词检索(＊)、半角双引号的词组/短语检索、自动词干检索等。在检索结果显示界面,还可根据需要通过出版物类型(PUBLICATION TYPE)作进一步筛选(FILTER)。

7. Scientific Research Publishing

Scientific Research Publishing(SCIRP,http://www.scirp.org/)是一个OA期刊学术出版商,成立于2006年,目前拥有200多种OA期刊,主要涉及科学、技术和医学等领域。Scientific Research Publishing 主页界面,如图7-32所示,提供按学科主题、刊名字顺浏览期刊文献,也提供通过题名、关键词、文摘、著者等检索论文。

8. Socolar

Socolar(http://www.socolar.com/)是2007年由中国教育图书进出口公司开发的OA资源一站式检索服务平台,收录来自世界各地、多种语种的重要OA期刊,截至2015年6月19日已收录OA期刊11 739种,按《中图法》分类。Socolar可提供英文和中文两种主页界面,其中文主页界面,如图7-33所示。除提供按学科分类、刊名字顺浏览期刊外,还提供期刊的简单检索、论文的简单检索和论文的高级检索等多种检索方式。由于收录的主要为外文信息资源,推荐用英文检索词检索。为顺利获取免费全文,需要进行免费注册,登录后使用。

9. J-STAGE

J-STAGE(https://www.jstage.jst.go.jp/)是由日本科学技术振兴机构开发的日本科技情报综合电子服务系统,收录日本各科学技术团体出版的期刊、会议录等文献,涉及基础科学、生命科学、医疗保健科学、工程技术和人文社会科学领域,截至2015年6月19日,共收录期刊1 744种、会议录127种。其中生物学、生命科学及基础医学期刊563种;全科

图 7-32 Scientific Research Publishing 主页界面

图 7-33 Socolar 中文主页界面

医学、社会医学和护理学期刊 440 种；临床医学期刊 420 种；牙科期刊 193 种；药学期刊 289 种。有的是英文刊，有的为日文刊，大部分期刊为 OA 期刊，所有文献题录和文摘均可免费获得。

　　J-STAGE 可提供英文和日文两种主页界面。英文主页界面，如图 7-34 所示，在"Search Titles"标签下，提供按刊名字顺（Titles）、出版商（Publishers）和学科主题（Subject Areas）浏览期刊文献。在进行刊名字顺浏览时，还可选择文献类型、论文语种、学科范围进行精炼(Refine)。

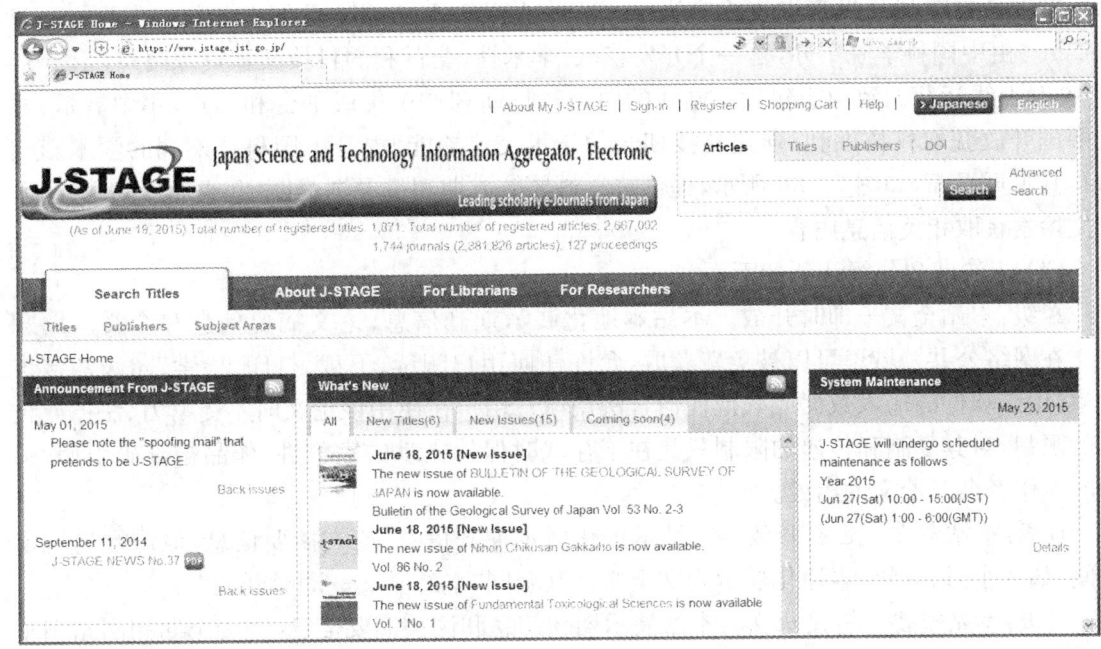

图 7-34　J-STAGE 主页界面

在主页界面右上方的检索区，可进行论文、刊名、出版商、DOI 等字段的简单检索，还可进行论文高级检索(Advanced Search)。论文高级检索界面，如图 7-35 所示，提供 4 个多字段选择的检索输入框，并可在左栏进行文献类型、论文属性、语种、出版年、学科范围等限定。其中，点击"Subject Area"后的向下箭头，可让用户选择检索论文的学科范围。

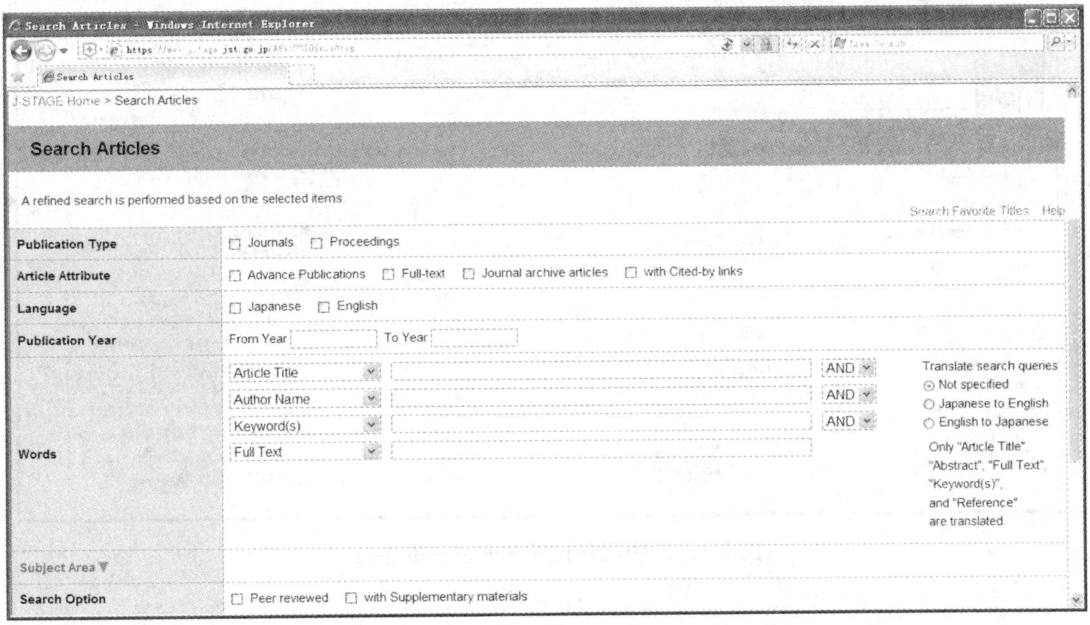

图 7-35　J-STAGE 论文高级检索界面

10. 中国科技期刊开发获取平台

中国科技期刊开发获取平台（China Open Access Journals，COAJ，http://www.oaj.cas.cn/）由中国科学院主办，是一个开发获取、学术性、非营利的科技文献资源门户，于2010年10月上线运行。致力于建设一站式的中国科技期刊OA集成平台和门户，集中展示、导航中国开放获取科技期刊，强化科技期刊的学术交流功能，提升中国科技期刊的学术影响力。其主页界面，如图7-36所示，提供按学科导航或期刊目录浏览期刊，或通过期刊检索、论文检索获取相关信息内容。

COAJ的期刊分级认证如下：

A级：本站全文—即时开放。本站本地化展示期刊信息、论文摘要信息和全文。期刊论文在网络公共领域里可以被免费获取，允许任何用户阅读、下载、打印、检索、超级链接该文献，用作软件的输入数据或其他任何合法用途。用户在使用该论文时不受财力、法律或技术的限制，对其复制和传递的限制只是在于存取时保持文献的完整性、作品被准确引用、引用时署作者名及论文的出处。

B级：本站全文—延迟开放。本站本地化展示期刊信息、论文摘要信息，但需推迟一定时间（如一个月、一年）本地化展示论文全文。其余同"本站全文—即时开放"。

C级：本站摘要—链接全文。本站展示期刊信息和论文摘要信息，链接至期刊网站浏览或下载全文。

D级：本站期刊基本信息—链接期刊网站。本站展示期刊基本信息，有关论文的信息和全文，需链接至期刊网站进行查询。

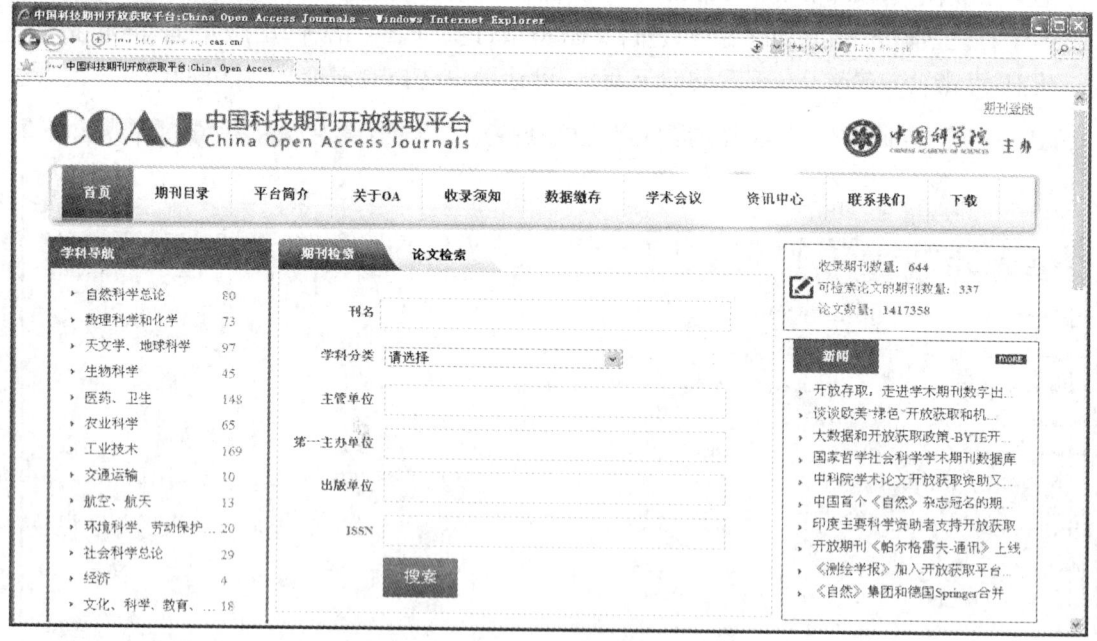

图7-36 中国科技期刊开发获取平台

7.4 循证医学信息资源

7.4.1 循证医学的概念

循证医学(Evidence Based Medicine,EBM)即遵循科学证据的临床医学。其核心思想是临床医生应该认真地、明智地、深思熟虑地运用在临床研究中得到的最新、最有力的科学研究信息(证据)来解决临床问题,制定疾病的预防措施和治疗措施。EBM提倡将获得的最佳研究证据,同时结合医生多年临床实践和个人专业技能,考虑病人的价值与愿望,将三者完美结合起来,从而制定针对患者个体的最佳临床医疗决策。

临床实践是指医生应用临床技能和经验,能够迅速地确定每一个病人的健康状况、疾病的诊断、可能进行的治疗措施的利与弊。循证医学强调临床医生应在仔细采集病史和体格检查的基础上,根据临床实践中需要解决的问题,进行有效的相关信息资源检索,并对其进行评价,找到最适宜和有力的证据,通过严谨的判断,将最适宜的诊断方法、最精确的预后估计及最安全有效的治疗方法来治疗病人。

可见,循证医学实际是一种医疗实践活动,需要临床医生根据患者的实际情况提出临床问题,并应用最佳和最新的研究证据,结合自己的临床经验,最终对患者作出科学的诊断和治疗决策。最后,经过实践,对证据再认识、再评价,从而提高临床实践水平。在循证医学的实践活动中,临床医生是主体,能够及时地、有针对性地提出患者的诊疗问题,充分反映着临床医生丰富的临床经验、高超的专业技能和素质;获取最佳研究证据是循证医学的核心,能够系统全面、准确有效获得密切相关的研究成果,反映出临床医生最基本的信息素养;患者是诊断和治疗决策的受体,医患间的充分沟通和友好合作,确保最佳证据的有效应用、诊断和治疗决策的有效实施,这是实践循证医学的又一重要环节。

近年来,循证医学的发展十分迅速,与临床各专业相结合产生了循证内科学、循证外科学、循证妇产科学、循证儿科学、循证口腔科学、循证检验医学和循证护理学等。循证医学正在世界范围内引起医学科研方向转变,会更加丰富循证医学信息资源。有效开发和利用循证医学信息资源,不仅能为循证医学研究和临床实践提供保障,而且能为规范临床医生的医疗行为,提高医疗机构的医疗质量,满足人们卫生需求发挥应有作用。

循证医学信息资源的类型主要有系统评价(Systematic Reviews)、实践指南(Practice Guideline)。此外,还有Meta分析、临床试验、技术评估等。

(1) 系统评价

系统评价是根据特殊人群,针对某一具体临床问题,系统、全面地检索文献信息资源,按照统一的科学标准,筛选出合格的文献,通过综合分析和统计学处理,得出可靠的结论而形成的新文献,将其指导临床决策。

(2) 实践指南

实践指南是以临床实践和科学证据为依据、经专家讨论后经专业学会制定的指导临床医生处理特定临床问题的指导标准。

7.4.2 循证医学信息资源检索

1. Cochrane Library

Cochrane Library(http://www.cochranelibrary.com/),循证医学资源库由英国 Wiley 公司出版发行,它将医疗保健干预的有效性研究汇集在一起,并提供最新医疗方法的最客观信息,作为循证医学的金牌标准,是临床医生获取循证医学证据的主要来源。目前主要包括:Cochrane 系统评价数据库(Cochrane Database of Systematic Review,CDSR;Cochrane Reviews)、疗效评价文摘库(Database of Abstracts of Reviews of Effects,DARE;Other Reviews)、Cochrane 对照试验注册资料库(Cochrane Central Register of Controlled Trials,CENTRAL;Trials)、Cochrane 方法学注册数据库(Cochrane Methodology Register,CMR;Methods Studies)、健康技术评估数据库库(Health Technology Assessment Database,HTA;Technology Assessments)、NHS 经济评价数据库(NHS Economic Evaluation Database,NHS-EED;Economic Evaluations)等 6 个数据库。

Cochrane Library 主页界面,如图 7-37 所示,主要提供浏览和检索两种功能。

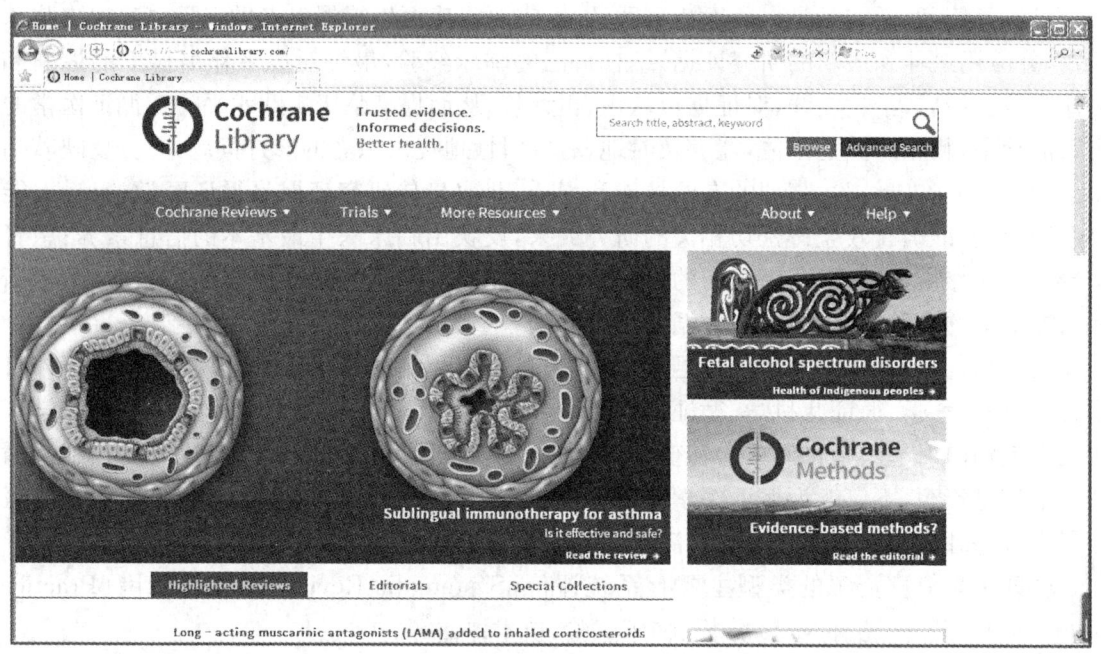

图 7-37 Cochrane Library 主页界面

针对不同资源提供不同的浏览方式,如 Cochrane Reviews 提供按主题(Browse by Topic)、新评价(New Reviews)、更新评论(Update Reviews)、字母顺序(A-Z)、评价工作组(by Review Group)等浏览方法,其他资源一般提供按字母顺序浏览。

提供的检索方式有 Search/Advanced Search(简单检索/高级检索)、Medical Terms (MeSH)(MeSH 检索)和 Search Manager(检索管理器——复合检索)3 种。

在 Cochrane Library 主页界面,点击右上方检索框下的"Advanced Search"链接,即进入 Cochrane Library 浏览与检索界面,如图 7-38 所示,Browse 状态与其他检索方式之间可以互相切换。

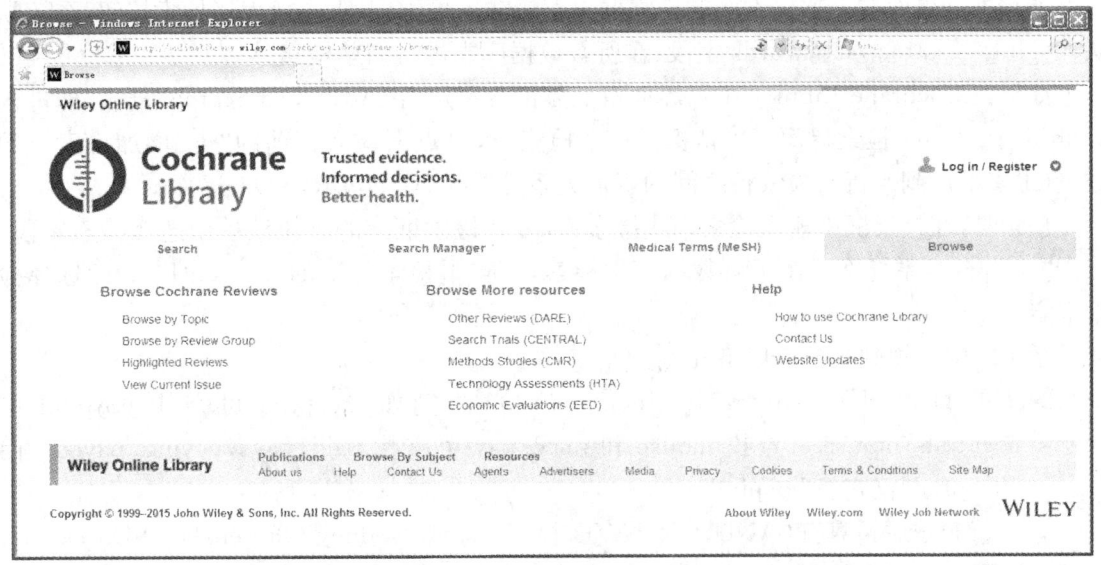

图 7-38 Cochrane Library 浏览与检索界面(Browse 状态)

(1) Browse(浏览)

例如,欲浏览关于肾脏疾病方面的系统综述文献,可在 Cochrane Reviews 菜单中,点击 Browse by Topic,在出现的主题列表中,选中 Kidney disease,即可得到肾脏疾病相关综述文献的题录列表,如图 7-39 所示。在浏览到的记录列表的左侧,除可选择下位主题进一步缩小检索结果(Narrow your results)外,还可通过选择精炼选项来精炼检索结果(Refine your results)。

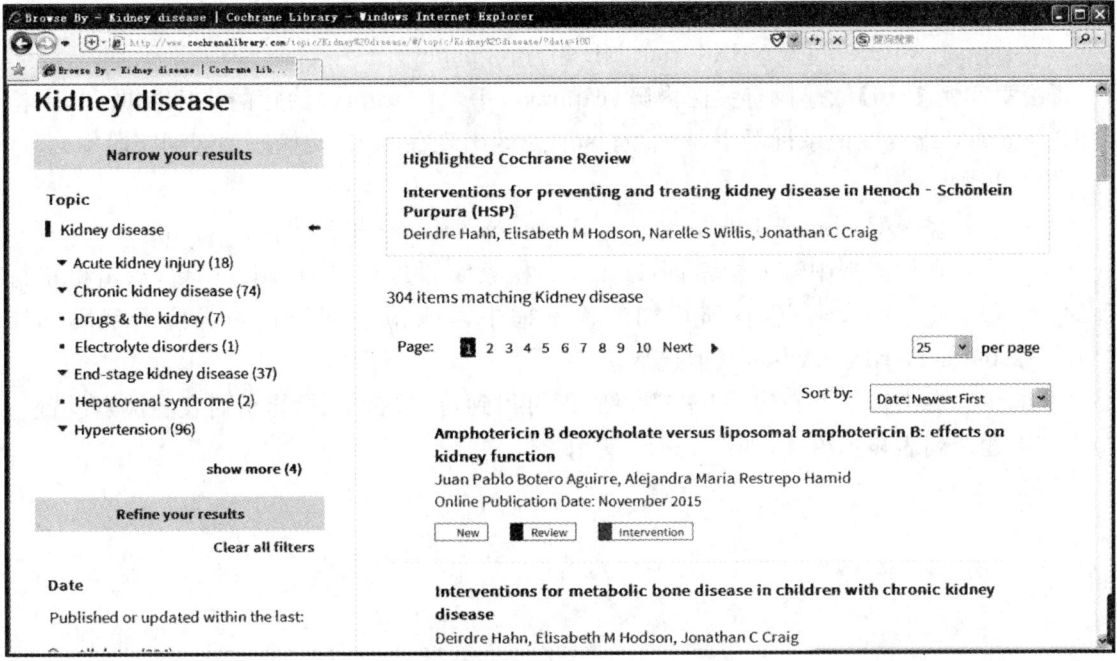

图 7-39 主题浏览结果界面

(2) Search/Advanced Search(简单检索/高级检索)

若在主页界面右上方检索区的检索框中直接输入检索词,点击放大镜检索按钮,系统默认在 Title/Abstract/Keywords 字段、在所有数据库中进行简单检索。

如果在 Cochrane Library 主页界面右上方检索区点击"Advanced Search"链接,即进入 Cochrane Library 检索界面。默认提供一个检索行,可点击检索行前的"+"增加检索行的数量(最多增加到 5 行),检索行之间的逻辑关系可选择 AND,OR,NOT 运算。

检索时,在检索框中输入检索词或检索式,并在检索框前的下拉菜单中选择检索字段,点击"Go"按钮,系统默认在所有数据库中检索,可点击检索行下的"Search Limits"选择检索限定。

常用的检索规则主要有以下几点:

➢ 支持自动词干(automatic stemming)检索,例如,hospital 可查找 hospital 和 hospitals;mouse 可查找 mouse 和 mice;pay 可查找 paid,pays,paying,payed。而 "hospital"仅查找 hospital。

➢ 支持布尔逻辑算符(AND,OR,NOT)检索,例如,(kidney OR renal) AND dialysis。若两个或多个检索词之间空格,默认为"AND"运算。

➢ 采用半角双引号的短语或词组检索,例如,"diabetes mellitus"。

➢ 利用"*"/"?"进行截词检索,例如,transplant * 可检索 transplant,transplants,transplanting,transplantation,transplantable; * glycemia 可查找 hyperglycemia 或 hypoglycemia;leuk * mia 可查找 leukemia 和 leukaemia;wom? n 可查找 women 或 woman。

➢ 支持 NEAR,NEAR/X 和 NEXT 检索。NEAR 为邻近检索,算符两侧的检索词中允许最多插入 6 个单词,前后位置可颠倒;NEAR/X 表示检索词相距在 X 个单词以内,前后位置可颠倒;NEXT 为紧相邻检索,前后位置固定,例如,(high-risk NEXT pregnancy)OR(high NEXT risk NEXT pregnancy)。

【检索实例 7 - 6】 查找有关白内障(cataract)手术(surgery)治疗的临床证据(其中检索词"cataract"出现在记录标题中,检索词"surgery"出现在题名、文摘或关键词字段中)。

检索步骤:

第一步 登录 Cochrane Library,进入 Cochrane Library 检索界面。

第二步 在检索框中输入检索词:cataract,检索字段选择"Record Title",点击检索行前的"+",增加一行检索框,在所增加的检索框中输入检索词:surgery,检索字段选择 "Title, Abstract, Keywords",其他选默认。

第三步 点击检索框右边的"GO"按钮,即可得到检索结果题录显示列表。检索设置与检索结果题录列表显示界面,如图 7 - 40 所示。

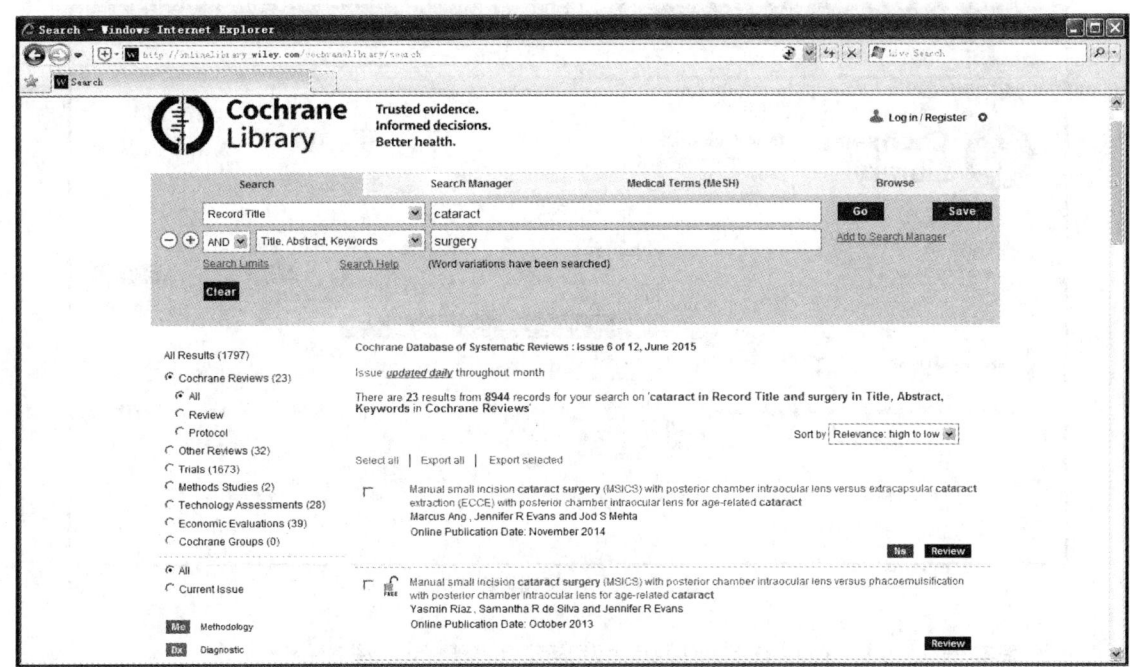

图 7-40 检索设置与检索结果题录列表显示界面

在检索结果显示界面,默认显示的是在 Cochrane Reviews 数据库中命中记录的题录列表,并默认按相关度从高到低排序,也可以选择按命中记录的篇名字顺、按日期进行排序;也可在左边命中记录的数据库列表中选择感兴趣的数据库进行阅读。

点击题名显示该记录的详细摘要信息,凡标有开着的黄色小锁图标且小锁的下方有"FREE"字样的记录,可获得免费全文。题录列表的上方还提供对所有记录或选择记录的输出选项,系统提供按题录格式或按题录+文摘格式输出。每条记录的右下方有文献类型、或有彩色标识,彩色标识的说明可在左边查看,分别代表不同的含义。

例如,"Me"——Methodology,表示方法学系统评价;"Dx"——Diagnostic,表示诊断学系统评价;"Ov"——Overview,表示系统评价的再评价;"Pg"——Prognosis,表示预后研究的系统评价;"Qu"——Qualitative,表示综合定性的系统评价;"Cc"——Conclusions change,表示系统评价的结论发生改变;"Ns"——New search,表示原来发表的系统评价现更新检索结果;"Mc"——Major change,表示原来发表的系统评价现有重大改动;"Up"——Update,表示是更新的系统评价;"Wd"——Withdrawn,表示被撤除的系统评价;"Cm"——Comment,表示有评论的系统评价。

此外,在 Search 状态,如果点击检索框右侧的"Add to Search Manager"链接,可将检索表达式,添加到 Search Manager(检索管理器)中,参与其中的管理或进行复合检索。

(3) Medical Terms(MeSH)(MeSH 检索)

在 Cochrane Library 检索界面,点击 Medical Terms(MeSH),即进入 MeSH 检索状态,如图 7-41 所示,提供前后两个检索框,前一个为主题词输入框(Enter MeSH term),后一个为与主题词相关联副主题词选择框(Select MeSH qualifiers)。利用 Medical Terms(MeSH)检索可以提高查全率和查准率。

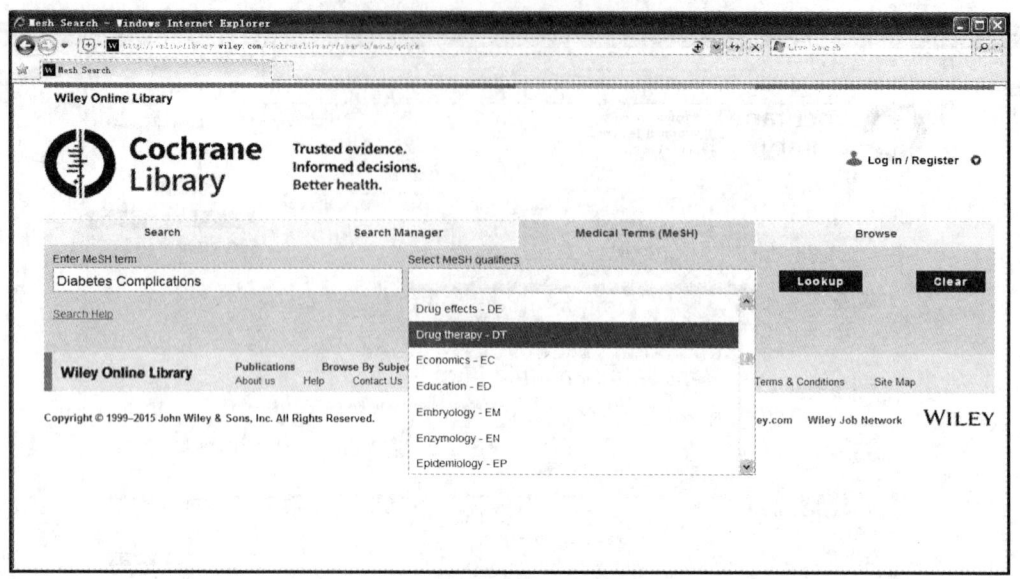

图 7-41 MeSH 检索状态

【检索实例 7-7】 查找有关糖尿病并发症药物治疗的系统评价。

检索步骤：

第一步 在 Cochrane Library 检索界面，点击 Medical Terms(MeSH)，即进入 MeSH 检索状态。

第二步 先在主题词输入框（Enter MeSH term）中输入主题词：diabetes complications，然后在副主题词选择框所出现的副主题词列表中选中相关联的副主题词 Drug therapy-DT，再点击"Lookup"按钮，得到该主题词的描述内容、详细匹配说明以及树形结构。通过树形结构，可选择扩展全部树、不扩展或选定扩展树，点击"Select"按钮，即可改变检索结果的记录数。主题词描述、树形结构及其命中记录数界面，如图 7-42 所示。

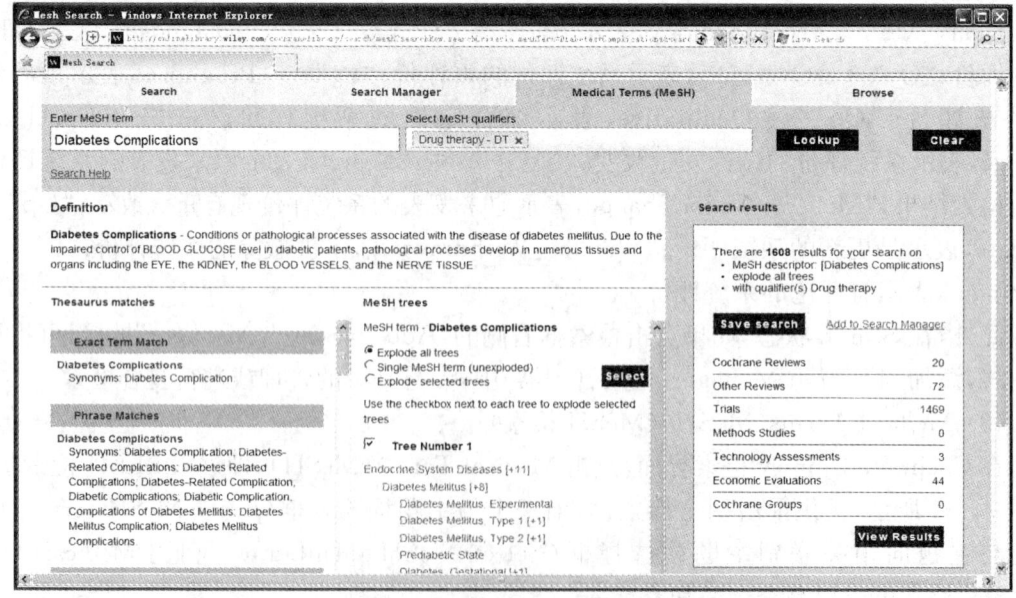

图 7-42 主题词描述、树形结构及其命中记录数界面

第三步　点击"View Results"按钮，即在界面下方显示检索结果的题录列表，如图 7-43 所示。

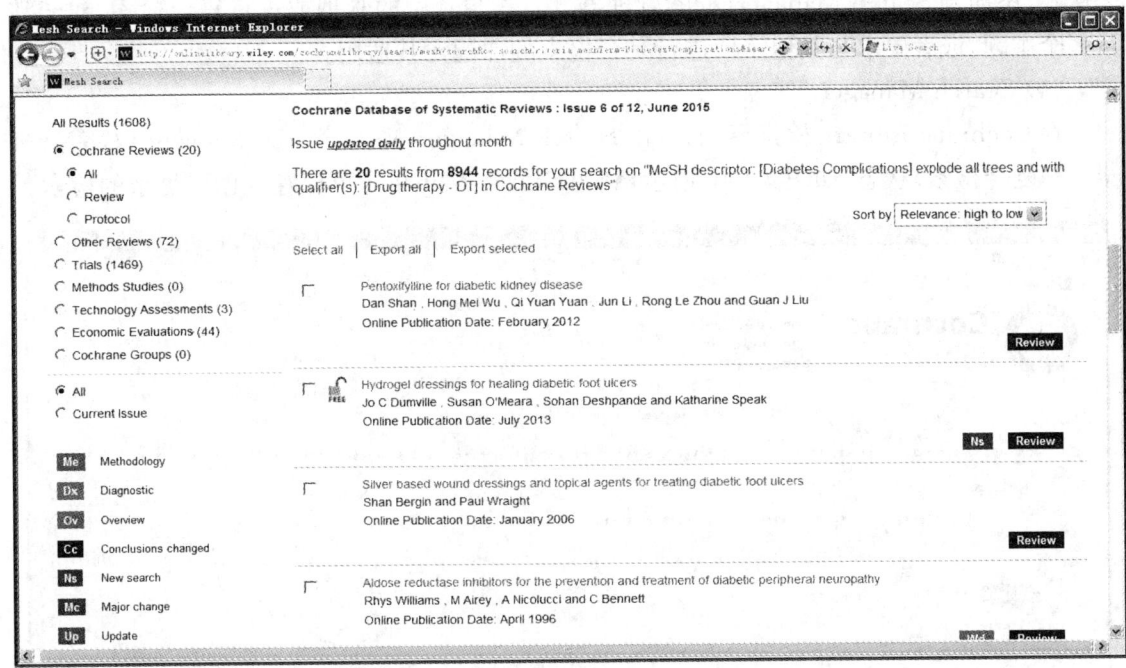

图 7-43　检索结果题录列表显示界面

点击其中一条题名，则显示该记录的详细摘要信息，凡带有开着的黄色小锁图标且小锁的下方有"FREE"字样的记录，可获得不同格式的免费全文，如图 7-44 所示。

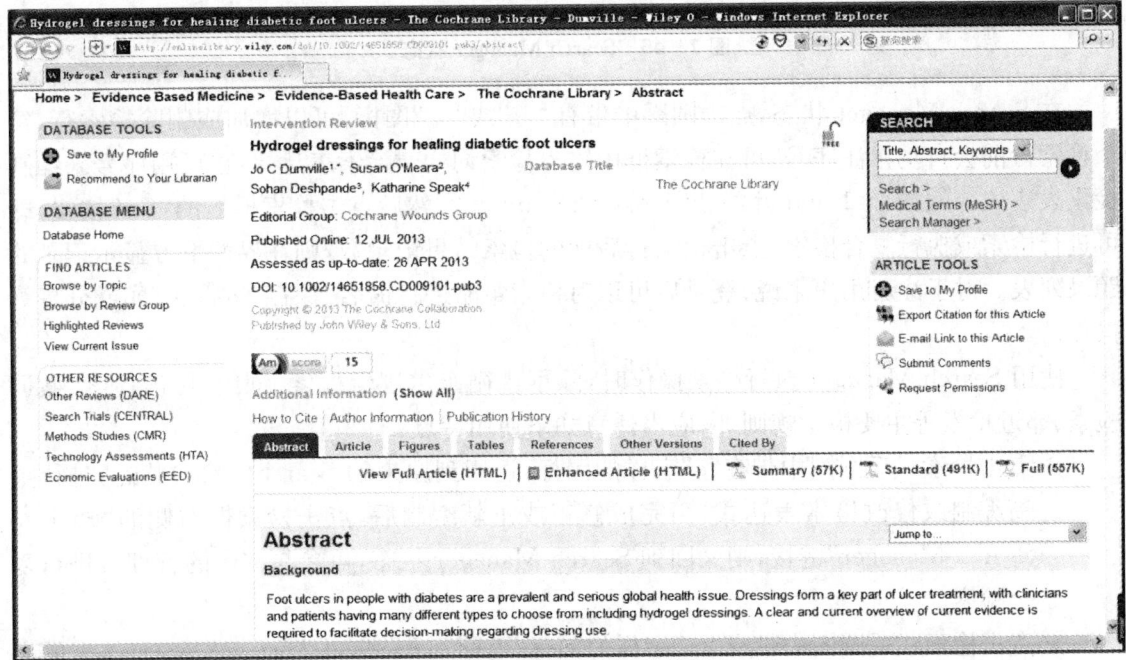

图 7-44　记录的详细摘要信息界面

此外,在 Medical Terms(MeSH)检索的命中记录数界面(如图7-42所示),在"Search results"栏中点击"Add to Search Manager"链接,可将 Medical Terms(MeSH)检索的检索表达式,添加到 Search Manager(检索管理器)中,参与其中的管理或进行复合检索,对于涉及多个主题,或者要求与其他字段进行复合检索的课题尤其适用。

(4) Search Manager

在 Cochrane Library 检索界面,点击 Search Manager,进入 Search Manager(检索管理器——复合检索)状态,如图7-45所示,利用 Search Manager 可保存或创建复杂的检索。

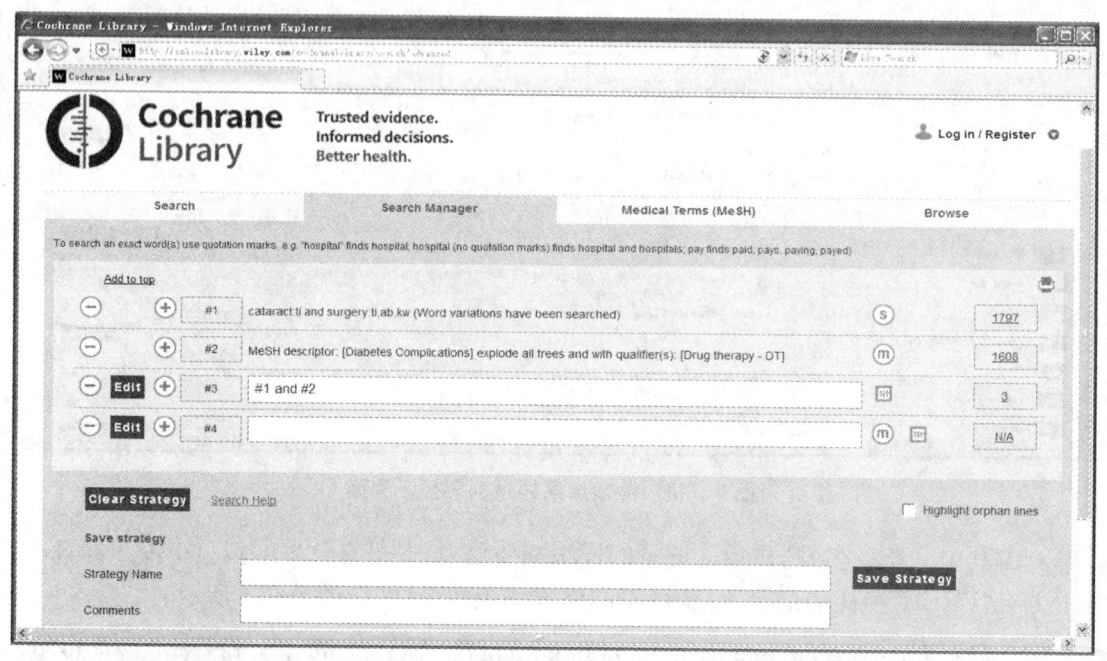

图7-45 Search Manager 状态

在 Search Manager 状态,点击圆圈中带有"＋"或"－"图标,可以增加或删除检索行,每个检索行前会自动标注序号,可在检索框中输入检索词构建检索表达式,也可用序号来编制检索表达式。例如,♯1 and ♯2;(♯1 or ♯2) and ♯3,然后点击检索框后的"Go"按钮,即可进行检索或执行复合检索,点击检索行后面的检索结果记录数,则在界面下方显示记录的题录列表。对于注册用户来说,登录后可以对检索策略进行命名、保存、运行、打印或分享等操作。

使用 Search Manager 执行检索操作时,除了遵循布尔逻辑检索、词组/短语检索、截词检索、邻近检索等主要检索规则外,应当注意如下使用特点:

➤ 点击检索式后圆圈中带有"s"字样的图标,返回到原来的 Search(检索)状态,进行重新编制或修改检索表达式,当完成修正或重新编制后,点击检索框右侧的"Save to Search Manager"链接,则又回到 Search Manager 状态,再参与其中的管理或进行复合检索。

➤ 点击检索式后圆圈中带有"m"字样的图标,返回到 Medical Terms(MeSH)检索的主题词描述、树形结构及其命中记录数界面,进行修改或重新制定检索表达,当完成修正或重新设定后,在命中记录数(Search results)界面中,点击"Update to Search Manager"链接,则又回到 Search Manager 状态,再参与其中的管理或进行复合检索。

➢ 点击检索框后面圆圈中带有"m"字样的图标,可在 Search Manager 中添加一行新的 MeSH 检索。

➢ 对于熟悉主题词的用户,也可直接在检索框中输入一个或多个主题词检索。采用的形式为:[主题词字段标识+空格+主题词],例如,[mh vaccines],默认为扩展检索。如果进行不扩展检索,需要在主题词前面插入一个符号^,例如,[mh ^vaccines]。若主题词为词组或短语,需要加上半角双引号,例如,[mh "viral vaccines"]。多个主题词检索之间还可以采用布尔逻辑算符(小写)组配检索,例如,[mh vaccines] and [mh "hepatitis b"]。

➢ 采用"主题词/副主题词"的组配形式进行检索时,副主题词必须采用两个大写字母的缩写形式,多个副主题词缩写之间用逗号分开,例如,[mh ^"viral vaccines" [mj]/AD,AE],表示检索关于病毒疫苗的投药与剂量以及副作用方面的文献,要求不扩展检索并限定在主要主题词(MeSH Major Topic,mj)中检索。

➢ 检索框中输入的检索词,可利用其他字段标识符限定检索,采用的形式为:检索词:字段标识符。例如,(cancer NEAR lung):ti,ab,kw;"lung cancer":ti。

在检索框中输入检索表达后,若点击检索框后面带有上下箭头的方形图标,将弹出 Search Limits 窗口,如图 7-46 所示,可让用户进行数据库、记录状态、出版时间或更新时间等检索限定的选择。一旦选择后,点击"Apply"键,再点击检索框后的"Go"按钮,即可执行新的检索限定。

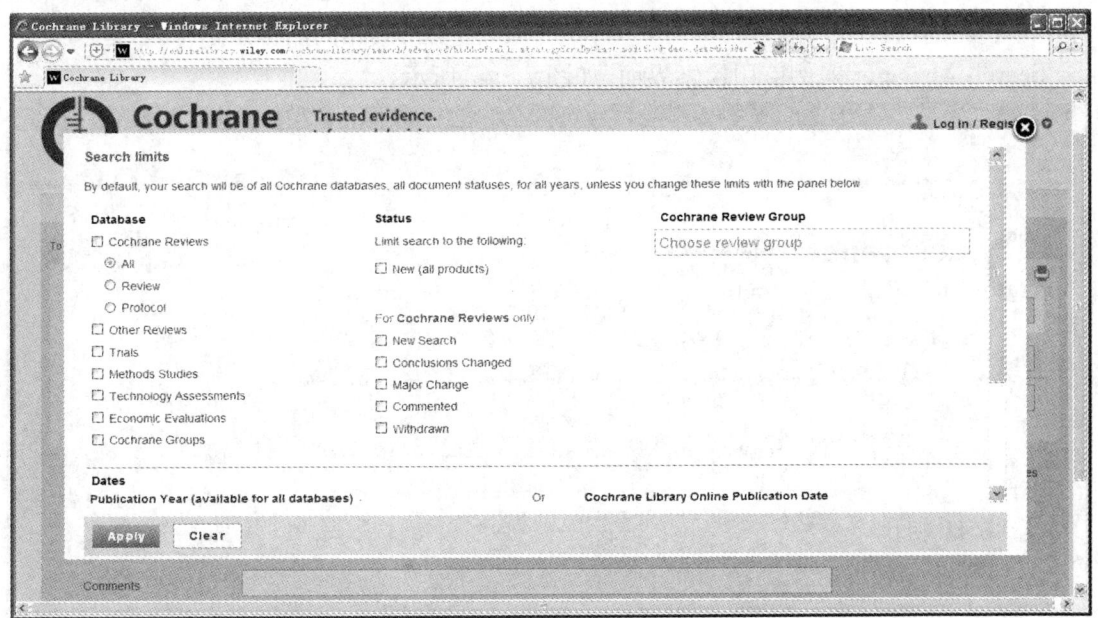

图 7-46　Search Limits 窗口

【检索实例 7-8】 查找阿司匹林治疗心肌梗死的临床应用评价。

课题分析：本课题涉及两个主要概念，即阿司匹林（aspirin）和心肌梗死（myocardial infarction），是关于阿司匹林的治疗应用（therapeutic use）和心肌梗死的药物疗法（drug therapy）的临床应用研究的系统综述。

检索步骤：

第一步 在 Cochrane Library 检索界面，点击 Medical Terms(MeSH)，即进入 MeSH 检索状态。

第二步 在 Enter MeSH term 框中输入主题词：aspirin，然后在 Select MeSH qualifiers 的列表中选中副主题词 Therapeutic use-TU，再点击"Lookup"按钮，得到 aspirin 的描述内容、详细匹配说明、树形结构及其命中记录数，默认选项，在"Search results"栏中点击"Add to Search Manager"链接，进入 Search Manager 状态。

第三步 在进入的 Search Manager 状态中，点击检索框后圆圈中带有"m"字样图标，再进入 Medical Terms(MeSH)检索界面。同样，在 Enter MeSH term 框中输入主题词：myocardial infarction，然后在 Select MeSH qualifiers 的列表中选中副主题词 Drug therapy-DT，再点击"Lookup"按钮，得到 myocardial infarction 的描述内容、详细匹配说明、树形结构及其命中记录数，默认选项，点击"Search results"栏中的"Update to Search Manager"链接，则又回到 Search Manager 状态。

第四步 在 Search Manager 状态的检索框中，组配检索表达#1 and #2，最后点击检索框后面的"Go"按钮，即进行复合检索，得到检索结果的记录数，点击记录数即在界面下方显示题录列表。

值得一提的是，如果在 Search Manager 状态的检索框中直接输入检索表达式：[mh aspirin/TU] and [mh "myocardial infarction"/DT]，会得到相同的检索结果。

Search Manager 实例应用检索界面，如图 7-47 所示。

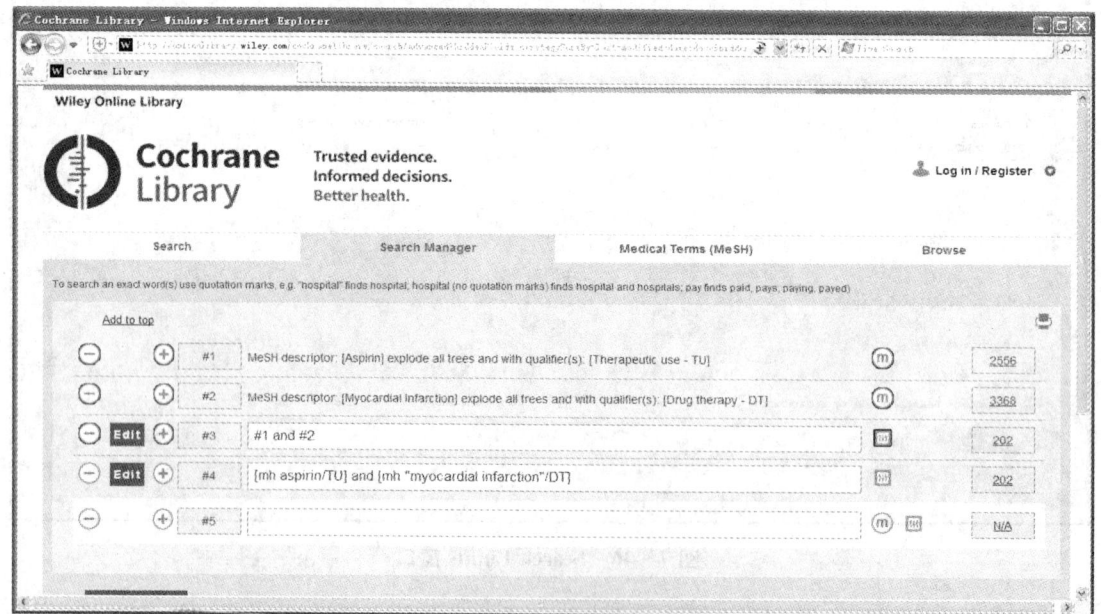

图 7-47 Search Manager 实例应用检索界面

2. PubMed 检索系统(参见 4.3 节)

(1) 检索 Cochrane 系统评价的文献

在 PubMed 基本检索状态的检索框中输入 cochrane,点击"Search"按钮,能检索出有关 Cochrane 文献——即循证医学方面的文献。如果在检索框中输入:检索词+空格+AND cochrane,则表示查找有关某个方面的循证医学文献。例如,asthma AND cochrane,表示检索有关哮喘的(Cochrane)循证医学文献。

同样,在 PubMed 基本检索状态的检索框中输入检索词:systematic[sb],点击"Search"按钮,能检索出关于系统评价方面的文献。例如,输入检索式:hypertension AND systematic[sb],表示检索有关高血压系统评价的文献。

检索词可以限定某一个字段,可以构建检索式,可以限定语种、时间,可以过滤免费全文等。

(2) 检索相关临床问题的系统评价综述、实践指南、随机对照试验的文献

在进行某一临床课题的文献检索后,利用检索结果显示界面左边侧栏提供的过滤(Filter)功能,在文献类型"Article types"下,点击"Customize",选择系统综述(Systematic Reviews)、实践指南(Practice Guideline)、随机对照试验(Randomized Controlled Trial)、Meta 分析(Meta-Analysis)、临床试验(Clinical Trial)等文献类型过滤,可获得该临床问题的相关文献。

(3) 选择 Clinical Queries(临床查询)专栏检索

该专栏的 Systematic Reviews(系统综述)是加拿大 McMaster 大学临床流行病学和生物统计学系的 Haynes RB 等学者为临床医生设计的查找循证医学文献的滤过检索方式。

在 PubMed 主页界面,点击"PubMed Tools"下的"Clinical Queries"链接,即可进入临床查询界面,在检索框内输入疾病名称或干预措施方面的检索词,点击检索框右边的"Search"按钮,即可在中栏显示所命中的该检索词 Systematic Reviews 的文献记录。

7.5 事实数据在线医学资源

7.5.1 在线医学图谱

在线医学图谱(Atlas Online)品种多样,按学科内容分主要有医学形态学图谱、寄生虫学图谱、血液学图谱、外科手术图谱、皮肤病皮损图谱、眼底图谱、影像学检查图谱、全脑图谱等。在线医学图谱可通过已知的医学图谱站点浏览检索,也可利用搜索引擎搜索。

1. Anatomy Atlases

Anatomy Atlases(解剖学图谱集,http://www.anatomyatlases.org/),称为解剖学的数字图书馆(An anatomy digital library),提供 Atlas of Human Anatomy(人体解剖学图谱)、Atlas of Human Anatomy in Cross Section(人体横断面解剖图谱)、Atlas of Microscopic Anatomy(显微解剖图谱)、Illustrated Encyclopedia of Human Anatomic Variation(人体解剖变异图解百科全书)等有关人体解剖图谱链接。此外,若点击"RadiologyEducation.com"链接,可得到许多放射学图谱链接,如胃肠道核医学图像、三维重建图、肌肉损伤图像、胸片图像数据库、正常放射解剖学(X 射线、CT、MRI、超声)以及有关放射学期刊的链接等;点击"PediatricRadiology.com"链接,可得到许多儿科放射学图谱链接。

2. DermIS——Dermatology Information System

DermIS——Dermatology Information System(http://www.dermis.net/)(皮肤病学信息服务系统)由德国皮肤病学专家研发的含有详细皮肤病学图谱、疾病的诊断与鉴别诊断、病例报告以及所有皮肤病信息的服务系统。其中,提供的图谱数据库主要有:在线皮肤病学图谱(Dermatology Online Atlas,DOIA)、儿科皮肤病学图谱(Pediatric Dermatology Atlas,PeDOIA)。可提供英、德、法、西班牙、葡萄牙、土耳其和日文多种语言界面的切换。DermIS 英文主页界面,如图 7-48 所示。提供疾病关键词的简单检索、按疾病名称字顺浏览(by alphabet)、按身体部位定位浏览(by localization)等浏览与检索方式。

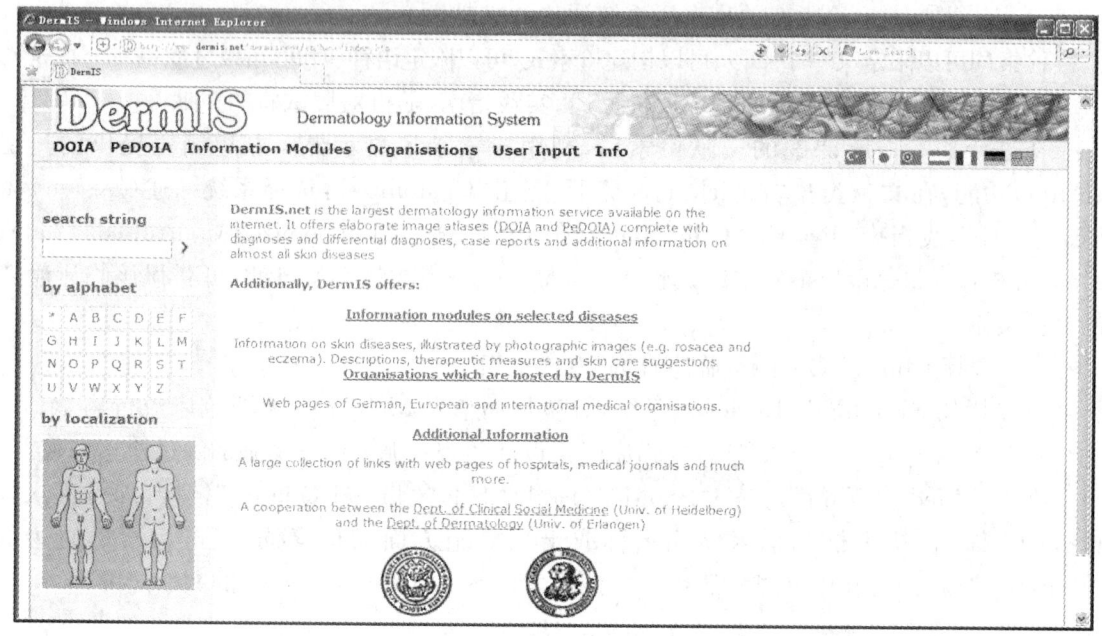

图 7-48　DermIS 英文主页界面

3. Atlas of Hematology

Atlas of Hematology(血液学图谱,http://www.hematologyatlas.com/)由 Nivaldo Medeiros 医学博士创建的反映正常血细胞和疾病血细胞形态学的图像数据库。包括红细胞的改变、贫血、白血病、寄生虫与真菌等多个栏目。点击栏目标签,进入该栏目的图片库,即可查阅相关图谱信息。

4. The Whole Brain Atlas

TheWhole Brain Atlas(全脑图谱)(http://www.med.harvard.edu/AANLIB/home.html)由哈佛医学院的 Keith A. Johnson 博士和麻省理工学院的 J. Alex Becker 博士于 1995 年共同开发,提供了用 CT(计算机断层扫描)、MRI(磁共振成像)和 SPECT/PET(单光子/正电子衍射计算机断层扫描)采集到的正常人脑和病理状态下人脑的数字影像集。全脑图谱的主体内容分 5 个部分:Normal Brain(正常脑)、Cerebrovascular Disease(stroke or "brain attack")(脑血管疾病)、Neoplastic Disease(brain tumor)(脑肿瘤)、Degenerative Disease(退行性病变)、Inflammatory or Infectious Disease(炎症或感染性疾病)。

例如,从 Normal Brain 部分的 Top 100 Brain Structures 链接,进入 106 个正常人脑不同部位结构名称一览,点击其中的 Cranial nerves(颅神经)中的 optic nerve(视神经),得到图 7-49 和图 7-50(两图为同一 Web 页面)。

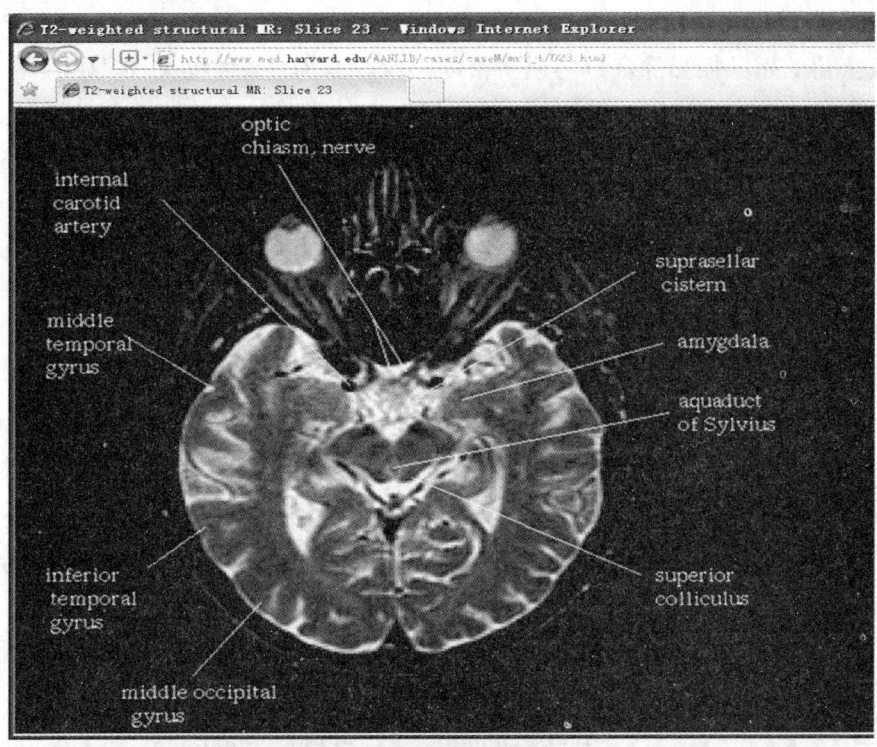

图 7-49　全脑图谱示例(一)

图 7-50　全脑图谱示例(二)

在图 7-50 中，表格左侧为本页影像所在的脑部位示意图；单击脑部位示意图上方的上指或下指按钮，可获得脑示意图上一层或下一层切面影像；cine（电影）按钮供下载脑横断面分层影像组成的录像；表格中的 Unlabeled，Pointers，Labeled 分别表示影像不带文字注释、影像不带文字注释但有部位指示线、影像带有文字注释和部位指示线；MR 部分的 T1 表示用 T1 加权获得的磁共振影像，PD 为质子密度影像，T2 为 T2 加权；CBF 为 Cerebral Blood Flow（脑血流量）；点击表格内的黄方块，得到相对应的影像。表格内的红方块表示当前影像所处的状态；表格左上角的上指、下指、左指、右指按钮供移动表格内红方块的位置，即改变当前影像的状态。

在脑疾病影像中，除可用不同成像技术观察不同的脑部位，还可观察到发病后不同时间（包括用药前后或手术前后）采集到的不同脑病理影像，因为有些影像数据集是按一定时间间隔采集而来。

5. HONmedia

HONmedia（http://www.hon.ch/HONmedia/）是健康在线基金会（Health On the Net Foundation，HON，http://www.hon.ch）的模块之一。HONmedia 是一个非常独特的医学图像（图片和视频）搜索引擎，提供 1 700 多个医学主题的 6 800 多个医学图像搜索。提供 3 种检索方式：按字母顺序浏览、输入关键词检索以及通过三级类目选择。其检索界面，如图 7-51 所示。

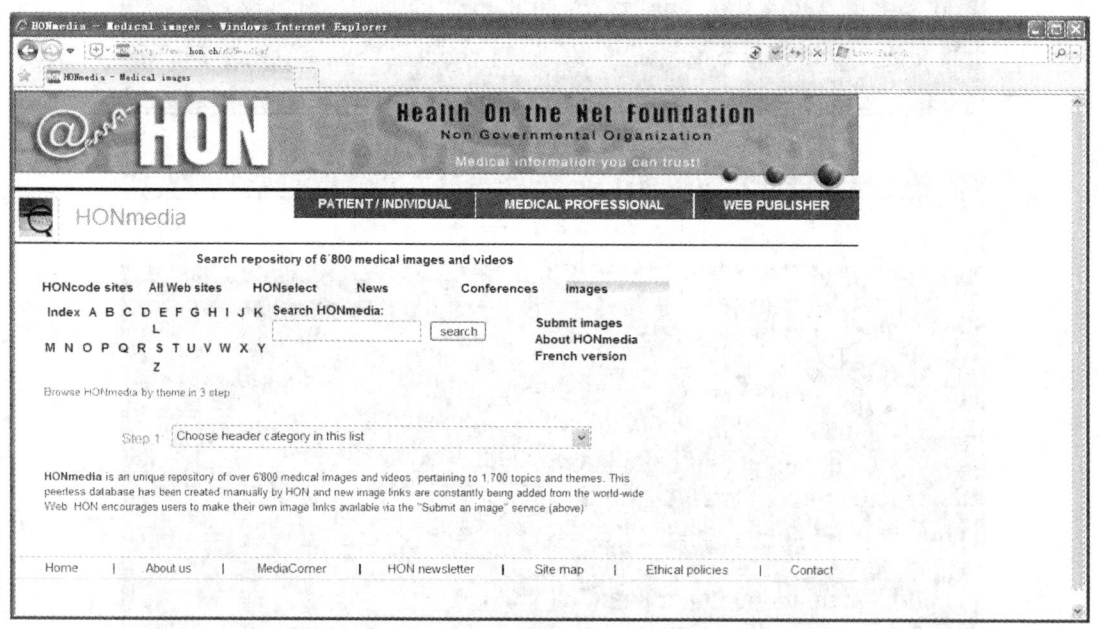

图 7-51 HONmedia 检索界面

【检索实例 7-9】 检索有关哮喘的医学图像。

检索步骤：

第一步 进入 HONmedia 检索界面。

第二步 按字母顺序点击 A，再点击 Asthma；或在检索框中输入检索词：asthma，点击"Search"按钮；或在提供三级类目选择的 Step1 中选 Diseases，在弹出 Step2 中选

Respiratory Tract Diseases,在弹出 Step3 中选 Asthma。

第三步 浏览得到的检索结果,或者链接到相关网站浏览图像信息。

7.5.2 在线医学参考工具

近年来,网上出现了不少免费的医学参考工具,如在线医学词典、在线医学百科全书、网上药物索引(手册)等,可通过相关网站进行浏览与检索。

1. MedlinePlus—Medical Dictionary 和 MedlinePlus—Medical Encyclopedia

MedlinePlus-Medical Dictionary 和 MedlinePlus—Medical Encyclopedia 由美国国立医学图书馆 MedlinePlus 数据库(https://www.nlm.nih.gov/medlineplus/)提供,在其主页的左下方,分别提供有 Medical Dictionary from Merriam-Webster(韦氏医学词典)和 Medical Encyclopedia(医学百科全书)的链接。

在 Medical Dictionary 界面(https://www.nlm.nih.gov/medlineplus/mplusdictionary.html),可在检索框中输入医学术语名称进行检索,如果对于不熟悉的拼写,可以输入后面带有星号(*)的前几个字母,点击"GO"按钮,即可获得检索结果,包括与该术语相关的医学名词,该术语的读音、词性及其注释,并且还提供该术语相关的医学名词术语注释的链接等内容。例如,stroke 一词检索结果界面,如图 7-52 所示。

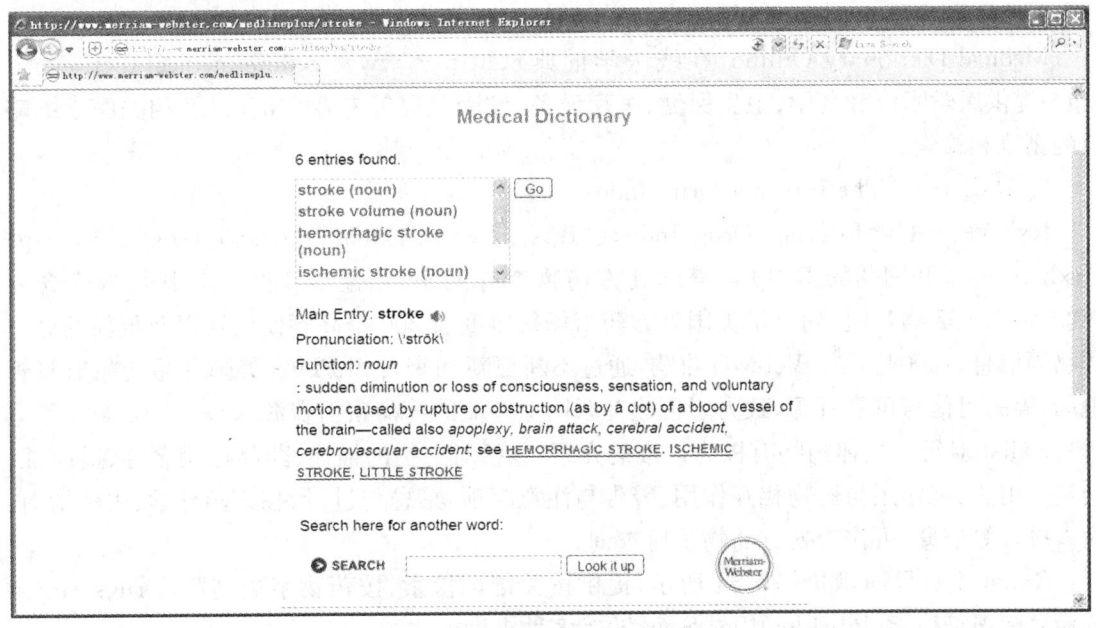

图 7-52 stroke 一词检索结果界面

Medical Encyclopedia 是一部以概念条目字顺形式出现的百科全书,在 Medical Encyclopedia 界面(https://www.nlm.nih.gov/medlineplus/encyclopedia.html),如图 7-53 所示,提供按百科全书词条首字母字顺浏览有关疾病、临床试验、症状、损伤以及外科手术等方面的文章,其中还包括大量的医学图像及插图等信息。

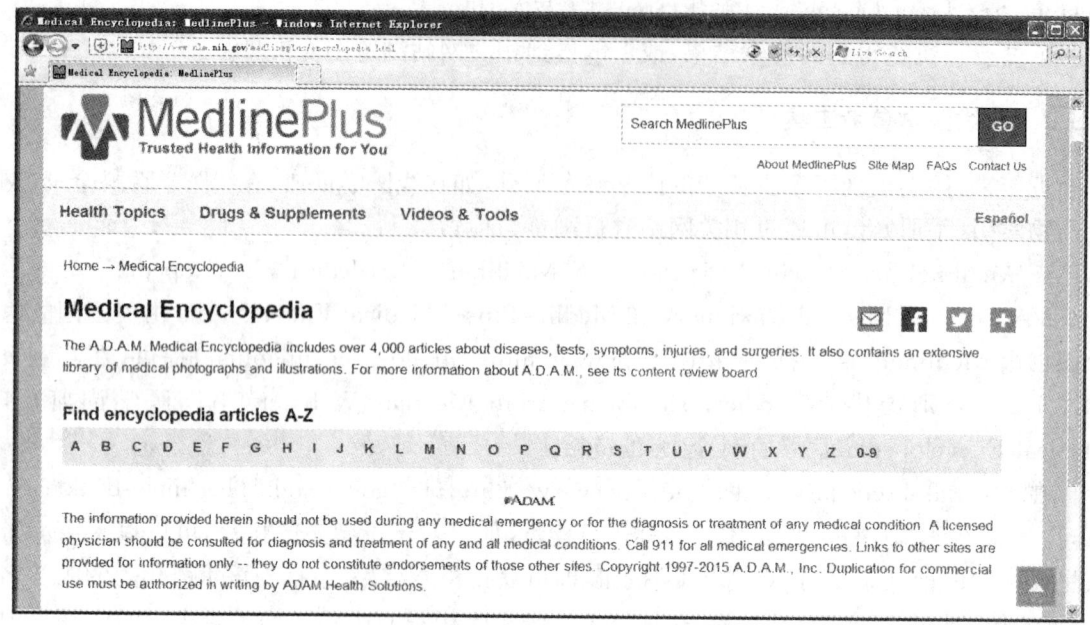

图 7-53 Medical Encyclopedia 界面

2. Medical Dictionary Online

Medical Dictionary Online（在线医学词典）(http://www.online-medical-dictionary.org/)提供医学术语和药学、卫生保健、医疗设备、健康状况等专业词汇，以及相关医学缩略语的浏览和检索。

3. Rxlist——The Internet Drug Index

Rxlist——The Internet Drug Index（https://www.rxlist.com/script/main/hp.asp）(Rxlist——互联网药物索引)是美国处方药物查寻网站，创建于 1995 年，其数据库含有 6 000 种以上药物，并且列出了美国处方药市场每年度前 200 个高频使用药以及更新的处方药物等信息。2004 年被 WebMD 收购，通过不断更新和来自如 FDA（美国食品药品监督管理局）等的可信与可靠资源，致力于创建互联网上一流的药品索引资源。

Rxlist 对每一具体药物有极为详细的介绍，包括对药物的描述、药品通用名称、适应证、剂量与用法、副作用与药物相互作用、警告与注意事项、禁忌与过量、临床药理学、用药指南、病人报告等信息，可作为处方药物手册查询。

Rxlist 主页界面，如图 7-54 所示，提供按关键词检索、按药物字顺浏览（Drugs A-Z）、按药品标识符检索（Pill Identifier Search）等多种查询方式。

此外，还提供了有关维生素/草药/膳食补充剂的浏览、医疗保健幻灯片的浏览、医学图像集的浏览、症状体征的自我检查、疾病状态与试验的浏览、药物医学词典医学术语的查找、医疗相关知识测试等丰富的医药信息内容。

图 7-54　Rxlist 主页界面

Rxlist 主页界面中下部的"Top 200 Drugs"（顶尖 200 种药物）是 Rxlist 最具特色的部分，如图 7-55 所示。

Top 200 Drugs 是基于美国 24 亿张处方统计得出，有一定的代表性，按药物名称字母顺序（By Names Searched）和位次（By Prescriptions Dispensed）两种方式排列。在"Top 200 Drugs"的下方，分别列有 Rxlist 新药（New Drugs at RxList）、最近更新的药物（Recent Drug Updates at RxList）和特色药物（Featured on RxList）等信息内容。

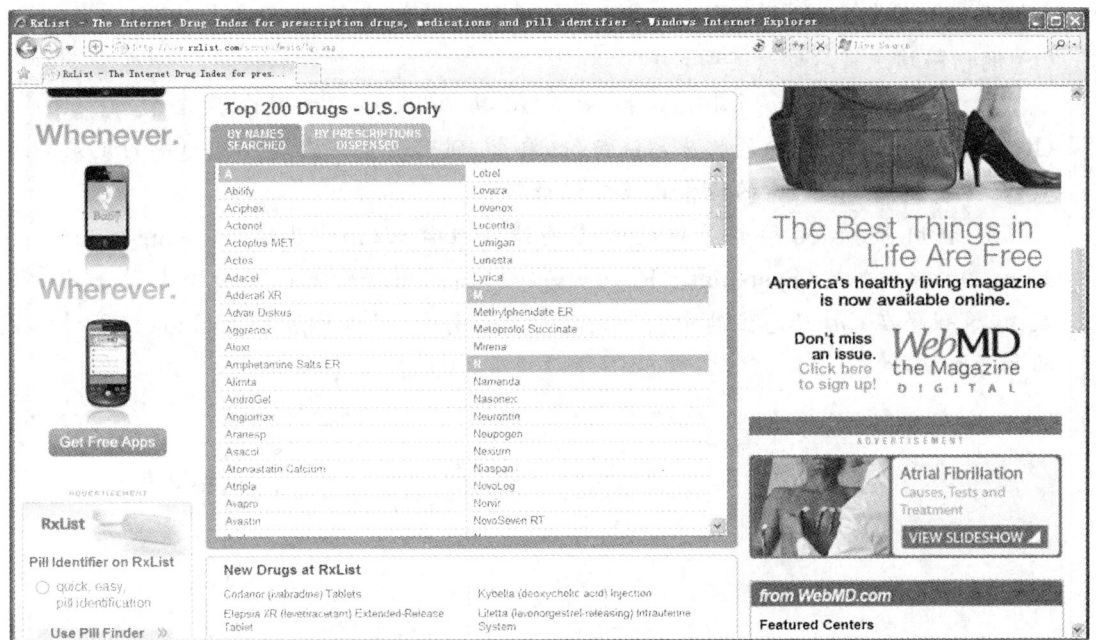

图 7-55　Rxlist——Top 200 Drugs

习 题

1. 网络免费医学学术信息资源主要有哪些类型？它们分别提供了哪些主要获取手段？

2. 循证医学的核心思想是什么？请简要叙述实践循证医学活动的主要内容及其常用的信息资源类型。

3. 利用 Google 学术搜索，查找有关维生素 C（vitamin C）对糖尿病（diabetes）治疗影响的英文研究论文（检索词出现在标题中），其中著者 HH Ting 的论文有几篇？（要求：列出检索过程及其记录数；并请写出 HH Ting 被引频次最高一篇文献的通讯著者及其第一篇参考文献的第一著者姓名，指出提供该文献全文的网站，最后将该文献以 GB/T7714 的格式引用）

4. 根据你所学的医学主题（如内、外、妇、儿、口腔、护理、药学、肿瘤学、实验室医学等），利用 Medscape 浏览该学科主题的期刊论文、最受欢迎的论文或最新会议信息（要求：写出浏览过程，并摘录其中一条记录的详细题录信息）。

5. 利用 OA 期刊检索服务平台，至少找到一篇有关出血性休克（hemorrhagic shock）治疗（therapy/treatment）方面的 PDF 英文全文文献（要求：写出查找过程，列出一条完整题录）。

6. 查找遗传学（genetics）、药学和药理学（pharmacy and pharmacology）、护理学（nursing）或者你所感兴趣主题方面的 5 种 OA 期刊网站，并选择一种期刊，了解该期刊收稿内容、格式要求，以及进行在线投稿的相关事项（要求：写出这 5 种 OA 期刊网站主页名称及其网址）。

7. 利用 Cochrane Library 检索糖尿病（diabetes mellitus）与高血压（hypertension）发病关系的临床系统评价（要求：列出检索词出现在标题中的记录数；记下通过主题词检索的检索式及其记录数）。

8. 利用 PubMed 检索系统检索有关缺铁性贫血（iron deficiency anaemia/anemia）的系统综述（Systematic Reviews）（要求：列出检索表达式和检出文献篇数；摘录刊登在 *Gut* 杂志上其中一篇文献的第一著者、通讯作者及其 E-mail、所列的参考文献数）。

第 8 章 医学信息资源组织管理与利用

8.1 医学信息资源采集

8.1.1 医学信息资源采集的原则

医学信息资源采集就是从社会上交流传播着的大量信息媒体中选取对本人医学科研或临床实际工作有利用价值的各类信息的过程。及时、准确、全面地采集医学信息资源是医学科学研究工作的基本前提,是医学科研和临床医疗得以顺利开展和进行的重要依据,始终贯穿于医学科研和临床医疗工作的全过程。

医学信息资源采集的广度与深度同医学工作者对医学科学的认识程度是分不开的。若能掌握医学信息资源采集的原则,就能大大提高医学信息资源采集的效果。其原则如下:

1. 信息资源采集的针对性

信息资源采集的目的就是为了合理有效地利用信息资源。医学工作者应根据自己工作和研究的需要,确定采集的范围和重点。首先应熟悉本人拟从事研究课题的历史、现状与趋势,并明确自己应该要获取哪些文献信息;其次要确定本学科、本专业的核心资源的种类,以便及时了解和获取与课题有关的核心文献信息;再次则要了解所要采集信息资源的类型、网络分布规律、出版情况、获取途径等。只有这样,才能做到有的放矢地采集实用的医学信息资源。

2. 信息资源采集的系统性

医学工作者要了解自己所研究课题的历史、现状、发展过程以及今后的发展方向,必须系统地掌握这方面的信息资源。因此,在采集信息资源的过程中,应力争做到所采集的专题信息资源的系统性、连续性和完整性,以确保所获取的信息资料能全面反映当前国内外医疗技术先进水平和解决实际临床问题的需要。

3. 信息资源采集的科学性

当代科学发展日新月异,医学信息媒体的发展特点是:类型多、数量大、载体多样化、交叉渗透、分散重复等。因此,必须采用科学的方法和手段,才能做到高效地进行信息资源采集。首先,要选好恰当的医学信息资源检索系统,熟悉其检索入口及其检索规则,充分采用网络信息资源的检索技术与手段来进行医学学术信息资源的采集,应当尽可能选用多种信息资源检索系统(数据库)以及其他网络检索手段进行复合检索,以免仅使用一个数据库检索而造成漏检。

4. 信息资源采集的预见性

信息资源采集既要针对当前临床医疗工作任务的需要,又要适当考虑医学科研和临床医疗工作发展的要求,密切注意本学科和邻近学科的研究水平、动向及发展趋势,随时留心新兴学科、边缘学科的产生和发展。只有有预见性地采集各种相关信息资源,才能使自己的科研工作走在前头,取得新的成果。

5. 信息资源采集的计划性

医学信息资源采集既要广辟医学信息的来源,扩大医学信息资源采集的渠道,又要持之以恒,日积月累;既要考虑到重点医学文献信息的查找,又要照顾到一般医学文献信息的获得。因此,在进行医学信息资源采集前,应根据自己的客观实际情况制订出一个比较周密详尽的采集计划,使采集工作有条不紊,避免盲目性,保证采集的各类信息资源真正符合自己医疗研究与临床实际工作的需要。

8.1.2 医学信息资源采集的主要方式

1. 信息检索

医学信息检索是医学信息资源采集最重要的手段与方式。目前,最方便的途径是通过网络信息资源检索系统,实现题录检索、文摘检索、全文检索。通常,网络信息资源检索系统获得的文献题录/文摘绝大多数是免费的,最终根据需要设法索取原始文献。通过信息检索获取医学信息资源的关键是:根据检索课题要求,选择合适的信息资源检索系统,制定准确的检索策略和编写完善的检索提问式,灵活多样地运用各种检索方式,以提高信息检索的效率——查全率和查准率。

2. 浏览阅读

医学文献记载着无数医学科研的新成果、新发现,是整个医学科学赖以发展的重要资源。通过浏览阅读医学文献,医学工作者可以获得大量所需的资料。但人的精力和时间总是有限的,面对浩如烟海的医学文献,不可能浏览阅读全部文献,那么,阅读时除注意选择核心资源如医学核心期刊浏览阅读外,还应采取有效的、科学的方法。SQ3R阅读法是美国依阿华大学首先创用,在美国各大学流行的综合性五步阅读方法。SQ3R分别是Survey,Question,Read,Recite,Review 5个英文单词首字母的缩写。

(1) Survey(浏览)

即以很快的速度在短时间内阅读文献大致内容。浏览的文献,一是指由于时差关系尚未收编到最新信息检索系统中的本专业和相关专业杂志的文献;二是指通过文献检索查到的那些文献。其方法是以像扫描方式,一看题目,二看关键词,三看摘要,四看前言(正文前面的一段短文),五看结论。浏览的中心目标,一是了解有关课题的进展情况,扩大知识面,二是寻找自己需要的部分以便进一步阅读。

(2) Question(提问)

即在浏览的同时,由自己提出问题,带着问题积极思考,联系自己的知识和工作实际与原来的观点和实践作比较,学会有分析地阅读,不盲目接受文献中的观点。

(3) Read(阅读)

这是中心步骤,又分为两种方式:

① Read Quickly(快读)。这是以较快的速度掌握文献全文中心内容的一种阅读方法。快读不是按全文一字不漏地阅读，其要领是在浏览法的基础上，再看论文正文中各段的标题。在了解论文大致内容后跳过自己不需要的部分，掌握其中新的技术成果，主要论点或论据，找出自己感兴趣的内容，以便进一步细读。在文献数量快速增长的今天，快读成为一种重要的读书方法。不过，真正掌握快读的要领，收到快读的预期效果，需要有一个训练过程。

② Read Carefully(精读)。这是对文献的全文一字不漏地读完，并系统地消化与吸收全部内容，对文献中的疑难问题，尽可能地查找文献。一般需要精读的文献往往是读者需要掌握的新知识，如新概念、新理论、新技术、新方法。要掌握这些新知识必须对其内容详细了解，充分理解，融会贯通。精读能为掌握一门科学打下坚实的基础，是学习中不可缺少的。国际权威杂志的原始论文、综述和编者述评，应为精读的首选文献。同时，还应当利用这些精选文献后附有的参考文献进一步回溯，以对有关课题研究的基础、发展、关键问题以及经典文献等有一连贯、系列、全面的了解。

（4）Recite(背诵)

这是指在阅读的同时，在理解基础上的记忆，反过来，背诵还可以促进理解。除了对一些重要数据、指标，疾病的诊断标准，有关的公式、定理等进行完整的记忆、背诵外，一般只要求记忆主要内容或关键词，达到回忆起原来差错的水平。

（5）Review(复习、评论)

为了巩固学到的知识，复习必须及时，学完一段复习一段，不要过分依赖总复习，并在复习时要特别注意容易理解错误的地方。同时，为了使学习的知识变成自己的知识，还要善于将学到的知识进行总结、分析和归纳，勇于发表自己的看法，不断对自己所学的内容写评论。

3. 委托采集

委托采集就是医学工作者委托他人或委托信息咨询部门代查(检)自己所需要的文献信息资料的一种方式。委托采集医学信息资源的优点是医学工作者可节省许多时间，弥补设备条件的不足；其缺点是由于检索人员或受托人的专业知识水平和对课题的理解程度的限制，所得文献信息可能有许多漏误。因此，委托采集时，医学工作者应详细、完整地提交有关的委托检索申请表，提供比较具体的参考材料，如已知的切题文献，主题词、副主题词、关键词，以及要什么、不要什么等，使之减少和避免漏误。当然，在条件允许的情况下应尽可能亲自进行检索。

4. 实际调查与交流

实际调查与交流适合于非文献资料形式的信息(也称零次信息)的采集，主要通过参观、访问、考察以及参加各种学术会议的口头交流，同行之间的信函或 E-mail、微博、微信等交流形式，同行间面对面的交谈，信息系统提供的 FAQ(Frequently Asked Questions，常见问题解答)，倾听病人叙述病情等方式来采集，一方面可以耳闻目睹了解许多有价值的资料信息，另一方面又可获得一些难以购买和索取的文字资料。有时还可用照相、解剖实物方法取得有关新产品、新发现的形象资料，用记录或录音的方式取得没有书面文字的资料。这种采集形式往往获得的是第一手资料或技巧性的素材，因而具有很强的直观性和实用性，是医学工作者信息资源采集十分有效的手段。

8.1.3 医学信息资源采集的技巧

1. 密切注视本学科专业的发展动向

医学工作者除采用常用的医学信息检索方法获得所需信息资源外,特别注意采用浏览法去留心自己从事学科专业的新动向,如及时浏览反映最新科技成果的现期核心期刊、体现学科进展动态的消息性刊物、新近召开的专门会议报道,以及重要医学专业网站、个人的 E-mail 邮箱、新近更新的全文数据库、OA 期刊网站等所发布的最新医学信息。

2. 重视相关医学信息源的检索和利用

相关医学信息源主要有:如医学成果信息源、诊疗信息源、医学统计信息源、医药品信息源、病历档案信息源等。

(1) 医学成果信息源

主要是指通过各种途径传递的医学科学研究成果,一般以正式出版的文献信息源为主,它对促进医学科研、提高临床医疗水平起着重大作用。

(2) 诊疗信息源

这是指临床医生在诊断和治疗疾病的过程中所需要的全部信息,包括病人的主诉与病史,各种实验室检查数据与特殊检查的结果(图像),病人发病的各种因素如社会因素、环境因素、生物因素、心理因素等,以及各种治疗的备选方案等,它是疾病诊断和治疗的基础和依据。

(3) 医学统计信息源

医学统计信息源是反映医药卫生及其有关领域各种活动的产生、发展、变化以及影响因素的数据资源,为转变医学模式、促进医学科技进步和医疗卫生事业的发展提供重要依据。如流行病学统计、卫生统计、传染病统计、中毒统计、死亡及其原因统计等,通过客观数据的统计汇总和分析处理,找出最一般规律,反过来又指导医学科研和临床医疗实际。国际统计信息可以通过 WHO 全球卫生观察站(Global Health Observatory)数据获取;国内统计信息则可通过医学年鉴或国家、省或地区统计学年鉴查阅,也可以通过医院统计信息获取相关资料。

(4) 医药品信息源

医药品信息源广泛分散在医学、药学及其他有关学科领域的信息之中,对各种新药的安全性和有效性的分析、评价和检索是医疗、药政、制药和管理等人员的重要工作之一,应当十分注意制药厂的产品说明、医药品的动物试验及其他实验数据资料、医药品的临床使用评价、医药品的毒理学与药理学研究结果等的收集。

(5) 病历档案信息源

这是记录患者健康状况和在疾病发生、发展以及诊疗全部过程中形成的,按照一定要求集中、保管的各种诊疗材料,它是医疗工作成果的历史记载,是医学教育和医学研究的宝贵资料,也是医疗工作的重要参考资料。随着病历档案管理的科学化和信息化,病历档案信息源的检索和利用日益受到医学科研和临床工作者的重视。

3. 掌握查找文献的运筹法

在浏览阅读文献的过程中,先读什么,后读什么,还是很有讲究的。可概括为"五先五后",即先近后远,先国内后国外,先专业后其他,先综述后单篇,先摘要后全文。

(1) 先近后远

先近后远即查阅文献时,要先查阅最近的文献资料,然后追溯到既往的文献资料。

(2) 先内后外

先内后外即先查阅国内文献资料,然后再查阅国外文献资料。

(3) 先专业后广泛

先专业后广泛即先查阅本专业或与本专业密切相关的书刊,尤其是本专业的核心期刊,后查阅其他综合性刊物以及边缘学科的刊物。

(4) 先综述后单篇

先综述后单篇即先查阅与课题有关的综述性文献,再查单篇文献。

(5) 先摘要后全文

先摘要后全文即在具体阅读一篇论文时,应先看头尾,后看中间,有时看完摘要、讨论或结论部分就已解决了问题。这样,既加快了阅读速度,又能通过浏览阅读从中获得更需要的文献资料,达到了收集文献的最佳效果。

4. 注意医学信息资源检索系统的变通使用

一般可先从参考类数据库、书目数据库——题录式/文摘数据库入手,再利用全文数据库检索文献信息。例如,欲检索阿司匹林诱发哮喘方面的文献,可先利用 PubMed 检索系统检索,在找到一部分有用文献的题录或文摘后,再根据文献内容主题或相关著者,选用 ScienceDirect、SpringerLink 或 Web of Science 核心合集数据库,通过相应的检索途径有针对性地查找所需全文。还可以配合网络学术搜索引擎的搜索、重要医学专业网站信息资源的检索和利用。这样,一方面起到了补充作用,另一方面可进行多系统、多途径查找,既能实现即时检索目标,又可扩大检索信息资源的范围。

5. 注意信息检索系统检索方式的配合使用

大多信息检索系统除提供基本检索(如关键词检索)、高级检索(多字段组配检索、限定检索)外,有的还提供分类浏览、主题检索等检索方式。在使用某种信息资源检索系统检索时,如果采用主题途径可实现专指检索,查得全且准。通常可根据检索课题的已知条件,配合信息资源检索系统所提供的其他检索方式,实现多入口、多途径检索信息资源的目的。

6. 注意信息检索系统中信息来源的识辨

(1) 文献类型的识辨

如图书、期刊论文、会议文献、专利文献、科技报告、学位论文、标准文献以及在线资源等文献类型,可通过各自固有的特征加以区别,也可采用 GB/T 7714—2005《文后参考文献著录规则》的文献类型及其标志代码,加以识辨。

(2) 外文刊名缩写的识辨

掌握刊名缩写的识辨方法,对索取原始文献帮助甚大,通常采用的方法有:

① 按刊名缩写规则直接辨认。

② 利用信息资源检索系统所附的期刊库(Journals Database)加以转换。期刊库一般能提供刊名缩写或刊名全称的检索功能,如 PubMed 检索系统的 Journals in NCBI Databases (期刊数据库),可通过刊名全称、MEDLINE 缩写、国际标准缩写、ISSN 号等进行检索。

③其他。有些刊名缩写显然不是英文，而是俄文、日文或中文等。其中，俄文刊名缩写是按俄文拉丁字母音译对照表译成拉丁字母的刊名缩写，如 *Vestn Russ Akad Med Hauk* 其全称可在各种信息检索系统的刊名库中找到，如 *Vastnik Rossiiskoi Akademii Meditsinskikh Hauk*（*Moskva*），如果不熟悉俄文刊名及其读音的话，是很难知道这是什么期刊。不过刊名全称之后注明该刊出版地（莫斯科），就可判明是俄文期刊；日文刊名拉丁化是用黑本式译成拉丁字母刊名，如 *Gan To Kagaku Kyoho*，利用期刊库可查到其英文名称 *Gan To Kagaku Kyoho*——*Japanese Journal of Cancer and Chemotherapy*（*Tokyo*）；中文期刊刊名1979年前用威妥玛法译成拉丁字母刊名，1979年起用汉语拼音字母刊名。

（3）拉丁文缩写的识辨

现代科技文献在文献正文、文摘和参考文献中仍沿用一些拉丁文缩写，如 ibid, idem 等，即表示"出处同上"或"同著者"的意思。信息检索系统中出现的各种缩写，除可查该信息检索系统的使用说明、帮助信息外，还可查其他各种缩写语词典。

7. 掌握原始文献获取途径

（1）查询馆藏目录

应先从本单位本地区图书信息部门查找，由文献类型去查相应的馆藏目录，尤其是馆藏电子资源目录，根据馆藏信息进行借阅或复制。

（2）试查全文数据库

如果本单位本地区图书信息机构购买有全文数据库，选择可能收录的全文数据库查询所需原文，也可试查提供免费试用的全文数据库。

（3）借助联合目录找出收藏单位

如果本单位本地区图书信息部门缺藏，可通过如 CALIS 或 JALIS 的联合目录查询系统找出收藏单位，通过信函、传真或 E-mail 等方式向收藏单位申请复制。

（4）委托代办馆际互借、文献复制及原文传递服务

可通过 CALIS 及其各地区中心、专业中心，如江苏省高等教育文献保障系统（Jiangsu Academic Library and Information，JALIS，管理中心设在南京大学）、全国医学文献信息中心（设在北京大学医学部）、江苏省医药学科文献中心（设在南京医科大学）或江苏省苏南地区文献中心（设在苏州大学）、苏北地区文献中心（设在中国矿业大学，徐州）、苏中地区文献中心（设在扬州大学）等代办馆际互借、文献复制与原文传递。

（5）发 E-mail 向著者求助

根据著者的单位或 E-mail 地址，与著者直接联系索取。

（6）向出版机构购买索取

根据出版机构的地址或其 E-mail 地址，与出版社、编辑部联系购买，或获得免费赠阅。

（7）利用学术搜索引擎搜索

可通过所刊载的刊名或文献主题的关键词，利用学术搜索引擎检索、或通过相关网站的链接获得。

（8）利用 OA 期刊检索服务平台查找

可利用提供 OA 期刊论文检索或浏览的检索服务平台，如 BioMed Central，PLOS，FreeMedicalJournals，HighWire，Wiley Open Access，PubMed 检索系统的 PubMed Central

等查找获得。

8. 个人文档的建立

利用现代信息技术手段(如个人文献信息管理软件),将采集到的医学文献信息资源根据自己从事的学科专业或研究方向,按专题或分类逐一整理,建立个人文献信息资料库,甚至建立起相应的索引,以便对个人医学信息资源的组织管理和利用。也可以利用网络将自己专业所需要的网络医学信息资源分类,如将专业 OA 期刊网站、常用的医学专业网站、免费专业数据库、在线医学参考工具等制成网页,建立个人的网络导航。

值得一提的是,无论采用哪种方式收集整理信息,都必须注意记下信息资料的来源,一般应记下著者姓名(一般至少前 3 位)、文献题名和出处。文献出处包括出版物名称、出版年、卷(期)、起止页等,以免撰写综述或论文时无处查考。

8.2 个人医学信息资源管理

8.2.1 概述

随着医学研究的不断深入,每一位医学工作者需要收集、利用和管理的医学信息资源会越来越多。个人文献信息管理软件的出现,为广大医学工作者进行个人信息资源的管理和利用提供了极大便利。

1. 个人文献信息管理软件的基本功能

个人文献信息管理软件的基本功能相似,概括起来主要有:

(1) 建立个人文献信息资料库

能够将收集到的各类信息资源分门别类地导入到个人文献信息资料库中,并按一定格式存储起来加以管理,可进行编辑与修改、去重与排序、添加与删除,并且还具备完善的检索功能,可实现个人信息资源的有效收集、管理和利用。

(2) 引用参考文献

可与 Microsoft Word 建立关联,在 Word 文档中可随时引用个人文献信息资料库中已经存储的相关文献信息,完成 Word 文档中参考文献的即时插入与修改。当修改文内引用时,文后参考文献的编排随之可自动增删或调整,既节省了人工调整时间,也避免了可能的人为差错。

(3) 自动转换引文与论文格式

通过内置的引文格式匹配模板和重要期刊的论文格式匹配模板,使医学论文的撰写更加规范和方便轻松,特别是当论文转投其他期刊时,可以很快将其格式进行转换。

2. 个人文献信息管理软件的种类

目前,国内外个人文献信息管理软件的品种较多,常用的主要有:

(1) EndNote 和 EndNote Basic

EndNote 由 Thomson Reuters 提供,是目前使用最多的个人文献信息管理软件,可管理数十万条参考文献,预设了多达 5 000 种以上的书目输出格式,涵盖各学科领域的期刊。在其官网(http://endnote.com/)可下载免费使用 30 天试用版(Free 30-Day Trial)。

EndNote Basic 是 Thomson Reuters 于 2013 年推出的一款面向初始研究者的网络版

文献信息管理软件，它可管理最多 50 000 条参考文献，对于使用 Web of Science™ 平台的用户能提供 3 000 多种书目输出格式，并可在线检索近 2 000 种的数据库或文献库。所以，EndNote Basic 在购买 Web of Science™ 平台的用户中，使用最为广泛、最为便利。

（2）NoteExpress

NoteExpress 由北京爱琴海乐之技术有限公司研发的文献信息管理软件，目前的版本主要有个人标准版、高校版、研究院（所）版和公共图书馆版等，各版本有其限定使用范围。购买用户可在其网站（http://www.inoteexpress.com/）下载安装对应软件。

NoteExpress 的基本功能和使用方法，与 EndNote、EndNote Basic 相类似。其主要特点包括：集文献题录、文摘和全文于一体，对中文文献信息及几大常用中文数据库具有良好的支持，并且支持多语言格式输出；可在线检索 PubMed 系统、Web of Science™ 平台数据库、中国知网、维普期刊数据库等资源；具有强大的文献管理与分析功能，如文献归类、标识文献、查重及去重、添加附件、笔记、编辑、检索、文件夹信息统计分析等；可随时对参考文献进行增删与更改，可便捷地生成参考文献列表；内置约 3 000 种国内外常用学术期刊和学位论文的规范格式，可根据需要选择对应样式对论文进行参考文献格式化。

NoteExpress 的使用主要有 4 个环节：NoteExpress 软件的下载与安装；建立个人数据库（信息资源收集）；管理个人数据库（文献信息的管理与分析）；辅助写作应用。

（3）Reference Manager

Reference Manager 是由 Thomson 公司较早开发的一款文献信息管理与检索软件，集网络信息资源检索、专题数据库构建与管理、文献数据创建于一体，支持网络环境下多用户的资源共享，但不能处理中文文献。

（4）RefWorks

RefWorks 是由 CSA（英国剑桥科学文摘社）子公司 RefWorks 开发的一个基于网络的个人文献信息管理软件，支持多种语言，用于帮助用户建立和管理个人文献信息资源。提供在撰写论文时自动加入引文；创建多种格式的书目；从多种数据源导入参考文献，包括中国知网、维普期刊数据库、万方数据等也支持 RefWorks 参考文献题录格式；创建不同文档格式的书目（如 Word、RTF、HTML 等）。个人用户在其官网（http://www.refworks.com/）进行免费注册后可获得 30 天的试用权限。

8.2.2 EndNote Basic 的使用

使用 Web of Science™ 平台的单位订购用户，其个人用户均可免费使用 EndNote 增强版 EndNote Basic。但需要个人先进行免费注册，以注册时提供的邮箱地址和自己设定的密码进行登录后，在 Web of Science™ 平台主页（https://apps.webofknowledge.com/，如图 8-1 所示），点击菜单栏中的"EndNote"链接，即可进入 EndNote Basic 界面，如图 8-2 所示，提供 7 个标签按钮的功能链接，分别为：我的参考文献（My References）、收集（Collect）、组织（Organize）、格式化（Format）、匹配（Match）、选项（Options）和连接（Connect）。

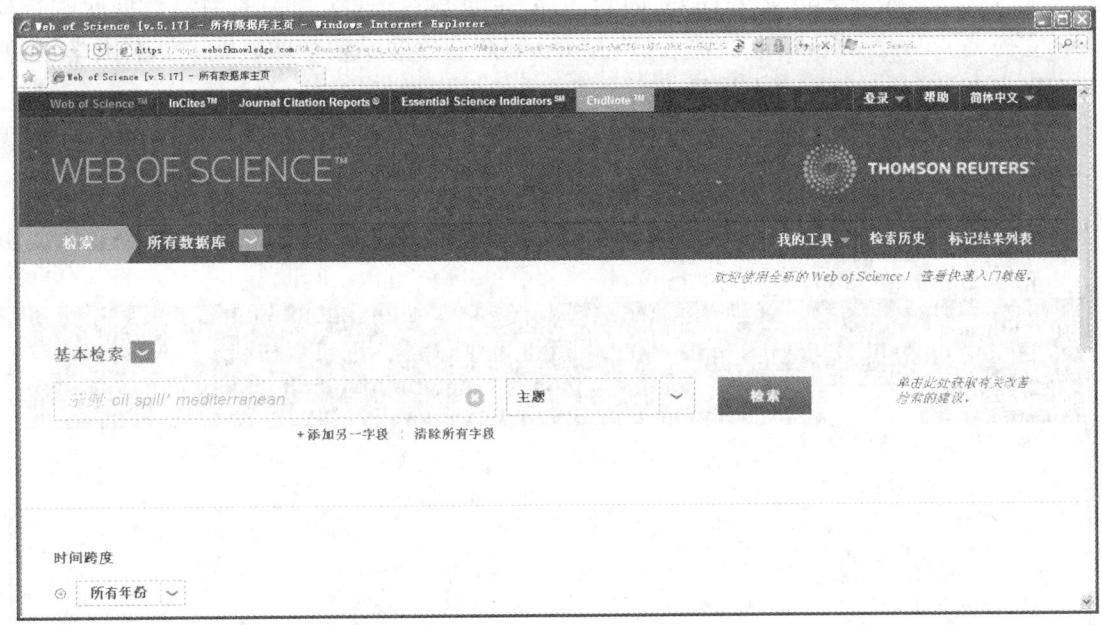

图 8-1　Web of Science™ 平台主页

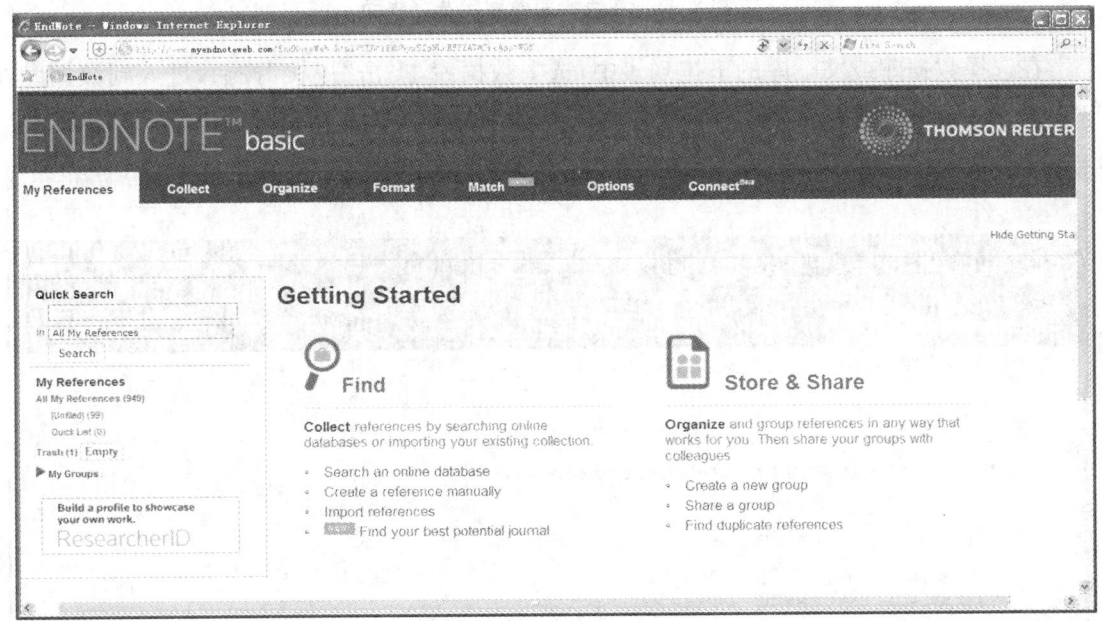

图 8-2　EndNote Basic 界面

EndNote Basic 可以在英、德、日、韩、葡萄牙、西班牙、中文多种语言界面之间切换，下面以简体中文界面为例，介绍其使用方法。

1. 建立个人参考文献库

使用 EndNote 的第一步是采集信息资源建立个人参考文献库（即创建 EndNote 图书馆）。在 EndNote Basic 中最多存储 50 000 条参考文献。收集信息资源有 4 种方式：

（1）在线检索

在线检索是通过 EndNote Basic 内置的搜索引擎直接连接相关的网络数据库进行检索。它提供了 Web of Science™ 平台、PubMed 等众多数据库和全球数百家知名大学、机构的 OPAC 检索,检索结果可直接导入到个人参考文献库中。

在"收集(Collect)"界面上,点击"在线检索"链接,进入在线检索数据库选择界面,如图 8-3 所示。

图 8-3 在线检索数据库选择界面

在选择数据库或文献库的下拉列表中,选中数据库,点击"连接"按钮,进入到数据库在线检索界面,如图 8-4 所示。按检索要求输入检索词即可执行检索并得到检索结果。

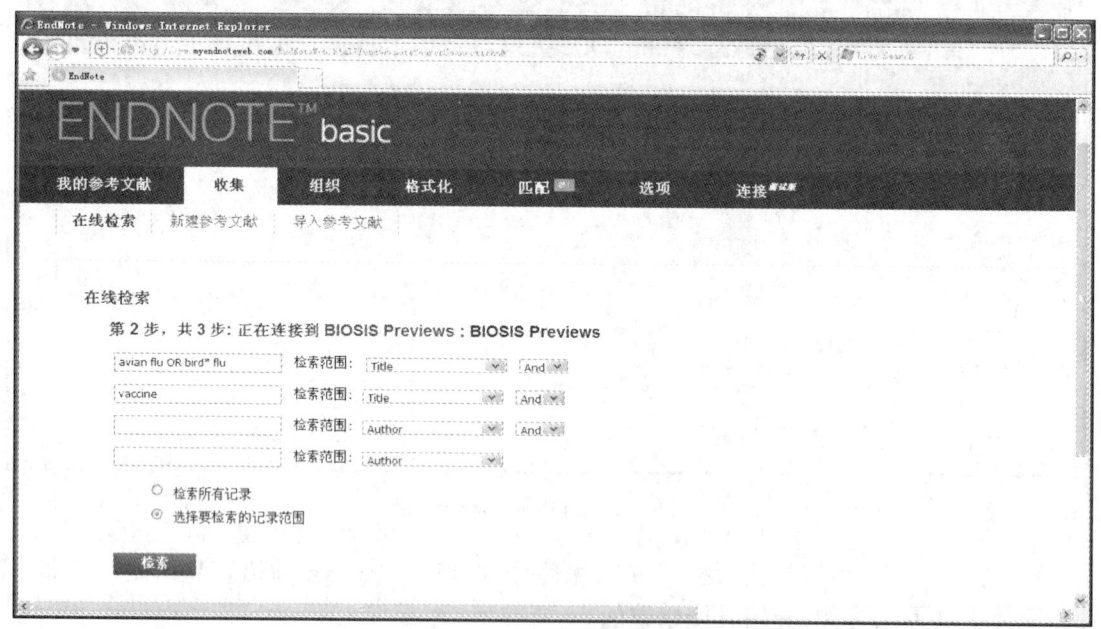

图 8-4 数据库在线检索界面

在线检索结果显示界面,如图 8-5 所示。当勾选所需的参考文献后,点击"添加到组"下拉框,选择所要导入的文件夹,可将参考文献导入到文件夹中。也可通过"新建组"来新建文件夹,将参考文献导入到新命名的文件夹中。

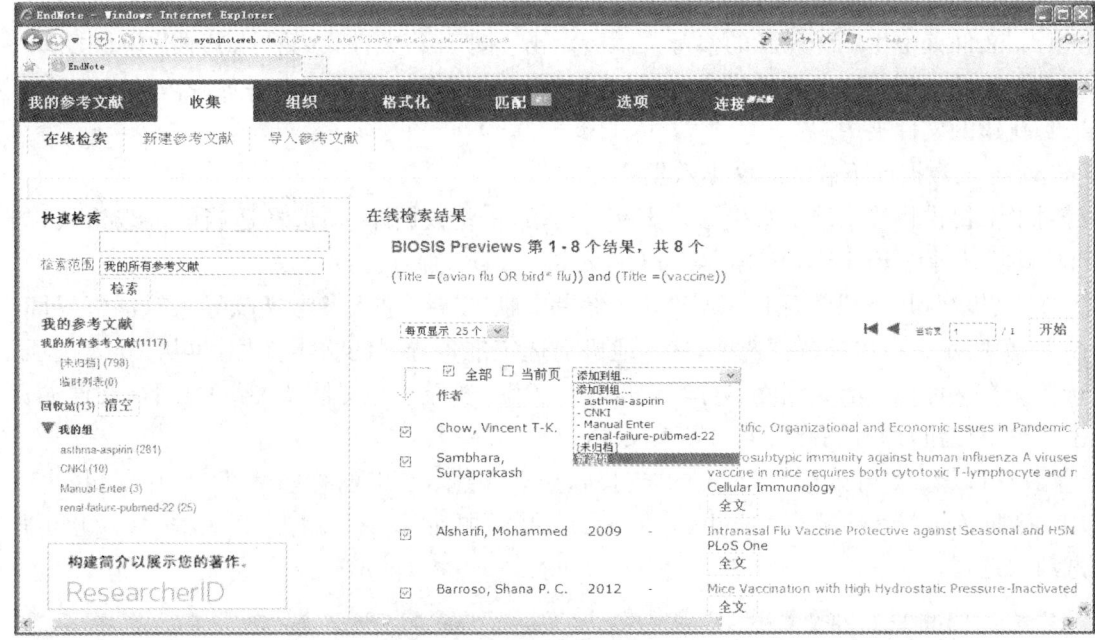

图 8-5 在线检索结果显示界面

(2) 手工录入

主要针对用户在浏览阅读纸质期刊等出版物时手头零散获取的文献信息,采用手工录入方式将其添加到个人参考文献库中。

在"收集(Collect)"界面上,点击"新建参考文献"链接,可打开手工录入参考文献的表

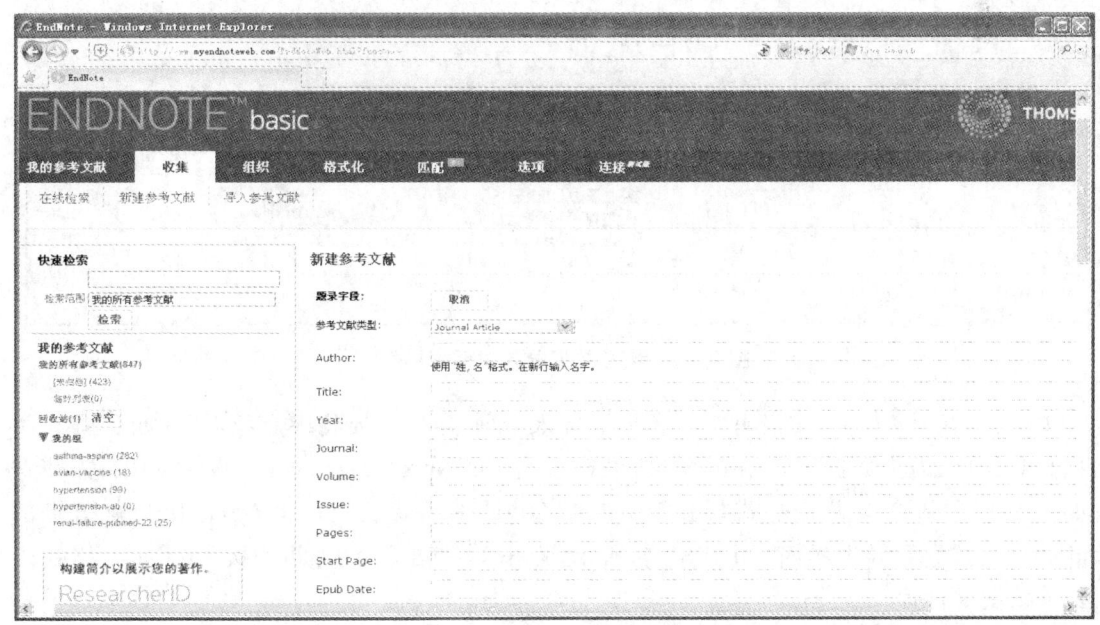

图 8-6 手工录入参考文献的表单

单,如图 8-6 所示。如果录入的是期刊论文,在"参考文献类型"的下拉菜单中,选择 Journal Article,再根据用户所掌握的文献信息,在相应的表单中填写,点击"保存"后即在"未归档"文件夹中生成一条新的参考文献。点击"未归档"文件夹,将"未归档"中手工录入的参考文献导入到相应的文件夹中,也可通过"新建组"将"未归档"中手工录入的参考文献导入到新建的文件夹中。

(3) 导入数据库下载的纯文本数据

对于未提供将检索结果直接导入 EndNote 的一些数据库,须选择适当的下载格式(如 PubMed 须选择 MEDLINE 格式),并以纯文本(*.txt)保存。

在"收集(Collect)"界面上,点击"导入参考文献"链接,进入参考文献导入对话框界面,如图 8-7 所示。点击"浏览"选项,从本地机上选定准备导入的文本文件,再从"导入选项"中选择文本文件导出的数据库名称,从"保存位置"中选择参考文献导入到的位置(文件夹),点击"导入"按钮,即可执行数据的导入操作。

用户可以点击"导入选项"右边的"选择收藏夹"链接,在出现的"全部"列表中,选择自己常用的数据库或导入方式(如 EndNote Import)并添加到"我的收藏夹"列表框中,以方便导入选项的选择。

图 8-7 参考文献导入对话框界面

由于 EndNote Basic 中没有中文数据库导入选项,所以若要将中文数据库(如 CNKI、维普期刊数据库、万方数据等)中检索的结果导入到 EndNote Basic 的参考文献库中,需将选择的文献以"EndNote"的格式导出后,并保存为"*.txt"文件。CNKI 中检索结果的 EndNote 格式题录导出界面,如图 8-8 所示,点击" 导出"标签,即可按 EndNote 格式以".txt"格式文件保存。

图 8-8　CNKI 中检索结果的 EndNote 格式题录导出界面

然后按照上述方式,在进入参考文献导入对话框界面,从本地机上浏览所要导入的文本文件,在"导入选项"中选择"EndNote Import",选择保存到的文件夹,即可将文本文件导入到个人参考文献库中。中文数据库检索结果文本文件导入示例,如图 8-9 所示。

图 8-9　中文数据库检索结果文本文件导入示例

(4) 将数据库检索结果直接导入

EndNote Basic 提供可将多个数据库的检索结果直接导入到 EndNote Basic 的个人参考文献库中。特别是与 Web of Science™ 平台提供无缝链接,用户在 Web of Science™ 平台,无论选择在所有数据库中检索,还是选择 Web of Science 核心合集、BIOSIS Previews、MEDLINE 等数据库中检索,都可以将检索结果直接导入到 EndNote Basic 的个人参考文献库中。

例如,在 BIOSIS Previews 数据库检索结果显示界面,在浏览文献题录的基础上,勾选需要收集保存的文献题录,在题录列表的上方,点击"保存至 EndNote online"链接,就可将选择的记录,按照所需记录的字段内容,点击"发送"按钮,发送到 my.endnote.com。数据库检索结果发送界面,如图 8-10 所示。在 EndNote Basic 个人参考文献库中,就可对发送到"未归档"中的数据进行分组归档。

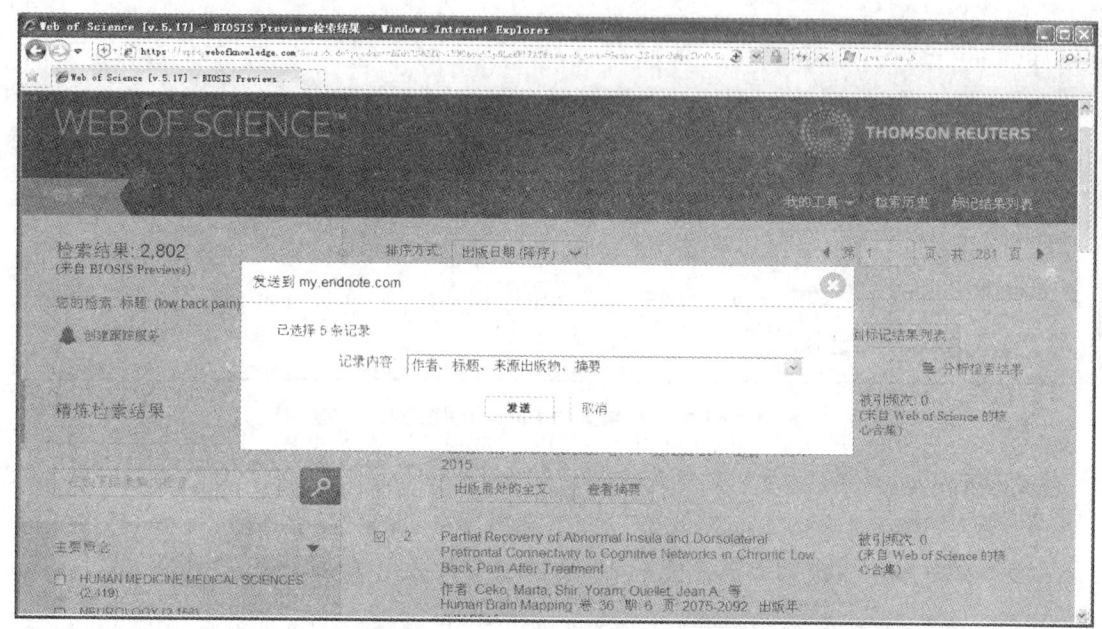

图 8-10　数据库检索结果发送界面

此外,在 BIOSIS Previews 数据库检索的标记结果列表中,用户在选择需要输出的字段后,在选择输出记录的目标项中,点击"保存至 EndNote online"链接,就可记录将记录发送到 my.endnote.com;在每条记录的详细显示界面,点击"保存至 EndNote online"链接,也可将选择的记录内容发送到 my.endnote.com,进入 EndNote Basic 个人参考文献库的"未归档"文件夹中。

2. 浏览与检索参考文献

建立个人参考文献库后,用户可在"我的参考文献"界面(如图 8-11 所示),查阅自己保存的全部参考文献的分组目录,点击文件夹可以分别浏览记录,记录的排列可选择按作者字顺、出版年、标题字顺排序。如果保存的条目较多,可通过"快速检索"进行检索。输入检索词后系统会在所保存的参考文献的全部字段中查找,并快速显示检索结果。

快速检索的基本规则主要有:

➤ 检索词前有加号,例如,+avian+bird 表示检索既包含"avian"又包含"bird"的参考文献;

➤ 检索词前有减号,例如,+avian－bird 表示检索包含"avian"但不包含"bird"的参考文献;

➤ 用圆括号可进行复合检索,例如,avian（+bird+flu）表示检索包含"avian"或者

➢ "bird"和"flu"的参考文献；
➢ 用"*"号进行截词检索，例如，smok*可检索含有smoke，smoker，smokers，smoking的参考文献；
➢ 用半角双引号可检索精确匹配短语的参考文献。

在"我的参考文献"界面，如果点击参考文献题录列表中的■按钮，可查看该记录所属的组；点击✎按钮，可查看或添加该参考文献的附件，文件附件支持Word、PDF、Excel等，每次可同时上传5个附件；点击📊按钮，则可查看或添加该参考文献的图片文件。点击"全文"按钮，可直接打开全文或链接到来源站点获取全文。此外，还可以对参考文献进行删除、编辑、复制到临时列表或更改文件夹等操作。但参考文献删除后，该参考文献的附件和图片附件，需要在"附件管理"中删除。

图 8-11　EndNote Basic——"我的参考文献"界面

3. 组织管理参考文献

在使用 EndNote Basic 时，用户经常要对参考文献进行整理或重新分类归档等。除了在"我的参考文献"界面中提供对参考文献进行删除、编辑或更改文件夹等操作外，还在"组织"界面中提供了其他管理功能。

在"管理我的组"选项中，可进行新建组、重命名组、删除文件夹、管理共享等一系列针对文件夹的管理，如图 8-12 所示。"管理共享"可通过共享设置，提供与他人共享文件夹，特别适用于一个研究小组成员间的资源共享，共享设置时需要输入共享者的注册邮箱名方可使用。

图 8-12 文件夹管理界面

在"其他人的组"界面，可共享到他人开放给用户的文件夹；点击"查找重复项"，则系统提供自动查重功能，用户可对重复的参考文献进行删除或编辑；在"附件管理"界面中可对所有已上传的附件进行管理，可以批量删除。

4. 格式化参考文献

利用 EndNote Basic 可以帮助用户生成规范、符合出版要求的独立的参考文献列表，也可以在撰写文稿时，即时插入参考文献，并能按照要求转换参考文献的不同格式。

（1）生成书目

可将个人参考文献库中的全部数据或其中某个文件夹中的数据，以指定的书目样式和指定的文件格式，单独创建一个书目——参考文献列表。

在格式化书目界面，如图 8-13 所示，在"参考文献"后的下拉菜单中选择待格式化的文

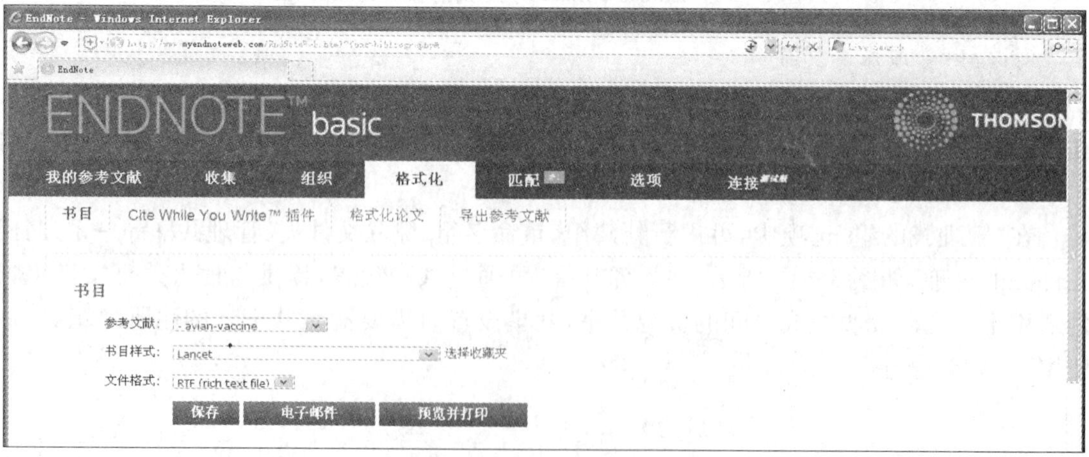

图 8-13 格式化书目界面

件夹、在"书目样式"后的下拉菜单中选择书目格式、在"文件格式"中选择文件类型,点击"保存"、"电子邮件"或"预览并打印"按钮,分别可将格式化后的参考文献书目保存、发送至指定邮箱或打印。

在格式化参考文献界面,可通过"选择收藏夹"链接来设定个性化书目样式,使得书目样式列表,既简洁又方便使用。

(2) 导出参考文献

格式化导出参考文献界面,如图 8-14 所示,可将个人参考文献库中的全部数据或其中某个文件夹中的数据,选择某种标准导出样式,将参考文献导出到指定邮箱,或者将参考文献进行保存、也可打印出来,以备它用。

图 8-14 格式化导出参考文献界面

(3) 即时插入参考文献

即时插入参考文献(Cite While You Write)可以帮助作者在撰写论文时自动即时插入、编排参考文献。

在"Cite While You Write™插件"界面,用户可先下载 Cite While You Write 插件。下载、安装完毕后,当用户打开 Word 文档,将会在 Word 的工具栏(Word 2003 版)或菜单栏(Word 2013 版)中出现 EndNote Web 工具条(图标),如图 8-15 所示。利用这些图标,用户便可在 Word 写作时随时插入个人参考文献库中的书目数据,并能按不同要求进行格式化或对引文进行编辑管理等操作。

当打开 Word 2003 版文档使用时,点击工具栏上的 EndNote Web 图标,在弹出框中输入注册的邮箱与密码,随后即可使用即时插入参考文献功能。

用鼠标点击需要插入参考文献的地方,然后点击"Find Citation(s)"(放大镜查找图标),打开查找与插入参考文献(EndNote Find & Insert My References)的对话框,如图 8-16 所示。在对话框中输入检索词后执行查找(Find),再选中所需的参考文献,然后点击"Insert"即可。在每次插入参考文献后,建议随即保存 Word 文档,以免丢失。

如果点击"Format Bibliography"图标,打开格式化书目配置对话框(EndNote Configure Bibliography),可更改和选择准备投稿期刊或撰写论文所要求的自动格式化参考

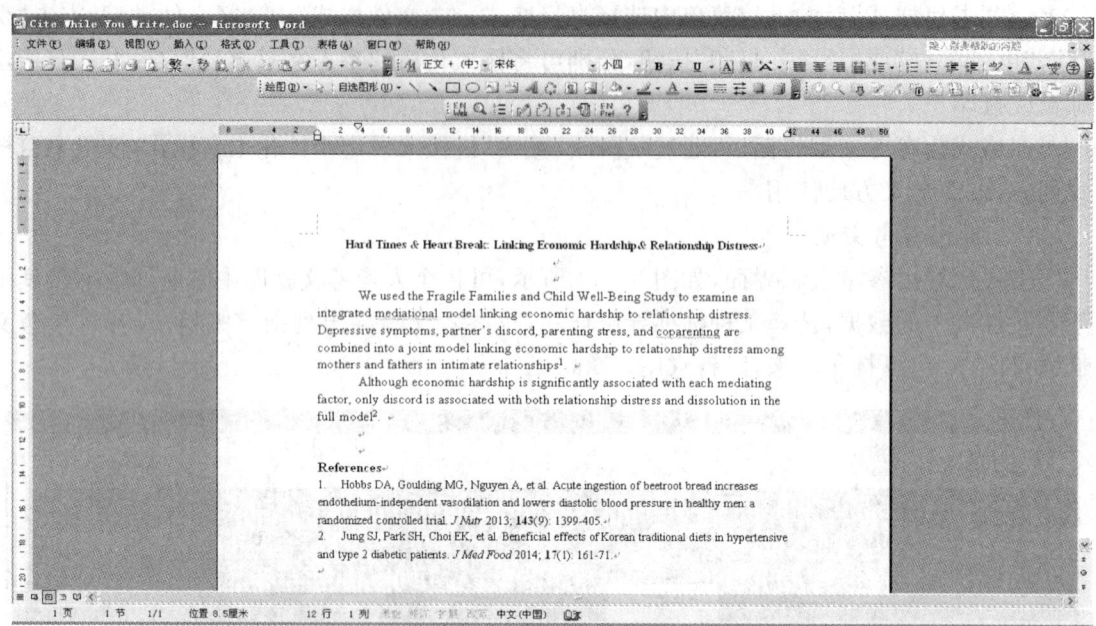

图 8-15　EndNote Web 工具条（Word 2003 版示例）

文献的样式和外观，当用户准备转投其他期刊时，利用此功能就可很方便自动转换参考文献的格式。

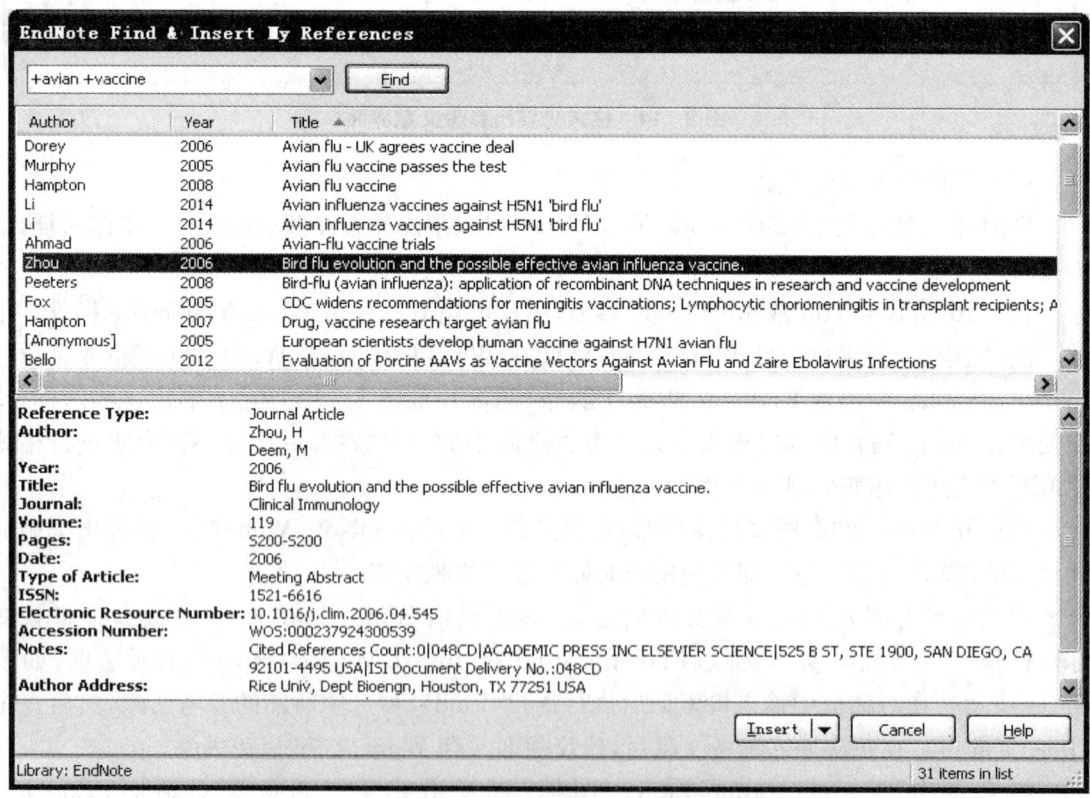

图 8-16　EndNote Find & Insert My References 对话框

如果点击"Edit & Manage Citations"图标，则打开编辑引文对话框（EndNote Edit & Manage Citations），如图 8-17 所示。

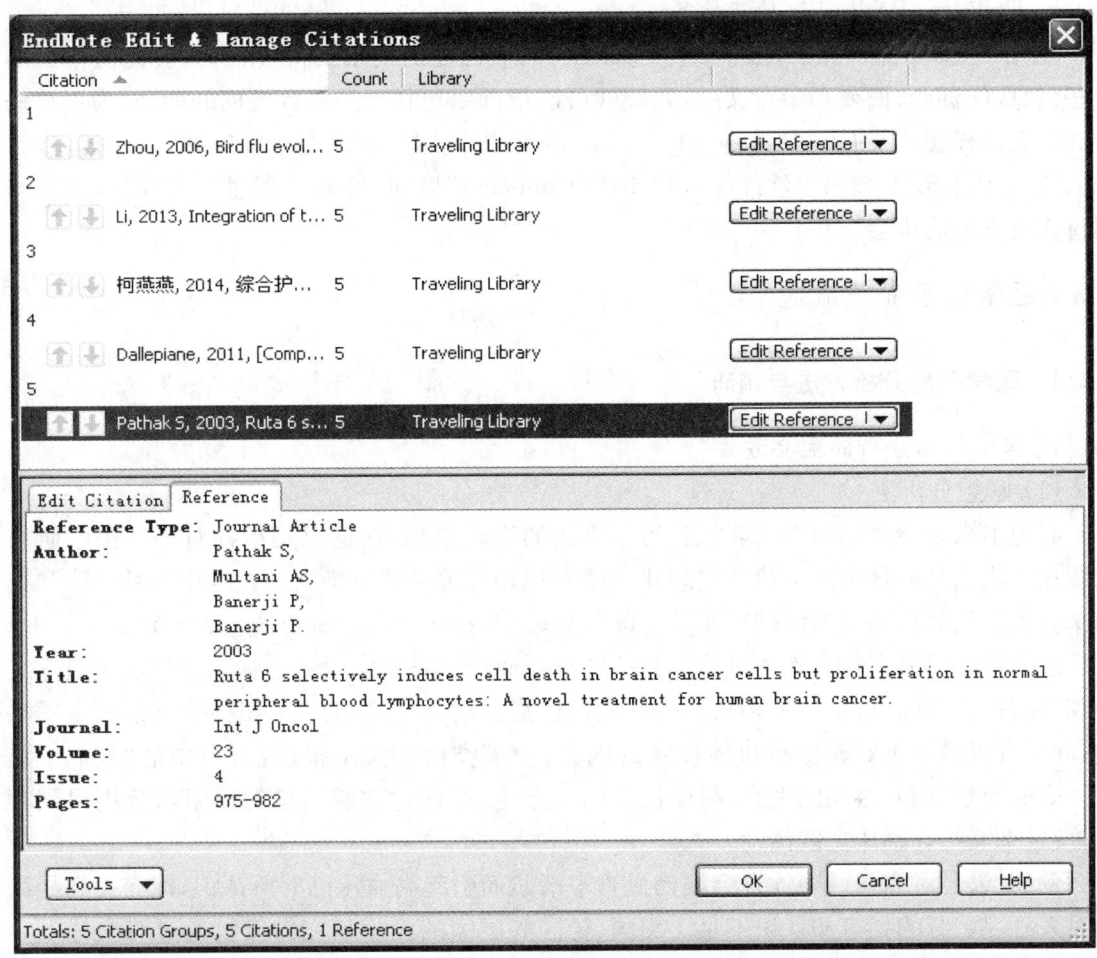

图 8-17　EndNote Edit & Manage Citations 对话框

在对话框上部的引文（Citation）列表中，使用向上箭头和向下箭头可更改显示顺序，点击引文条目右边的"Edit Reference"下拉菜单，可对已插入的参考文献进行删除、再插入参考文献或者进行更新参考文献。

在对话框的下部则显示光标所指引文的书目信息，并提供对引文的编辑（Edit Citation）——如删除所选引文中的作者姓名、年份，在引文中添加页码等操作。左下角的"Tools"（工具）下拉菜单中，提供更新引文和书目信息（Update Citations and Bibliography）、重新选择自动格式化参考文献的样式（Format Bibliography）、导出随行库（Export Traveling Library）等操作选项。

此外，工具栏上还有其他操作图标：如"Unformat Citation(s)"（取消引文格式化），用户可以取消 Word 文档中的引文格式化，将格式化的引文转换为临时引文；"Remove Field Code"（删除字段代码），可为投稿前去除 EndNote 标记，把去除代码的文档创建一个 Word 文档的新副本，用户将其另存为新文档，确保没有覆盖原始文档，并保存未去除代码的原始文档供日后编辑;"Export Traveling Library"(导出随行库),可将该文档中使用的参考文献导出到个人参考文献库的"未归档"文件夹中。

5. EndNote Basic 其他功能标签

在"匹配(Match)"界面,由 Web of Science™平台提供技术支持,用户只要提供很少的一些信息,如标题、摘要和参考文献,系统就可以帮助用户找出最适合投稿的期刊,为用户稿件的发表选择提供支持;在"选项(Options)"界面,提供用户修改登录邮箱地址、密码,修改个人信息、语种及下载相关软件等;在"连接(Connect)"界面,可通过创建个人资料,提供与同行交流学习的机会。

8.3 医学信息资源筛选

8.3.1 医学信息分析方法与调研

1. 医学信息分析的主要方法

(1) 联想分析法

联想本来是指由感知事物联想到另一事物的心理过程,在这里是指针对某一医学研究课题在所收集到的各种医学信息之间建立或发现相互关系的思维活动。运用各种方法和技术来分析与判断相关关系而进行医学专题信息联想,是医学信息分析的基础工作。

医学科学研究有很多是通过信息相关的分析而产生科学假设的。临床医生通过医疗实践和查阅相关文献,认识了某种疾病的一般机体症状后,便对影响疾病机体症状的因素感兴趣,并且有目的地去观察影响机体症状的因素,收集类似的文献报道,努力搞清"疾病—症状—影响因素"相互之间的关系,科研假设由此产生,并通过文献信息的检索与分析得到证实,反过来又指导临床实践活动。

例如,人们对高盐(钠)饮食会损伤血管平滑肌而引起高血压已有所认识,但有关高盐饮食对人心、脑、肾的损害却认识不足。美国、德国等国家的医学研究人员曾通过对全球发表的有关盐(钠)与心血管疾病关系研究的 17 090 篇论文成果进行分析研究,证实高盐饮食不仅仅局限于对血管平滑肌的损伤而引发血压升高,它还是脑卒中的独立相关因子;另外,食盐中的钠离子在心脏内直接引起心肌细胞和在肾脏引起肾细胞的肥大与纤维化并使转化生长因子水平增高,长期高盐饮食在左心室扩张中起了决定性因素,对肾小球的损伤起促成作用。因而,高盐饮食可直接影响到人的心脏功能和肾脏功能。

同样,在药物新用途开发研究、新的医疗技术应用研究中,这种联想思维方法都可以运用。

(2) 综合归纳法

综合归纳法是医学信息分析中最基本、最常用的方法。信息综合归纳法是指把已经收集到的有关课题的医学信息进行有机的联结和统一,在深入分析该课题的各种信息的基础上,根据它们之间的逻辑关系进行科学的概括,通过归纳、综合使其集中起来,形成一种新的统一的认识,以达到从总体上进行考察和研究的一种思维方法。

信息综合归纳方法不是简单地合并,不是把有关课题各方面或各部分的信息机械地相加或排列在一起,而是在了解和分析研究对象的各个本质方面的基础上,按照各种信息的内在关系归纳组合或凝结成一个统一的有机整体，它是围绕主题的合并、有逻辑的排列、有联系的组合而形成的。因此，科学分析是有效综合的基础，深入揭示各种信息间的逻辑关系是有效综合的关键。

(3) 信息预测法

信息预测法是指根据过去和现在已经掌握的有关某一课题的信息资料，运用科学的理论和技术，深入分析和认识研究课题涉及的事物对象演变的规律性，从已知信息推出未知信息，从现有信息导出未来信息，从而对事物对象的未来发展做出科学预测的方法。

例如，在医学信息分析中，医学研究人员可根据有关某种疾病过去的发病因素、流行病学特点和某些规律性等大量文献信息资料，运用各种定性和定量的分析方法，对该病种未来可能发生或流行趋势，以及可能达到的程度进行预测，从而提醒人们及早作好预防和控制。

(4) 信息评估法

信息评估是在对大量相关信息进行分析和综合的基础上，经过优化选择和比较评价，形成能满足决策需要的支持信息的过程。

例如，在临床实践活动中，针对不同的病人需要获得多种相关信息，包括来自临床的、文献的以及来自患者本人的，通过相关信息分析与评估，最终将最适宜的诊断方法、最精确的预后估计及最安全有效的治疗方法做出判断，用于患者的诊断与治疗。

常见的信息评估法有指标评分、技术评估、循证医学证据评价、随机对照试验与 Meta 分析法等。

2. 医学信息调研及其主要类型

医学信息调研是医学科研人员或医学信息研究人员针对特定的医学研究课题，在广泛收集最新医学信息和实际调查的基础上，采用一定的科学方法，经过综合、分析、研究后，最终对已有的医学研究作出客观评价、对未来的医学研究提出有科学依据的预测等信息研究结论的过程，是医学科研和临床医疗管理决策的前导性工作。

医学信息调研的程序大致包括：确定信息调研课题、制订课题调研计划与框架、系统全面有针对性地收集信息与整序、进行信息分析与综合，最后提供相关的信息调研报告。

医学信息调研的类型主要包括以下 3 类：

(1) 医学科研发展全局信息调研

医学科研发展全局信息调研其重要内容包括医学科研政策与规划、医学科技发展方向、医学科研发展决策以及对社会的影响等信息的分析与研究。经过长期连续的信息分析与研究，为国家或地区的医疗科技攻关与决策、管理与研究，提供全方位、多层次、全程跟踪的综合信息服务。例如，中国肿瘤防治工作概况与进展；老龄化社会社区卫生需求特点及卫生资源配置状况；禽流感的流行病学及其防控措施等。

这种调研类型的社会性、综合性较强，往往需要依靠全国多个地区、多个部门或机构，投入相当的研究力量来共同完成。

(2) 医学科研专题信息调研

医学科研专题信息调研的专业指向性较强，涉及医学各专业领域的某一个具体方面，围绕医学基础理论、临床研究以及相关学科的发展而开展的信息调研，主要为跟踪科研发展、及时了解科研动向提供依据。例如，我国药理学研究人员通过对蜂毒的药理学研究进展开展的信息调研,提出了对其生物活性物质的作用开展新的研究;针对近几年来禽流感的发病与流行状况的信息调研,中国工程院院士刘秀梵研究团队,开展了"禽流感(H9亚型)灭活疫苗"的研制等。

(3) 医学科研管理信息调研

医学科研管理信息主要是对科研体制改革、研究课题规范化与系统化管理、科研人才、经费与仪器设备以及科研成果等管理的信息分析与调研。例如,针对优化医疗资源,提出分级诊疗模式研究的信息调研;针对医疗服务质量管理研究开展信息调研,提出临床路径在提高医疗质量中的应用、护理质量控制与病人满意度的研究等。

8.3.2 医学信息资源的筛选与评价

医学信息资源的资料类型包括两大类:一类是直接的、原始的,是有关研究对象的数据、事实,是他人研究的主要来源和依据,如医学实验数据、临床诊断标准、临床治疗指标等;另一类是间接的,前人或同行对研究对象的论述,他人研究时受到启发、作为旁证,或者从中找出研究中的漏洞与不足,树立自己的研究观点等。

应当注意到,用户检索到的医学信息资源,并非所有资料都适合自己的研究课题使用,并非所有查找的资料都是可信的,而必须对所查找到的医学信息资源加以科学的分析、比较、归纳和综合研究,并合理利用。

通常,在选择合适的医学信息资源提供医学学术研究做依据或参考使用时,从以下4方面对信息资源进行分析、筛选和评价。

1. 研究主题的相关性

文献信息相关性反映了信息资源与用户需求的匹配程度。检索到的医学信息资源是不是与用户的研究主题相关、相关的程度怎样,可通过题录所显示的标题、摘要、主题词或关键词等来了解文献内容,明确与研究主题的相关性。

2. 信息资源的学术性

所谓学术性是指较专门的、有系统的学问。它是著者在某一科学领域中对某一课题进行潜心研究而获得的科研成果,具有系统性和专门性。衡量信息资源的学术性,主要从文献信息源学术成果的传播与反响程度、学术论著被引用或被综述文献以及权威评论刊物评论情况等进行分析,评估这些信息资源的内容质量,以体现其学术价值。引文分析法是按论文被引用频次来评估科研成果质量,是从文献信息资源的利用率和相对影响的角度来进行评估,是最常用的定量评估方法。

对于用户检索到的医学信息资源是学术性文献还是通俗文章,首先应当考察原始出版物的质量,看它是否是核心期刊,其次要分析参考文献的学术质量和深度,并进一步检索文献信息源的被引用率。

3. 信息资源的新颖性

信息资源的新颖性包括两层含义:一是新颖,二是及时。新颖性既要从信息资源的发布时间、更新频率来初步判断信息资源时效性,又要判断信息资源内容是否具有独创性,是否涉及新情况、新问题、新观点以及新方法。

对于用户检索到的医学信息资源是否够新颖,应当注意观察文献信息出版(发表)的年代、所引参考文献的时间,判断是否参考引用了最新的信息资料。有些研究领域进步迅速,一两年前的信息就已经过时了。例如,若所做的是分子生物科技的研究,就得注意所参考的最好是两三年内出版的资料;如果是研究纯中医理论,那么引用的资料旧一点也是可以接受的;而像古老而新颖的中医未病学研究课题,需要借鉴传统中医学和现代医学研究的理论与实践,引用的资料应当区别对待。所以,用户先要考虑所要研究的课题变化速度有多快,再观察所需要信息的新颖程度,然后判断检索到的文献信息中所引用参考的资料是否合适。

4. 信息资源的权威性

由于缺乏必要的质量管理和控制机制,尤其是网络医学信息资源中不乏虚假信息存在。在检索引用医学信息资源时,信息资源的权威性和真实性也是需要用户注意的一个方面。一般来说,医学专业核心检索系统、著名网站或权威人士所发布的信息的权威性、可靠性比较高。

用户可以通过查看是否标注了信息来源(信息资源出版或发布者);文献著者的所属机构和学术经历、基金项目的级别以及该著者在所在领域内的威望和知名度;是否有版权标识和著者的联系方式等,来判断医学信息资源的可靠性和权威性。

8.3.3 医学信息资源合理利用的行为控制

1. 学术规范

学术规范是在长期的学术实践活动中所形成的被学术界公认的行为准则。其内涵是指在学术活动过程中,充分尊重知识产权和学术伦理,严禁抄袭剽窃,在充分尊重前人及今人已有相关学术成果的基础上,合理、适度应用相关学术成果及其观点,并通过引证、注释等形式加以明确说明,从而在全面掌握相关研究资料和学术信息的基础上,精心设计研究方案、讲究科学方法,进行学术创新。

学术规范主要由学术道德规范、学术法律规范和学术技术规范3部分构成。

(1) 学术道德规范

学术道德规范是学术规范的核心部分,是对学术工作者从思想修养和职业道德方面提出的要求。内容包括:学术研究应坚持严肃认真、严谨细致、一丝不苟的科学态度;学术评价应遵循客观、公正、准确的原则,如实反映成果水平;学术论著写作应强调法制观念,尊重知识产权、尊重他人的劳动成果等。

(2) 学术法律规范

学术法律规范是指学术活动中应当遵循的国家法律、法规及有关技术标准等。具体内容包括:学术研究不得泄露国家秘密和单位的技术秘密;学术活动不得干涉宗教事务;学术活动应当遵守著作权法、专利法规定;学术交流应遵守国家语言文字规范及使用标准等。

(3) 学术技术规范

学术技术规范是指在以学术论著为主要形式的学术创作中,应当遵循的形式规范和格式要求。如参考文献引用的原则与要求、参考文献著录的格式与要求、论著写作的格式与要求、文中公式、图表、数据、计量单位等的使用规范等。

2. 学术造假与剽窃行为的杜绝

学术造假与剽窃行为特别是对医学科学的严谨性与真实性构成严重的威胁,医学科研工作者应当坚决杜绝。

学术造假的行为是指在临床医疗等实践与实验过程中不重视自身研究的真实、客观数据，甚至无中生有地杜撰数据以支撑自己的论点，过多借用他人报告的临床病例、引用同行错误实验数据以及剽窃。

剽窃是对他人见解、资料、用语的来源出处没有给予相应的承认的行为。主要表现在：把别人的作品当成自己的；复制别人的句子或观点却没有说明；在引用的话上没有打引号；对于所引材料的来源提供了错误的信息；复制原文的结构，改动了其中的字词却没有说明；大量复制他人的句子和观点构成文章的大部分内容，无论有没有说明，都被视作剽窃。

根据《著作权法》第47条规定，剽窃他人作品的，应当根据情况，承担停止侵害、消除影响、赔礼道歉、赔偿损失等民事责任。

为了从源头阻断学术不端行为和论文抄袭行为，有效地制止医学科学研究上的学术失范行为，中国知网、维普资讯网和万方数据等都提供了论文相似性检测软件，可将待发表的文章与数据库中已经发表的论文进行比对，从而确定哪些内容为著者所写，哪些内容为著者抄袭，抄袭的文字比例多高等。大多数期刊编辑部也利用学术不端检测系统对新投稿的文章进行检测，以明确论文的重复率大小，以此决定稿件的录用与否。

8.4 再生医学信息形成与处理

8.4.1 信息再生与再生医学信息的形成

1. 信息再生

信息再生就是将已经积累整理好了的信息原料进行再加工与再创作，即通过分析、推理、想象、研究、应用等过程，对信息原料进行编辑、提炼、分析、综合，或突破原有的知识范畴做适当改编和重新组合等，以形成新的信息媒体内容。这种对信息原料进行再加工与再创作，是由人的大脑完成的，是一种复杂的脑力劳动。所以，新形成的信息媒体内容的质量与信息创新者本身所具有的原有知识水平、所拥有的信息量、信息利用经验以及创新能力等紧密联系在一起的，它既是信息利用的基本目标，也是再生信息形成的前提。

2. 再生医学信息的形成

再生医学信息的形成是指医学工作者在医学信息资源的广泛采集和对医学信息分析、筛选、评价与合理利用的基础上，概括和综合信息的主要观点和思想，形成新的概念，并吸收使之成为自己知识结构的一部分，实现应用信息创造新的医学科研成果、指导医学科研工作或者解决临床医疗工作中的实际问题的过程。作为再生医学信息的新的研究成果或实践经验总结，必然要以文献的形式通过社会信息流才能加以交流和传播。

医学论文是再生医学信息的主要表现形式，而医学论文的写作是对再生医学信息提炼、加工的重要手段。

8.4.2 医学论文的种类

医学论文按其写作目的和研究方法的不同，分为学位论文和学术论文两大类。

1. 学位论文

学位论文是表明著者从事医学科学研究取得创造性的结果或有了新的见解,并以此为内容撰写而成、作为提出申请授予相应的学位时评审用的学术论文。学位分为3级,学位论文相应地分为学士论文、硕士论文和博士论文。

(1) 学士论文

应能表明著者确已较好地掌握了本门学科的基础理论、专门知识和基本技能,并具有从事科学研究工作或担负专门技术工作的初步能力,并能去解决不太复杂的问题。由大学本科毕业生在老师指导下撰写,篇幅在10 000字左右。

(2) 硕士论文

应能表明著者确已在本门学科上掌握了坚实的基础理论和系统的专门知识,并对所研究的课题有新的见解,有从事科学研究工作或独立担负专门技术工作的能力,能够解决科学研究及技术工作中的比较复杂的问题。由硕士研究生在导师指导下撰写,篇幅在50 000字左右。

(3) 博士论文

应能表明著者确已在本门学科上掌握了坚实宽广的基础理论和系统深入的专门知识,并且具有独立从事科学研究工作的能力,在科学或专门技术上做出了创造性的成果,反映著者在某一领域有渊博的知识和熟练的科研能力。由博士研究生独立撰写,篇幅在80 000字以上。

2. 学术论文

学术论文是某一学术课题在实验性、理论性或观测性上具有新的科学研究成果或创新见解和知识的科学记录;或是某种已知原理应用于实际中取得新进展的科学总结,用以提供学术会议上宣读、交流或讨论,或在学术刊物上发表的文献。

医学学术论文是医学工作者研究成果的体现,其主要阅读对象是同行的专业人士,故应重点介绍医学专业领域创新的研究成果,而不必过多地叙述一般研究过程,篇幅不宜过长,一般为5 000字左右为宜。医学学术论文的常见类型主要有:

(1) 实验研究型学术论文

主要以实验本身为研究对象,或者以实验作为主要研究手段而得出科研成果后写出的学术论文。前者是围绕实验装置或新药品的介绍、实验条件、实验方法进行讨论,从而得出实验装置、新药在临床各科应用的可能性与推广价值。后者是以新的制剂、实验仪器和设备为研究手段,通过实验验证某种设想和发现新的现象,从而找出新的规律,得出有实际价值的结论。如在临床试验和动物实验中,用人工处理因素给予受试的人或动物后再观察其反应,并进行分析和总结,得出相应的结论。

(2) 观察研究型学术论文

它所表达的研究成果是通过有计划、有目的地对研究对象进行反复细致的观察、记录,以揭示研究对象的本质,从而寻找其规律,并上升到理论。在临床上指不加人工的处理因素,对一定对象(正常人、患者)进行观察、分析和比较而最终撰写出来的论文。如疗效观察、病例分析、新的诊疗技术应用等。

(3) 基础理论型学术论文

这是指运用基础理论所阐述的方法进行研究而写成的学术论文。在医学领域里,特别是基础医学,往往也涉及实验和观察,但实验和观察不是论文的核心部分,只是作为其结果理论推导的根据和假说的出发点,或者作为结论的证明材料,从而得出有实际价值或理论价值的科学结论。如疾病病理机制的研究等。

(4) 总结经验型的学术论文

总结经验型的学术论文是通过对既往积累的丰富资料,包括个人平时观察到的记录等,进行回顾性总结而撰写的学术论文。如临床经验体会、医学专题研究总结等。

(5) 调查研究型的学术论文

针对一定的人群,以调查方法对某种疾病等的发病情况、病因病理、防治效果进行流行病学调查,经过分析、整理、统计学处理后撰写出的学术论文。如有关疾病防治方案的评价、流行病学调查报告、生理数据的测定等。

8.4.3 医学论文的写作要求

医学论文是医学科研人员通过科学思维,探讨医学领域的现象、概括医学科研过程、总结医学科研成果与临床实践经验而写成的医学科学文献。其写作要求主要有以下几点。

1. 科学性

科学性是医学论文写作的基本要求,主要包括3层含义:

(1) 论文内容的科学性

表现在论文研究内容是真实的,因为医学研究的对象是人,无论用实验研究、现场调查还是用临床观察的方法来研究人类生命活动过程,目的是要找出人类疾病的发生、发展规律和防治方法,促进人类健康长寿。因此,医学科学论文写作内容的真实可靠,不仅要求能够客观地反映医学科研的实践与经验,其科学价值还应接受实践的检验,即对临床医疗工作有实际的指导作用。

(2) 论文表述的科学性

表现为表述的准确、明白,也就是语言的使用上要十分贴切,不得含糊;概念的表述上要选择科学术语;数值的表述要有符合要求的、准确的数值,并经统计学处理。

(3) 论文结构的科学性

论文结构应具有高度严密的逻辑性,要用相关分析、综合归纳等方法从错综复杂的事物事理中找到其内在的规律性。

2. 创新性

创新性是医学论文的生命,没有创新就没有医学科学的发展。所谓创新性,就是要有所发现、有所发明、有所创造、有所前进,要以科学、实事求是的、严肃的态度提出自己的新见解,创造出前人没有过的新方法、新理论或新知识。医学论文的关键是求异而非求同,所论述的学术内容有别于过去已发表过的文献,如果简单重复、模仿甚至抄袭前人的成果,则会丧失医学论文的生命力和发表价值。

在医学论文写作中,创新性是指创新点的有无问题,并不是指创新点的大小,也就是说,不论创造本身是大是小,只要有创新就可写论文,哪怕是微小的一点点,总能把已经达到的医学学术水平再提高一点。

3. 学术性

学术性是医学论文写作的本质要求。所谓学术,是指较为专门、系统的学问。

医学论文一般是由论点、论据、论证构成,因而要站在一定的理论高度,要分析带有学术价值的问题,要研究某一具体、专门的、有系统的学问,要引述各种事实和道理去论证自己的新见解,以揭示人类机体与疾病之间相互关系的内在本质和变化规律。

4. 可读性

可读性是医学论文的价值体现和交流的必要条件。单调乏味的论文难以引起人们的阅读兴趣,内容再好也难以达到交流的目的,价值也就不易得到体现。

医学论文的写作要力求文风朴实,讲求逻辑,深入浅出,语句生动有吸引力,还要注意结构上既要简单又要严谨,层次要分明,能突出重点,使人读后能迅速得其内核。

8.4.4 医学论文的格式及其写作要点

医学论文的写作格式和方法越来越趋于程式化和国际化。各学位授予单位对学位论文的写作格式与要求,一般均有相对固定的格式要求。目前世界上大部分生物医学期刊论文都遵循国际医学期刊编辑委员会(International Committee of Medical Editors,ICMJE,http://www.icmje.org/)的《生物医学期刊投稿统一要求》(Uniform Requirements for Manuscripts Submitted to Biomedical Journals)的通用格式。因为首次是在温哥华制定的,简称温哥华格式。我国在国际通用格式的基础上也制定了国家标准,对生物医学期刊的投稿也有一定的格式规范和要求。

但不同的期刊在某些细节上可能会略有区别,因此在写作时还要参考所要投稿的期刊对论文的格式要求,多数期刊在每年的第一期刊出该刊论文及参考文献的格式要求。

以下介绍医学学术论文的一般格式以及学位论文和医学综述的写作要点。

1. 医学学术论文的一般格式

关于基础医学研究、临床医学理论研究和实验研究等各类学术研究论文,一般有前置部分、主体部分和附录部分构成。前置部分包括题名、著者、摘要、关键词、《中图法》分类号、文献标识码等;主体部分包括引言、材料与方法(或临床资料、对象和方法)、结果、讨论、结论、致谢、参考文献等;附录部分常常是一些插图和表格等。以下是各部分的写作要点。

(1) 题名

题名是对论文内容的高度概括,是以最恰当、最简明的词语反映论文中最重要的特定内容的逻辑组合。应当符合准确、简明、醒目、规范的要求,力求题文相扣、突出主题,充分表现论文中心内容,易激发读者的阅读兴趣,中文题名一般在 20 个字左右,必要时可列一副标题。外文题名一般不宜超过 10 个实词。通常最终的题名是在论文写作、修改过程中修改选定的,或在全文完成后提炼出来的。

(2) 责任者署名

包括责任者姓名、单位、邮政编码及 E-mail 地址。所谓责任者,是对论文本身的科学性、创新性、学术性等负有直接责任的著者。责任者署名要坚持实事求是的原则,按所承担责任和贡献大小进行排列。

根据温哥华格式的要求,署名责任者应具备的条件是:参与论文主题内容的构思与设计、资料与数据的采集、分析和解释;起草论文或对其中重要理论内容作重大修正;参与论文撰写,了解论文全部内容并有答辩能力并同意发表。

向国外期刊投稿的论文,还需要注明通讯著者(Corresponding Author)姓名及通讯著者单位。国内对于通讯著者的认识是论文的责任人,被赋予很高的地位,也是论文的主要受益人。

通讯著者一般是科研课题的负责人,或者提出研究思路、修改论文并提供必要研究条件(研究经费、试验场所、实验室、仪器设备等与实验相关的物质资源)的人。作为通讯著者,必须熟悉课题设计、掌握数据资料,能够全面处理投稿中的所有问题,能回答编辑部及审稿人的问题,并对学术不端行为负全责。要是这项研究成果涉及专利,那么这个专利是属于通讯著者及其单位。

(3) 摘要

又称内容提要,是对文献内容的准确扼要而不加注释或评论的简略陈述。目前生物医学学术期刊多数采用结构式摘要。国内医学期刊的结构式摘要,一般有研究目的(Objective)、方法(Methods)、结果(Results)和结论(Conclusions)4部分。

"研究目的"往往用一句话概括研究课题所要解决的问题,也即论文的主题内容;"方法"简要说明研究所采用的方法、途径、对象、仪器、设备、药品剂量等;"结果"主要介绍研究所发现的事实、获得的数据、资料,发明的新技术、新方法,取得的新成果等;"结论"是介绍研究者通过研究,在对研究结果进行分析的基础上所得出的观点或看法,提出尚未解决的问题或有争议的问题等。

写作摘要力求精练、清晰,尽可能采用专业术语,并用第三人称语气表述,不分段。

(4) 关键词

关键词是能表达论文主题内容特征的,具有实质意义的单词或词组,它能帮助读者尽快了解论文中心主题及主要涉及的方面,以便于判断论文与自己的相关程度,也为论文进入数据库而得以推广利用提供前提条件。一般可从论文题名、摘要、正文中抽取,并尽可能选用符合 MeSH 的词。一篇论文根据其内容和篇幅列出 3~8 个词。

(5) 中图分类号

为了从论文的学科属性方面揭示其表达的中心内容,同时为了使读者从学科领域、专业门类的角度系统地进行(族性)检索,并为论文的分类统计创造条件,我国较有影响的大型数据库,如中国学术期刊(网络版)数据库、中文科技期刊数据库等都要求被收录的论文标注中图分类号。

医学论文可查阅我国医学院校图书馆使用的《中图法》分类体系中的 R 类,并依次逐级找到与论文主题相对应的类号;也可通过查找数据库中类似学科主题的论文,了解其中图分类号,经过分析、比较,选定相应的分类号。

中图分类号在具体选取上还应掌握以下原则:

➤ 在文献内容与形式的关系上应以内容为主要依据,在基础科学与应用科学的关系上应以其内容重点、著者写作意图、读者对象的需要为依据,尽可能给予较详细的分类号,以准确反映文献内容的学科属性;

➤ 在涉及文献内容中应用与被应用的关系时,一般都选取被应用到的学科专业所属的分类号；
➢ 在分化学科与边缘学科、交叉学科的关系上，如果这门新兴学科是由某一门学科分化出来的则应选取该学科分类号。

(6) 文献标识码

为便于文献的统计和期刊评价，确定文献的检索范围，提高检索结果的适用性，每篇论文或资料应标识一个文献标识码。目前，共设置 A、B、C、D、E 5 种文献标识码，它们分别表示：

A：理论与应用研究学术论文（包括综述报告）；
B：实用性技术成果报告（科技）、理论学习与社会实践总结（社科）；
C：业务指导与技术管理性文章（包括领导讲话、特约评论等）；
D：一般动态信息（通讯、报道、会议活动、专访等）；
E：文件、资料（包括历史资料、统计资料、机构、人物、书刊、知识介绍等）。

(7) 引言

引言又称前言、导言，是正文的开端。其内容主要包括论文研究的目的、范围及所要解决的问题；前人在本课题相关领域内所做的工作、尚存的知识空白及当前研究进展；拟用什么方法去解决所提出的问题；预期研究结果及其意义等。引言应言简意赅，开门见山，一般在 300 字左右。

(8) 材料与方法

主要说明研究的对象、使用的材料、研究的方法及研究的基本过程。它为研究结果提供科学依据，也便于别人重复、验证。实验研究论文中，其内容包括：仪器设备的型号、生产厂家；药品试剂的来源、制备、选择标准、批号、纯度；观察和受试对象的选择标准与特征；实验方法、观察与记录指标的确定；实验程序、操作要点；统计学处理方法的描述等。

临床研究论文中，这一部分改称为临床资料，其内容包括：病例选择标准（诊断与分型）；病例的一般资料（病情、病史）；随机分组情况（实验组与对照组）；治疗用药（剂量、剂型与给药途径）；疗效观察项目（症状、体征、实验室检查等）；疗效判断标准（痊愈、显效、缓解、无效或死亡）。

(9) 结果

研究结果是通过实验所获得的数据与观察到的现象，必须是研究者的第一手资料，因而是论文的关键部分。应按研究的逻辑思维顺序依次列出，并用统计指标、统计图表或文字描述结果，代表性的数据要用统计学方法处理。凡能用文字说明的问题，尽量不用图表，对同一数据不要同时用表、图、文字重复叙述。使用表格要规范化，目前国际上通行三线表，即在表号与标题之间画第一条线，在标题与表文之间画第二条线，在表文与表的脚注之间画第三条线。表中文字左边对齐，数字以小数点为基准对齐。

(10) 讨论

讨论部分是论文的核心，是最难写的部分，是论文水平高低、作用大小的关键。讨论的内容能否深入在很大程度上取决于著者的理论思维、学术素养、分析判断能力、文学表达能力以及信息素养等的综合素质的高低。应当根据研究结果，结合基础理论和前人研究成果，应用国际国内最新的学说、理论、见解，对该课题进行分析、做出解释，强调本结果发现的意义及对将来研究的启示。

讨论部分的内容主要包括：对不论是阳性或阴性的结果作补充说明和解释；对结果进行分析、探讨，对可能的原因、机理提出见解，阐明观点；将结果与当前国内外有关研究进行比较，并对其理论或实践意义做出评价；提出著者在研究过程中的经验、体会；指出该结果的可能误差，研究过程中存在的缺陷与教训；提出进一步研究的方向、展望、建议或设想等。

(11) 结论

结论部分是根据研究结果和讨论所做出的高度概括的论断。主要应概括研究的主要内容和研究结果，指出通过研究解决了什么问题，总结发现的规律，对前人的研究或见解做了哪些修正、补充、发展、证实或否定。结论部分的写作应注意突出重点，观点鲜明，评价恰当，文字力求精练。

(12) 致谢

致谢是对论文写作确实有帮助或实际贡献的合作者或指导者表示尊重或谢意，是对他人劳动予以肯定的一种方式。一般附于文后。

(13) 参考文献

凡是学术论文，参考文献的著录是必不可少的环节。论文中凡引用他人论文中的论点、材料、数据和结果等，只对它们进行简单的交代，并在文中按出现的先后顺序标明号码，依次列出他人论文的出处，如果应用个人文献信息管理软件，就可以在写作时即时插入。论文后的参考文献信息，揭示了论文著者对学术信息资源的利用情况，从一个侧面反映研究成果的科学性和前沿性，论文引用的文献越新，说明该项研究的前沿性就越强。有经验的编辑或有关学科专家，从著者所列的参考文献中往往就可以评估论文的起点和深度。

引用参考文献的目的，还在于：佐证著者的论点，说明论文中某些认识、观点、论据的来源；对原著者的尊重；便于读者进一步检索原文，扩大对研究课题了解的范围及线索。

参考文献的引用应当是著者亲自阅读的、与论文关系大并有代表性的主要著作，少而精，而且是公开发表的，医学学术论文一般要求著录 10 条以上。只有将参考文献完整无缺地列于论文之后，一篇学术论文才算完成。

参考文献的著录格式要准确、符合规范，可以参考我国最新的国家标准 GB/T 7714—2005《文后参考文献著录规则》进行著录，也可以按所投稿期刊要求的格式处理。

GB/T 7714—2005《文后参考文献著录规则》中，几种常用参考文献类型的著录格式列举如下：

期刊论文：[序号]主要责任者. 论文题名[文献类型标识]. 刊名，出版年，卷(期)：起止页码.

若责任者为多名，1～3 人者全部列出，超过 3 位者，仅列前 3 位，后加"，等."或"，et al."。

图书专著：[序号]主要责任者. 书名[文献类型标识]. 版次(第 1 版不写). 出版地：出版者，出版年.（若专著中的析出文献应注明起止页码）

会议论文集、会议录：[序号]主要责任者. 会议论文集名称[文献类型标识]. 出版地：出版者，出版年.

会议析出论文：[序号]析出责任者. 析出题名//主编. 会议论文集名称[文献类型标识].

(供选择项:会议名,会议地址,开会年)出版地:出版者,出版年:起止页码[引用日期].获取和访问路径.

专利文献:[序号]专利申请者或所有者.专利题名:专利国别,专利号[文献类型标识].公告日期或公开日期[引用日期].获取和访问路径.

学位论文:[序号]主要责任者.题名[文献类型标识].保存地点:保存单位,完成年:页码.

研究报告:[序号]主要责任者.题名[文献类型标识].报告地点:报告单位,报告年份:页码.

报纸文章:[序号]主要责任者.文章题名[文献类型标识].报纸名,出版年,月(日):版次.

标准文献:[序号]标准编号,标准名称[文献类型标识].

网络文献:[序号]主要责任者.电子文献题名[电子文献类型标识/电子文献载体标识].获取和访问路径.发表或更新日期/引用日期(任选).

常用的参考文献类型及其标识代码有:期刊——J、图书专著——M、会议文献——C、专利——P、学位论文——D、研究报告——R、报纸文章——N、技术标准——S、网上期刊——J/OL、网上电子公告——EB/OL、网上数据库——DB/OL。

(14)英文摘要和英文关键词

联合国教科文组织规定,全世界公开发表的科技论文,不管用何种文字写成,都必须附有一篇简明的英文摘要。我国大多生物医学期刊对刊登的论文也要求有一篇简短的英文摘要,其目的是为了促进国际学术交流。内容包括:英文题名;著者及著者单位的汉语拼音译名;英文摘要;英文关键词。

(15)附录

如一些图表、实物照片等,必要时可以附在医学论文的末尾作为正文主体的补充项目。附录与正文连续编页码,每一附录均另起页。

2. 学位论文

学位论文是大学本科生、研究生教育教学过程中的最后一个重要环节。学位论文撰写就是学生用文字符号把研究思考的问题、经过等记录下来的过程。3类学位论文水平要求有高低难易之分,但写作规律却是触类旁通的,与学术论文相比,在选题新颖性、结构完备性、格式规范性、内容科学性、条理清晰性和语言流畅性等方面要求一样,但由于它们的应用目的、面向对象和审核程序不同,因而,学位论文的格式及其写作有其特殊要求。

(1)封面

由学位授予单位统一印制。通常包括:论文题目、所在单位、学生姓名、学科专业名称、指导老师姓名与职称、导师小组成员姓名与职称、论文完成日期等。

(2)题名页

与封面规定的内容基本一致。

(3)目次页

由论文的篇、章、条、款、附录等的序号、标题和页码编排而成。

(4)中英文摘要

学位论文有两种摘要。一种摘要比较简短,篇幅、写法与学术论文一般格式中的摘要相仿;另一种是详细摘要,供论文答辩委员会成员审阅。详细摘要的内容包括:充分反映学位论文的主要内容;所获得的主要结果和数据;讨论中的主要观点和最终的主要结论。详细摘要概括介绍研究思路、过程及论证方法等。摘要篇幅通常在2 500字左右。

(5) 关键词

一般选择3~8个关键词。

(6) 引言

含选题理由,文献综述及其学术地位。通过引言,可以表明学生对该专业领域的知识掌握程度,收集文献信息的广度和深度,以及综合文献信息的能力。

(7) 材料与方法、结果、结论、讨论、致谢、参考文献

这几部分的写作方法与医学论文一般格式的写作方法基本相同。但为了反映硕士、博士研究生在实验设计、基本操作、数据处理、理论分析等方面的能力和水平,在论文中要对实验与设备、研究过程、取得结果、计算程序、推理论证等写得应较为详尽具体一些,以便评委对研究生是否掌握了坚实的基础理论和系统的专门知识,是否具有独立从事科研工作或担负专门技术工作的能力,做出恰当的评价。

(8) 附录

附录包括在论文中没有直接引用而又与论文内容有关的原始文献、数据、图表、复杂的公式推导、照片等;相关的注释、术语符号说明、外语缩略词与全称对照表;某些在正文中未作介绍的试剂配制、仪器设备;曾发表过的相关文献等。

3. 医学综述

医学综述的作用在于它能够对医学科研或临床的研究过程进行全面系统的回顾,并报道反映医学科研现状及发展趋势,综述文献具有综合性、新颖性和时效性的特点。它在篇幅、结构和参考文献等方面都有特别要求,国内发表的综述文献约3 000~6 000字为多见。期刊上出现的一些"短小综述",被称为"mini-review",高度概括现期研究,预测未来,也很受读者欢迎。

医学综述的类型按信息含量的不同可分为3类:叙述性综述、评述性综述和系统综述。

(1) 叙述性综述

叙述性综述即传统的文献综述,是以汇集文献资料为主辅以客观评述并加以注释,对大量原始文献的数据、资料、观点进行整理、归纳和分析,全面系统地反映某一专题的历史、现状和发展趋势。其著者通常为从事某一专题研究的专家学者或在读研究生。对于确定科研课题、制订科研计划和拓宽研究思路具有重要作用。对此类综述文献评价的原则是:是否汇集了所有相关的研究文献;是否忠实于原始文献;是否对引用的文献进行了科学的评价;是否对文献资料进行了适当的分析和总结。叙述性综述又可细分为动态性综述、成就性综述、争鸣性综述和简介式综述4种类型。

(2) 评述性综述

此类综述文献以评述为主,通过文献回顾、审视和展望,指出合乎逻辑的具有启迪性或引导性的观点和建议,可对学科发展起到重要的引导或指导作用。这类综述文献的撰写要求高,要具有较高的学术性和权威性,通常由某一学科的学术权威或学科带头人完成。

（3）系统综述

系统综述的研究对象是文章。针对某一具体问题，系统、全面地收集所有研究文章，并用统一的科学评价标准，筛选出符合质量标准的文献，并将符合条件的文章的结果用统计学的方法进行综合，从而得到定性或定量的结果。上世纪90年代初起，系统综述被广泛应用于医学研究领域，促进了循证医学的形成和发展，并应用于指导临床实践。

医学综述的前置部分与其他学术论文基本相同，其主体部分主要由前言、正文、总结和参考文献4部分构成。

（1）前言

简要说明写作本文的理由、目的、意义、涉及范围、学术背景、发展现状及争论焦点。一般在200字左右。

（2）正文

这是综述的核心部分。其内容组织灵活多样，通常围绕中心论题，综合归纳前人文献中所提出的理论和事实，比较各种学术观点，阐明所提问题的历史与依据、研究现状与动向、发展趋势与展望等。一般可按题目大小，内容的多少及相互之间的逻辑关系，安排不同层次的大小标题，按论点和论据组织材料，从不同角度叙述主题的中心内容。

（3）总结

概括正文的主要内容，得出一个简单明确的结论，并指出存在的分歧或有待解决的问题，以及进一步研究的方向。一般以300字左右为宜。

（4）参考文献

综述是在阅读了医学领域某一专题在一定时间范围（一般为近3～5年）内的相当数量的文献信息基础上，经过分析研究，从中选取较有价值的信息资料，进行归纳整理而作的综合性描述论文。因此，参考文献的选取十分重要，并注意按引用顺序的编号规范著录。

8.4.5 医学论文的写作步骤

一般医学论文的写作大多包括选题、构思与选材、拟订写作提纲、写成初稿、修改定稿等几个步骤，学位论文和医学综述的写作略有不同。分别介绍如下。

1. 医学学术论文的写作步骤

（1）选题

医学学术论文的选题来源与医学科研选题的来源是一致的，通常有上级主管部门下达的科研项目或招标的攻关课题、医药临床单位需要解决的课题、医学工作者根据个人所从事专业自行选定的课题等。选题的基本要求应遵循科学性、创新性/先进性、需要性和可行性的基本原则。

（2）构思与选材

构思是指围绕论文的主题合理地组织好论文内容结构的思维过程。首先以论点为中心，论据和材料为内容，形成论文的框架结构；再根据所要论述主题，将有关内容材料，按主次关系及相互之间的联系组织起来，作出逻辑严密、层次清晰的论证；最后在结论中体现问题的解决，结尾和开头相互呼应。

（3）拟订写作提纲

从构思出发,根据中心论点和分论点,先拟订写作大标题以及需要分出的小标题,然后紧扣各级标题,列出拟安排的要点和相应资料及其位置,包括自己的观点、观察结果、参考文献、图表等,形成整篇论文布局合理的写作脉络。

(4) 写成初稿

按写作格式完成初稿的写作。

(5) 修改定稿

初稿完成后,仔细阅读全文,从整体着眼反复琢磨、推敲,检查写作的目的、意义是否明确,斟酌立论是否正确、严谨,论据是否充分、客观,思维是否清晰、周密,结构是否合理、富有逻辑性,重点是否突出、分明,语句是否准确、精练,有无明显的错误等。此外,还要特别注意医学专业术语及医学专用词的正确使用。

2. 学位论文的写作步骤

(1) 选题

学士论文一般由指导老师给出选题范围,让学生从中选择;硕士论文是在导师的正确指导下,由硕士研究生独立地选择研究课题,其中,导师主要在选题的方向、思路方面给予指点,并创造条件充分发挥硕士研究生的主观能动性,培养独立选题的能力;博士论文则由博士研究生靠自己的探索和创新能力,独立进行研究课题的选择。

例如,用某种实验手段或方法对研究对象某方面的特性或效应进行实验观察或调查观察的观察性课题,比较适合学士论文和硕士论文的写作;用自己已有的或创新的手段或方法探索研究对象的本质或事物的机制的探索性课题,如创建新的测试方法、某种疾病的病因学研究、疾病病理机制的研究等,则比较适合博士论文的写作。当然,选题应尽可能注意与导师或导师小组成员的专业及研究方向相近。

(2) 收集资料

学位论文的写作要求对涉及的专业领域文献信息资源有一个完整的了解和系统的积累,范围尽可能宽一些,基础医学的、临床医学的、方法技术类的、本专业学科的、邻近学科及边缘学科的文献都应该采集,特别要阅读本学科专业的相关综述文献、相关专著、学术期刊的原始文献等,并先写出综述文献。

(3) 开题报告

课题选定后,在研究工作开始之前,要准备向导师、同行专家作开题报告。开题报告应由研究生独立完成,报告的内容主要介绍选题的目的、意义,课题的历史背景、现状和发展趋势,本人研究的初步方案,需要解决的问题和突破的难点,预期的结果,以及完成的主客观条件,并对课题的先进性和可行性进行论证,对课题进行医学科技查新,准备一份查新报告书。在导师、同行专家评议后,再作必要的修改与补充,经导师最后审阅认可后,进入研究工作阶段。在研究的某个阶段或研究结束后,便着手论文写作。

(4) 答辩报告

学位论文的答辩既是对学生知识结构、科研水平的检验,也是对其思维能力、表达能力、解决问题能力、信息素养等的综合考察。答辩中既重视研究的数据和结果,又要看治学态度和学风。答辩报告是学生在答辩开始时作的20~30分钟的论文内容的简要报告,通常可采用PPT演示的方式进行。

报告的内容和思路大致按这样一种模式来考虑:先说明为什么要选择这个研究课题、关于这个课题前人曾做过哪些方面的研究、解决了哪些问题、还存在什么问题、自己的主攻方向是什么、研究中主要根据什么理论、采用什么方法、获得哪些结果、取得什么成果、有哪些数据资料佐证、创新之处何在、还存在什么问题、有何新的打算等。此外,还要做好回答论文中所涉及的各种学术问题的准备。例如,有关基础理论知识和相关学科知识方面的问题;有关材料、方法、结果、结论等方面的问题等。

3. 医学综述的写作步骤

(1) 选题

在遵循科研选题基本原则的基础上,医学综述的选题要从客观需要、现实可能、自我优势出发,选择突出新颖别致、有不同的见解、有足够的文献信息资料作保证、能够充分体现医学综述价值的课题,注意选题不要太宽,要有一定的深度。

一般宜从这几方面选题:医学基础理论的新进展、新观点;新发现的疾病或对疾病的新认识;诊断治疗疾病的新技术、新方法临床应用状况;某一疾病诊断治疗的现状与进展;新药物、新仪器设备的临床应用前景;医学各学科之间的相互渗透和新产生的边缘学科等的研究概况等。

(2) 收集阅读文献信息

丰富的医学文献信息是撰写医学综述的物质基础,因此,系统收集有关课题的医学信息资源、仔细阅读相关医学文献、消化吸收其中的精华要点并用医学信息分析研究方法加以归类整理等,就成为撰写医学综述的至关重要的步骤。

(3) 拟订提纲

按照医学综述的选题宗旨,将收集的医学文献信息分析研究、归类整理后,拟订出简明而又充分反映综述主题内容要点的标题式提纲,以及文献资料如何排列、编号,细节如何安排,在什么部分讨论什么问题等,并注明文献资料的出处。

(4) 写成初稿

根据拟订的提纲和相应材料,宜一次性地完成初稿的写作。

(5) 修改定稿

初稿写成后,除了作常规修改外,有时还需要回头阅读有关文献资料,认真校对引用材料,或请有关专家审校,最后定稿。

8.4.6 医学论文的发表与交流

医学科研成果必须通过医学论文发表,其信息内容才能得到广泛传播和交流;发表的医学论文必须被读者接受并理解,其信息内容则被社会认可,并逐步产生应有的社会价值和经济效益。可见,医学论文的有效性及其有效性被认可,只有经同行专家评审或在学术会上答辩通过、或者在医学及相关学术刊物上公开发表才能最终体现。

医学论文撰写完毕后,著者都希望能够尽快发表,将自己的研究成果公之于世。除了提高学医学论文的写作质量外,掌握医学论文的投稿技巧是医学论文发表的关键。

1. 投稿方向

(1) 投向期刊

可以选择向合法的国内生物医学期刊投稿,如果论文具有国际先进性,也可以翻译成英文选择往国外 SCI 收录的期刊投稿,会得到全世界的认可。

目前,国内生物医学期刊已有 1 800 多种,SCIE 收录的科技期刊约 8 000 种。要从这么多的期刊中选择合适的刊物投稿,就必须选准方向,了解所投刊物的特点,做到有的放矢,以便"投其所好",提高投稿的命中率。一般从 4 个方面着手:

① 弄清刊物的性质与种类。医学期刊的性质、种类不同,所刊登的内容就不同。医学期刊通常有预防医学、基础医学、临床医学、护理学、药学、中医学、中西医结合、综合类等期刊,有学术性、技术性、管理类以及医学科普类期刊之分。从刊物的名称可大致了解其性质和办刊宗旨,翻阅近几期已出版的刊物,从它的刊登内容和征稿启事或稿约中判断稿件能否投向该刊。

② 弄清报道的重点。虽属同一性质的期刊,但每种刊物报道的重点可能不一样,各有侧重,应该从它的栏目设置中去了解其报道重点。

③ 弄清发表的周期。期刊的出版周期有月刊、双月刊、季刊、半年刊、年刊等类型。一般说来,出版周期短的期刊,论文发表的周期相对要短一些,但是稿源的多少是决定发表周期的主要因素。有的期刊虽然非常适合自己投稿,但假如由于其稿源丰富,用稿标准就高,论文发表周期必然较长,这时就应认真考虑投稿的必要性了。如果对自己的论文质量有信心,时间又不要求太紧迫的话,就可向该刊投稿;如果论文的时间要求较高,必须尽快发表的话,则不应该选择此类期刊,而应把稿件投向估计稿源相对较少、发表周期较短的期刊。

④ 弄清编辑的要求。每一种刊物编辑部对投稿都有明确的要求,它集中反映在征稿简则、征稿启事、投稿须知或稿约中,这些信息一般都公布于刊物上,特别是每年的第一期上,其内容大致包括办刊宗旨、办刊方针、刊物性质、报道内容、以及对稿件的要求和约定事项等。投稿前应仔细阅读,尽量让稿件符合其要求,以减少修改的时间。向国外期刊投稿,应当注意访问投稿期刊网站,及时了解该期刊的具体要求与细节。

此外,还应确定自己的投稿目的。如果只是为了发表,那么把稿件投到那些一般的刊物效果要好得多;如果是为了扩大影响和交流,提高学术影响力,那么把稿件投到专业学科的权威杂志,如 Science,Nature,《中国科学》《科学通报》以及专业学会(协会)主办的知名杂志等,虽然这些杂志的采用率非常低,但只要录用了,则受益匪浅。一般情况下,应注意投往专业核心期刊。

(2) 投向会议

医学论文除了发表外,还可以通过国内外医学专业学术会议进行交流。学术会议交流的方式有 3 种:一是大会宣读;二是分组会宣读;三是大会分发。宣读论文时间一般为 10～15 分钟,讲清难点与重点,宣读完毕,还安排一定的时间回答与会者的提问。会后还出版专门的会议论文集。

(3) 投向选集

为了把医学科研成果在更大范围内交流,充分发挥其社会效益,有的医学专业学会、协会、研究会及医学院校和医学研究单位等,下达文件征集医学科技论文,出版有关的论文选集。如果把稿件寄去,就有可能被收入相关的论文选集。

2. 投稿方式

投稿方式有两种,一种为传统邮寄投稿方式,一般应以挂号邮寄;另一种为网上投稿方式,即通过 E-mail 投稿。网上投稿方便、简捷、快速,是传统投稿方式无法比拟的,而现在的稿件时效性越来越强,早投稿被采用的机会就越高,可见,网上投稿是最好的选择方式。投稿时,应给编辑部附一情真意切的信函,声明稿件是否作过其他应用,例如是否是学位论文或其中部分、是否作过会议交流等,并函告有关其他要求,如时间约定、删减许可等,以及联系方式、单位证明材料等。

要注意不要一稿多投,避免因此而带来的危害。一稿多投是指同一著者或同一研究群体不同著者,在期刊编辑和审稿人不知情的情况下,试图或已经在两种或多种期刊同时或相继发表内容相同或相近的论文。但在专业学术会议上做过口头报告,或者以摘要或会议板报的形式报道过的研究成果,对首次发表的内容充实了 50% 以上数据的论文,有关学术会议或科学发现的新闻报道等情况,不属于一稿多投。

对于有些医学论文,为了实现充分交流的目的,在满足一定的条件下可以二次发表。二次发表是指使用同一种语言或另外一种语言再次发表,尤其是使用另一种语言在另外一个国家再次发表。

二次发表必须满足的所有条件是:① 已经征得首次和二次发表期刊编辑的同意,并向二次发表期刊的编辑提供首次发表的文章;② 二次发表与首次发表至少有一周以上的时间间隔;③ 二次发表的目的是使论文面向不同的读者群;④ 二次发表的论文应在论文首页采用脚注形式说明首次发表的信息。

3. 投稿时效

我国《著作权法》规定:著作权人向报社、杂志社投稿的,自稿件发出之日起 15 日内未收到报社通知决定刊登的,或者自稿件发出之日起 30 日内未收到杂志社通知决定刊登的,可以将同一作品向其他报社、杂志社投稿,但双方另有约定的除外。实际上,各杂志社、期刊编辑部都规定了一定时效期以让著者在超过这个期限后可以另作处理。多数期刊规定时效期为 3~6 个月。投稿之前了解期刊的投稿时效期是十分必要的。当然,也可以要求杂志社、期刊编辑部在多少天内给予答复。

4. 退稿与退修

医学论文投向编辑部后,著者就期待着编辑部的回音。稿件投到编辑部后的基本处理过程是:登记给予文稿号、编辑初审、编委审查、编辑加工、要求著者修改、编辑审定、编委会终审。处理的结果一般有 3 种:一是被接受,经编辑略作修改就可刊出,这是著者所期盼的结果;二是被退稿;三是退修。

(1) 退稿

有的编辑部会来信指出稿件的优点和不足之处,又会告知该刊的发稿热点,并给予指出投稿的方向。经过编辑的热情点拨,论文著者应当进一步修改、补充,另投他刊。要知道期刊的稿件采用率一般约为 20%~30%,有的仅有 5%,"一矢中的"的难度是较大的。

有些编辑部限于人力,尤其是计算机打印稿一般不予退稿,著者在编辑部约定的期限内未收到任何回音,很可能就是编辑部对稿件不予采用,故著者一般应自留底稿。著者也可去信或打电话询问,设法弄清退稿原因,以便有针对性地做好相应的处理工作。

(2) 退修

编辑部把稿件再寄给著者,有的按编者的要求修改后就可以发表,有的则经退修后再审定。当收到编辑部的退修稿时,还会附上编辑给予的信和修改意见。

一般地说,退修稿的修改量较大,著者应对退修信中提出的问题给予确切的解答,对于欠缺的内容加以补充,并尽快将退修稿的稿件寄回编辑部,以便及时发表。由于编辑与著者专业上的差异,编辑提出的问题不能修改时,著者应迅速与编辑部取得联系,协商处理。

5. 校对

编辑部对著者的稿件直接刊用或修改后刊用,在排好版打出清样后,一般都要求著者自校一遍,其余校次则有编辑部负责。这对著者来说,是论文发表的最后一关,要以高度的社会责任感把好这一关,特别是对重要之处,要反复对照检查。应该知道,错误较多的论文会影响著者和期刊的声誉,会造成无法挽回的损害。经著者校对后的校样稿寄回编辑部后,期刊就会很快付印,著者的论文就正式发表了。

6. 医学论文的评价与鉴定

(1) 医学论文评价的标准

医学论文评价的具体标准包括理论价值和实用价值两个方面。

① 理论价值。主要体现医学论文的学术水平和科学意义。学术水平最高是指独创性的新发明、新理论,相当于国际水平;学术水平较高是指在继承前人成果基础上,有新的发现、革新或创造,相当于国内先进水平;学术水平一般是指具有一定水平的新认识、新见解、新观点,相当于区域性水平。如果对医学科学的发展或指导临床实践具有普遍性意义,则具有重要的科学意义;若对医学科研或临床医疗仅有借鉴作用,则其科学意义为一般。

② 实用价值。又分经济价值和词语标准两个评价标准。有显著的经济效益是指论文成果的推广使用对社会保健和疾病防治工作的质量与效益有显著提高,直接保护劳动力,间接创造社会财富;论文的经济价值一般主要是指有比较明显的社会效益。从词语标准看,好的医学论文结构严谨、概念准确、语言精练、图文并茂、可读性强;中等水平的医学论文表达清楚、层次分明、语法正确、文句洗练、通顺易懂;如果结构松散、层次不清、语句枯燥平淡,那就是较差的论文了。

(2) 鉴定报奖

医学论文发表后,作为医学科学研究结果的一种表现形式,同样可以申报论文奖。在准备好论文写作过程的各项数据资料及工作总结后,随同论文发表刊物或完整的论文复印件,向有资质的查新工作站申请出具成果鉴定查新报告,再由同行专家写出评定意见,然后提请本单位学术委员会或学术小组鉴定通过,并报请上级有关部门审批以获得相应奖项。

(3) 论文推广应用

医学论文通过鉴定后,其理论价值和实用价值通过应用才能真正体现。理论价值一般要经过其他学者研究过程中的引用来体现。对于体现实用价值的新技术、新方法等,可通过同行学术交流、现场演示、提供技术培训等方式加以推广,还可通过申请专利实现技术转化。

习 题

1. 简述医学信息资源采集的含义、原则与主要方式。
2. 相关医学信息资源有哪些类型?如何获取原始文献全文信息?
3. 个人文献信息管理软件的基本功能主要有哪些?如何选择一款适合自己使用的文献信息管理软件?
4. 分别利用中国知网、PubMed 检索有关高血压引起脑卒中研究的期刊论文,并将其中最新的 10 条记录在 EndNote Basic 个人参考文献库分别保存于 hypertension-stroke-CNKI 和 hypertension-stroke-PubMed 文件夹中;打开一个 Word 文档,分别将文件夹中各自的第 1 条记录,作为引文 1、引文 2 插入到 Word 文档的第一段、第二段段尾,并按期刊 *Lancet* 的书目格式排列参考文献。
5. 医学信息分析的常用方法有哪些?如何筛选和评价医学信息资源?
6. 如何理解信息再生与再生医学信息形成的含义?
7. 医学论文写作的基本要求有哪些?医学学术论文的常见类型主要有哪些?
8. 医学学术论文写作的一般格式包含哪些内容?何为责任者、通讯著者?
9. 参考文献的主要作用有哪些?举例说说常用参考文献类型的著录格式。
10. 如何理解医学论文的有效性?如何选择投稿刊物?

主要参考文献

[1] 刘兹恒.信息媒体及其采集[M].第2版.北京:北京大学出版社,2008.
[2] 周毅华.实用医学信息资源检索与利用[M].南京:南京大学出版社,2006.
[3] 周毅华.网络信息资源检索与利用[M].南京:南京大学出版社,2011.
[4] 高新陵,吴东敏.科技文献信息与科技创新[M].南京:河海大学出版社,2013.
[5] 刘明,李娜.大数据趋势与专业图书馆[J].中华医学图书情报杂志,2013,22(2):1~6.
[6] 王玉君.大数据时代信息资源利用研究[J].科技情报开发与经济,2013,23(22):124~126.
[7] 何蛟,王博,张林.医学科研与信息检索应用[M].北京:清华大学出版社,2013.
[8] 谢新洲,周静.新编科技查新手册[M].北京:人民出版社,2015.
[9] 查先进,陈明红.信息资源质量评估研究[J].中国图书馆学报,2010,36(186):46~55.
[10] 周毅华,吴秀娟,侯三军,等.网络医学学术信息资源的分类及其评析[J].中华医学图书情报杂志,2009,18(3):22~24,43.
[11] 蔡丽萍.文献信息检索教程[M].北京:北京邮电大学出版社,2013.
[12] 彭奇志,林中.信息资源检索策略与分析[M].南京:南京大学出版社,2013.
[13] 伍雪梅.信息检索与利用教程[M].第2版.北京:清华大学出版社,2014.
[14] 夏红.数字信息资源检索与利用[M].合肥:中国科学技术大学出版社,2013.
[15] 秦殿启.信息素养论[M].南京:南京大学出版社,2012.
[16] 杨云川,杨晶,王清晨,等.科技信息素养基础教程[M].北京:国防工业出版社,2013.
[17] 周玉陶.人际网络环境下的信息检索[M].南京:东南大学出版社,2014.
[18] 李燕.医学信息技术导论[M].兰州:兰州大学出版社,2014.
[19] 祝建中.医学信息技术基础教程[M].第2版.北京:清华大学出版社,2015.
[20] 湛佑祥,陈锐,陈界,等.医学信息检索学[M].北京:人民军医出版社,2014.
[21] 罗爱静,于双成.医学文献信息检索[M].第3版.北京:人民卫生出版社,2015.
[22] 李晓玲,符礼平.医学信息检索与利用[M].第5版.上海:复旦大学出版社,2014.
[23] 李红梅.医学信息检索与利用[M].北京:科学出版社,2014.
[24] 陈红勤,梁平,杨慕莲.医学信息检索与利用[M].武汉:华中科技大学出版社,2014.
[25] 李红梅.医学文献检索[M].北京:中国协和医科大学出版社,2013.
[26] 陈平,张轶群.实用生物医学信息检索[M].北京:科学出版社,2015.
[27] 顾萍,谢志耘.医学文献检索[M].北京:北京大学医学出版社,2013.
[28] 毕玉侠,于占洋.药学文献检索[M].沈阳:东北大学出版社,2014.

[29] 陈蔚杰,徐晓琳,谢德体. 信息检索与分析利用[M]. 第 3 版. 北京:清华大学出版社,2013.
[30] 陈荣,霍丽萍. 信息检索与案例研究[M]. 上海:华东理工大学出版社,2015.
[31] GB/T 7714—2005,文后参考文献著录规则[S].

《医学信息资源检索教程》读者信息反馈表

尊敬的读者：

  感谢您购买和使用南京大学出版社的图书，我们希望通过这张小小的反馈卡来获得您更多的建议和意见，以改进我们的工作，加强我们双方的沟通和联系。我们期待着能为更多的读者提供更多的好书。

  请您填妥下表后，寄回或传真回复我们，对您的支持我们不胜感激！

1. 您是从何种途径得知本书的：
   □ 书店　□ 网上　□ 报纸杂志　□ 朋友推荐
2. 您为什么决定购买本书：
   □ 工作需要　□ 学习参考　□ 对本书主题感兴趣　□ 随便翻翻
3. 您对本书内容的评价是：
   □ 很好　□ 好　□ 一般　□ 差　□ 很差
4. 您在阅读本书的过程中有没有发现明显的专业及编校错误，如果有，它们是：
   _____
   _____
   _____
5. 您对哪些专业的图书信息比较感兴趣：_____
   _____
6. 如果方便，请提供您的个人信息，以便于我们和您联系(您的个人资料我们将严格保密)：

您供职的单位：　　　　　　　您教授的课程：

您的通信地址：　　　　　　　您的电子邮箱：

请联系我们：
电话：025—83596997
传真：025—83686347
E-mail：nuaawuhua@sina.com
通讯地址：南京市汉口路22号　210093
南京大学出版社高校教材中心